教育部首批新文科研究与改革实践项目成果
金融学国家级一流本科专业建设成果
省级教学团队
经济管理类一流本科专业精品教材·金融系列

CORPORATE FINANCE

公司金融学

王重润　主编

徐菱涓　副主编

东北财经大学出版社
Dongbei University of Finance & Economics Press

大连

图书在版编目（CIP）数据

公司金融学 / 王重润主编 . —大连：东北财经大学出版社，
2025.2. —（经济管理类一流本科专业精品教材·金融系列）. —ISBN
978-7-5654-5573-5

Ⅰ. F276.6

中国国家版本馆 CIP 数据核字第 20259Q1T65 号

东北财经大学出版社出版

（大连市黑石礁尖山街217号　邮政编码　116025）

网　　　　址：http://www.dufep.cn

读者信箱：dufep@dufe.edu.cn

大连图腾彩色印刷有限公司印刷　　　东北财经大学出版社发行

幅面尺寸：185mm×260mm　字数：482千字　印张：22.75　插页：1

2025年2月第1版　　　　　　　　　2025年2月第1次印刷

责任编辑：时　博　赵　楠　郭海雷　　　责任校对：吉　扬

　　　　　王　丽　孙　平　龚小晖

封面设计：潘　凯　　　　　　　　　　版式设计：原　皓

定价：58.00元

"经济管理类一流本科专业精品教材·金融系列"编委会

总序

  金融体系与金融稳定的竞争是当代世界各国国家竞争的重要领域，也是支持各国在政治、经济、军事、文化等方面有效竞争的重要基础。随着中国对外开放的逐步深入和社会主义市场经济体制的逐步确立，我国经济和金融日益融入全球一体化进程，特别是在共建"一带一路"倡议和亚投行建行背景下，人民币国际化进程缓步推进，我国的金融体系和金融稳定面临着前所未有的挑战与压力。如何抓住机遇、迎接挑战，加快完善我国金融体系、提升金融竞争能力和确保国家金融安全，是我国各级政府和金融界的重大课题。近些年来，金融业在金融科技的推动下发生着快速的变化，表现为金融产品和服务的日益精细化和复杂化。如何让金融成为实现共同富裕的重要帮手，是金融业乃至全社会关心的重要问题。

  金融学教学与科研能否为金融发展提供有效支撑是当前中国金融学科面临的根本挑战。近年来，我国高等院校金融教育规模迅速发展，质量有了较大的提高，为经济社会发展以及高等教育自身的改革与发展作出了重要贡献。特别是2019年4月，教育部在天津大学召开"六卓越一拔尖"计划2.0启动大会，正式全面启动新工科、新医科、新农科、新文科建设。同年，教育部发布《关于深化本科教育教学改革全面提高人才培养质量的意见》，体现了加快推进新文科建设的战略意图和实践要求。新文科建设担负着提升综合国力、坚定文化自信、培养时代新人、建设高等教育强国、推动文科教育融合发展等重大使命。在此背景下，我们组织编写了这套"经济管理类一流本科专业精品教材·金融系列"。

  教材建设过程是动态的、渐进的、连续的，这个过程的每一个环节都对编者提出新的要求，它既是教师教学、实践和科研成果的体现，也是学校教学改革和学科建设的反映。因此，我们在教材编写过程中力求达到三个目的：一是"理论贯通"。"形成更高水平的人才培养体系"是习近平总书记对新时代中国特色社会主义教育制度体系的基本要求之一。这个"更高水平的人才培养体系"，注重的是高校学科、专业、课程体系，要有中国特色，有时代味道，思想政治教育的功能要贯通其中。二是"知行贯通"。习近平新时代中国特色社会主义经济思想要做到"知行合一"，内化于心、外化于行。教材要体现金融类专业培养方案中对人才基本专业素养、基本专业技能和基本专业知识体系的要求。三是"实践贯通"。教材大量引用具有代表性的尤其是本土的现实案例，引发学生思考，引导学生深学笃行。为此，在教材编写中我们注重了以下五个方面：第一，教材编写应明确三个问题，即由谁编写、为谁编写和如何编写；第二，教材编写者应具备三个条件，即编写者应具有编写高水平教材的经验、具有一定的科研水平和实践经验；第三，教材编写应做到三个结合，即理论与实践相结合、定量分析与定性分析相结合、综合练习与实验实训相结合；第四，教材编写应体现三个特性，即系统性、新颖性、实用性；第五，教材编写应突出三个特色，即教材结构设计特色、体例设计特色、思政融合特色。在突出特色的同时，形成集主教材、数字化平台、辅助教材于一体的有机结合的立体化教材。

由于我们的时间和精力有限，教材中难免存在缺点和不完善之处，我们欢迎各院校师生、金融业界同仁和广大读者批评指正。

"经济管理类一流本科专业精品教材·金融系列"编委会

前言

公司金融是 corporate finance 的中译名，它以企业的金融活动为研究对象，是企业运营的核心，包括企业投资、融资、盈利分配、营运资本管理、价值评估、风险管理等多个方面，涉及金融学、会计学、财务管理、投资学等多领域知识，学科知识体系较为成熟。同时，公司金融又是一门仍然在发展的学科：一方面，金融创新以及数字经济发展推动了企业财务实践；另一方面，行为经济学、信息经济学以及 ESG 理论等在公司金融中得到了广泛应用。另外，政策和商业环境也在发生着变化。这些共同促进了公司金融理论和实践的不断发展，为公司金融教学提供了丰富的内容。这是编写《公司金融学》教材的背景之一。另一个背景是，近年来，数字技术在教育中得到迅速而广泛的应用，带来了教材形式的变革。传统的纸质教材存在扩展性不强、容量有限的缺陷，不能满足多样化个性化学习需求。通过数字技术提供多个外部接口是数字时代教材变化的主要趋势之一。

本教材的编写目的是希望提供能够反映公司金融理论与实践最新进展、适应当代学习方式变革的教材，提供较为全面的公司金融理论框架和实用分析工具，帮助学生掌握在复杂商业环境中作出明智的财务决策的方法。公司金融学的教材在国内外版本很多，各有特点和侧重。与同类教材相比，本教材突出以学习者为中心的编写理念，具有以下鲜明特点：

第一，教材内容与时俱进。针对公司金融理论与实践的发展，增加了行为公司金融、实物期权、公司并购重组等专题内容，讨论了中国特色现代企业的公司治理及财务目标，同时确保所有问题的讨论在最新政策框架内，保持内容的前沿性和适用性。

第二，理论与实践相结合。公司金融是实践性很强的课程。在详细介绍基本理论方法的同时，结合来自实际的公司财务资料和案例，特别是本土企业的真实案例，展示在不同情境下公司金融原理在解决具体问题方面的应用；设置了以能力培养为导向的思考练习题，学生能够更好地理解基本概念。

第三，编写体例符合认知规律。基于明确目标、激发兴趣、深度学习、巩固反馈的认知规律，每章的结构包括目标引领、思维导图、开篇导读、正文、本章小结、关键概念、即评即测、综合训练、延伸阅读等，有助于提高学习效果。

第四，课程思政有机融入。如何把思政教育融入专业教学内容始终是一个难点，本教材进行了有益探索：制作"课程思政思维导图"，系统有机融入思政元素；在章后综合训练中设置课程思政思考题，启发学生将课程思政与专业知识结合起来进行思考。力求做到课程思政有目标、教学内容有国情、案例分析本土化、课程思政有思考，真正做到润物细无声。

第五，教材内容扩展性好。我们将纸质教材与数字技术相结合，将资料性和拓展性内容以及外部网络资源放在二维码中呈现，突破了纸质教材容量的限制，为学生提供了更丰富的资源，满足了多样化学习需求。

第六，开发了课程知识图谱。不仅在每章设置了思维导图，而且提供了全书的知识图谱，便于学生掌握各章节的逻辑关系以及重要的知识点，方便自主学习。

基于作者对于公司金融的认识和理解，以及多年教学经验的启发，《公司金融学》教材包括14章内容。第1章公司金融导论，讨论了公司金融的内涵、目标和企业面临的财务环境；第2章财务报表分析，讨论了财务报表结构、现金流与税收的关系以及各种财务比率；第3章财务计划与预测，讨论了长期增长以及额外资金需求问题；第4章时间价值、风险与收益，介绍了货币时间价值原理以及资本资产定价模型；第5章资本预算，包括现金流量测算以及净现值、内部收益率等投资决策方法；第6章筹集资本，介绍了企业可以选择的各种融资渠道和金融工具的特点以及股票和债券价值评估；第7章资本成本与资本结构，主要讨论了资本成本的含义、财务杠杆以及MM定理；第8章营运资本管理，主要包括现金管理、应收账款以及存货管理；第9章股利政策，讨论了股利政策与公司价值的关系以及股利政策的不同类型；第10章外部增长与调整，讨论了公司实现外部增长的不同方式；第11章公司金融中的期权，主要讨论了实物期权原理；第12章风险管理，讨论了风险的测量以及管理方法；第13章跨国公司财务，讨论了跨国资本预算以及跨国筹资管理；第14章行为公司金融，介绍了行为金融学的最新发展及其在公司金融领域的应用。前面9章是公司金融的核心内容，后面5章是公司金融专题内容。在教学实践中，教师可以根据学生的实际情况以及个人学术兴趣进行取舍。通常情况下，34课时的课程可以选择第1章到第9章的主要内容，这是公司金融的核心内容；而51课时的课程则可以从第10章到第14章的内容中再选择若干章节。

《公司金融学》的作者团队由具有丰富教学经验和学术背景的教师组成，包括河北经贸大学王重润教授、赵翠副教授以及李中秋博士，南京航空航天大学徐菱涓副教授。其中，王重润教授担任主编，徐菱涓副教授担任副主编。编写分工如下：王重润教授编写第1、4、10、11章以及全书各章课程思政思考题；徐菱涓副教授编写第3、6、7、8、9章；赵翠副教授编写第2、5、13章；李中秋博士编写第12、14章。全书最后由王重润教授统稿。李中秋博士和研究生张宁负责全书校对，任鑫蕊负责提供第1、4、10、11章课后习题答案。

需要说明的是，本版教材是在原东南大学出版社出版的《公司金融学》（第三版）基础上完成的，与原教材有继承性。由于与原出版社合同期满，教材转移到东北财经大学出版社出版，在编写理念、内容和体例方面具有较大变化，已经是全新的版本了。

本版教材是国家新文科研究与改革实践项目"新文科背景下新金融人才培养模

式创新与实践研究"（项目编号：2021140034）的研究成果。

最后，衷心希望本版教材能够为广大师生和读者所喜欢，我们所作出的这些努力就是值得的。不过由于作者水平有限，书中可能仍然存在不足，欢迎读者批评指正。

王重润

2024 年 10 月

目录

第1章

公司金融导论

目标引领

☑ **价值塑造**

通过本章的学习，使学生理解中国特色现代企业财务目标以及党的领导与公司治理的关系，培育价值创造与社会责任相协调的职业伦理。

☑ **知识传授**

通过本章学习，熟悉公司金融决策过程，掌握财务目标内涵，了解企业类型及其特征，以及公司与金融市场的关系、公司代理冲突等。能够清晰地辨析各种公司财务目标的差异及其对公司金融活动的影响，分析管理者和所有者之间可能出现的利益冲突与解决机制。

思维导图

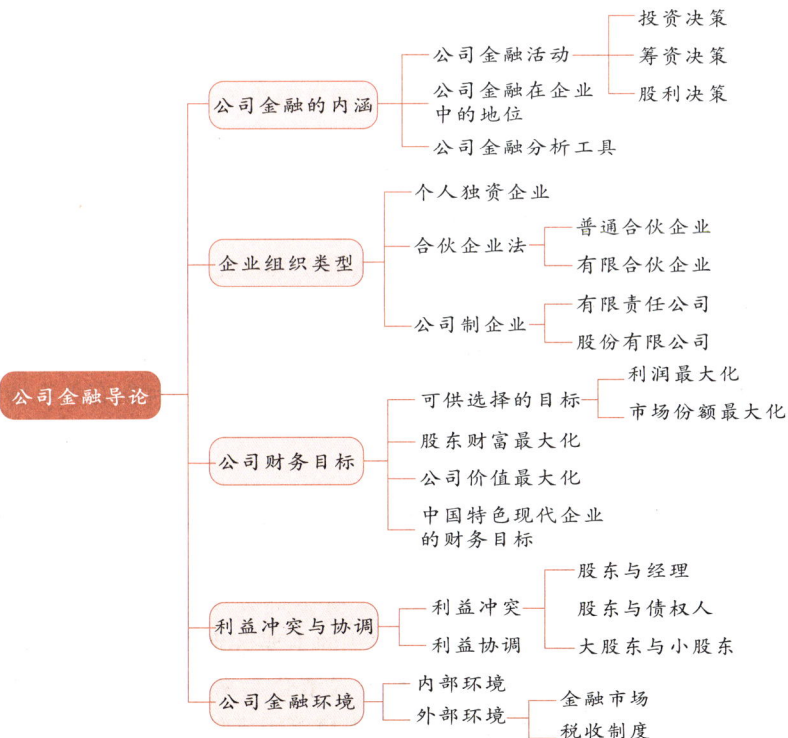

公司高管薪酬始终是一个受到市场和监管部门广泛关注的问题。2008年美国金融危机期间的银行业高管薪酬激励机制被批评为短视和导致风险集中的原因之一。这些案例凸显了高管薪酬设计对公司长期稳定和股东财富的重要影响。许多国家和地区通过法律和政策对高管薪酬进行管制和规范，以确保其合理性和与公司长期利益的契合度。例如，《中华人民共和国公司法》（以下简称《公司法》）规定董事报酬由股东大会审议决定，高管人员薪酬由董事会审议决定。美国的《多德-弗兰克华尔街改革与消费者保护法》要求公开披露高管薪酬，并限制了与公司绩效不符的高额薪酬。然而，股东在限制高管薪酬方面面临着挑战，包括内部意见不一致、信息不对称、搭便车以及经理人市场竞争性等方面的问题。公司负债也是股东关注的问题，近年来，国内房地产企业比如恒大集团和佳兆业集团都因为过度负债而陷入了财务困境，公司股价大幅下跌，导致股东财富缩水。薪酬与公司负债如何影响股东财富？对这一问题的理解需要先了解公司的组织形式、公司财务目标以及公司治理，这是本章将要学习的主要内容。

1.1 公司金融的内涵

1.1.1 公司金融活动

公司金融（corporate finance）又被称为公司财务，主要研究如何最有效率地配置公司内外部资源来实现公司的财务目标。公司金融决策包括三个部分：投资决策、融资决策以及股利决策。

1）投资决策

公司必须在相互竞争的投资机会之间作出选择并合理配置有限的资源。公司金融理论的作用在于提供了多种可供选择的方法和工具（比如净现值法、内部收益率法、期权等）来帮助公司经理作出合理的资源配置决策。投资决策包括的内容广泛，不仅包括流动资产投资（包括现金、存货、短期证券以及短期商业信用等）、固定资产投资、长期证券投资（比如持有其他公司股票、债券等），还包括有关市场进入和公司合并的广义战略性决策。

2）筹资决策

当公司作出投资决策之后，必须考虑如何筹集投资所需的资金。公司必须考虑几个方面的内容：资金来源（外部融资还是内部融资），资金筹集方式以及筹资成本（包括资金成本、证券发行费用等）。资金筹集方式大致可以分为两种，借款或者发行股票进行权益融资。两种筹资方式的主要区别在于借款要承担支付利息以及偿还本金的义务。公司还可以将两种方式结合起来融资。具体采用哪种方式融资，除了取决于公司的信用等级、资本金规模等因素外，还与公司对最佳资本结构的追求有关。

3）股利决策

股利是一个广义的概念，泛指分配给股东的回报，既包括现金股利，也包括非现金股利。任何一个公司，不论规模大小，都必须决定如何在再投资和股东回报之间分配其经营所得，不仅决定分配的数量规模，还要权衡二者的比例。给予股东较多回报可以满足他们对现金的需要，但是，这也会增加收入所得税，而且也不利于公司的成长，公司价值会因为股利分配过多而下降，从长远来看，不利于股东的利益。

1.1.2　公司金融在企业中的地位

1）公司财务组织架构

投融资和股利分配决策是企业重要的决策内容之一，对企业价值增长至关重要。这些决策的制定和执行由企业财务部门负责。财务部门是企业的关键部门，基本的组织架构包括：财务首席运营官（chief financial officer，CFO）或财务副总经理，负责公司财务会计、资金、审计、内控、收购及财务战略等业务，制定财务政策和目标，对总经理（国内多数是这种情况）或董事会负责。在国有大中型企业中，由总会计师行使类似 CFO 的职责，侧重于财务管理和会计核算。在 CFO 下设置各种职能部门，包括财务部门、会计部门、资金部门、税务部门等。财务部门负责公司财务计划和预算，进行财务分析和决策。会计部门负责公司日常会计工作，包括账务处理、报表编制、内部审计、成本控制等。资金部门负责资金筹集和使用，包括投资决策、融资决策、现金管理、退休金管理等。税务部门负责公司税务管理，包括税收筹划、税务申报和税务审计等。在实际运作中，企业财务部门的组织架构会有所不同，这与企业规模大小以及企业管理需要有关。例如，在大型企业中，投资管理、风险管理等可能是由独立设置的部门来负责。在小企业中，财务与会计部门通常是合并在一起的。

图 1-1 是一个典型的公司财务组织架构示意图。

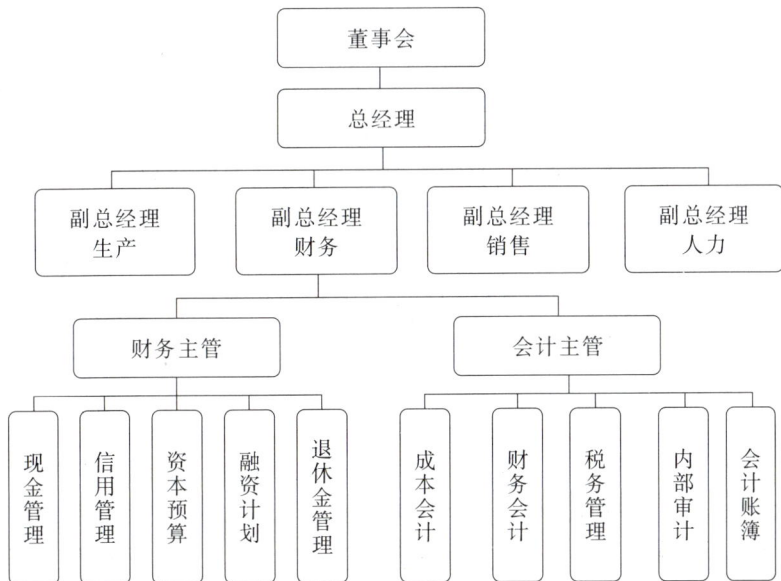

图1-1　公司财务组织架构示意图

2）公司财务决策过程

在外部环境制约下，公司围绕特定目标，对是否投资、投资多少、如何筹措投资所需资金、未来的盈利如何在长远与当前需求之间进行分配等问题作出决策。图1-2简明扼要地揭示了公司财务决策过程及其对公司价值的影响渠道。

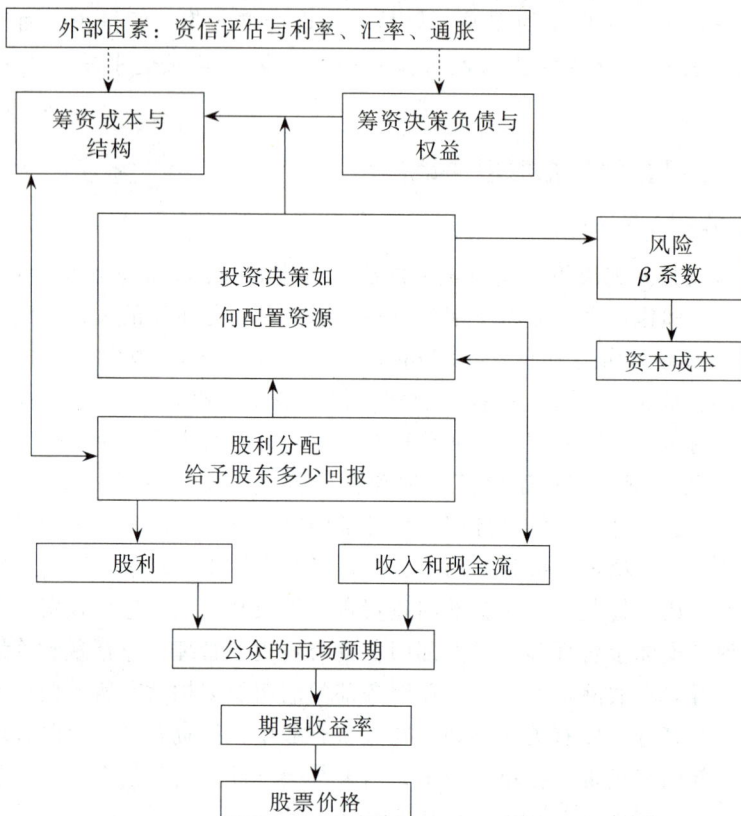

```
┌──────────────────────────────────────────────────┐
│   外部因素：资信评估与利率、汇率、通胀              │
└──────────────────────────────────────────────────┘
   ┌──────────────┐        ┌──────────────┐
   │ 筹资成本与    │◄──────│ 筹资决策负债与 │
   │ 结构         │        │ 权益          │
   └──────────────┘        └──────────────┘
        ┌──────────────────────┐    ┌────────┐
        │ 投资决策如            │───►│ 风险    │
        │ 何配置资源            │    │ β系数   │
        └──────────────────────┘    └────────┘
                                     ┌────────┐
                                     │ 资本成本 │
                                     └────────┘
        ┌──────────────────────┐
        │ 股利分配              │
        │ 给予股东多少回报       │
        └──────────────────────┘
   ┌────────┐        ┌──────────────┐
   │ 股利    │        │ 收入和现金流   │
   └────────┘        └──────────────┘
        ┌──────────────────────┐
        │ 公众的市场预期         │
        └──────────────────────┘
        ┌──────────────────────┐
        │ 期望收益率            │
        └──────────────────────┘
        ┌──────────────────────┐
        │ 股票价格              │
        └──────────────────────┘
```

图1-2 公司财务决策过程及其对公司价值的影响渠道

图1-2中箭头所指代表影响方向。投资（行为）决策，即资本预算，产生了融资要求，公司根据价值最大化目标，合理安排筹资结构，包括权益融资和债务融资的比例，最大限度降低筹资成本。公司融资规模和结构一方面受到公司盈余分配政策的影响，另一方面，也会影响公司分配政策的制定。一旦公司股利分配政策确定下来，就决定了股东应该得到的回报，同时对公司投资决策也会产生影响——有多少盈余可供投资以及可以投资多大规模。投资活动给公司带来了收入和现金流，投资者通过观察公司的股利分配以及现金流，形成对公司未来发展的预期，并修正对风险的估计，引起供求变动，最终影响公司的股票价格。

1.1.3 公司金融分析工具

公司在进行投资决策、融资决策以及股利决策的时候，要借助基本的概念工具。这些概念工具包括现值与时间价值、财务报表分析、风险与收益、期权定价等。

现值是公司财务分析中最基本的概念，也是一个最有力的工具。现值的表述是，资产的价值等于该资产预期现金流量的现值之和。投资者购买资产，其实购买的是资产在未来一段时间所产生的收益，这些收益在投资者购买资产时的价值就成为投资者愿意支付的最高价格。现值概念基于这样一个事实，在不同时点上等量的现金流所产生的货币购买力是不一样的，或者说具有不同的时间价值。现金流有很多种形式，比如普通年金、先付年金、永续年金等等。财务报表分析是在对公司财务报表的有关数据进行汇总整理基础上，计算各种财务比率并进行对比，综合分析和评价公司的财务状况和经营成果，并对未来的决策提供合理化建议。公司财务报表包括利润表、资产负债表以及现金流量表等，向各种报表使用者提供了反映公司经营情况及财务状况的各种不同数据及相关信息。不过它只是一种静态结果，只能概括地反映一个公司在过去一段时间内的财务状况与经营成果，而财务分析并不是研究过去的事情，而是要对公司未来的发展提供决策建议。这种概括的反映不足以作为投资者进行投资决策的全部依据，还需要将报表与其他报表中的数据或同一报表中的其他数据相比较。

风险与收益的权衡贯穿于公司金融分析过程中，是公司投资决策所关注的核心问题。风险与收益是对称的，公司或者投资者承担了高风险就理应要求获得比较高的期望收益。但是并非所有的风险都能得到补偿，只有不能够被分散的风险，即系统性风险才能从市场那里得到合理补偿。资产组合理论和资产定价理论（包括资本资产定价模型和套利定价理论）提供了风险分散技术和确定风险补偿机制，是公司财务分析的两个重要工具。

期权定价技术并非是投资和金融市场分析的专利，事实上在公司财务中存在大量期权，称为实物期权。比如，在投资决策中，公司要面临延迟、扩大或者放弃某个项目等多种选择，传统的评估技术无法评估投资的灵活性，而运用期权理论则能够对项目价值作出更准确的评估。在公司资本结构中，包括很多具有期权性质的证券，比如认股权证、可转换公司债券等，期权定价理论有助于公司设计具有期权性质的证券，对它们合理定价，优化资本结构。因此，期权定价技术在公司财务中的应用相当广泛。

1.2　企业组织类型

企业的基本组织形式有三种，即个人独资企业（sole proprietorship）、合伙企业（partnership）和公司制企业（corporate）。

1.2.1　个人独资企业与合伙企业组织形式及特点

1）个人独资企业

个人独资企业是指由一个自然人投资，财产为投资人所有，投资人以其个人财产对公司债务承担无限责任的经营实体。个人独资企业有以下几个特点：只有一个出资者，并且出资人对企业债务承担无限责任，也就是说，出资人直接拥有企业的全部资产并直接负责企业的全部负债。独资企业不作为企业所得税的纳税主体，其收益纳入所有者的其他收益一并计算交纳个人所得税。

2）合伙企业

合伙企业是由各出资人订立合伙协议，共同出资，合伙经营，共享收益，共担风险，并对合伙企业债务承担无限连带责任的营利组织。合伙企业有以下几个特点：①有两个以上所有者（出资者）。②合伙人对企业债务承担无限连带责任。包括对其他无限责任合伙人集体采取的行为负无限责任。③合伙人通常按照他们对合伙企业的出资比例分享利润或分担亏损。④合伙企业本身一般不交纳企业所得税，其收益直接分配给合伙人。

根据《中华人民共和国合伙企业法》（2006年修订），合伙企业分为普通合伙企业和有限合伙企业。普通合伙企业由普通合伙人（general partner，GP）组成，合伙人对合伙企业债务承担无限连带责任。有限合伙企业由普通合伙人和有限合伙人（limited partner，LP）组成，GP对合伙企业债务承担无限连带责任，LP以其认缴的出资额为限对合伙企业债务承担责任。在有限合伙企业中，GP是那些进行投资决策以及公司内部管理的人，LP相当于实际出资人，一般不参与企业管理，分享合伙收益，同时有知情权、咨询权。

不论是个人独资企业还是合伙企业，都没有独立于企业所有者之外的企业财产，由于这个原因它们统称为自然人企业。它们的优点在于，企业注册简便，注册资本要求少，经营比较灵活，所以大多数中小企业都采取这两种形式，这两类企业数量最多。但是自然人企业具有比较明显的缺点：一个是资金规模比较小，融资渠道狭窄，抵御风险的能力低。另一个是企业经营缺乏稳定性，受企业所有者个人状况影响很大。此外，企业所有权转移困难。

1.2.2 公司制企业组织形式及特点

公司是具有法人地位的企业组织形式。公司拥有独立的法人财产，独立承担经济责任。相对于自然人企业，公司顺应了现代工业化生产的要求，它的出现是企业组织形式的一次革命，具有巨大优越性。根据2023年修订的《公司法》，公司包括有限责任公司和股份有限公司。

1）有限责任公司

有限责任公司是指股东以其出资额为限对公司承担责任，公司以其全部资产对公司的债务承担责任的企业法人。许多国家公司法对有限责任公司的股东人数都有严格规定。我国规定，有限责任公司的股东人数不能超过50人，如果超过50人，必须向法院申请特许或转为股份有限公司。《公司法》还允许成立一人有限责任公司。一人有限责任公司是指只有一个自然人股东或者一个法人股东的有限责任公司。一人有限责任公司的优势是，股东一个人可以决定公司所有事情，不利之处在于，一人有限责任公司的股东如不能证明公司财产独立于股东自己的财产，应当对公司债务承担连带责任，所以界定企业法人财产独立于股东个人财产的成本较高。

有限责任公司的资本并不必分为等额股份，也不公开发行股票，股东持有的公司股票可以在公司内部股东之间自由转让，若向公司以外的人转让，须经过公司股东的同意。公司设立手续简便，而且公司也无须向社会公开财务状况。

2）股份有限公司

股份有限公司是指其全部股本分为等额股份，股东以其所持股份为限对公司承担责任，公司以其全部资产对公司的债务承担责任的企业法人。在现代企业的各种组织形式中，股份有限公司在企业组织形式中占主导地位。股份有限公司是与其所有者即股东相独立和相区别的法人。

股份有限公司的特点：（1）有限责任。股东对股份有限公司的债务承担有限责任，倘若公司破产清算，股东的损失以其对公司的投资额为限。而对个人独资企业和合伙企业来说，其所有者可能损失更多，直至个人的全部财产。（2）永续存在。股份有限公司的法人地位不受某些股东死亡或转让股份的影响，因此，其寿命较之个人独资企业或合伙企业更有保障。（3）股份有限公司的股东人数不得少于法律规定的数目，如我国规定，股份有限公司设立发起人最少一人，这意味着，允许成立一人股份有限公司。（4）股份有限公司的全部资本划分为等额的股份，通过向社会公开发行的办法筹集资金，任何人在交纳了股款之后，都可以成为公司股东，没有资格限制。（5）可转让性。一般而言，股份有限公司的股份转让比个人独资企业和合伙企业的权益转让更为容易。（6）易于筹资。就筹集资本的角度而言，股份有限公司是最有效的企业组织形式。因其永续存在，因而举债和增股的空间大，股份有限公司具有更大的筹资能力和弹性。

在每一营业年度结束之后，股份有限公司都要进行盈利分配。就股份有限公司而言，其盈利主要来自两个方面：（1）营业性盈利收入；（2）非营业性盈利收入，它包括超过票面金额发行股票所得的收入、由于资产估价增值所获得的收入、出售资产获得的溢价收入以及馈赠收入等。

根据《公司法》规定，股份有限公司的盈利应按照一定的顺序和比例进行分配。首先，应弥补以前年度未弥补的亏损，再从公司盈利中提取一部分公积金。公积金主要用于弥补公司意外亏损，扩大生产规模。公积金又可分为法定公积金和任意公积金。法定公积金是根据法律规定而强制提取的公积金，公司股东大会无权予以变更。任意公积金是指除法定公积金外，由公司章程规定或股东大会决定而提取的公积金，是公司为应付以后的不时之需而准备的，如用于维持亏损年度的股息水平等，它的提取比例由公司在公司章程中自行规定。

公积金提取之后，剩下的盈利部分则用于支付股东的股利。在公司盈利中用于支付股东股利的部分并不固定，它是由公司盈利总额及上述扣除款项的多少决定的，盈利多，股利就可多分，否则就会减少，有时甚至没有。

尽管公司这种企业组织形式具有优势，但是实践中还存在以下问题：

（1）对公司的收益重复纳税。公司的收益先要交纳公司所得税；税后收益以现金股利分配给股东后，股东还要交纳个人所得税。

（2）容易为内部人控制。所谓内部人是指具有信息优势的公司内部管理人员。由于公司的所有权与经营权分离，这样就出现了委托代理问题，经理们可能为了自身利益而在某种程度上侵犯或者牺牲股东利益。

（3）信息披露。由于两权分离，股东和经理人的目标并不一样，甚至存在冲突，经理人为了自身利益最大化而侵犯股东利益。为了保护股东以及债权人的利益，公司经理人必须定期向股东和投资者公布公司经营状况，接受监督。

总的来看，公司所具有的能够在大范围募集资金、承担有限责任的特点，能够很好地满足企业对大规模资金和风险分散的需要，公司成为很多大企业采取的企业组织形式。本书所讨论的公司金融问题主要是基于股份有限公司而言，有些问题也是公司所特有的，比如股利分配。不过，各种类型的企业都有财务活动，所以本书所讨论的问题也适用于这些企业。

1.3　公司财务目标

公司的财务决策在一定目标指引下进行，并为实现这一目标服务。公司财务目标不同，会产生不同的决策行为。

1.3.1　可供选择的目标

1）利润最大化

盈利是企业存在的理由之一，是企业可持续发展的基础，所以，利润最大化作为财务目标似乎是合理的，而且从长期来看，较高的利润通常意味着较大的公司价值，并且在实践中利润容易度量。但是这一目标也存在明显缺陷：

（1）忽略了货币的时间价值因素。例如，今年获利100万元和明年获利100万元，哪个更符合公司的目标？若不考虑货币的时间价值，就难以作出正确判断。

（2）没有考虑不确定性和风险因素的影响。例如，同样投入500万元且本年获利100万元，一个企业获利已经全部转化为现金，另一个企业则全部是应收账款，并可能发生坏账损失，哪个更符合公司的目标？若不考虑风险的大小，就难以作出正确判断。

（3）没有考虑权益资本成本。例如，同样获得100万元利润，一个企业投入资本500万元，另一个企业投入600万元，哪一个更符合企业的目标？若不与投入的资本额联系起来，就难以作出正确判断。另外，不考虑利润和投入资本额的关系，也会造成公司短视行为，优先选择高投入的项目，而不利于高效率项目的选择。

（4）容易受到会计方法和人为因素影响，不够准确。例如，财务经理可以利用盈余管理手段，如增加投资收益、压缩存货、增加营业外收入等来调整当期利润，但这不是公司所期望发生的。

2）市场份额最大化

市场份额增长通常意味着较大的品牌影响力以及较低的经济成本，从长期来看，较高的市场占有率能够带来利润的增长和公司价值的提升。另外，市场占有率易于观测和度量，所以很多公司把市场份额最大化作为目标，追逐市场占有率的上升。以市场占有率作为公司财务目标的前提是，市场占有率必须与股东财富增长或者公司价值之间保持持续的紧密联系，然而事情并不总是这样，这取决于企业为增加市场份额而采取的策略是什么，如果为此而支付的成本远高于得到的收益，提高市场占有率就是得不偿失的，比如通过降价、放松信用条件、过度营销等方式实现销量增长，却无法带来利润的相应增加。

1.3.2　股东财富最大化

1）股东财富最大化的内涵

公司是股东的，财务经理是为公司股东在做决策。站在股东角度，财务目标是清晰的，即股东财富最大化。股东财富的增长主要来自公司股价上涨，那么，股东财富最大化目标就转化为股价最大化。股价最大化避免了利润最大化、市场份额最大化等目标存在的缺陷，因为股价反映了投资者对企业未来发展的预期，无论利润的增长还是销量的提升，如果是通过竞争力提高来实现的，是可持续的，那么一定会促进股价上涨，但是，如果利润和销量的提升是通过短期措施来实现的，股价并不会上涨甚至可能下跌，因为这是通过损害长期利益来实现的。

股东财富最大化目标的合理性还在于股东掌握的是剩余索取权，就是说公司取得的收入必须首先支付原材料货款、工人工资、贷款利息等成本费用以及交税之后，剩余收入才能向股东分配。如果这些利益相关者没有得到偿付，那么股东就不会有利润分配。所以，在这个意义上，股东财富增长意味着这些群体的利益也得到了保障。

2）股东财富最大化目标的假设条件

以股东财富最大化作为公司财务目标，需要一些假设条件。离开这些假设条件，股东财富最大化就不再具有合理性。这些假设条件是：

（1）股东与经理之间不存在信息不对称，股东可以准确评价和监督经理的工作，经理完全根据股东财富最大化目标来制定决策。

（2）债权人利益得到完全保护，从而可以避免被股东侵犯。

（3）资本市场是有效率的，也就是说，有关公司的各种信息都已经及时、充分地反映在公司股票价格上，任何人不能够利用信息优势获取超额利润。这个假设条件支持股东财富最大化的另一种更严格的表述，即股票价格最大化。

（4）不存在社会成本或者社会成本远远小于财富最大化所产生的价值。社会成本是与外部不经济相联系的一个概念，是指公司在追求财富最大化过程中产生，没有进入公司生产函数、无法向公司收取费用加以弥补的成本。

3）股东财富最大化目标的潜在社会成本

在现实中，这些假设条件很难同时得到满足。这很可能意味着，当公司唯一地追求财富最大化时，会产生负面影响。如果这种负面影响造成的社会成本超过财富最大化所带来的效益，那么就有必要调整公司财务目标。

比如，在大的股份公司里面，所有权与控制权分离，所有者委托经理行使经营管理权，而这二者的效用函数是不一样的，存在利益冲突。在信息不对称的环境中，股东很难对经理的工作业绩作出准确评价，无法监督经理按照股东财富最大化目标来行事。即便能够有效监督，监督成本也很高。

抛开公司经营中的委托代理问题，就财富最大化这个目标本身来讲，在某些情况下也会带来社会成本。例如，在"恶意收购"中可能会出现社会成本超过财富最大化所带来的效益。恶意收购者高价购买被收购公司的股票，然后重组公司高级管理层，改变公司经营方针，并解雇大量工人。由于被收购公司的股东可以以高价将股票卖给收购者（一般都超出原股票价格的50%到1倍以上），他们往往同意恶意收购者的计划。按照股东财富最大化的目标,经理有义务接受恶意收购。但是,恶意收购带来的社会成本很高(比如工人失业),这时,追求股东财富最大化是不可取的。

在股东与债权人之间也存在利益冲突。利益冲突的本源在于对现金流量要求权的不同。债权人具有固定金额的第一位求偿权。股东对残余现金流量有求偿权,因此,债权人要以比股东更消极的眼光看待项目选择和其他决策中存在的风险。在债权人利益没有得到有效保护的前提下,股东为了追求财富最大化很可能会侵犯债权人利益,谋取债权人财富。

金融市场的缺陷可能导致不合理的资源配置和错误的决策。这种成本发生在我们将公司财务目标界定为股票价格最大化的情况中。这是因为当股票价格不能够灵敏、真实、充分地反映所有公司信息的时候,价格就失去了引导资源配置的作用。谋求公司长远发展进而增加公司价值的举措很可能引起股票价格的下降,比如减少当期股利分配以便投资一个有前景的项目融资,由于股东短期收入下降,引起股价下跌,因此,这个举措就会遭到投资者的反对。相反,减少公司价值但能增加短期收入的举措可能会促使股价上涨。

1.3.3 公司价值最大化

1)公司价值最大化的合理性

鉴于股东财富最大化目标的局限性,公司价值最大化作为替代目标出现了。公司价值包括股权价值和债权价值。公司价值上涨意味着股价上涨或者债券价值增加,所以公司价值最大化的实现可以保障公司各类投资者(如债权人、股东)对企业资产索偿权的要求。而股东财富最大化目标并没有考虑其他投资者的利益。

对于非股份有限公司而言,公司价值最大化目标同样是适用的。公司价值是企业未来现金流在当前的价值,公司价值固然可以在股票价格上得到反映——这是市场投资者对企业的估值,但是也可以根据对未来现金流的预测按照某种方法进行估值。凡是能够增加未来现金流的政策,也能够提升公司价值。

2)公司价值最大化与股东财富最大化的关系

使企业价值最大化的策略是否也能使股东财富最大化呢?如果企业债务是无风险的(即债权价值不受企业经营风险的影响),那么,企业实现股东财富最大化的同时也能实现企业价值的最大化。或者,如果资本市场无交易成本,市场是完全竞争的,个人所得税中性,且所有投资者(股东与债权人)对收益与风险具有相同的预期,那么两个目标也可以取得一致。但上述假设在现实中往往得不到满足,如果考虑放弃一部分假设,比如承认财务风险的存在、市场的不完全竞争、信息不对称等等,这样就会得出不同的结论,即两种财务目标存在不一致性,这种不一致性经常导致企业的财务决策达不到预期的效果。

在以股东财富最大化为目标指导决策时,经营者可能采取风险大于债权人预期风险的投资方案。风险的提高将导致企业债权人的要求报酬率提高,债权价值发生贬值。项目成功了,债权人不能分享盈利,而一旦项目失败,债权人却不得不承担一部分损失。短期内,股东将本应属于债权人的部分风险报酬据为己有,因此股权价值增加,但企业价值未必增加。债权人当然不会坐视自身利益受损而不采取行动,即使已签订的债务合同无法更改，债权人仍然会寻求其他可行的措施对企业进行必要的控制以保护他们的利益，这些限制可能提高企业的举债成本，从而使股权价值降低。因此在股东财富最大化目标的指导下，一个长期决策，起初似乎是股东受益更大的，但实际上长期的股权价值却在减少。股东财富最大化目标忽略了某些至关重要的因素，从表象上则反映为与企业价值最大化目标模式的不一致。两个财务目标的不一致性实际可以归结为股东和债权人之间的利益关系问题，片面追求股东财富，甚至以牺牲债权人的利益为代价，最终也将减少股东自身的利益。只有企业的经营者权衡好股东和债权人之间的利益关系，股东财富最大化目标才可能与公司价值最大化目标相一致。

启智增慧 1-1

中国特色现代企业的公司治理及财务目标

尽管股东财富最大化与公司价值最大化的目标存在差异，但是大部分财务分析模型并不强调这种差异。目前公司财务理论都是建立在公司股东财富最大化这个前提下。在不特别强调的条件下，本书对这两个目标并不加以区分，等同使用。

1.4 利益冲突与协调

现代公司制的一个重要特征是所有权与经营权分离，虽然两权分离机制为公司筹集更多资金、扩大生产规模创造了条件，并且管理专业化，有助于管理水平的提高，但是一个不可避免的问题出现了，即委托代理问题。由于公司所有者与经理利益目标并不完全一致，经理使自身效用最大化的行为必然会损害股东利益，因此所有者的问题是如何设计激励约束机制使经理的活动符合股东的利益，减少利益冲突。公司股东与公司债权人之间也存在利益冲突，为了追求财富最大化，股东可能要求经理采取不利于债权人利益的行动。下面我们分别对股东和经理之间以及股东和债权人之间的关系进行分析。

1.4.1 股东与经理、债权人的利益冲突

1）股东与经理

股东与经理之间的利益冲突源于经理持有少于 100% 的剩余索取权，经理在承担全部经营活动成本的同时，却不能获取全部经营活动的收益。这会导致经理在管理企业的资源上投入更少的努力或者可能将企业资源转移到个人利益之中，引发经理道德风险。道德风险最明显的例子，就是雇员作出的会影响个人利益即职务待遇的决策。职务待遇包括直接好处和间接好处，前者如使用公司的轿车或办私事时用公费开支，后者如过分花哨的办公室装饰品。在这类事上花费过多的钱，对股东来说就是损失。

信息不对称加剧了道德风险。由于雇员的努力程度不可观察，且雇员的努力程度与公司目标的实现之间不存在必然的因果关系，比如公司价值的增加可能是由于长期利率水平降低而导致股票价格的上涨，而并不是经理决策的结果，因此，所有者无法根据公司股价的表现来决定对经理层的考核。一些经理人员希望不作出任何努力就得到报酬。

经理对股东利益的侵犯还有一个因素，这就是不可分散化的人力资本。人力资本具有投资专有性，雇员长期在一个职位或者公司工作，造成人力资本高度专业化。它

直接影响到经理在进行资本投资时的选择。股东可以构造投资组合，持有多种不同股票。因此，对于某家公司价值的波动，他们并不过分在意。因为分散化投资导致不同股票价格波动会相互抵销。但是公司价值的波动对经理影响很大。因此，在进行投资决策时经理的激励因素可能会与股东有很大不同。激励因素的背离导致投资决策存在偏见。因为雇员在非常坏的结果中失去得更多，所以他们对公司进行高风险投资会产生偏见。而且由于这种偏见是基于风险（而不是报酬）的，因此，即使投资会带来很大的正的净现值，经理也不会选择它。

股东与经理之间的利益冲突有很多表现，比如有一种称为"绿色讹诈"的公司收购，被恶意收购者相中的公司经理被迫以更高的价格全部买下恶意收购者持有的公司股票，从而避免他们的公司被收购。反收购行动保全了经理的职位，但是却耗费了公司大量资源，给公司股价造成了不利影响。而"绿色讹诈"并不需要事前得到股东的同意，通常会迫使董事会通过反收购计划。

使股东利益受损的一种比较严重的表现是在收购中过度支付，当然经理并不承认这一点。经理层认为收购行动中支付溢价是由一些原因造成的，比如，目标公司价值被低估，存在战略利益，等等。但是收购公司的股东对收购或者合并行动并不像经理那样热情，因为收购公司的股价在宣布收购行动后会随时间的推移而逐步下降。收购行动中的过度支付带来的后果就是，收购公司股东的财富被转移到被收购公司股东手中。

2）股东与债权人

股东与债权人利益冲突的本源在于对现金流量要求权的不同。债权人具有固定金额的第一位求偿权，而股东对残余现金流量有求偿权，当企业经营得好时，债权人所得的固定利息只是企业收益中的一小部分，大部分利润归股东所有。当企业经营状况差到陷入财务困境时，债权人承担了资本无法追回的风险。因此，债权人要以比股东更消极的眼光看待项目选择和其他决策中存在的风险，特别是在企业财务拮据时，股东和债权人之间的利益冲突可能加剧。

这类冲突主要包括如下几个方面：

第一，求偿权稀释。增加股息支付会降低公司债权的价值。从某种意义上看，公司的未来收益可以看作是公司债务的抵押品，如果在债务到期之前将这些抵押品转移，债权人权益将受到侵害。从另一个角度看，支付股利的同时减少公司的现金额和股东权益总量。权益总量的减少，会使公司的负债融资比例提高，从而增加了负债的风险并降低了负债求偿的价值。因此，公司债权的价值总是与股息支付政策联系在一起的。

负债的大规模增加也会稀释现有债权人对公司资产的求偿权。如果新增加的债务造成向现有债权人偿还承诺金额的可能性降低，那么就存在求偿稀释。风险的增加降低了公司未清负债的价值。股东会在债权人价值损失时得到收益。

第二，资产替代。从取得收入的方式来看，股东权益是一个典型的期权，股东可能选择违约，而这种选择权是有价值的。该期权的价值是项目收益风险的增函数。这就是说，在借贷契约没有对项目选择作明确界定的情况下，股东有激励选择风险大而价值低的项目。资产替换最简单、最常见的例子就是用现金购买设备或原料。我们知道，如果一项投资的风险越高，那么投资者要求的投资报酬率就越高，这样该项投资的现值就会越小。所以当存在风险性负债时，会促使股东用风险更高（从而价值更小）的资产来替换公司现存资产。此时由于违约可能性增大，债权人求偿权的价值会减小。

第三，投资不足。当存在未清偿的风险性负债时，若公司进行低风险投资，那么股东会损失价值。所以股东会拒绝从事效益好（净现值为正）但风险低的投资，使财富不会从自己这里转移到债权人手中。即使该项目投资净现值为正，如果由于降低资产风险导致的股东价值的减少额超过了该投资的正净现值，股东仍然会拒绝从事该项投资。一个例子是，假设公司的股东和经理意识到企业很可能发生财务危机，但现在控制权依然掌握在股东手中。这时公司面临一个有利的投资机会，其收益足以偿还到期债务，但这项投资要求公司将现有利润全部投入进去。在这种情况下，股东很可能拒绝该项目，而将利润作为股息分配。因为尽管该项目有利于债权人，并使公司价值最大化，但收益绝大部分归债权人，而投资成本却由股东承担。

第四，资源的次优配置。债务融资可能导致企业投入次优搭配，从而引起企业低效率。债务融资总是与可以监督和抵押的资产联系在一起，债权人希望加大这类资产的比例，因为这样可以保证债权人直接监督和验证资金用于指定的用途而不是被挪用，并且保护债权人最大限度地免于企业家道德风险的危害。尽管企业家具有增加不可观察的投入的激励，但双方一致同意的投入组合通常并非最为有效的投入组合——可监督和抵押的要素投入可能过多，而不可观察的投入则有可能过少。

3）大股东与小股东

在我国当前市场和法律环境下，还存在一类代理问题比较突出，即大股东对中小股东利益侵犯。相对于股权分散的公司治理结构，我国很多上市公司的股权相对集中，大股东掌握着上市公司的话语权和控制权，在公司发展事项上拥有决策权和重要影响力，大股东的某些决策可能不符合小股东利益，而小股东对不符合自身利益的决策只能"用脚投票"，并没有其他制约手段，中小股东处于弱势地位，加之部分法律规定的缺失，从而加剧了大股东与中小股东的代理冲突。比较典型的表现是，大股东往往采取过度分红行为转移公司资金，或者利用股份减持和股权质押行为攫取控制权收益，造成股价下跌，使小股东蒙受损失。

1.4.2　利益的协调

为了使经理人以及大股东按公司价值最大化的目标进行管理和决策，股东必须设计有效率的激励约束机制。若只采用监督措施，为监视和控制经理人的行为要花费大量的资源，而且不可能做到全面监控。因此对经理人的激励应是企业对经理人管理的主要策略。将经理人的管理绩效和他对股东财富最大化所作的贡献与经理人所获得的报酬联系起来，通过考核经理人的工作业绩来决定对他的奖励，从而调动经理人的积极性来为股东利益服务。除了公司内部激励机制外，资本市场和经理人市场的存在也能促使经理人把公司股票价格最大化作为他经营的目标。对于大股东的代理问题而言，主要通过健全法律法规和公司治理结构来进行制衡约束。

启智增慧 1-2

把党的领导融入国有企业公司治理体系

1）经理人市场

市场依据经理人过去取得的业绩为经理定价。来自资本市场的信息反映了经理人的经营绩效。比如公司股价高意味着股东财富增加，说明经理人管理水平高、经营业绩好，市场愿意为此向经理人支付较高的报酬。这样就将经理人追求个人财富最大的愿望与股东财富最大的目标融为一体了。

2）经理被解雇的威胁

公司股权的分散化使个别股东很难通过投票表决来撤换不称职的经理。同时由于经理被授予了很大的权力，他们实际上控制了公司。大多数股东表达意见的方式只能是"用脚投票"。但是对于被机构投资者控股的公司而言，养老基金公司、共同基金公司和保险公司在大企业中占的股份足以使他们有能力解雇经理。高级经理被解雇的威胁动摇了他们长期稳固的地位，并使他们的身价下降，促使他们创新，摒弃保守的管理理念，为股东的最大利益服务。

3）公司被合并的威胁

当公司经理决策错误导致股票价格大幅度下降时，就会有被其他公司合并的危险。被合并公司的经理在合并公司的地位一般都会下降或者被解雇，这对经理利益的损害是很大的。因此，经理人员为保住自己的地位和已有的权力会竭尽全力使公司的股价最大化，这是和股东利益一致的。不过正如前文分析的那样，经理为避免公司被收购，也会采取对股东不利的措施。

4）对经理的奖励

考核经理的经营绩效，按其管理效果的好坏进行程度不等的奖励是目前公司采用的主要激励手段，其中认股权证和绩效股奖励已被各公司广泛采用。认股权证规定持有人在认股权证有效期内有权以事先约定的不变价格购买公司股票。公司股价上升，认股权证价值增大。这样就把对经理的奖励和股价最大化的目标连在一起。但认股权证的价格受整个股票市场控制，经理为企业目标努力工作，但他不能控制整个股票市场，因此认股权证往往不能兑现。20世纪70年代以来，绩效股已成为企业奖励经理的主要手段。选取某些与公司价值增长关系密切的指标，如每股收益、净资产报酬率，以及资产流动性指标作为考核指标，对经理的绩效进行考核，一般以考核指标的增长率作为奖励标准，奖给经理一定数量的公司股票，超额多奖。这样就可激励经理充分利用他们可控制的因素为股东财富最大化效力。

5）财务信息公开制度

代理人掌握着企业内部信息，委托人的信息需求全部来自代理人的披露和报告，这容易导致代理人隐匿实情、虚报财务数据，诱发道德风险。因此，必须实行财务信息公开制度，建立有关财务信息的披露政策与质量约束机制，以实现委托代理双方在财务信息了解方面的均衡。

债权人为维护自己的利益：一是要求风险补偿，提高新债券的利率。二是在债券合同中加进许多限制性条款，如在企业债务超过一定比例时，限制企业发行新债券和发放现金股利，不得投资于风险很大的项目以免股东把风险转嫁到债权人身上。三是分享权益利益。债权人可以在购买债券的同时购买该公司的股票，或者债券附属的认股权证，或者可转换证券，从而使自己持有该公司部分权益。一旦债权人发现股东正在牺牲他们的利益而使自己获益的时候，债权人也可以变为股东，分享一部分利益。实际上股东若无视债权人的利益，通过管理决策者将债权人的利益转到自己手中，将风险转嫁给债权人，对股东实现其财富最大化并没有好处。债权人会联合起来，拒绝借款给企业，或者要求企业支付借款的高额利息。这将增加企业的筹资成本，降低股本收益率，最终导致股票价格的下降。

6）法律约束

新《公司法》加强了股东权利保护，例如，强化了股东知情权，允许股东查阅会计凭证，对于公司的控股股东滥用股东权利，严重损害公司或者其他股东利益的，其他股东有权请求公司按照合理的价格收购其股权。允许股东对公司全资子公司董事、监事、高级管理人员等提起代表诉讼。同时也加强了对债权人利益的保护，增加了债券持有人会议决议效力的规定。

启智增慧 1-3

新《公司法》

1.5 公司金融环境

公司金融活动面临内外部环境约束，比如公司内部治理结构，以及金融市场发达程度、税收政策、货币政策等。公司财务决策在各种环境条件约束下追求公司价值最大化目标的实现。

公司金融环境是指公司在进行与财务相关的各种金融决策时所依赖的环境。财务决策的程序与结果要受到这些环境的制约。例如，一项投资决策要经过公司董事会的审议，重大决策还要经过股东大会的表决通过，并且要在金融市场上为该项投资来筹集资金，等等。而货币政策的松紧以及金融市场的发达程度决定了筹资的效率和成本。所以，公司在进行财务决策时必须考虑环境约束。对环境的分析是财务决策所不可或缺的。只有弄清公司财务管理所依赖的环境的现状与发展变化趋势，才能作出正确的财务决策，更好实现公司财务目标。

按照环境是否可控，公司金融环境分为内部环境与外部环境。

1.5.1 公司金融内部环境

内部环境是指能够被公司自身所决定的那些影响公司财务决策的环境因素，包括企业组织形式、公司规模、经营管理水平、公司治理结构等。

1）企业组织形式

本章前面已经述及，企业组织形式有多种，不同类型的组织形式决定了不同的财务决策程序和相应岗位的设置以及职责权限的划分。例如，股份公司设有股东大会和董事会以及较为完善的管理组织架构，决策流程更加严谨和规范，部门之间既有分工又有制衡。管理层负责日常的经营管理决策，董事会受全体股东委托对管理层进行监督考核。管理层提出投融资决策或者分配方案，然后提交董事会的专门委员会如战略决策委员会或者投资决策委员会等进行审议，再提交全体董事会审议通过。特别重大的事项比如上市还要提交股东大会表决。这种机制既保证了管理层的积极性，使其能够对公司进行有效管理，又保证了重大决策的失误降到最小，保护了股东利益。但是对于很多小企业而言，经营管理就不像股份公司这样严谨规范，很多时候决策是由企业主个人作出的，企业主的个人意志起决定作用。

2）公司规模

公司规模对生产经营的组织方式以及决策目标都有很大影响，所以不同规模的企业对财务决策与经营管理有不同要求。大规模的企业内部有明确和复杂的专业分工，通过追求规模经济效益和市场垄断力来赚取最大利润，投融资活动现金流具有多元化、复杂化的特点，这要求建立严格规范的财务制度，财务决策过程复杂，需要考虑多种内外部影响因素。而较小规模的公司内部没有复杂的分工，经营活动较为单一，投融资活动规模较小，财务决策过程相对比较简单。

3）经营管理水平

企业经营管理水平是指企业拥有各项健全的管理规章制度以及管理机制，并且能够严格遵照执行。管理水平高的企业能够更有效地利用各种稀缺资源，获取更大利润。反之，若公司内部管理制度与管理机制不健全，决策流程不规范，就不能充分有效利用内外部资源，从而增加成本、降低效率，甚至出现决策失误，给企业发展带来隐患。

4）公司治理结构

任何企业都要对其员工、顾客、股东、债权人和社会负责。这些利益相关者从不同角度来评价公司经营，他们之间以及他们与公司之间的利益关系构成了公司金融环境的重要组成部分——公司治理结构。公司治理实质上是一系列的制度安排，用来协调利益相关者之间的关系，促进企业价值增长。公司治理有狭义和广义之分。李维安（2000）认为狭义的公司治理是指所有者（主要是股东）对经营者的一种监督与制衡机制，其主要特点是通过股东大会、董事会、监事会及管理层所构成的公司治理结构进行内部治理；广义的公司治理则是通过一套包括正式或非正式的内部或外部的制度或机制来协调公司与所有利益相关者（股东、债权人、供应者、雇员、政府、社区）之间的利益关系。

内部公司治理结构分为决策机构、执行机构与监督机构。决策机构主要是指股东大会与董事会，股东大会是最高决策机构，董事会是股东大会的代理机构。执行机构主要是指高级经理层，负责执行董事会的决议。监事会是公司监督机构，代表全体股东来监督董事会是否执行股东大会的决议。

公司内部治理涉及董事会制度、公司控制权结构、对经理层的激励与约束等。董事会制度是公司治理的核心。董事会制度设计表现在四个方面：董事会成员的构成，要求专业性与代表性相结合，特别是增加独立董事来制约内部董事串谋损害投资者利益；董事会的组织结构，通常下设多个专门委员会，如战略委员会、薪酬委员会、审计委员会、提名委员会等，以增强董事会的专业性；建立合理的董事薪酬与激励机制如股票期权制度，以及建立完善的董事会议事规则。公司控制权结构主要是指剩余控制权如何在股东之间进行分配，既能满足公司价值增长的需要，同时又不会削弱大股东对公司的控制权。但是拥有控制权并不意味着一定要具有绝对控股地位，这取决于股权的分散程度，如果股权趋于分散，那么50%以下的股权比例仍能实现对公司的控制。对公司控制权的不同安排形成了不同的决策结果。

对经理层的激励与约束是公司治理的重要内容。通常来讲，股东与经理人之间存在利益冲突，所以对经理人的激励与约束计划的目的是促使经理层能够以股东的利益为先来经营企业，避免经理人道德风险的发生。常见的激励机制包括管理层收购（management buy-out，MBO）以及股票期权（executive stock option，ESO）、员工持股计划（employee stock option program，ESOP）等。

启智增慧 1-4

案例：保持对公司的控制权与公司发展壮大之间的抉择

公司外部治理是指存在于公司之外的市场竞争机制以及法律制度，通过外部市场竞争以及法律约束来实现内部监督。外部市场主要是指经理人市场以及证券市场。一个充分竞争的经理人市场为每一个经理人的能力提供了恰当的评价与估值。经理人的过往业绩成为市场评价其能力的依据。股东可以在市场上选择适合公司的经理人。所以，经理人市场的存在对于公司现有经理人构成一种外部压力：一是他的经营管理的业绩在市场中会成为评价其能力的依据；二是有被取代的危险，一旦干得不好，公司就可能从经理人市场选择其他经理人来取代他。这种压力会促使经理人努力工作。证券市场则为中小投资者表达对经理层的意见提供了手段。大股东可以通过董事会来影响经理层的决策，也可以通过市场来选择更合适的经理人，中小股东则可能选择"用脚投票"来表达意见，这样做的后果就是股价下跌，反过来影响市场对经理人的评价，如果经理人认识到"用脚投票"的后果，那么在事前就会更多考虑市场投资者的反应。

1.5.2　公司金融外部环境

公司要利用金融市场来进行投融资活动，而税收政策则影响公司能够向股东分配的税后收益以及投融资的方式和规模，所以，金融市场以及税收政策是公司金融活动重要的外部环境。

1）金融市场与金融机构

（1）金融市场

金融市场（financial markets）是金融资产交易的场所，它是以金融资产（financial assets）为交易对象而形成的供求关系及其机制的总和。按交易对象来划分，金融市场可以划分为货币市场、资本市场、外汇市场和黄金市场。

①货币市场。货币市场是指以期限在一年以内的金融资产为交易标的物的短期金融市场。该市场的主要功能是保持金融资产的流动性，以便随时转换成可以流通的货币。它的存在，一方面满足借款者的短期资金需求，另一方面也为暂时闲置的资金找到了出路。货币市场交易对象包括国库券、商业票据、银行承兑汇票、可转让定期存单、回购协议等短期信用工具。许多国家将银行短期信用工具也归入货币市场的业务范围，其中拆借市场和票据市场是最重要的两个市场。拆借市场是金融机构间进行短期资金融通的市场，主要为各金融机构如商业银行弥补短期流动资金不足、缓解资金闲置提供一个渠道。票据市场是以各种票据为媒体进行资金融通的市场，按照票据的种类，可以分为商业票据市场、银行承兑票据市场和大额可转让存单市场。

②资本市场。资本市场是指期限在 1 年以上的金融资产交易的市场。资本市场主要是指债券市场和股票市场。资本市场的主要作用是为企业创建、扩充设备等长期项

目以及政府筹集长期资金用于公用事业投资和保持财政收支平衡。由于它的期限比较长、金融工具的流动性比较低，因此该市场的风险相对较大。

③外汇市场。外汇市场是专门进行外汇买卖的场所，从事各种外币或以外币计价的票据及有价证券的交易。外汇市场按其含义有广义和狭义之分。狭义的外汇市场是银行间的外汇交易，包括同一市场各银行间的交易、中央银行和外汇银行间以及各国中央银行间的外汇交易，也被称为外汇批发市场（wholesale market）；广义的外汇市场是指由各国中央银行、外汇银行、外汇经纪人及客户组成的外汇买卖、经营活动的总和，包括批发市场和银行同企业、个人间外汇买卖的零售市场（retail market）。

外汇市场是国际间资金的调拨划转、国际间债权债务的清偿、国际间资本流动以及跨国资金借贷融通的重要载体。外汇市场使购买力的国际转移得以实现，为国际经济交易提供了资金融通的渠道。

④黄金市场。黄金市场是专门进行黄金买卖的交易市场。目前黄金仍是重要的国际储备工具之一，是调节国际储备的重要手段，在国际结算中仍然占有很重要的地位。黄金市场的主要参与者有：企业、个人、各国的外汇银行和中央银行、进行市场投机而进行黄金买卖的个人和机构。黄金市场主要集中在伦敦、纽约、苏黎世、中国香港等地。

按交割方式划分，金融市场可以划分为现货市场和衍生市场。现货市场中的现货交易是金融市场上的最普遍的交易方式，指市场上的买卖双方成交后须在若干交易日内办理交割的金融交易，包括现金交易、固定方式交易及保证金交易。衍生市场是指各种衍生金融工具进行交易的市场，包括期货市场和期权市场。它一般表现为一些合约，包括远期合约、期货合约、期权合约、互换协议等。这些合约的价值由其交易的金融资产的价格决定。由于衍生金融工具在金融交易中具有套期保值防范风险的作用，因此，其种类仍在不断增多。衍生金融工具同时也是一种投机的对象，其交易中所带来的风险也应引起注意。

（2）金融机构

金融机构体系主要由银行业和非银行业金融机构等共同组成。银行业金融机构是指商业银行、邮政储蓄银行、农村信用合作社等吸收公众存款的金融机构以及国家开发银行、中国进出口银行和中国农业发展银行等政策性银行。截至2023年末，银行业金融机构人民币各项贷款余额237.59万亿元，人民币存款余额284.26万亿元，资产总额417.3万亿元。保险公司总资产29.96万亿元。截至2022年末，除了六大国有商业银行以及12家全国性股份制商业银行外，有城市商业银行125家、农村商业银行1 604家、农村信用联社515家、农村合作银行23家、村镇银行1 640家。银行业金融机构仍然是我国金融市场的主体。

非银行业金融机构是指除商业银行和专业银行以外的所有金融机构。这类金融机构主要是通过发行证券或以契约性的方式吸收资金，主要包括公募基金、私募基金、信托、证券、保险、融资租赁、资产管理公司等机构以及财务公司等。截至2022年末，证券公司资产总额11.06万亿元，净资产总额2.79万亿元。期货公司总资产1.69万亿元，净资产1 841.33亿元。公募基金管理规模26.03万亿元，私募基金规模20.28万亿元。全国共有证券公司140家、期货公司150家、公募基金管理公司155家、私募基金管理人 23 667 家；保险机构法人 237 家，保险业总资产 27.15 万亿元。

2）有效资本市场理论及其对公司财务的影响

所谓资本市场的效率是指证券价格对影响价格变化的信息的反映速度。反映速度越快，资本市场越有效率。资本市场的有效性划分成三个不同的层次，即强式有效市场、半强式有效市场、弱式有效市场。

弱式有效市场。所谓弱式有效市场就是在股票价格中包含了过去记录中的全部交易信息，证券价格的未来走向与其历史变化之间是相互独立的，投资者无法依靠对证券价格变化的历史趋势的分析（如技术分析）所发现的证券价格变化规律来获取超额利润。

半强式有效市场。所谓半强式有效市场则指证券价格不但完全反映了所有历史交易信息，而且反映了所有公开的信息包括企业基本面信息。在半强式有效市场中，各种信息一经公布，证券价格将迅速调整到其应有的水平上，这使得任何利用这些公开信息对证券价格的未来走势所作的预测对投资者失去指导意义，从而使投资者无法利用对所有公开发表的信息的分析来获取超额利润。在半强式有效市场上，存在着两类信息：公开信息和"内幕信息"。极少数人控制着"内幕信息"，而大部分人只能获得公开信息。

强式有效市场。在强式有效市场上，信息的产生、公开、处理和反馈几乎是同时的。结果，每一位交易者都掌握了所有相关信息而且每一位交易者所占有的信息都是一样的，对该资本品的价值判断都是一致的。也就是说，证券的价格反映了所有即时信息所包含的价值。强式和半强式有效市场的区别在于是否存在未公开的"内幕信息"。

弱式有效市场与强式、半强式有效市场的区别在于，在一个弱式有效市场上，除了信息的公开程度存在着差别之外，投资者对公开信息的理解和判断也存在着专业性和非专业性的区别。结果在弱式有效市场上，除了通过掌握"内幕信息"可以获得超额利润之外，那些专业性的投资者还可以利用他们在信息分析上的专业优势获得额外的利润。

有效市场理论给财务管理活动带来了很多启示，如既然价格的过去变动对价格将来的变动趋势没有影响，就不应该根据股票价格的历史变化决定投资或融资；既然市场价格能够反映企业的状况，市场上的证券价格一般也就是合理的，因此凡是对证券的高估或低估，都应当谨慎；既然市场价格是准确和可靠的，对企业状况的人为粉饰也就不会长久地抬高企业的价值；既然资本市场上的证券都是等价的，每种证券的净现值都等于零，因此各种证券可以相互替代，也就可以通过购买各种证券进行投资组合。

3）税收制度

税收制度对企业投融资决策以及收益分配都有重要影响。例如，在融资决策的过程中税收因素是重要外部因素之一。税收之所以能对企业的融资决策产生影响，是由于税收的非中性。从企业所得税方面来说，企业通过负债融资产生的利息被当作经营过程中产生的费用允许税前扣除，这样可以少纳所得税，获得税收上的好处。而相对于负债融资，企业进行股权融资分配给股东的股利则必须要在交纳企业所得税之后才

启智增慧 1-5

改革开放以来我国金融业的发展

能发放，企业并不能获得税收上的利益。从个人所得税方面来说，股东从企业获得的股利和债权人从企业获得的利息收入都必须交纳个人所得税，使得企业支付给股东的股利和支付给债权人的利息并不等于他们的实际所得，如果股利的所得税和利息的所得税在税率上存在差异，那么股东和债权人对于企业价值的评估就会存在差异，其要求的报酬率就会不同，企业进行权益融资和负债融资的资本成本也会产生差异。在投资决策过程中，税收会影响资产的税前收益率，从而影响投资方式。另外，如果投资时选择的企业组织形式不同，其税收负担也不同。如果选择了有限责任的形式，则会被课以企业所得税；如果选择了个人独资或与他人合伙，则适用个人所得税法，而这二者在税率、税前扣除以及税收优惠上都有很大的不同，这会影响企业的税收负担。所以，税收政策对企业经营效果影响很大，企业管理者必须对税收政策有所了解。

启智增慧1-6
我国税收体系

本章小结

公司金融的目的是通过合理配置公司内外部资源实现公司价值最大化，包括投资决策、融资决策和股利分配决策。企业的基本组织形式有三种，即个人独资企业、个人合伙企业和公司。个人独资企业是指由一个自然人投资，财产为投资人个人所有，投资人以其个人财产对公司债务承担无限责任的经营实体。合伙企业是由各合伙人订立合伙协议，共同出资，合伙经营，共享收益，共担风险，并对合伙企业债务承担无限连带责任的营利组织，根据合伙人的责任权利，又分为有限合伙企业和普通合伙企业。公司是具有法人地位的企业组织形式。公司拥有独立的法人财产，独立承担经济责任。公司企业组织形式包括有限责任公司、股份有限公司两类。股东财富最大化目标可能会因股东与经理的冲突、股东与债权人的冲突、公司与社会的冲突等产生社会成本。但是可以通过一些办法或者机制来减轻这种社会成本，比如建立对经理的激励机制，财务信息公开制度，在债券合同中加进限制性条款等。公司价值最大化目标则避免了股东财富最大化目标的缺陷，能够很好地协调股东与债权人之间的利益冲突。公司金融活动面临内外部环境约束，包括公司内部环境和公司外部环境。内部环境包括公司治理结构、公司规模、经营效益等。外部环境主要是指公司不能掌控和影响的环境，例如金融市场、税收政策、货币政策等。在各种环境条件约束下管理者追求公司价值最大化目标。

关键概念

公司金融 公司价值最大化 股东财务最大化 利润最大化 个人独资企业 合伙企业 股份公司 有限责任公司 公司治理 货币市场 资本市场 外汇市场 衍生市场 强式有效市场 半强式有效市场 弱式有效市场

综合训练

复习思考
1.现代企业有几种组织形式？各有什么特点？

2.试举例说明公司金融活动包括的内容。

3.市场份额最大化目标在什么情况下是成功的？

4.你认为公司价值最大化作为公司财务目标是否合理？公司价值最大化与股东财富最大化有何不同？

5.在股东财富最大化目标下，如何协调债权人、股东与经理人之间的利益冲突？

6.股东与经理间存在利益冲突，理论上股东有权通过股东大会和董事会来限制和约束经理的行为，实际上这些机制并不起作用，这是为什么？

7.金融市场价格经常发生剧烈变化，从而金融市场无效，请解释为什么金融市场处于无效状态呢？

✔ 应用训练

查阅资料和文献，分析税收制度对公司财务活动有什么影响？

✔ 课程思政

1.尽管香烟是合法的，但是香烟对人体健康是有害的。那么烟草公司销售香烟是不道德的吗？

2.当董事会面对一个买断要约，应该仅仅考虑价格吗？

3.当一个企业试图通过扼杀竞争来改善盈利（比如微软），应该受到惩罚吗？

4.党组织嵌入公司治理结构中，如何协调与其他利益主体的关系？

延伸阅读

1.罗斯，威斯特菲尔德，乔丹.公司理财［M］.崔方南，谭跃，周卉，译.北京：机械工业出版社，2020.

2.布里格姆，休斯顿.财务管理精要［M］亚洲版·原书第3版.北京：机械工业出版社，2017.

3.中国人民银行金融稳定局.中国金融稳定报告（2023）［R/OL］.（2023-12-22）［2024-11-05］. http://www.pbc.gov.cn/jinrongwendingju/146766/146772/5177895/index.html.

即测即评1

综合训练
参考答案1

第2章

财务报表分析

目标引领

价值塑造

引导学生在财务分析中坚持系统论和整体观念，做到理论联系实际，努力使理论分析结论符合企业的实际；帮助学生理解会计观点和财务观点在分析问题和作出决策上的区别，培养学生诚信勤勉的职业素养。

知识传授

通过本章学习，使学生熟悉财务报表的结构和内容，理解财务报表编制的原理；掌握财务比率分析和现金流量分析两种重要的财务分析方法；能够根据财务数据计算财务比率指标并进行分析对比，发现问题，找到原因。

思维导图

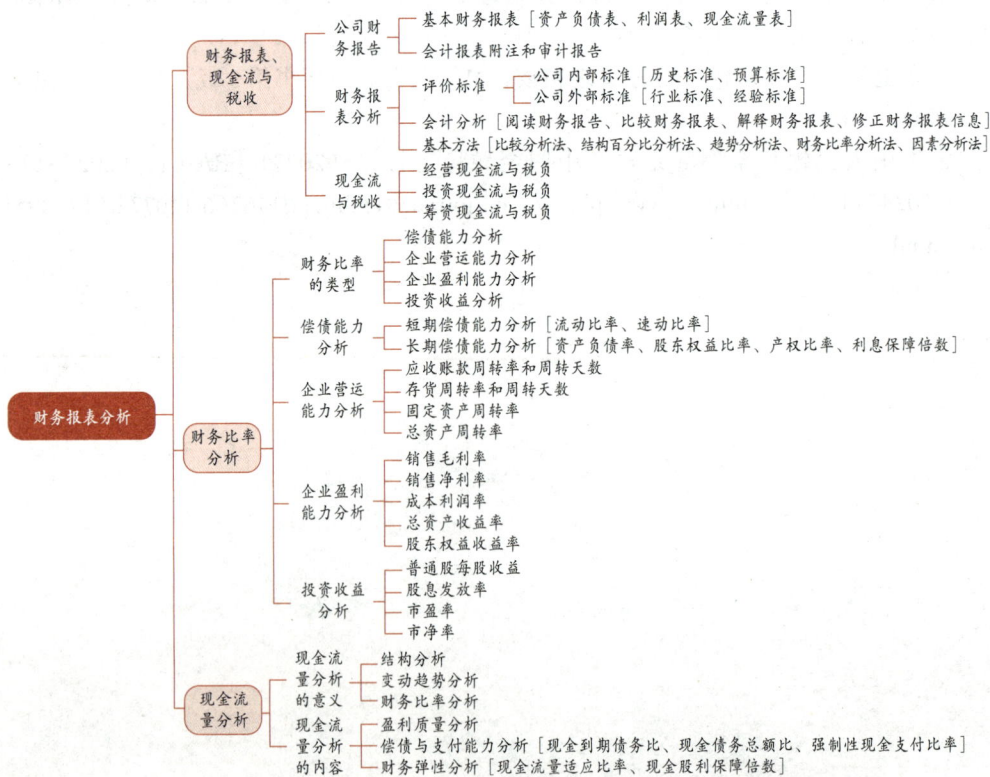

开篇导读

　　1994年6月上市的银广夏公司，曾因其骄人的业绩和诱人的前景而被称为"中国第一蓝筹股"。2001年8月，《财经》杂志发表"银广夏陷阱"一文，银广夏虚构财务报表事件被曝光。中国证监会对银广夏的行政处罚决定书认定，公司自1998年至2001年期间累计虚增利润77 156.70万元，其中：1998年虚增1 776.10万元；1999年虚增17 781.86万元，实际亏损5 003.20万元；2000年虚增56 704.74万元，实际亏损14 940.10万元；2001年1—6月虚增894万元，实际亏损2 557.10万元。从原料购进到生产、销售、出口等环节，公司伪造了全部单据，包括销售合同和发票、银行票据、海关出口报关单和所得税免税文件。由于财务造假事件曝光，公司股价从2001年8月1日的31.90元暴跌至2002年1月22日的2.12元，投资者损失惨重。认真阅读公司的年度报告，不难发现公司的财务数据存在诸多疑点：（1）2000年公司的销售利润率高达46%而深沪两市农业类、中草药类和葡萄酿酒类上市公司的利润率鲜有超过20%的。（2）公司的子公司天津广夏公司出口收入金额可观，按照我国税法，应办理几千万的出口退税，但年报里却没有出口退税的项目。（3）2000年公司工业生产性的收入形成毛利5.43亿元，按17%税率计算，公司应当计交的增值税至少为9 231万元，但公司披露2000年年末应交增值税余额为负数。（4）萃取技术高温高压高耗电，但水电费1999年仅20万元，2000年仅70万元。（5）1998年及之前的财务资料全部神秘"消失"。虽然阅读财务数据不可能完全看清公司财务造假的真相，但至少可以发现其中的一些蛛丝马迹，这对投资者正确地作出投资决策，有效规避风险是非常有帮助的。财务报表分析的关键工具是财务比率和现金流量分析，这是本章学习的重点。

2.1　财务报表、现金流与税收

2.1.1　公司财务报表

　　公司财务报表是指企业对外提供的反映公司某一特定日期财务状况和某一会计期间经营成果、现金流量的文件。财务报表主要包括资产负债表、利润表、现金流量表、所有者权益变动表及财务报表附注。

1）基本财务报表

　　公司的基本财务报表包括资产负债表、利润表和现金流量表。

　　（1）资产负债表

　　表2-1是HTWY公司2023年和2024年的资产负债表。该报表反映了公司在两个年度末的全部资产、负债和所有者权益状况。企业资产负债表分为资产与负债两方。

　　资产方按流动性大小依次排列，分为流动资产和非流动资产。流动资产是指企业在生产经营活动中占用的将于一年或一年以上的一个营业周期内被变现或被耗用的各种形态的资产。它既包括资金形态的现金、银行存款、有价证券、应收账款和应收票据等，也包括实物形态的原材料、在产品、半成品、周转材料等。其中现金、银行存款、有价证券、应收账款、应收票据等又称速动资产。非流动资产是指流动资产以外的资产，主要包括投资性房地产、长期股权投资、固定资产、在建工程、工程物资、无形资产、开发支出等。其中固定资产是指为生产商品、提供劳务、出租或经营管理而持有的，使用寿命超过一个会计年度的有形资产，如厂房建筑和生产设备等。无形资产是指企业拥有或控制的没有实物形态的可辨认非货币性资产，主要包括专利权、非专利技术、商标权、著作权、土地使用权、特许权等。

权益方表明企业所拥有的全部资产的资金来源及其构成，包括债权人权益和所有者权益两部分。负债按流动性不同可分为流动负债和非流动负债，它们按照可能的偿付时间的先后次序排列。流动负债与非流动负债是指企业的资金来源与其他企业发生债务关系的部分，也就是企业通过各种途径形成的"欠账"或借款。其中流动负债是指企业所借的短期债务，包括短期借款、应付账款、应付票据和应付股利等。非流动负债是指企业偿还期在一年以上的债务，包括长期借款、应付债券、长期应付款等。所有者（股东）权益又称净资产，包括实收资本（股本）、资本公积、盈余公积和未分配利润等。所有者（股东）权益是资金来源中属于企业的自有资金，对股份制企业而言，股东权益代表全体股东对企业资产拥有的所有权。

债权人权益和所有者权益两者存在明显的区别。在偿还对象和享有的权利方面，负债体现了债权人对企业债务本金及利息的求偿权，债权人无权参与企业管理；所有者权益体现的是投资者（股东）对投入资本及其运用所产生的盈余（或亏损）所享有的企业最终财产、利润的分配权，所有者有权参与企业管理并作出经营决策，但在企业经营期间不得随意抽回资本，对企业承担最终责任。由此可见，所有者比债权人承担的风险更大。

资产负债表是根据会计恒等式编制的，其基本关系为：资产=负债+所有者权益。不论企业资金运动处于何种状况，这种平衡对应关系始终存在。通过资产负债表，可以了解公司拥有的经济资源及其分布状况，分析公司的资本来源及其构成比例，预测公司资产的变现能力、偿债能力和财务弹性。

必须注意的是，资产负债表中的数据体现的是账面价值，对于部分项目而言，并未体现其实际的经济价值。例如，固定资产账面价值是根据实际（历史）成本确定的，而不是根据当前成本（重置成本）确定的。存货按成本与可变现净值孰低列示。应收账款的数字暗示这些应收账款将被收回，但事实可能并非如此。通常需要深入了解数字背后隐含的信息才能正确分析公司的财务状况。

资产负债表的格式有左右结构的账户式与上下结构的报告式两种。表2-1是上下结构的合并资产负债表。

（2）利润表

表2-2合并利润表反映了HTWY公司2023年和2024年两个会计年度的收入、成本与利润情况。该表又称为损益表，是反映一定时期公司盈利或亏损情况的会计报表。它通过如实反映公司实现的收入、发生的费用及应当计入当期的利得和损失等金额，帮助报表使用者分析评价公司的盈利能力及其构成与质量，进而评价公司的管理绩效。

表2-1   合并资产负债表[①]

编制单位：HTWY公司   单位：元   币种：人民币

项目	2024.12.31	2023.12.31
流动资产：		
货币资金	18 223 307 402.03	19 813 767 427.18
交易性金融资产	6 081 662 998.97	5 377 818 664.42
应收票据		
应收账款	188 395 321.48	56 045 139.23
应收款项融资		
预付款项	25 303 923.79	16 294 323.24
其他应收款	10 738 064.59	16 216 013.80
其中：应收利息		
应收股利		
存货	2 391 641 182.47	2 226 818 960.68
其他流动资产	52 539 515.27	71 912 733.17
流动资产合计	26 973 588 408.60	27 578 873 261.72
非流动资产：		
发放贷款和垫款		
债权投资		
其他债权投资		
长期应收款		
长期股权投资		
其他权益工具投资		
其他非流动金融资产	100 000.00	100 100.00
投资性房地产	4 131 328.25	4 496 708.00
固定资产	4 206 780 719.87	3 614 222 644.29
在建工程	1 179 878 268.77	923 163 979.01

---

① 第2节和第3节相关财务比率的计算将会以这里列示的三大报表数据及其他相关年度的年度报告数据为依据，想了解该公司的具体情况，读者可到巨潮资讯网等网站查阅公司的招股说明书和历年的财务报告。

项目	2024.12.31	2023.12.31
使用权资产	43 429 034.72	73 632 334.98
无形资产	684 643 779.66	376 666 046.75
开发支出	—	—
商誉	210 428 426.24	30 578 355.42
长期待摊费用	11 015 802.17	8 221 727.64
递延所得税资产	653 326 285.38	698 408 388.16
其他非流动资产	91 853 796.64	29 361 103.61
非流动资产合计	7 085 587 441.70	5 758 851 287.86
资产总计	34 059 175 850.30	33 337 724 549.58
流动负债：		
短期借款	131 720 077.32	104 600 000.00
应付票据		466 579 620.84
应付账款	1 300 261 929.82	1 606 951 054.18
预收款项		
合同负债	2 948 110 991.12	4 708 621 289.28
应付职工薪酬	669 278 588.31	736 235 789.51
应交税费	478 998 581.67	532 484 083.03
其他应付款	1 044 863 638.09	972 021 493.04
其中：应付利息		
应付股利		
一年内到期的非流动负债	20 265 618.29	21 395 441.72
其他流动负债	125 791 480.83	327 796 754.85
流动负债合计	6 719 290 905.45	9 476 685 526.45
非流动负债：		
长期借款	93 653 455.89	
租赁负债	29 745 723.29	54 070 173.80

续表

项目	2024.12.31	2023.12.31
长期应付款		
长期应付职工薪酬		
预计负债		
递延收益	279 166 064.35	292 355 724.39
递延所得税负债	33 840 290.10	14 764 558.56
其他非流动负债	19 000 000.00	
非流动负债合计	455 405 533.63	361 190 456.75
负债合计	7 174 696 439.08	9 837 875 983.20
所有者权益（或股东权益）：		
实收资本（或股本）	4 633 833 787.00	4 212 576 170.00
其他权益工具		
其中：优先股		
永续债		
资本公积	142 498 802.39	142 498 802.39
减：库存股		
其他综合收益		
专项储备		
盈余公积	2 335 492 509.40	2 124 863 700.90
一般风险准备		
未分配利润	19 285 851 426.62	16 921 578 797.54
归属于母公司所有者权益（或股东权益）合计	26 397 676 525.41	23 401 517 470.83
少数股东权益	486 802 885.81	98 331 095.55
所有者权益（或股东权益）合计	26 884 479 411.22	23 499 848 566.38
负债和所有者权益（或股东权益）总计	34 059 175 850.30	33 337 724 549.58

利润表属于动态报表，编制的依据为：收入-费用=利润。利润表的编制格式分为单步式和多步式两种。我国的利润表为多步式格式，分为营业总收入、营业总成本、营业利润、利润总额和净利润五个步骤，分步反映净利润的形成过程。表2-2就是多步式利润表。

表2-2 　　　　　　　　　　　　　合并利润表

编制单位：HTWY公司 　　　　　　　　　　　　　　　　　　单位：元　币种：人民币

项　　目	2024年	2023年
一、营业总收入	25 609 651 543.29	25 004 031 043.49
其中：营业收入	25 609 651 543.29	25 004 031 043.49
二、营业总成本	18 517 973 318.04	17 493 775 509.76
其中：营业成本	16 471 824 416.06	15 336 858 254.40
税金及附加	207 194 179.94	218 259 965.29
销售费用	1 378 053 856.94	1 356 919 480.01
管理费用	441 740 962.78	394 035 474.57
研发费用	751 338 973.38	771 919 701.92
财务费用	-732 179 071.06	-584 217 366.43
加：其他收益	144 183 702.42	143 522 595.27
加：投资收益	13 111 715.72	39 427 027.52
公允价值变动收益（损失以"-"填列）	121 260 041.63	128 204 782.84
信用减值损失（损失以"-"填列）	-2 591 728.15	-2 175 861.13
资产减值损失（损失以"-"填列）	-16 551 256.50	—
资产处置收益（损失以"-"填列）	1 190 223.85	1 185 218.28
三、营业利润（亏损以"-"号填列）	7 352 280 924.22	7 820 419 296.51
加：营业外收入	13 387 474.44	15 890 625.41
减：营业外支出	1 462 383.37	15 569 906.12
四、利润总额（亏损总额以"-"号填列）	7 364 206 015.29	7 820 740 015.80
减：所得税费用	1 161 039 435.23	1 149 269 490.14
五、净利润（净亏损以"-"号填列）	6 203 166 580.06	6 671 470 525.66
归属于母公司所有者的净利润	6 197 716 943.78	6 670 757 811.72
少数股东损益	5 449 636.28	712 713.94
六、每股收益：		
（一）基本每股收益	1.34	1.44
（二）稀释每股收益	1.34	1.44
七、综合收益	6 203 166 580.06	6 671 470 525.66

（3）现金流量表

表2-3是HTWY公司2023年与2024年的合并现金流量表，它是以现金及现金等价物为基础编制的反映公司在两个会计年度的现金收入和支出情况及其变动原因的财务报表。编制现金流量表的目的是为会计报表使用者提供企业一定会计期间内现金和现金等价物的流入和流出方面的信息，以便于报表使用者了解和评价企业获取现金和现金等价物的能力，并据以预测企业未来的现金流量。

　　这里的现金是指企业库存现金以及可以随时用于支付的存款。现金等价物是指企业持有的期限短、流动性强、易于转换为已知金额现金且价值变动风险很小的投资（以下在提及"现金"时，除非同时提及现金等价物，否则均包括现金和现金等价物）。现金流量是指企业现金和现金等价物的流入和流出。通过对现金流量的合理分类，可以全面反映企业的现金潜力，以评价企业的发展前景。

　　现金流量表分为主表和补充资料两部分，主表采用直接法编制，包括三大内容：经营活动产生的现金流量、投资活动产生的现金流量和筹资活动产生的现金流量，每一部分都包括现金流入与现金流出两个方面。主表中的经营活动现金流量也可以采用间接法编制，间接法是从净利润开始，然后用非现金的损益表项目和有关的资产负债表项目的变化把净收益调整为经营活动的现金净流量。在我国上市公司对外披露的财务报告中，间接法是作为现金流量表的补充资料呈现给报表使用者的。

　　表 2-3 显示的是现金流量表的主表（直接法），表 2-4 显示的是补充资料（间接法）。

表2-3 　　　　　　　　　　　　　　　合并现金流量表

编制单位：HTWY公司　　　　　　　　　　　　　　　　　　　单位：元　币种：人民币

项目	2024 年	2023 年
一、经营活动产生的现金流量：		
销售商品、提供劳务收到的现金	26 757 359 428.31	28 477 440 745.66
收到的税费返还	15 822 443.09	13 001 697.02
收到其他与经营活动有关的现金	174 382 907.58	231 606 379.14
经营活动现金流入小计	26 947 564 778.98	28 722 048 821.82
购买商品、接受劳务支付的现金	17 269 684 657.24	16 119 434 988.54
支付给职工以及为职工支付的现金	1 494 224 410.70	1 434 506 703.44
支付的各项税费	2 507 030 191.11	2 918 968 171.88
支付其他与经营活动有关的现金	1 846 311 198.21	1 925 630 173.90
经营活动现金流出小计	23 117 250 457.26	22 398 540 037.76
经营活动现金流量净额	3 830 314 321.72	6 323 508 784.06
二、投资活动现金流量：		
收回投资收到的现金	11 894 000 000.00	6 117 500 000.00
取得投资收益收到的现金	157 527 422.80	171 948 332.69
处置固定资产、无形资产和其他长期资产收回的现金净额	5 066 107.26	16 932 832.96
收到其他与投资活动有关的现金	587 327 455.55	604 105 724.81
投资活动现金流入小计	12 643 920 985.61	6 910 486 890.46
购建固定资产、无形资产和其他长期资产支付的现金	1 517 900 662.63	1 030 736 119.27
投资支付的现金	15 690 050 000.00	10 804 900 000.00
取得子公司及其他营业单位支付的现金净额	94 500 062.04	—
投资活动现金流出小计	17 302 450 724.67	11 835 636 119.27
投资活动产生的现金流量净额	-4 658 529 739.06	-4 925 149 228.81
三、筹资活动现金流量：		
取得借款收到的现金	251 008 685.00	142 600 000.00
收到其他与筹资活动有关的现金	700 000 000.00	442 500 000.00
筹资活动现金流入小计	951 008 685.00	585 100 000.00
偿还债务支付的现金	259 488 837.50	130 600 000.00
分配股利、利润或偿付利息支付的现金	3 214 084 026.14	3 342 238 577.54
支付其他与筹资活动有关的现金	1 495 197 085.06	23 559 706.69
筹资活动现金流出小计	4 968 769 948.70	3 496 398 284.23

续表

项目	2024年	2023年
筹资活动产生的现金流量净额	−4 017 761 263.70	−2 911 298 284.23
四、汇率变动对现金及现金等价物的影响	−2 786 387.54	−2 943 707.72
五、现金及现金等价物净增加额	−4 848 763 068.58	−1 515 882 436.70
加：期初现金及现金等价物余额	14 000 798 102.38	15 516 680 539.08
六、期末现金及现金等价物余额	9 152 035 033.80	14 000 798 102.38

表2-4 　　　　　　　　**现金流量表的补充资料**

2024年1—12月

编制单位：HTWY公司　　　　　　　　　　　　　　　　　　　　　单位：元　币种：人民币

项目	2024年	2023年
1.将净利润调节为经营活动的现金流量：		
净利润	6 671 470 525.66	6 409 030 013.71
加：资产减值准备		
信用减值准备	2 175 861.13	1 680 840.08
固定资产折旧、油气资产折耗、生产性生物资产折旧	710 047 422.15	565 215 760.69
投资性房地产折旧	415 900.29	511 925.53
使用权资产摊销	21 310 112.64	
无形资产摊销	12 223 515.71	8 699 435.14
长期待摊费用的摊销	1 402 298.11	462 696.63
处置固定资产、无形资产和其他长期资产的损失（收益以"−"号填列）	−734 949.34	5 287 522.38
固定资产报废损失（收益以"−"号填列）		
公允价值变动损失（收益以"−"号填列）	−128 204 782.84	−138 909 941.49
财务费用（收益以"−"号填列）	−593 875 318.01	−394 618 746.25
投资损失（收益以"−"号填列）	−39 427 027.52	−35 803 114.96
递延所得税资产减少（收益以"−"号填列）	−73 083 731.34	−220 629 500.16
递延所得税负债增加（收益以"−"号填列）	−2 116 568.76	−1 028 415.25
存货的减少（收益以"−"号填列）	−126 898 038.82	−257 563 143.60
经营性应收项目的减少（收益以"−"号填列）	−84 096 738.71	19 387 799.77
经营性应付项目的增加（收益以"−"号填列）	−47 099 696.29	988 708 882.76
其他		

续表

项目	2024年	2023年
经营活动产生的现金流量净额	6 323 508 784.06	6 950 432 014.98
2.不涉及现金收支的投资和筹资活动：		
债务转为资本		
一年内到期的可转换公司债券		
融资租入固定资产		
3.现金及现金等价物净变动情况：		
现金的期末余额	14 000 798 102.38	15 516 680 539.08
减：现金的期初余额	15 516 680 539.08	13 434 799 612.69
加：现金等价物的期末余额		
减：现金等价物的期初余额		
现金及现金等价物净增加额	−1 515 882 436.70	2 081 880 926.39

（4）三大会计报表之间的关系

三个报表各自的内容不同、功能不同，但又密切相关，其中，资产负债表是最基本的财务报表，它反映了企业拥有和控制的经济资源以及未来需要偿还的债务情况；利润表从收入、成本、费用的角度反映了企业的经营绩效和资产运作水平；而现金流量表反映了企业，现金的流入与流出，表明企业获得现金和现金等价物的能力。三个报表从不同角度分别反映了企业的财务状况、经营情况和现金流量。实践中，只有将三个报表结合起来，才有可能对企业的经营和财务的整体情况作出比较客观全面的评价。

2）会计报表附注和审计报告

基本会计报表中所规定的内容具有一定的固定性和规定性，其所能反映的会计信息受到一定的限制，只能提供定量的会计信息。为了便于使用者阅读理解和使用报表数据，会计报表的编制者必须对公司基本情况、财务报表编制基础、会计准则声明、公司的主要会计政策与会计估计等作出说明。另一方面，即使在数据信息的提供上，基本会计报表也是遵循从简的原则，一些详细的信息不会在基本报表中得到反映，如企业的应收账款与存货的明细账、固定资产与无形资产项目的明细情况等。会计报表附注是会计报表的补充，主要对会计报表不能包括的内容，或者披露不详尽的内容作进一步的解释说明。报表使用者应严格地将这些附注视为报表信息的一部分，而不应把它们视为报表之外可有可无的内容。

审计报告是注册会计师对财务报表经过审计出具的审计意见。2003年6月，财政部同意发布的中注协修订的《独立审计具体准则第7号——审计报告》规定，注册会计师在审计报告中应清楚地表达对会计报表的整体意见并对审计报告负责。审计报告可以帮助报表使用者对报表数据是否真实公允地反映了公司的实际情况作出判断，简单实用地运用财务报表预警财务风险。审计报告的类型包括：无保留意见、保留意见、否定意见和无法表示意见。一般来讲，只要一家公司没有获得注册会计师无保留意见审计报告，会计报表的使用者即可直接质疑其数据真实性或财务健全性。

2.1.2　财务报表分析

财务报表分析就是根据财务报表提供的主要信息来源，确定评价标准，选择有效的分析方法，评价过去、认识现在和预测未来，为公司决策者提供科学决策的依据。

1）评价标准

财务报表分析需要对公司经营状况和财务状况作出评价，因此，确定一个合理的评价标准非常重要，否则，大量的数据和指标本身并不能说明任何问题。常用的财务报表分析的评价标准主要有以下两类：

（1）公司内部标准

公司内部标准包括历史标准与预算标准。

①历史标准。它是指以公司过去某一时点上的实际状况为标准，例如历史最高水平或正常经营条件下的一般水平。这一标准的优点在于比较实际、可靠、可比性高；不足之处是保守、适用范围狭窄、欠缺合理性等。

②预算标准。它是公司根据自身具体经营条件或经营状况制定的比较标准。其优点是综合了公司现状以及外部有关条件等因素，在反映公司经营与财务状况方面较为全面、实际，目标引导作用也好。这一标准是否可靠，关键在于预算指标是否科学合理，因此其不足之处是容易受到认识因素的影响。

（2）公司外部标准

公司外部标准主要有行业标准和经验标准两类。

①行业标准。它是依据公司所在的行业情况制定的比较标准。行业标准可以是行业财务状况和经营状况的一般水平或平均水平，也可以是该行业的先进水平，不同的具体标准有不同的指导作用。由于不同公司的经营方式、采用的财务处理方法以及是否进行多元化经营等存在差异，行业标准可能失去可比性。

②经验标准。它是通过大量实践经验的检验，从中总结出的有代表性的标准，如流动比率和速动比率的经验标准分别不低于2和1。经验标准源于实践，不断接受实践检验，并且随着实践的发展不断调整，所以具有客观性、普遍性。当然，经验标准反映的是一般情况，实践中要结合公司的特定环境和特定情况，才可得出具体结论。

2）会计分析

会计分析是根据公认的会计准则对财务报表的可靠性和相关性进行分析，目的在于评价企业会计所反映的财务状况与经营成果的真实程度。会计分析的作用体现在两个方面：一是通过对会计政策、会计方法、会计披露的评价，揭示会计信息的质量状况；二是通过对会计灵活性、会计估计的调整，修正会计数据，为财务分析奠定基础，并保证财务分析结论的可靠性。

进行会计分析，一般可按下列步骤进行：

①阅读财务报告。分析者应在全面阅读的基础上重点关注以下几点：注册会计师审计意见与结论；企业采用的会计政策及其变动情况；会计信息披露策略及会计信息

披露的完整性与真实性。

②比较财务报表。在阅读会计报告的基础上，利用比率分析法等对财务报表进行比较，揭示财务会计信息的差异及其变化，找出需要进一步分析与说明的问题。

③解释财务报表。在比较财务报表的基础上，考虑企业采取的会计原则、会计政策、会计核算方法等，说明财务报表差异产生的原因，包括会计原则变化影响、会计政策变化影响、会计核算失误影响等，特别重要的是要发现企业经营管理中存在的潜在危险信号。

④修正财务报表信息。会计分析是财务分析的基础，通过会计分析，对由于会计原则、会计政策等原因引起的会计信息差异，应通过一定的方式加以说明或调整，消除会计信息的失真。

3）基本方法

为了能正确揭示各种数据之间存在的重要关系，正确客观地评价公司的财务状况与经营状况，报表使用者通常采用以下几种方法进行报表分析：

（1）比较分析法

比较分析法是指将企业报告期财务状况与企业前期或历史某一时期财务状况进行对比，研究企业经营业绩或财务状况的发展变化情况。

比较分析法也可用于一些可比性较高的同类企业之间的对比分析，以找出企业之间存在的差距。但是，用于不同企业的分析一定要注意其可比性问题，即使在同一企业的应用，对于差异的评价也应考虑其对比的基础。

（2）结构百分比分析法

结构百分比分析法又叫共同比分析法，它是通过计算报表中各项目占总体的比重或结构，来反映报表中的单个项目与总体的关系情况及其变动情况的一种分析方法。项目总体因报表而异，一般情况下，资产负债表是资产合计数，利润表是营业收入，现金流量表是现金流合计数。

结构百分比分析的一般步骤是：首先确定报表中各项目占总体的比重；然后通过各项目的比重，分析各项目在企业经营与财务中的重要性，一般项目比重越大，说明其重要程度超高，对总体的影响越大；最后是将分析期各项目的比重与前期相同项目的比重进行对比，研究各项目的比重变动情况。也可将本企业与其他同类企业进行对比，研究本企业与同类企业的不同，以及取得的成绩和存在的问题。

（3）趋势分析法

趋势分析法是将连续多年的财务报表的数据集中在一起，选择其中某一年份为基期，计算每一期间各项目对基期同一项目的百分比或指数，以揭示各期间财务状况的发展趋势的一种分析方法。对不同规模的公司，在一定条件下也可采用该方法进行比较。

趋势分析的一般步骤是：首先，计算财务比率或指数，然后根据计算结果评价与判断企业各项指标的变动趋势及其合理性，最后根据企业财务项目以前各期的变动情况，研究其变动趋势或规律，预测企业未来发展变化情况。

（4）财务比率分析法

财务比率分析法是指通过将两个性质不同但有关联的会计项目数据相除，得到各

种财务比率，据以揭示财务报表中不同项目之间的内在关系、评价企业财务状况和经营状况的一种分析方法。财务比率分析法是财务分析的最基本、最重要的方法。

（5）因素分析法

因素分析法是利用各种因素之间的数量依存关系，通过因素替换，从数额上测定各因素变动对某项综合性经济指标的影响程度的一种方法。

2.1.3 现金流与税收

公司金融需要解决的三个财务问题是投资决策、筹资决策和股利分配，而现金流是解决这三个问题的关键。现金流是公司在一段时间内的现金净流入。按照现金在企业中的流转过程，可以分为经营现金流、投资现金流和筹资现金流。只有当公司创造的现金流入量超过现金流出量时，才真正创造了价值。因此，了解现金流状况可以帮助公司更好地规划和控制企业的财务状况，确保企业健康发展。

图 2-1 展示了公司（资金需求方）、个人（资金供给方）、金融中介与政府间的现金流动。公司通过银行贷款或者发行股票、债券等获得融资，形成现金流入；家庭和个人则投资股票、债券或者银行存款来供给资金；企业分别向个人和银行偿还债务和支付股利，形成现金流出；企业向政府缴纳税费，构成现金流出。

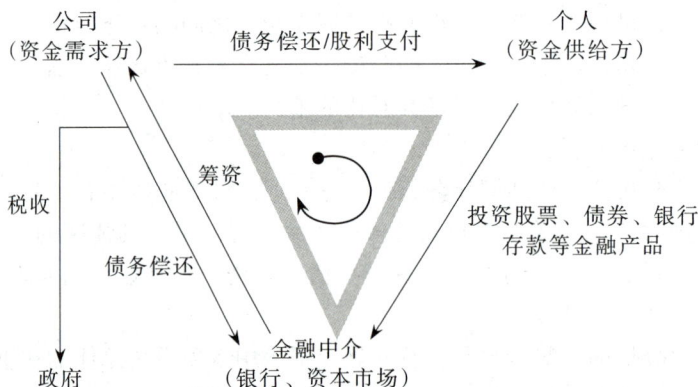

图2-1 公司、个人、金融中介与政府间的现金流动

税负是公司最大的现金流出。因此，税负是公司进行财务决策需要考虑的重要外部因素。合理进行财务规划，最大限度地降低税收负担，可以提高公司的盈利能力，提升竞争力。

1）经营现金流与税负

经营现金流是一定时期内企业经营活动所带来的现金净收入。经营现金流用公式可以表示为：

$$CF = CF_{in} - CF_{out} \tag{2-1}$$

其中经营现金收入 CF_{in} 并不等于会计上的销售收入，而应是销售收入减去应收账款的增量：

$$CF_{in} = S - \Delta AR \tag{2-2}$$

其中 S 为期内销售收入（净值），ΔAR 表示期末与期初相比应收账款的增量，即 $\Delta AR = AR_{期末} - AR_{期初}$。

同理，经营现金支出 CF_{out} 为：

$$CF_{out} = C + I + \Delta INV - \Delta AP - \Delta EP - \Delta TP - \cdots + T \tag{2-3}$$

其中 I 为期内利息，C 为期内除利息外的其他现金支出的费用，T 为税款，以上三项都是按权责发生制计算的利润表中的概念。Δ 表示期末与期初相比的增加量（可正、可负）；其中，ΔINV 为存货的库存增量，ΔAP 为应付账款增量，ΔEP 为应付费用增量，ΔTP 为应付税款增量，要注意 Δ 前的正负号。

息后税前利润 EBT 为：

$$EBT = S - C - I - D \tag{2-4}$$

其中：D 为当期折旧分摊金额（即非付现费用）。

设所得税税率为 t，则所得税 T 为：

$$T = (S - C - I - D) \cdot t \tag{2-5}$$

税后净利润 NI 为：

$$NI = (S - C - I - D) \cdot (1 - t) \tag{2-6}$$

于是便得出经营现金流：

$$CF = NI + D - \Delta(除现金外的流动资产) + \Delta(流动负债) \tag{2-7}$$

由于流动资产减去流动负债为营运资本，用 WC 表示。于是：

$$CF = NI + D - \Delta WC \tag{2-8}$$

即经营现金流等于净利润加折旧分摊（非付现费用）再减去除现金以外的营运资本增量。

如果流动资产的增加完全来自于流动负债的增长，即 $\Delta WC=0$，那么经营现金流等于净利润加折旧分摊：

$$CF=NI+D \tag{2-8-1}$$

从利润的定义可知，若折旧分摊 D 增加，则净利润减少；但现金流究竟是增加还是减少呢？我们把（2-8-1）稍加变形：

$$CF = (S - C - I - D) \cdot (1 - t) + t \cdot D \tag{2-9}$$

从公式（2-9）可知，尽管折旧越多利润越少，但折旧越多也会导致经营现金流越多；计提折旧 D，会使现金流在不计提折旧的基础上增加 $t \cdot D$，这就是折旧的税盾。税盾以后会多次用到。

由此可见，当其他因素不变时，销售收入上升，则经营现金流上升；成本、费用上升，则经营现金流下降；折旧、分摊上升，则经营现金流上升；税率上升，则经营现金流下降；营运资本增加，则经营现金流下降。

2）投资现金流与税负

投资现金流是一定时期内企业用于投资活动的现金净支出（通常情况下，投资现金流为负值），包括固定资产投资、无形资产和长期投资等现金支出，减去固定资产等长期资产处置净值。通常企业在成长期，投资现金流数额较大。

在我国，企业所得税和增值税两大税种与投资关系密切。所得税税率越高，投资率越低；企业享受的税收优惠越多，其实际税负率越低，进行投资的资本使用成本也就越低。另外，企业采用加速折旧越快，资本的使用成本越低，投资的吸引力也越大。

3）筹资现金流与税负

筹资现金流是一定时期内企业从外部筹集的现金净值，按照我国会计准则的要求一般包括举借新债（现金收入）、偿还到期债务本金和利息（现金支出）、发行股份（现金收入）、回购股份（现金支出）、支付股东现金红利（现金支出）等活动。筹资现金流可正、可负。正值表明本期筹集了现金，增加了负债或股东权益；负值表明偿还了现金，减少了负债或股东权益。

我国税法规定，负债筹资所支付的利息可以作为准予扣除的项目在税前扣除。因而，负债具有一定的税盾作用。公司可以利用债务筹资带来的税盾效应，优化资本结构，优先考虑负债筹资。

需要说明的是，筹资现金流中的负债指的是长期债务，流动负债中的短期借款计入经营现金流。

2.2　财务比率分析

2.2.1　财务比率的类型

财务比率分析是财务评价中最基本的方法，以资产负债表、利润表和现金流量表为基础的财务比率分为三种：第一，存量比率，即资产负债表内各项目之间的比率，反映公司某一时点的财务状况；第二，流量比率，即利润表与现金流量表各项目之间的比率，反映公司一定时期的经营成果与财务状况；第三，流量与存量之间的比率，即将利润表或现金流量表中某个流量项目与资产负债表中某个存量项目加以比较，由于资产负债表中各项目是一个时点指标，不能正确反映这个变量在一定时期的流量变化情况，因此采用期初与期末的平均值作为某一比率的分母，可以更好地反映公司的整体情况。

比率分析涉及企业经营与财务的各个方面，根据分析问题的需要，我们可以把比率指标分为偿债能力比率、营运能力比率、盈利能力比率、投资收益比率及增长能力比率等。

2.2.2　偿债能力分析

1）短期偿债能力分析

（1）流动比率

流动比率是指能在一年内变现的资产（流动资产）与一年内必须偿还的负债（流动负债）的比值，表示每一元流动负债有多少流动资产作为偿还的保证，反映公司流动资产对流动负债的保障程度。其计算公式为：

$$流动比率 = \frac{流动资产}{流动负债}$$

一般而言，流动比率越高，公司的短期偿债能力越强。从理论上讲，流动比率接近于2较为理想，有时流动比率小于2，公司也会使到期债务得以偿还。但如果流动比率长时间地小于 2 且差距较大，债权人通常会因为对企业偿债能力信心不足而拒绝提供短期贷款。究竟应保持多高水平的流动比率，主要视流动资产与流动负债之间变现与偿付的对称关系及企业对待风险与收益的态度而予以具体确定。

HTWY 公司 2023 年和 2024 年的流动比率分别为 2.91、4.01，说明公司每 1 元的流动负债有 4.01 元左右的流动资产做担保，反映公司相对较强的偿债能力。不过该指标只是对公司偿债能力的粗略衡量，因为它没有考虑流动资产的构成和各个具体项目的变现性。

在具体运用流动比率时应注意以下几个问题：

首先，流动比率越高，公司偿还短期债务的能力可能越强。但是，如果公司的存货与应收账款在流动资产中占比偏多，且两项资产质量较差，变现能力较弱，那么表面上较高的流动比率的数字背后可能是较差的企业偿债水平。

其次，从短期债权人的角度看，自然希望流动比率越高越好，但从公司经营的角度看，在其他情况正常的情况下，过高的流动比率通常意味着公司闲置资金的持有量过多，造成公司机会成本的上升和获利能力的降低。因此，公司应尽可能将流动比率维持在不使货币资金闲置的水平。同时，流动比率过高意味着较多的长期资金用于流动资产，这必然加大融资成本。

最后，流动比率是否合理，不同的公司以及同一公司的不同时期的评价标准是不同的，因此，不应用统一的标准来评价各公司流动比率合理与否。

（2）速动比率

速动比率是指速动资产与流动负债的比值，表示每 1 元流动负债有多少速动资产作为偿还的保证，进一步反映流动负债的保障程度。其计算公式为：

$$速动比率 = \frac{速动资产}{流动负债}$$

所谓速动资产，是指流动资产减去变现能力较差且不稳定的存货、待摊费用、待处理流动资产损失后的余额，主要包括那些能够很快转为现金的流动资产：现金、有价证券及应收账款。由于剔除了存货等变现能力较弱且不稳定的资产，因此，速动比率较之流动比率能更准确、更可靠地评价公司资产的流动性及其偿还短期负债的能力。

同流动比率一样，究竟多高水平的速动比率才算合理并没有绝对标准，传统经验认为，速动比率为 1 时是安全边际。但这只是一般的标准，因为行业不同，速动比率会有较大的差异。实际工作中，应结合债务人的信用状况（直接影响应收账款的收现率）及市场销售状况（影响存货的变现能力）等因素，确定各公司合适的速动比率。

影响速动比率可信度的重要因素是应收账款的变现能力。如果某公司速动比率虽然很高，但应收账款周转速度慢，且其他应收款的规模大，变现能力差，那么该公司较为真实的短期偿债能力要比该指标反映的水平要差。

HTWY 公司 2023 年和 2024 年的速动比率分别为 2.68 和 3.66，这个指标依然显示了公司较好的短期偿债能力，至于公司的实际偿债能力与指标显示的是否一致，还要结合公司的速动资产的构成和应收账款的数量与质量做进一步的分析。

2）长期偿债能力分析

（1）资产负债率

资产负债率是企业的负债总额与资产总额之间的比率，是反映企业整体偿债能力，尤其是反映企业长期偿债能力的重要指标。其计算公式为：

$$资产负债率 = \frac{负债总额}{资产总额} \times 100\%$$

资产负债率指标既可用于衡量企业利用债权人资金进行经营活动的能力，也可反映债权人发放贷款的安全程度。该指标对于债权人来说越低越好。因为在企业清算时，资产变现所得可能低于其账面价值，而所有者一般只负有限责任。比率偏高，债权人可能蒙受损失。但企业所有者和经营者通常希望该指标高些，这样一方面有利于筹集资金扩大企业规模，另一方面有利于利用财务杠杆提高企业盈利能力。但资产负债率过高反过来又会影响企业的筹资能力。对一般企业来讲，把资产负债率控制在50%左右有利于风险与收益的平衡。

HTWY公司2023年和2024年的资产负债率分别为29.51%和21.07%，这个比率说明公司负债较少，风险较低，其资金的大部分来自权益。从理论上讲，如果公司立即清算，资产的清算价值降低到29.51%或21.07%时，债权人才会受到损失。

（2）股东权益比率

股东权益比率用于衡量股东投入的资本在资产总额中所占的比重，它与资产负债率之和等于1。这两个比率从不同侧面反映公司的长期财务状况，股东权益比率越大，资产负债率就越小，公司财务风险也就越小。其计算公式为：

$$股东权益比率 = \frac{股东权益总额}{资产总额} \times 100\%$$

股东权益比率的倒数是权益乘数，即资产总额相当于股东权益总额的倍数。该乘数越大，说明股东投入的资本在资产总额中所占的比重越小，公司的财务风险越大。其计算公式为：

$$权益乘数 = \frac{资产总额}{股东权益总额} = \frac{股东权益总额 + 负债总额}{股东权益总额} = 1 + \frac{负债总额}{股东权益总额}$$

HTWY公司2023年和2024年的股东权益比率分别为70.49%和78.93%，两年的权益乘数分别为1.42和1.27，这两类指标与上述其他指标共同反映了企业相对稳健的财务政策。

（3）产权比率

产权比率是负债总额与股东权益的比率，用公式表示为：

$$产权比率 = \frac{负债总额}{股东权益总额}$$

产权比率实际上是资产负债率的另一种表现形式，该指标反映由债权人提供的资本与股东提供的资本的相对关系，反映企业的财务结构是否稳定。同时它还反映债权人投入的资本受到股东权益保障的程度，这一比率越低，说明债权人贷款的安全性越有保障，公司的财务风险越小。

HTWY公司2023年和2024年的产权比率分别为0.42和0.27，表明公司每1元的股东权益分别对应0.42和0.27元的债务，权益对债务的偿付有着较好的保障作用。

（4）利息保障倍数

利息保障倍数是指企业息税前利润与利息费用的比率，用于衡量企业偿付利息的能力，该指标又叫已获利息倍数。其计算公式为：

$$利息保障倍数 = \frac{息税前利润}{利息费用} = \frac{税前利润 + 利息费用}{利息费用}$$

该指标反映企业息税前利润为所需支付的债务利息的多少倍，这一比率越高，说明公司的收益或利润为支付债务利息提供的保障程度越高，如果公司能够按时、足额地支付债务利息，那么公司就有可能借新债还旧债，永远不需要偿还债务本金。一般地，该指标至少要大于1，否则，公司就不能举债经营。

确定企业合理的利息保障倍数的依据为其他企业特别是行业平均水平。从稳健性角度出发，比较企业连续几年的指标数据，选择最低年度的数据作为标准，以保证最低的偿付能力。

HTWY 公司 2023 年和 2024 年的利息保障倍数分别为 903.57 和 509.03（其中 2023 年和 2024 年利息费用分别为 8 664 947.90 元和 14 495 618.61 元）。利息保障倍数高主要是由于企业总体负债率较低，加之企业利润的现金含量较高，这样的利息保障倍数意味着企业对现有的利息有较好的支付能力。

2.2.3　企业营运能力分析

营运能力是指企业资产的使用效率或资产周转状况，通常以资产周转率作为评价指标。

（1）应收账款周转率和周转天数

对于许多企业来讲，应收账款在流动资产中有着举足轻重的地位。及时收回应收账款，不仅可以增强企业的短期偿债能力，也能反映出企业管理应收账款方面的效率。

反映企业应收账款周转速度的指标是应收账款周转率，也就是年度内应收账款转为现金的平均次数。用时间表示的周转速度是应收账款周转天数，也叫应收账款回收期或平均收现期，它表示企业从取得应收账款的权利到收回款项、转为现金所需要的时间。其计算公式为：

$$应收账款周转率 = \frac{销售收入}{平均应收账款}$$

$$应收账款周转天数 = \frac{365}{应收账款周转率} = 平均应收账款 \times \frac{365}{销售收入}$$

公式中的"销售收入"数据来自利润表，是指扣除折扣和折让后的销售净额，"平均应收账款"是资产负债表中的期初和期末应收账款（含应收票据）余额的算术平均数。

一般来说，应收账款周转率越高，平均收账期越短，发生坏账的可能性就越小，这部分资产对企业债务偿还的担保作用就越强。否则，企业的营运资金会过多地滞留在应收账款上，不仅会影响正常的资金周转，也会对债权的安全构成威胁。但是如果企业的应收账款周转过快，则表明企业奉行较紧的信用政策，有可能降低企业产品的市场占有率，减少营业收入，使企业实际得到的利润少于本来可以得到的利润。

HTWY公司2023年应收账款周转率和周转天数分别为512.70次和0.71天，公司2024年的应收账款周转率和周转天数分别为209.54次和1.74天。应收账款周转率总体下降，周转天数总体上升，说明公司收账速度变慢，平均收账期长，坏账损失多，流动资金使用效率降低。究其原因，近年HTWY公司由"先款后货"的结算方式转变为开始给部分经销商执行宽松的赊销政策，坏账准备2024年较2023年增加700余万元，影响应收账款收回。

（2）存货周转率和周转天数

存货周转率是公司在某一会计报告期内的主营业务成本和平均存货余额的比例，通过该项指标可以衡量公司存货是否适量，从而对公司商品的市场竞争力、公司的推销能力和管理绩效有一个基本的估计和判断。同时它还是衡量公司短期偿债能力的一个重要参考指标。其计算公式为：

$$存货周转率 = \frac{主营业务成本}{存货净额的平均余额}$$

其中，存货净额的平均余额=（期初存货余额+期末存货余额）÷2。用时间表示的存货周转率就是存货周转天数。其计算公式为：

$$存货周转天数 = \frac{365}{存货周转率}$$

一般来说，存货周转率越快，周转天数越少，存货的占用水平越低，说明公司投入存货的资金从投入到完成销售期间就越短，资金的回收速度就越快，在公司资金利润率较高的情况下，公司就能获取更高的利润，并具备较强的短期偿债能力。如存货周转慢，就反映出公司的存货可能不适销对路，有过多的呆滞存货影响资金的及时回笼。

当然，也不能认为该指标越高越好。因为存货批量因素会对存货周转率产生较大影响。在存货批量（包括材料采购、商品进货批量和产品生产批量等）很小的情况下，存货会很快地周转，批量过小，订货成本或生产准备成本便会上升，甚至造成缺货成本，反而使总成本增大，产生负效应。存货周转分析的目的就是从不同的角度和环节上找出存货管理中的问题，使存货管理在保证生产经营连续性的同时，尽可能少占用经营资金，提高资金的使用效率，增强企业短期偿债能力，促进企业业务经营水平的提高。

HTWY公司2023年和2024年存货周转率分别为7.09次、7.13次，两年的存货周转天数分别为51.48天和51.19天，显示公司的存货周转效率较高且有所提高，与同行业其他企业相比处于较高水平，说明HTWY公司产品更容易销售，竞争力更强。

（3）固定资产周转率

固定资产周转率也叫固定资产利用率，是企业销售收入与固定资产净值的比率。其计算公式为：

$$固定资产周转率 = \frac{销售收入}{固定资产净值}$$

HTWY公司2023年和2024年的固定资产周转率分别是6.64次和6.55次，两年的周转天数分别为54.97天和55.73天。该比率主要用于分析对厂房、设备等固定资产的利用效率，比率越高，说明利用效率越高，管理水平越好。如果固定资产周转率与同行业平均水平相比偏低，则说明企业对固定资产的利用率较低，可能影响企业的获利能力。2024 年 HTWY 公司固定资产周转率较 2023 年有所下降，主要原因是 2024 年度购入机器设备以及在建工程转固定资产金额较大，但总体上 HTWY 公司的固定资产周转率处于高位，固定资产能够推动生产符合市场需要的产品的能力较强，拉动企业竞争力的成长。

（4）总资产周转率

总资产周转率是销售收入与平均资产总额的比率。用公式表示为：

$$总资产周转率 = \frac{销售收入}{平均资产总额}$$

其中，平均资产总额＝（年初资产总额＋年末资产总额）÷2。

HTWY 公司 2023 年和 2024 年的总资产周转率分别是 0.8 次和 0.76 次，两年的周转天数分别为 456.25 天和 480.26 天，主要原因是存货、固定资产、在建工程和无形资产的增加提高了资产总量，销售收入增加速度不及总资产增加速度，总体较平稳。

上述指标是用于衡量企业运用资产赚取收入的能力，经常与反映盈利能力的指标一起使用，可全面评价企业的盈利能力。

2.2.4 盈利能力分析

盈利能力分析主要用于分析企业收入与成本、收益与投资之间的关系。反映企业盈利的指标主要有销售毛利率、销售净利率、成本费用利润率、总资产收益率、股东权益收益率等。

（1）销售毛利率

销售毛利率简称为毛利率，是毛利占销售收入的百分比，其中毛利是销售收入与销售成本的差。其计算公式为：

$$销售毛利率 = \frac{销售收入 - 销售成本}{销售收入} \times 100\%$$

销售毛利率表示每 100 元销售收入扣除销售商品的成本后，有多少钱可以用于各项期间费用和形成盈利，反映了企业的初始盈利能力。毛利率越大，说明销售收入中销售成本占的比重越小，企业通过销售获取利润的能力越强。HTWY 公司 2023 年的销售毛利率是 38.66%，到 2024 年减少到 35.68%，主营业务成本明显增加。

（2）销售净利率

销售净利率是指净利润与销售收入的百分比。其计算公式为：

$$销售净利率 = \frac{净利润}{销售收入} \times 100\%$$

该指标反映每 100 元销售收入带来的净利润是多少，表示销售收入的收益水平。HTWY 公司 2023 年的销售净利率是 26.68%，到 2024 年减少到 24.22%。从销售净利率的指标关系看，净利润与销售净利率成正比，而销售收入与销售净利率成反比。企业在增加销售收入的同时，必须相应地获得更多的净利润，才能使销售净利率保持不变或有所提高。通过分析销售净利率的升降变动，可以促使企业在扩大销售的同时，注意改进经营管理，提高盈利水平。HTWY 公司在销售毛利率减少的同时，销售净利率也下降了，原因主要有两点：一是营业成本期间费用的增加；二是 2024 年投资收益大幅下降，减少了净利润。

（3）成本费用利润率

成本费用利润率是企业利润总额与企业当期成本费用总额的比率（其中：成本费用总额是营业成本、税金及附加、销售费用、管理费用和财务费用之和）。其计算公式为：

$$成本费用利润率 = \frac{利润总额}{成本费用总额} \times 100\%$$

该指标反映了每100元成本支出所能带来的利润总额。对于投资者来说，当然是成本费用利润率越大越好，因为成本费用利润率越大，说明同样的成本费用能取得较多的利润，或者说取得同样多的利润只要花费较少的成本费用支出，表明企业的获利能力较强，反之则表明获利能力较弱。受会计政策变更和投资收益下降的影响，HTWY公司的成本费用利润率从2023年的46.77%减少到2024年的41.45%。

（4）总资产收益率

总资产收益率是企业净利润与平均资产总额的百分比。其计算公式为：

$$总资产收益率 = \frac{净利润}{平均资产总额} \times 100\%$$

该指标把企业一定期间的净利润与企业的平均资产总额相比，表明企业资产利用的综合效果。指标越高，表明资产的利用效率越高，说明企业在增加收入和节约资金使用等方面取得了良好的效果。HTWY公司2023年和2024年的总资产收益率分别为21.22%和18.41%。

企业的资产是由投资人投入或举债形成的，收益的多少与企业资产的多少、资产结构以及经营水平有着密切联系。资产收益率是一个综合指标，为了正确评价企业经济效益的高低，挖掘提高利润水平的潜力，可以用该项指标与本企业前期、与计划、与本行业平均水平和本行业内先进企业进行对比，分析形成差异的原因。影响总资产收益率高低的因素有：产品的价格、单位成本、产品的产量和销售数量、资金占用量等。

在市场经济比较发达、各行业竞争比较充分的情况下，各行业的总体收益率将趋向一致，如果某企业的总资产收益率偏低，说明企业资产利用效率较低，经营管理存在问题，应该调整经营方针，改善经营管理。

为了进一步分析影响总资产收益率的因素，我们可以将资产收益率指标分解为以下两个指标的组合：

$$总资产收益率 = \frac{净利润}{销售收入} \times \frac{销售收入}{总资产平均余额}$$

影响总资产收益率的因素是销售净利率和总资产周转率。前者反映公司的盈利能力，后者反映企业的资产使用效率。通常情况下，销售净利率与总资产周转率之间存在相互抵销现象，增加销售收入虽然会增加资产周转次数，但同时可能会降低销售净利率。实务中，这两个指标的相互权衡一般取决于行业的特点。对于资本密集型行业，如建筑业和机器制造业，通常是以较高的销售净利率和较低的总资产周转率为特征；而零售业、快餐连锁店则具有较高的总资产周转率和较低的销售净利率。不同行业影响总资产收益率的因素也不相同，通过财务分析可以为公司的战略选择提供依据。例如，总资产周转率高、销售净利率低的行业一般选择成本领先战略，而总资产周转率低、销售净利率高的行业一般选择差别化战略或集中化战略。如果一个公司的销售净利率或总资产周转率低于行业水平，则必须进行差异动因分析。

（5）股东权益收益率

股东权益收益率又叫净资产收益率，它是净利润扣除应发优先股股息后的余额与普通股股东权益的百分比。其计算公式为：

$$股东权益收益率 = \frac{净利润 - 优先股股息}{普通股股东权益} \times 100\%$$

该指标反映了股东权益的收益水平，指标值越高，说明盈利能力越强，普通股股东可得收益也就越多。

股东权益收益率是一个综合性极强、具有代表性的财务比率，它是财务分析体系的核心。假设不考虑优先股，我们可以把股东权益收益率做如下推导与分解：

$$股东权益收益率 = \frac{净利润}{股东权益} = \frac{净利润}{资产 - 负债} = \frac{\frac{净利润}{资产}}{\frac{资产 - 负债}{资产}} = \frac{\frac{净利润}{销售收入} \times \frac{销售收入}{资产}}{1 - 资产负债比率}$$

$$= \frac{销售净利率 \times 总资产周转率}{1 - 资产负债比率} = \frac{销售净利率 \times 总资产周转率}{\frac{股东权益}{资产}}$$

$$= 销售净利率 \times 总资产周转率 \times 权益乘数$$

分解后的股东权益收益率指标给我们提供了不同时期该项目指标变化的分析路径：股东权益收益率的变化可能是三个因素中的一个因素变化的结果，也可能是其中的两个或三个因素同时变化的结果。表2-5显示，由于销售净利率、总资产周转率和权益乘数的下降，导致HTWY公司的股东权益收益率2024年较2023年出现了一定程度的下降。

表2-5　　　　　　　　　　HTWY公司杜邦财务分解

指标 \ 年份	2023	2024
股东权益收益率（%）	30.31	23.38
销售净利率（%）	26.68	24.22
总资产周转率	0.8	0.76
权益乘数	1.42	1.27

如图2-2所示，比率分析可以分为三个层次，顶端为股东权益收益率，人们可以用它判断企业作为一个整体的业绩；中间层表示股东权益收益率的三个重要组成部分——销售净利率、总资产周转率、权益乘数如何发挥作用；而底层所讨论的是许多其他比率，揭示了利润表与资产负债表的单个项目管理如何对所观察到的指标或杠杆起作用。

为了利用这个结构图优势，我们在分析时，要从顶端开始，注意股东权益收益率随时间推移所呈现的趋势。然后收缩视野，并且探寻中间层三大指标的变化对所观察到的股东权益收益率所起的作用。最后，研究底层的单个具体的项目，找出对各观察值变化的解释。

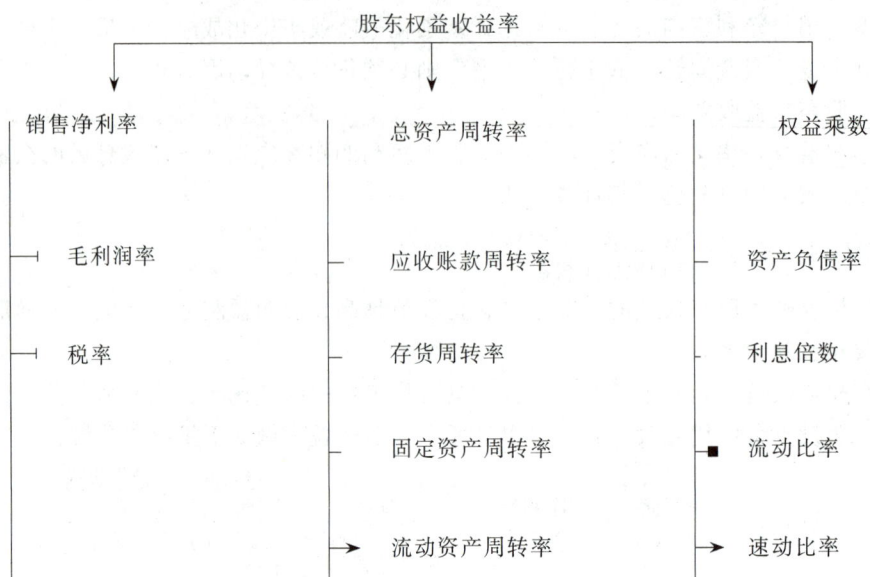

图2-2 比率分析的三个层次

2.2.5 投资收益分析

1）普通股每股净收益

普通股每股净收益是本年盈余与普通股流通股数的比值。其计算公式一般为：

$$普通股每股净收益 = \frac{净利润 - 优先股股息}{普通股流通股数}$$

HTWY公司2023年与2024年的每股净收益分别为1.44元和1.34元。该指标反映了普通股的盈利水平，指标值越高，每一股可分得的利润越多，股东的投资效益越好，反之则越差。

2）股息发放率

股息发放率是指每股股利与每股净收益的百分比。其计算公式为：

$$股息发放率 = \frac{每股股利}{每股净收益} \times 100\%$$

HTWY公司于2023年每股派息1.03元，2024年每股派息0.76元，两年的股息发放率分别为71.53%和56.72%。该指标反映普通股股东从每股净收益中分到的数量占比，就单独的普通股股东来说，这一指标比每股净收益更直接体现当前利益。公司要综合考虑经营扩张对资金的需要、财务风险高低、最佳资本结构等因素，从而决定股利支付的比例。

3）市盈率

市盈率是普通股每股市价与每股净收益之比。其计算公式为：

$$市盈率 = \frac{每股市价}{每股净收益}$$

如果按年末股价（除权）计算，HTWY公司2023年与2024年的股票市盈率分别67.71倍和56.34倍。市盈率的表面含义是股票市价相对于每股净收益的倍数，深层含义是表示每股股票以现价购入收回投资的年限。市盈率经常被投资者用来判断某公司股票是否有吸引力。高的市盈率，往往表明投资者预期公司收益会稳定增长；相反，低的市盈率表明投资者对公司的发展前景，特别是公司的成长性不抱乐观态度。使用市盈率一定要注意公司的成长性，一般来讲，高成长的企业，其市盈率往往较高，相反，成长性差的企业，其市盈率一般都较低。所以，重视市盈率，更要重视成长性，应成为投资者坚持的一个重要应用原则。

启智增慧 2-2

财务比率分析要坚持系统性、全面性

4）市净率

市净率是反映每股市价与每股净资产关系的比率。其计算公式为：

$$市净率 = \frac{每股市价}{每股净资产}$$

按年末股价（除权）计算，HTWY 公司 2023 年与 2024 年的股票市净率分别为 20.65 倍和 14.83 倍。每股净资产是股票的账面价值，它是用成本计算的，每股市价是证券市场上交易的结果。一般来说，市价越是高于其账面价值，公司资产的质量越好。一般情况下，优质股票的市净率普遍较高。

启智增慧 2-3

产能过剩企业的财务特征

2.3　现金流量分析

2.3.1　现金流量分析的意义

现金流量表是以现金为基础，遵循收付实现制原则编制的，即以企业现金的收到或支付作为企业资产、负债和所有者权益进行计量、确认和记录的标准。收付实现制决定了现金流量表反映的经营活动中产生的现金流量净额、现金及现金等价物净增加额及其各自的现金收入和支出合计等项目都是已经实现了的，避免了权责发生制下经常出现的财务账上盈余、资金账上亏空的情况。资产的内在价值是其未来现金流量的现值，这是近代理财学的一个重要结论，通过分析、预测企业未来现金流量，可以对企业及其金融资产的内在投资价值作出有效评估。

现金流量表提供一定时期现金流入和流出的动态财务信息，表明企业在报告期内从经营活动、投资活动和筹资活动获得的现金及其使用的去向，并能够说明资产、负债、净资产的变动原因，对资产负债表和利润表起到补充说明的作用。

现金流量表提供了有关现金流量的数据资料，这是判断企业偿债能力和支付能力的重要依据，对于报表的使用者，特别是企业的经营者，通过对现金流量表的分析，可以了解企业本期及以前各期现金的流入、流出和结余情况，正确评价企业当前及未来的偿债能力和支付能力，发现企业在财务方面存在的问题，正确评价当期及以前各期取得利润的质量，科学地预测企业未来的财务状况，从而作出准确的判断与正确的决策。

归纳起来，利用现金流量表，可以使报表的使用者分析出企业的下列事项：

第一，企业本期获取现金的能力和在未来会计期间内产生现金净流量的能力；

第二，企业的偿债能力、支付投资报酬能力和融资能力；

第三，企业利润的质量、企业的净利润与营业活动所产生的净现金流量发生差异的原因；

第四，企业的投资、融资等重要经济活动情况以及对财务状况产生的影响。

2.3.2 现金流量分析的内容

现金流量分析的内容主要包括静态的结构分析、动态的变动趋势分析以及财务比率分析等几个方面：

1）结构分析

现金流量的结构分析既包括总的现金流入结构分析、现金流出结构分析和现金结余结构分析三个方面，也包括三项（经营、投资与融资）活动各自现金流入流出的内部结构分析。经营活动产生的现金流量，代表企业运用其经济资源创造现金流量的能力，便于分析一定期间产生的净利润与经营活动产生的现金流量的差异；投资活动产生的现金流量，代表企业运用资金产生现金流量的能力；筹资活动产生的现金流量，代表企业筹资获得现金的能力。通过结构分析，可以看出企业现金流入流出的各部分的占比是否合理，可以分析企业未来获取或支付现金的能力。

图 2-3 与图 2-4 显示了 HTWY 公司的现金流入与流出结构，我们看到，经营活动是公司现金流入的最主要来源，现金流出也主要用于公司的经营，这一结构特征符合人们对公司理财的一般要求。2024 年投资性现金流入占比提高，投资性现金的大量流入，为 2024 年的投资支出提供了资金来源，主要原因是企业通过收回投资、变卖资产等大的结构性调整活动取得的现金占比不小，表明企业正在进行投资结构调整。经营性活动产生的现金比例减少且经营活动产生的现金流量净额相对 2023 年减少 39.43%，说明企业投资结构的调整对 2024 年的经营活动带来一定的负面影响。

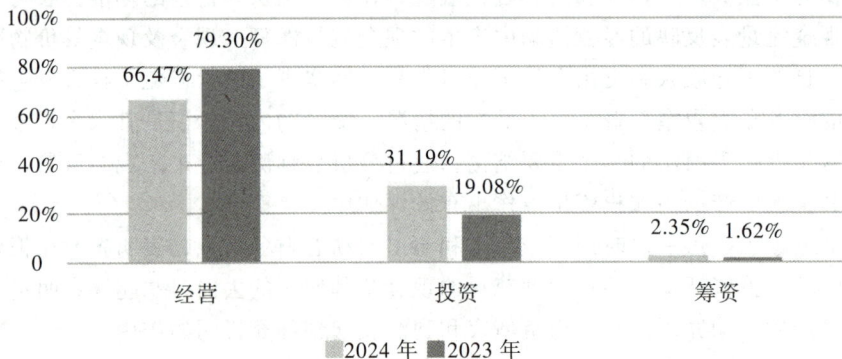

图2-3　HTWY公司现金流入结构

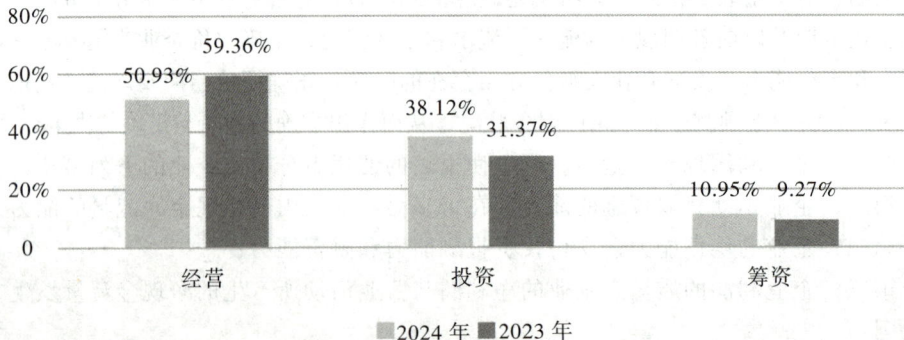

图2-4　HTWY公司现金流出结构

2）变动趋势分析

现金流量的变动趋势分析主要是分析企业的现金收入、支出和结余发生的变动及其变动趋势，并分析这种变动和趋势对企业的影响。运用趋势分析法，报表使用者可以了解有关项目变动的基本方向，判断这种变动是有利还是不利，并对企业未来发展作出预测。变动趋势分析通常采用编制历年会计报表方法，将连续多年的报表，至少是最近 2 年、3 年，甚至 5 年、10 年的会计报表并列在一起加以分析，以观察变化趋势。

图 2-5 显示，HTWY 公司经营活动的现金流入与流出整体呈现为一种稳定增长的态势，除了 2024 年经营活动产生的现金流入和净额相比上年有一定的衰减，但整体稳定向好。这种趋势主要得益于公司明确的产品定位、稳健的经营策略和优秀的品牌影响力，该公司运用优质的原料和先进的工艺制作的产品深得消费者的认可，并形成了强大的品牌效应，同时在原材料价格上涨的情况下，依旧通过优化采购策略、提高生产效率等手段有效控制生产成本并依然维持产品价格不变。公司面临的主要问题是如何在成本增长的情况下合理提高现金流入，让现金流量净额也能同步稳定增长。

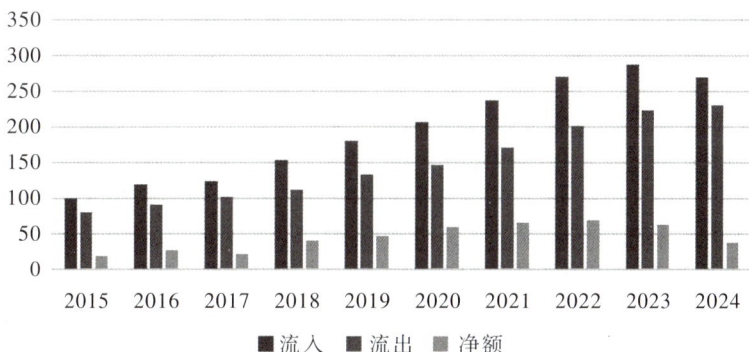

图 2-5　HTWY 公司经营活动现金流量变动趋势（亿元）

3）财务比率分析

现金流量的财务比率分析，包括盈利质量分析、偿债能力和支付能力分析。

（1）盈利质量分析

盈利质量分析，主要是分析会计收益和现金流量净额的比例关系。评价收益质量的财务比率是现金盈利比率。它反映企业经营活动现金流量净额与净利润的比值，其计算公式为：

$$现金盈利比率 = \frac{经营活动现金流量净额}{净利润} \times 100\%$$

一般情况下，比率越高，企业盈利质量越好。如果比率小于 1，说明本期净利润中存在尚未收到现金的部分，这样盈利质量就不够好，严重时还会导致企业陷入财务困境甚至破产。

HTWY 公司 2023 与 2024 年的现金盈利比率分别为 94.78% 和 61.74%。在图 2-6 所考察的 10 个年度里，2023 年以前，除了 2017 年，HTWY 公司的经营活动现金净流量均不同程度地超过了净利润，体现了公司较好的盈利质量。但从 2023 年到 2024 年经营活动现金净流量却呈现逐年低于净利润的趋势，应当引起公司管理层的关注。

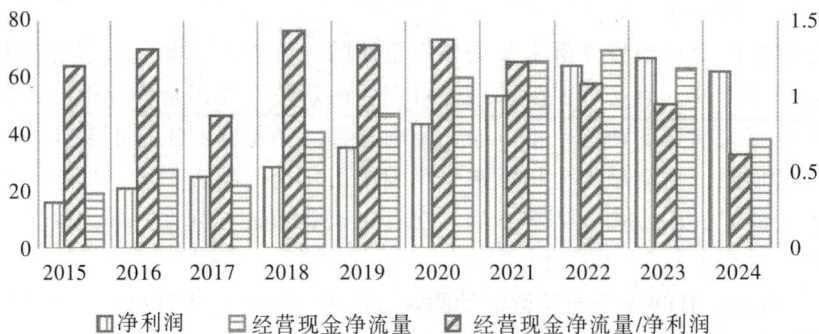

图2-6 现金盈利比率

（2）偿债能力与支付能力分析

①现金到期债务比。它是指经营活动现金流量净额与本期到期债务本息的比率，用公式表示是：

$$现金到期债务比 = \frac{经营活动现金流量净额}{本期到期的债务本息} \times 100\%$$

这里的本期到期的债务包括本期应付票据和本期到期的长期债务。

企业为了偿还即将到期的流动负债，虽然可以通过对外筹资或出售企业相应资产来进行，但最安全可靠的方法，是利用企业的经营活动取得现金净流入。现金到期债务比越大，企业偿付到期债务的能力越强。

HTWY公司2023与2024年的现金到期债务比分别为1 295%和18 900%。

表2-6为未考虑利息的情况下计算出来的现金到期债务比，我们看到在2018—2024年期间，该指标都远大于100%，说明企业利用经营活动现金净流量应对债务偿还的能力强，一定程度上说明企业现金创造能力极佳，无须通过大量借贷即可满足公司的发展经营战略。

表2-6　　　　　　　　　　　现金到期债务比

年份	2018	2019	2020	2021	2022	2023	2024
现金到期债务比	14 411%	414 123%	8 912%	1 652%	1 681%	1 295%	18 900%

②现金债务总额比。它是指经营活动现金流量净额与债务总额的比率，用公式表示是：

$$现金债务总额比 = \frac{经营活动现金流量净额}{债务总额} \times 100\%$$

式中，债务总额是年末资产负债表中的负债总额，出于谨慎考虑，也可以将或有负债包括在内。使用该比率，可以反映该企业年度的经营活动现金流量偿付全部债务的能力。该比率越大，企业承担债务、偿付债务的能力就越强。

图2-7显示了HTWY公司该项指标的数值，与现金到期债务比指标显示的情况大体相同，样本期内的多数年份，该指标处于相对较高水平，企业偿债能力较强。

③强制性现金支付比率。强制性现金支付比率是反映企业用经营活动现金流入量偿付经营活动现金支出与债务本息的能力大小的一个指标。其计算公式为：

$$强制性现金支付比率 = \frac{经营活动现金流入总额}{经营活动现金流出量 + 偿还债务本息付现额} \times 100\%$$

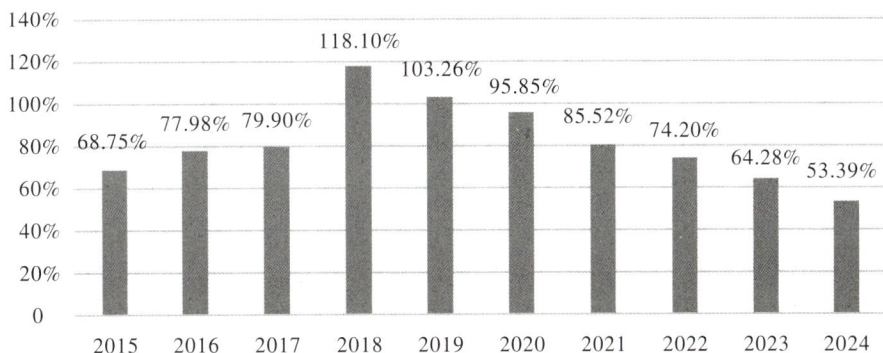

图2-7　现金债务总额比

在持续经营的情况下，企业的现金流入总量至少应满足强制性目的支付（如购买生产经营所需货物、支付工资、支付税金、支付各种经营费用、偿还到期债务等），这一比率越高，企业现金支付能力越强。

如果企业本期及以后各期取得的现金收入在偿还债务和满足经营活动的各项开支后都能有一定的盈余，那么企业就可以考虑进行投资，促进企业不断发展；如果企业本期取得的现金收入在偿还了债务、满足了经营活动的必需支出及投资活动的支出后仍有较大的现金盈余，或者当期现金收入在满足各项支出后虽然没有很多盈余，但历年积存的现金余额仍然很大，在这种情况下企业就可以作出分派股利的决策，以回报投资者，增强投资者的信心。

图2-8显示了HTWY公司的强制性现金支付比率，在样本期内的年份，收入足以满足经营活动的各项支出且每年均有盈余，总体趋势良好。

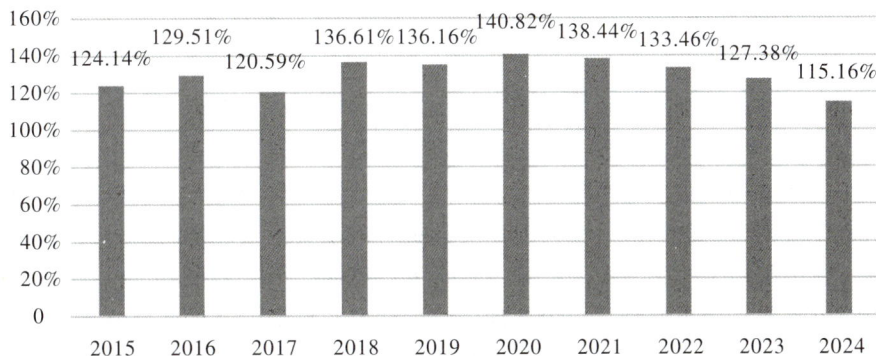

图2-8　强制性现金支付比率

（3）财务弹性分析

财务弹性是指企业自身产生的现金与现金需求之间的适应程度，反映了企业适应经济环境变化和利用投资机会的能力。企业现金流量超过需要，有剩余的现金，说明企业适应性就强。

①现金流量适应比率。现金流量适应比率主要用于反映经营活动创造的现金满足主要现金需求的程度。其计算公式是：

$$现金流量适应比率 = \frac{近5年经营现金净流量}{近5年资本支出 + 存货增加 + 现金股利} \times 100\%$$

如果该比率在100%以上，表明企业经营活动现金净流量可基本上满足企业的现金需求；反之，如果这个比值小于100%，企业就需要靠外部融资来补充所需要的资金。

HTWY公司2023年、2024年的现金流量适应比率分别为163.49%、141.56%，各年的指标均大于100%，说明HTWY公司的经营活动现金净流量无须外部融资便可基本上满足企业的现金需求，总体指标水平较高。

②现金股利保障倍数。这个指标反映企业每股经营活动现金流量净额与每股现金股利的比值。其计算公式为：

$$现金股利保障倍数 = \frac{每股经营活动现金流量净额}{每股现金股利}$$

该比值越大，公司支付现金股利的能力越强。HTWY公司2023年、2024年的现金股利保障倍数为1.98和1.18，说明2024年HTWY公司的现金股利支付能力减弱，营收能力不及往年。

虽然通过对现金流量表的分析能够给报表使用者提供大量有关企业财务方面，尤其是关于企业现金流动方面的信息，但这并不意味着对现金流量表进行分析就能够替代其他会计报表的分析，现金流量表分析仅是企业财务分析的一个方面。要全面、完整、充分地掌握企业的财务信息，不仅要分析现金流量表，还要将资产负债表、利润表等各种报表有机地结合起来；不仅要充分理解报表上的信息，还要重视企业重大会计事项的解释以及注册会计师的审计报告；同时，使用者不能完全依赖报表分析的结果，而应和其他有关方面的资料相结合进行综合评价，要考虑国家宏观政策、国际国内政治气候、所处行业的变化情况等方面的影响，这样才能全面而深刻地揭示企业的偿债能力和支付能力，以及企业在经营活动中出现的业绩和问题。

启智增慧 2-4

市场地位与企业核心盈利的现金获取质量：进攻还是防御？

本章小结

财务报表是人们进行理财决策的重要依据，其中资产负债表是反映公司在某一时点全部资产、负债和所有者权益状况的报表，它是一个时点概念。表中的资产按流动性的大小依次排列，负债与所有者权益按照可能的偿付时间的先后次序排列。利润表是反映一定时期公司盈利或亏损情况的会计报表。现金流量表是反映公司一定时期现金流入、流出与净值的报表，利润表与现金流量表同属于时期报表。

进行财务报表分析要确定一个合理的评价标准，包括内部标准与外部标准；要依据公认的会计准则对财务报表的可靠性和相关性进行分析；必须掌握和熟练运用财务报表分析的基本方法。比例分析是财务分析最常用的分析方法，财务报表的使用者可以从企业财务的安全性、盈利性和流动性（即资产的周转性）等方面设计与使用财务比率指标，以便能对企业经营与财务状况进行多角度、全方位的分析与判断。

反映公司偿债能力的指标主要有流动比率、速动比率、资产负债率、股东权益比率产权比率、利息保障倍数等。反映企业营运能力的指标主要有应收账款周转率、存货周转率、固定资产周转率及总资产周转率等。反映企业盈利能力的指标主要有销售毛利率、销售净利率、总资产收益率、股东权益收益率等。

现金流量分析包括企业现金流入与流出的结构分析、趋势分析和偿债与支付能力分析等。税收是公司最大的一笔现金流出。税负是公司进行财务决策需要考虑的重要外部因素。公司应当合理地运用税收政策优化现金流管理。

关键概念

资产负债表　利润表　现金流量表　趋势分析　结构百分比分析　财务比率分析　因素分析　经营现金流　筹资现金流　投资现金流　流动比率　速动比率　资产负债率　产权比率　利息保障倍数　存货周转率　应收账款周转率　总资产周转率　销售净利率　成本利润率　总资产收益率　股东权益收益率　每股收益　市盈率　股利支付率　现金流量适应比率　杜邦分析法　现金股利保障倍数

综合训练

✔复习思考

1.通常情况下，企业的流动比率越高，表示企业用于偿还短期债务的能力越强，这种说法对吗？

2.企业的应收账款周转率偏低可能是由什么因素引起的？会给企业带来什么影响？

3.企业资产负债率高会对债权人和股东带来什么影响？

4.存货周转率提高是否一定意味着企业营运效率的改善？

✔应用训练

大成公司2024年简略财务数据如2-7、表2-8所示：

表2-7

资产负债表

2024年12月31日
单位：万元

资产	金额	负债及所有者权益	金额
现金（年初764）	310	应付账款	516
应收账款（年初1 156）	1 344	应付票据	336
存货（年初700）	966	其他流动负债	468
流动资产合计（年初2 620）	2 620	流动负债合计	1 320
		长期负债	1 026
固定资产（年初1 170）	1 170	实收资本	1 444
资产总额（年初3 790）	3 790	负债及所有者权益合计	3 790

表2-8

利润表

2024年12月31日
单位：万元

主营业务收入	6 430
主营业务成本	5 570
毛利	860
管理费用	580
利息费用	98
税前利润	182
所得税	72
净利润	110

要求:

(1)计算填列表2-9中的财务比率(天数取整数);

(2)通过与行业平均水平的比较,说明该公司经营管理可能存在的问题。

表2-9 财务比率表

比率名称	大成公司	行业平均值
流动比率		1.98
资产负债率		62%
存货周转率		6
平均收现期		35天
固定资产周转率		13次
总资产周转率		3次
主营业务净利润率		1.3%
总资产报酬率		3.4%
股东权益收益率		8.3%

✔课程思政

1.财务分析师是否应该为他们对公司财务健康状况的看法负责?

2.在进行财务报表分析时,你发现公司的一项关键财务指标被故意夸大以吸引投资者,并且该行为由高层管理层指示进行。作为财务分析师,你如何在职业伦理和公司利益之间作出平衡,以确保你的分析既诚实又有助于公司的长期健康发展?

延伸阅读

1.张新民,钱爱民.财务报表分析[M].6版·立体化数字教材版.北京:中国人民大学出版社,2023.

2.齐寅峰.公司财务学[M].5版.北京:经济科学出版社,2017.

3.SUBRAMANYAM K R.Financial statement analysis[M]. New York:McGraw-Hill Europe Publication,2013.

4.FRIDSON M S.Financial statement analysis workbook-a practitioner's guide[M]. 5th ed.Hoboken:Wiley&Sons Inc.,2022.

即测即评2

综合训练
参考答案2

第3章

财务计划与预测

目标引领

☑ 价值塑造

引导学生从辩证唯物主义视角认识财务计划与预测，关注财务计划与预测的社会效益、道德效益和法律效益，既要体现良好的专业性又要遵守职业伦理道德。

☑ 知识传授

财务计划与预测是一种运用财务数据和相关信息，对企业未来的财务状况、经营成果和现金流量进行规划、预测和评价的方法。通过本章的学习，理解财务计划的内涵和作用，掌握财务预测方法以及财务增长模型，能够运用历史数据法和销售百分比法等方法来预测和进行长期财务计划，测算额外资金需求，清晰阐释内部增长率和可持续增长率的不同之处。

思维导图

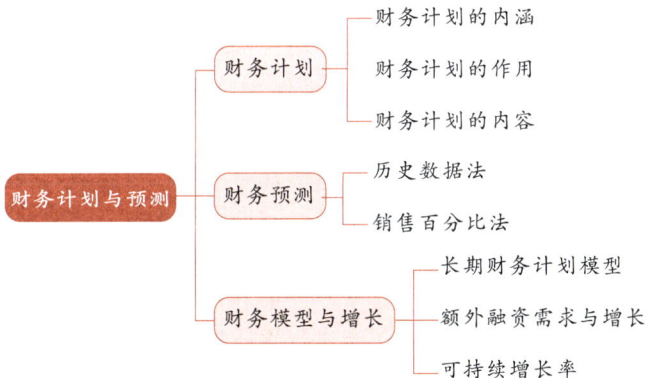

开篇导读

2019年，阿里巴巴在全球电商市场中的竞争愈发激烈，面对来自京东、拼多多等对手的挑战，阿里巴巴需要重新评估其业务策略和市场定位。在这一背景下，阿里巴巴启动了新一轮的财务计划与预测，以支持其未来的发展方向。

阿里巴巴通过财务计划设定了明确的年度收入增长目标和利润率目标，确保各部门的业务活动能够集中在推动整体业绩上。这一过程中，阿里利用数据分析工具，评估了不同业务线的潜力，从而为未来的战略决策提供了清晰的依据。在进行财务预测时，阿里巴巴分析了市场趋势和消费者行为，识别出新的增长领域，例如在线教育和云计算服务。通过优化资源配置，阿里巴巴能够在这些领域进行有效投资，最大化投资回报，并推动新业务的快速发展。同时，随着市场环境的变化，阿里巴巴通过持续的财务预测来识别潜在风险。例如，在面对政策监管和市场竞争压力时，阿里巴巴能够快速调整其财务策略，确保在不确定性中保持稳定的财务状况，提高了公司的风险管理能力。财务预测数据为阿里巴巴的管理层决策提供了支持，例如，在疫情期间，阿里巴巴迅速扩大了本地生活服务业务，满足了消费者对在线购物和无接触服务的需求。财务预测的数据支持使管理层能够在关键时刻作出明智的决策，抓住市场机遇。

阿里巴巴的案例清晰地表明，财务计划与预测在企业可持续增长中扮演着至关重要的角色。在现代商业环境中，企业只有重视财务计划与预测，才能够应对快速变化的市场环境，确保长期的可持续发展。了解和掌握财务计划内涵以及财务预测的基本原理和方法，这是本章学习的重点。

3.1 财务计划

3.1.1 财务计划的内涵与作用

财务计划是指企业或组织在一定时期内（通常为一年）对财务活动进行的全面规划和安排。它是财务管理的重要组成部分，旨在通过对企业财务状况的分析和预测，制定合理的财务目标和策略，以实现企业的经济效益最大化。

财务计划的制订与实施具有重要意义。第一，具有战略导向意义，财务计划可以为企业的发展战略提供财务支持和保障，确保企业的各项财务活动与战略目标相一致。第二，优化资源配置。可以合理安排企业的资金、资产和负债等资源，提高资源利用效率，优化企业的财务结构。第三，有效控制风险。可以识别和评估企业面临的财务风险，制定相应的风险防范和应对措施，降低财务风险对企业的影响。第四，有利于绩效评估，可以为企业的绩效评估提供依据，通过对财务计划执行情况的监控和分析，评价企业的经营业绩和财务管理水平。第五，加强沟通协调，财务计划作为企业内部各部门之间以及与外部利益相关者进行沟通和协调的重要工具，可以促进企业内部的协作和外部关系的维护。

3.1.2 财务计划的内容

财务计划通常包括以下几个主要方面的内容：

1）财务预算

收入预算：预测企业在一定时期内的各项收入来源，包括销售收入、投资收益、利息收入等。收入预算是财务计划的起点，它直接影响到企业的盈利能力和现金流量。

成本费用预算：对企业在一定时期内的各项成本费用进行预测和安排，包括生产成本、销售费用、管理费用、财务费用等。成本费用预算的合理性直接关系到企业的成本控制和经济效益。

利润预算：根据收入预算和成本费用预算，计算企业在一定时期内的预计利润，反映企业的盈利能力和经营成果。利润预算是企业财务目标的重要体现。

现金流量预算：预测企业在一定时期内的现金流入和流出情况，包括经营活动现金流量、投资活动现金流量和筹资活动现金流量。现金流量预算是确保企业资金安全和流动性的重要依据。

2）投资计划

项目投资计划：对企业拟进行的重大投资项目进行规划和安排，包括项目的可行性研究、投资预算、资金来源、收益预测等。投资计划是企业扩大生产规模、优化产业结构、提高竞争力的重要手段。

固定资产投资计划：对企业固定资产的购置、更新、改造等进行计划和安排，包括固定资产的需求预测、投资预算、资金来源、折旧计提等。固定资产投资计划是企业维持生产经营正常运转和提高生产效率的重要保障。

无形资产投资计划：对企业无形资产的开发、购置、转让等进行计划和安排，包括无形资产的价值评估、投资预算、收益预测等。无形资产投资计划是企业提升核心竞争力和可持续发展能力的重要途径。

3）融资计划

资金需求预测：根据企业的投资计划和经营发展需要，预测企业在一定时期内的资金需求总量和结构。资金需求预测是制订融资计划的基础。

融资渠道选择：确定企业可以选择的融资渠道，包括银行贷款、债券发行、股票上市、股权融资、融资租赁等。融资渠道选择应综合考虑企业的资金成本、融资风险、融资期限等因素。

融资方案设计：根据资金需求预测和融资渠道选择，设计具体的融资方案，包括融资规模、融资方式、融资期限、利率或费率、还款方式等。融资方案设计应确保融资的可行性和经济性。

融资风险防范：识别和评估企业融资过程中可能面临的风险，如信用风险、市场风险、利率风险等，制定相应的风险防范措施，降低融资风险对企业的影响。

4）财务风险管理

风险识别：识别企业可能面临的各种财务风险，如市场风险、信用风险、汇率风险、利率风险、流动性风险等。风险识别是财务风险管理的基础。

风险评估：对识别出的财务风险进行评估，确定风险的大小和影响程度。风险评估可以采用定性和定量相结合的方法。

风险应对策略：根据风险评估的结果，制定相应的风险应对策略，包括风险规避、风险降低、风险转移和风险接受等。风险应对策略应与企业的风险承受能力和风险管理目标相适应。

风险监控与预警：对企业财务风险管理的实施情况进行监控和预警，及时发现和处理风险事件，确保企业财务风险处于可控范围内。

3.2 财务预测

财务预测对企业未来的财务状况和经营业绩进行预测和分析，为企业的决策提供参考依据。企业进行财务预测可以采用历史数据法、回归分析法、销售百分比法等方法。

3.2.1 历史数据法

1）历史数据法的内涵

历史数据法是根据过去的销售数据，利用统计学的方法，如移动平均法、指数平滑法、回归分析法等，来分析销售数据的规律和趋势，从而预测未来的销售情况。这种方法的优点是简单易行，数据来源可靠，适用于销售数据较稳定，没有明显的季节性和周期性的情况。缺点是忽略了市场环境和客户需求的变化，可能导致预测结果偏离实际情况。

2）历史数据法的实施步骤

历史数据法的具体实施步骤如下：首先，收集和整理历史销售数据，按照时间顺序或产品类别进行分类和汇总，得到销售量和销售额的序列数据。其次，选择合适的统计模型，如移动平均法、指数平滑法、回归分析法等，根据历史销售数据拟合出销售量和销售额的函数关系，得到预测方程。再次，利用预测方程，输入未来的时间或其他变量，计算出未来的销售量和销售额的预测值，得到预测结果。最后，评估预测结果的可信度和准确度。通过计算预测误差、平均绝对误差、平均绝对百分比误差等指标，检验预测模型的拟合程度和预测能力，对预测结果进行修正或优化。

3）历史数据法的应用和修正

为了说明历史数据法的应用，我们假设一个简单的数值实验。

【例3-1】假设某公司的某一产品的历史销售量如表3-1所示：

表3-1　　　　　　　　　　　　某公司历史销售数据　　　　　　　　　单位：万件

年份	2019	2020	2021	2022	2023	2024
销售量	12.5	13.8	15.2	16.7	18.4	20.3

我们可以用移动平均法来预测该产品的2025年的销售量。具体步骤如下：首先选择移动平均的周期，假设为2年，即用前两年的平均销售量来预测下一年的销售量。然后计算移动平均值，即用相邻的两个年份的销售量的算术平均值作为移动平均值，用移动平均值作为预测值，即用前一年的移动平均值来预测下一年的销售量，如表3-2所示。这样用移动平均法我们就可以得到了2025年的销售预测值为19.4万件。

一般来说，我们采用平均绝对误差（MAE）和平均绝对百分比误差（MAPE）来评估预测的精度，公式如下所示：

年份	2019	2020	2021	2022	2023	2024	2025
销售量	12.5	13.8	15.2	16.7	18.4	20.3	
移动平均值			14.5	16.0	17.6	19.4	
预测值			13.2	14.5	16.0	17.6	19.4
预测误差			2	2.2	2.4	2.7	

表3-2　　　　　　　　　　　移动平均作为预测值　　　　　　　　　　单位：万件

$$MAE = \frac{\sum_{t=1}^{n} |e_t|}{n}$$

$$MAPE = \frac{\sum_{t=1}^{n} \left| \frac{e_t}{y_t} \right|}{n}$$

其中，e_t 是第 t 年的预测误差，y_t 是第 t 年的实际销售量，n 为预测年数。

将表 3-2 的数据代入公式，计算移动平均法的平均绝对误差为 2.325 万件，平均绝对百分比误差为 13.72%，一般来说，平均绝对误差和平均绝对百分比误差越小，说明预测结果越准确，预测模型越有效。本例预测结果的误差较大，预测模型的拟合程度和预测能力较低，可能需要选择其他的预测方法或优化预测参数。正如本例所示，当一种预测方法效果不好的时候，我们可以选择其他的计算方法。例如和移动平均法类似的是指数平滑法，这种方法根据历史数据的加权平均来预测未来的数据，其中权重随时间的久远程度呈指数型下降。一次指数平滑的公式如下：

$$\hat{y}_{t+1|t} = \alpha y_t + (1 - \alpha)\hat{y}_{t|t-1}$$

其中 $\hat{y}_{t+1|t}$ 表示第 $t+1$ 期的预测值，y_t 表示第 t 期的实际值，$\hat{y}_{t|t-1}$ 表示第 t 期的拟合值，α 表示平滑系数，取值范围为 $0 \leq \alpha \leq 1$。

又如回归分析法，回归分析法是通过建立自变量和因变量之间的函数关系来预测未来的数据的方法，其中的函数关系可以是线性的或非线性的。回归分析有多种形式，如简单线性回归、多元线性回归、多项式回归、对数回归等。基本回归模型在财务预测中的应用场景非常广泛。

假设一家电子产品销售公司想要预测未来一段时间内某款产品的销售额。首先，公司会收集过去一段时间内关于这款产品的销售额数据，以及其他可能影响销售额的因素的数据，比如广告投入、促销活动、季节性因素等。这些因素都被视为自变量，而销售额则被视为因变量。接下来，公司会使用回归分析法来建立一个模型。这个模型描述了自变量和因变量之间的关系。通过回归分析，公司可以了解哪些因素对销售额有显著影响，以及这些因素的影响程度如何。一旦模型建立完成，公司就可以使用它来预测未来的销售额了。具体来说，公司可以输入预期的自变量值（比如计划中的广告投入、促销活动等），然后利用模型计算出预测的销售额。在这个过程中，回归分析帮助公司识别了影响销售额的关键因素，并建立了一个可以用来预测未来销售额的模型，这使得公司能够更准确地把握市场趋势，制定更有效的销售策略，从而提高销售业绩。

【例3-2】假设这家电子产品销售公司，计划预测未来一个月的销售额。公司收集了过去一年（12个月）的数据，包括每个月的销售额、广告投入、促销活动次数和季节性因素（比如月份），见表3-3。

表3-3 历史数据集

月份	销售额（百万元）	广告投入（万元）	促销活动次数	季节性因素（月份）
1	5	5	2	2.5
2	5.5	6	3	3
3	6	7	1	1.2
4	7	8	4	4.5
5	8	9	5	5
6	9	10	6	6.5
7	10	11	7	7
8	11	12	8	8
9	12	13	9	9
10	13	14	10	10
11	14	15	11	11
12	15	16	12	12

我们可以建立一个线性回归模型，形式如下：

销售额=β_0+β_1×广告投入+β_2×促销活动次数+β_3×季节性因素+ε

通过回归分析，我们可以得到各个自变量（广告投入、促销活动次数、季节性因素）的系数（β_1，β_2，β_3），这些系数表示每个因素对销售额的影响程度。

利用Excel的LINEST函数，得到：

β_1 = 0.053193，β_2 = 0.172107，β_3 = 0.727073，β_0=0.518756

假设我们计划在未来一个月广告投入为18万元，促销活动次数为13次，季节性因素为13（即下一个月）。将这些值代入回归模型，计算出未来一个月的预测销售额。

销售额（预测）=0.518756+0.053193×18+0.172107×13+0.727073×13=13.17（百万元）

这个过程帮助公司了解各因素对销售额的影响，并利用这些信息制定未来的销售策略。

需要注意的是，虽然回归分析在财务预测中非常有用，但它并不是万能的。在实际应用中，还需要考虑到其他因素，比如数据的准确性、模型的适用性、市场的变化等。因此，在使用回归分析进行财务预测时，还需要结合实际情况进行综合考虑和判断。

3.2.2 销售百分比法

以上简单的财务计划假设所有项目都随着销售额的变动而成比例变动，这个假设可能适用于某些项目，而对于另外一些项目，如长期借款，则未必合适。长期借款的金额由管理层的资本结构决策决定，并不一定与销售水平直接相关。下面介绍销售百分比法（percentage of sales approach）的财务计划模型。基本思路是将利润表和资产负债表的项目划分成两组，一组直接与销售额挂钩，另一组与销售额不直接相关。对于一个给定的销售预测，我们可以计算公司为了实现预计销售额所需要的融资金额。表 3-4 展示的是华威公司近期的利润情况。

表3-4　　　　　　　　　　　　华威公司初始利润表　　　　　　　　　　单位：万元

销售额	1 200
成本	1 000
税前利润	200
税（25%）	50
净利润	150
股利	34
留存收益增加额	116

公司计划来年销售增长 25%，即预测销售额达到 1 200×1.25=1 500（万元）。为了得到预测利润表，假设总成本仍为销售额的 1 000/1 200×100%=83.3%，这样，华威公司的预测利润表如表 3-5 所示。假设成本与销售额之间维持一个固定的比率实际上就是假设销售利润率不变，可以看到，初始利润表中的销售利润率为 150/1 200×100%=12.5%，而预测报表中的销售利润率=187.5/1 500×100%=12.5%，确实如此。

表3-5　　　　　　　　　　　　华威公司预测利润表　　　　　　　　　　单位：万元

销售额（预计）	1 500
成本（销售额的83.3%）	1 250
税前利润	250
税（25%）	62.5
净利润	187.5

下面来看看股利，股利支付的金额由公司的管理层决定，假设该公司的股利政策是按照净利润的固定比例派发现金，其近期的股利支付率（dividend payout ratio）是：

$$股利支付率 = \frac{现金股利}{净利润} = \frac{34}{150} \times 100\% = 22.67\%$$

同样，我们还可以计算留存收益增加额与净利润之比：

$$\frac{留存收益增加额}{净利润} = \frac{116}{150} \times 100\% = 77.33\%$$

这个比率被称为留存比率（retention ratio）或者利润再投资率（plowback ratio）。由于所有的净利润非分配即留存，所以该比率等于 1 减去股利支付率。假设留存比率固定，预计的股利与留存收益增加额分别为：

预计股利 = 187.5 × 22.67% = 42.51(万元)

预计留存收益增加额 = 187.5 × 77.33% = 144.99(万元)

预计股利和留存收益之和 = 187.5(万元)

表3-6展示的是华威公司近期的资产负债情况。

表3-6 华威公司的资产负债表

资产			负债与所有者权益		
	金额（万元）	占销售额的百分比（%）		金额（万元）	占销售额的百分比（%）
流动资产			流动负债		
现金	160	16	应付账款	300	30
应收账款	440	44	应付票据	100	n/a
存货	600	60	流动负债小计	400	n/a
流动资产小计	1 200	120	长期负债	800	n/a
			所有者权益		
固定资产			普通股与股本溢价	800	n/a
厂房和设备净额	1 800	180	留存权益	1 000	n/a
			所有者权益小计	1 800	
资产合计	3 000	300	负债与所有者权益合计	3 000	n/a

在资产负债表中，假设有些项目随销售额的变动而变动，可以表达成销售额的百分比形式，而有些项目则不是如此，以"n/a"表示"不适用"。

例如，在资产部分，年末存货等于销售额的60%（600/1 000），假设这一比例适用于下一年度，则销售额每增加1万元，存货要增加0.60万元，推而广之，年末总资产与销售额之比为3 000/1 000=3，即300%。

总资产与销售额之比称为资本密集率（capital intensity ratio），指的是产生1万元销售额所需要的资产的金额，这个比率越高，公司的资本密集度越高。这个比率与本书前面章节定义的总资产周转率互为倒数。

假设华威公司的这个比率为常数，它要用3万元的总资产来产生1万元的销售收入（显然这是一个资本密集型企业），所以，如果销售额要增加100万元，华威公司需要增加3倍（即300万元）的资产。

在负债与所有者权益部分，应付账款随着销售额的变动而变动，因为当销售量上升时，公司需要向供应商订的货更多，所以应付账款会自然地随着销售额的变化而变化。而应付票据代表银行借款之类的短期负债，除非采取特定的措施，否则这个数字不会发生变化，故标以"n/a"。

同样，对长期负债也标以"n/a"，因为它不会随着销售额的变动而自动变化，普通股与股本溢价也是如此。资产负债表右边的最后一项留存收益倒是与销售额有关，不过，它并不是销售额的一个简单的百分比，而是需要在对净利润和股利进行预测的基础上才可以计算出来。

先来为华威公司编制一个局部的预测资产负债表。为此，我们要尽可能地使用上述百分比进行预测，比如，固定资产净额等于销售额的180%，随着销售额增加到 1 250 万元，固定资产净额应达到 1.80×1 250=2 250（万元），说明厂房设备应增加 2 250-1 800=450（万元）。需要说明的是，对于那些不直接随着销售额的变动而变动的项目，我们先假设其不变，只是简单地填上初始数字。预测结果如表 3-6 所示，其中留存收益的变动额等于我们先前计算的留存收益增加额 110 万元。

从预测资产负债表上可以看到，资金预计会增加 750 万元，而若无额外融资，负债和所有者权益只能增加 185 万元，资金缺口为 750-185=565（万元），我们将这个金额称为外部融资需要量（EFN）。

只要清楚解决问题的思路，不必借助于预测报表，EFN 也可以直接计算如下：

$$EFN = \frac{资产}{销售额} \times \Delta 销售额 - \frac{自发增长的负债}{销售额} \times \Delta 销售额 - PM \times 预计销售额 \times (1-d)$$

式中，"Δ销售额"是预计的销售增加额（以万元计）。在本例中，下年度预计销售额为 1 250 万元，比本年增加 250 万元，故 Δ销售额为 250 万元。自发增长的负债是指会自发地随着销售额上下变动的负债，对华威公司而言，自发增长的负债为 300 万元的应付账款。最后，PM 和 d 分别表示销售利润率和股利支付率，分别是 13.2% 和 $33\frac{1}{3}\%$。已知总资产为 3 000 万元，销售额为 1 000 万元，所以有：

$$EFN = \frac{3\,000}{1\,000} \times 250 - \frac{300}{1\,000} \times 250 - 0.132 \times 1250 \times \left(1 - \frac{1}{3}\right) = 565$$

计算包括三个部分：第一部分是利用资金密集率计算的预计资产增加额；第二部分是负债中自发增长负债的增加额；第三部分是根据销售利润率和预计销售额计算出来的预计净利润乘以留存比率，即预计留存收益的增加额。

从表 3-7 可以看出，华威公司预计有 25% 的销售额增长，前提是华威公司需要从外部筹措 565 万元的资金，如果华威公司不能筹措 565 万元的资金，这个增长将无法实现。

表3-7　　　　　　　　　　华威公司的局部预测资产负债表　　　　　　　　单位：万元

资产			负债与所有者权益		
	下年度	下年度比本年度增加额		下年度	下年度比本年度增加额
流动资产			流动负债		
现金	200	40	应付账款	375	75
应收账款	550	110	应付票据	100	0
存货	750	150	流动负债小计	475	75
流动资产小计	1 500	300	长期负债	800	0
			所有者权益		
固定资产			普通股与股本溢价	800	0
厂房和设备净额	2 250	450	留存权益	1 110	110
			所有者权益小计	1 910	110
资产合计	3 750	750	负债与所有者权益合计	3 185	185
			外部融资需要量	565	565

这个例子很好地说明了计划过程有助于发现问题和可能的冲突，比方说，如果华威公司不打算额外借债和出售股权，那么要实现销售额25%增长可能就不可行。

华威公司要获得565万元的新增融资有三种可能的途径：短期借款、长期借款以及新的权益融资，如何在这三种方式中进行组合取决于管理层，此处我们仅讨论众多可能性中的一种。

假设华威公司决定借入所需要的资金，在这种情况下，公司可能举借一些短期的和一些长期的资金，例如，流动资产增加300万元，而流动负债仅增加75万元，华威公司可以借入300-75=225（万元）的短期应付票据，以维持净营运资本保持不变。由于需要的资金是565万元，还有565-225=340（万元）要靠长期债务满足。表3-8为华威公司完整的预测资产负债表。

表3-8　　　　　　　　　　　　　　华威公司的预测资产负债表　　　　　　　　　　单位：万元

资产			负债与所有者权益		
	下年度	下年度比本年度增加额		下年度	下年度比本年度增加额
流动资产			流动负债		
现金	200	40	应付账款	375	75
应收账款	550	110	应付票据	325	225
存货	750	150	流动负债小计	700	300
流动资产小计	1 500	300	长期负债	1 140	340
			所有者权益		
固定资产			普通股与股本溢价	800	0
厂房和设备净额	2 250	450	留存权益	1 110	110
			所有者权益小计	1 910	110
资产合计	3 750	750	负债与所有者权益合计	3 750	750

这里，我们用短期借款和长期借款的结合作为一个调节变量，不过需要强调的是，这只是可能的策略中的一种，而并不一定是最好的，还可以考虑很多其他的情形。先前讨论的各种财务比率在这里可以派上用场，例如，按照刚刚设想的情形，我们一定很想考察一下流动比率和总负债比率，看看预测的新的债务水平是否合适。

3.2.3　财务报表预测示例

财务报表预测是指根据历史数据、市场调研、专家意见等信息，对未来一定时期内的财务状况和经营成果进行估计的过程。财务报表预测的目的是帮助企业制定合理的经营决策、资源配置、风险控制等，以适应市场需求和竞争环境的变化，提高企业的经营效率和盈利能力。

为了详细说明财务报表的方法和步骤，我们可以假设一个简单的例子，现在有某公司的历史财务数据（如表3-9所示）：

表3-9 　　　　　　　　　　　　　　**某公司历史财务数据** 　　　　　　　　　　　单位：万元

年份	销售收入	毛利润	利润	资产	负债
2022	1 000	400	200	800	400
2023	1 200	480	240	960	480
2024	1 500	600	300	1 200	600

我们要预测该公司2025年的财务报表，我们可以按照以下的步骤进行：第一，确定预测的目标和范围：我们的目的是评估该公司的经营状况和盈利能力，我们的范围是预测该公司的利润表和资产负债表的主要项目，如销售收入、利润、资产、负债等，精度保留两位小数。第二，选择预测的方法和模型：我们可以选择销售百分比法，因为该公司的财务指标和销售收入有较强的相关性，如表3-10所示，建立一个预测表：

表3-10 　　　　　　　　　　**某公司财务指标与销售百分比关系** 　　　　　　金额单位：万元

年份	销售收入	毛利率	毛利润	利润率	利润	资产周转率	资产	负债率	负债
2022	1 000	40%	400	20%	200	1.25	800	50%	400
2023	1 200	40%	480	20%	240	1.25	960	50%	480
2024	1 500	40%	600	20%	300	1.25	1 200	50%	600

我们还可以根据市场调研、专家意见等信息，预测2025年的销售收入的增长率，假设为20%，则2025年的销售收入为1 500×1.2=1 800（万元）。这样就可以根据销售百分比法，按照相同的百分比关系，推算出其他财务指标的预测值，见表3-11。

表3-11 　　　　　　　　　　　　　　**某公司财务指标预测** 　　　　　　　　金额单位：万元

年份	销售收入	毛利率	毛利润	利润率	利润	资产周转率	资产	负债率	负债
2025	1 800	40%	720	20%	360	1.25	1 440	50%	720

我们可以对预测结果进行分析，如与历史数据和目标数据的比较、与行业和竞争对手的比较、预测的可信度和准确度等。该公司的销售收入、利润、资产、负债等财务指标如果都呈现出稳定的增长趋势，符合该公司的经营目标和战略规划，说明该公司的经营状况和盈利能力较好，具有较强的发展潜力和竞争优势。同时也可以根据行业的平均水平和主要竞争对手的财务数据，来评价该公司的财务表现，见表3-12。

表3-12 　　　　　　　　　　　**某公司与行业和竞争对手对比** 　　　　　　金额单位：万元

公司	销售收入	毛利率	利润率	资产周转率	负债率
该公司	1 800	40%	20%	1.25	50%
行业平均	1 500	35%	15%	1.00	60%
竞争对手A	2 000	30%	10%	1.50	70%
竞争对手B	1 800	40%	18%	1.00	40%

我们可以看出，该公司的销售收入、毛利率、利润率、资产周转率等财务指标都高于行业平均水平，说明该公司的市场占有率和经营效率较高，具有较强的盈利能力和成本控制能力。与竞争对手A相比，该公司的销售收入略低，但毛利率和利润率明显高于竞争对手A，说明该公司的产品和服务具有较高的附加值和品牌优势，能够提高客户的满意度和忠诚度。与竞争对手B相比，该公司的销售收入和毛利率相当，但利润率和资产周转率明显高于竞争对手B，说明该公司的资产利用率和资金管理能力较强，能够提高资产的收益率和流动性。该公司的负债率虽然高于竞争对手B，但低于行业平均水平和竞争对手A，说明该公司的财务风险和财务杠杆效应适中，能够保持财务的稳定性和灵活性。

为此，可以通过计算预测误差、平均绝对误差、平均绝对百分比误差等指标，来检验预测模型的拟合程度和预测能力，见表3-13。

表3-13　　　　　　　　　　　某公司预测误差　　　　　　　　　　金额单位：万元

年份	销售收入	预测值	预测误差	平均绝对误差	平均绝对百分比误差
2022	1 000				
2023	1 200	1 000	200		
2024	1 500	1 200	300	250	18.33%

3.3　财务模型与增长

长期财务计划是财务报表的又一重要用途，而财务计划模型的结果生成预估财务报表。

3.3.1　长期财务计划模型

我们可以通过一个简例开始讨论长期财务计划模型。XM公司最近一年的财务报表见表3-14。

表3-14　　　　　　　　　　　XM公司财务报表　　　　　　　　　　单位：万元

利润表		资产负债表			
销售额	1 000	资产	500	负债	250
成本	800			所有者权益	250
净利润	200	资产合计	500	负债与所有者权益合计	500

假设XM公司的所有项目都与销售额直接挂钩，且目前财务关系处于最优水平，这就意味着，所有的项目都与销售额同比例增长。当然，这一假设的确过于简单，但可以让我们更清楚地说明问题。假设销售额上升20%，从1 000万元增加到1 200万元，我们可以预测成本也会上升20%，从800万元增加到800×1.2=960（万元），这样，预测利润表如表3-15所示：

表3-15	XM公司预测利润表	单位：万元
销售额	1 200	
成本	960	
净利润	240	

假设所有项目都增长20%，则预测资产负债表如表3-16所示：

表3-16		XM公司预测资产负债表		单位：万元
资产	600（+100）	负债	300（+50）	
		所有者权益	300（+50）	
资产合计	600（+100）	负债与所有者权益合计	600（+100）	

表3-16中，我们只是简单地将每个项目都增加20%，括号中的数字是不同项目发生变动的金额。

下面我们要让这两张预测报表协调统一，比如，为什么净利润为240万元，而权益仅增加50万元呢？答案是XM公司一定付出了240-50=190（万元）的差额，可能这190万元是以现金股利的形式支付出去的，倘若如此，股利就是一个调节变量。假如XM公司没有支付190万元的现金股利，留存收益就会增加240万元，从而使权益达到490万元（即初始的权益金额250万元加上净利润240万元），那么要使总资产等于600万元，就要归还部分债务。

总资产为600万元，所有者权益为490万元，负债必须等于600-490=110（万元）。由于XM公司的初始负债为250万元，所以须偿还250-110=140（万元）的债务，这样，预测资产负债表如表3-17所示：

表3-17		XM公司预测资产负债表		单位：万元
资产	600（+100）	负债	110（-140）	
		所有者权益	490（+240）	
资产合计	600（+100）	负债与所有者权益合计	600（+100）	

这时，负债是使得资产负债表平衡的调节变量。这个例子阐释了销售增长与财务政策之间的相互作用关系。当销售额增加时，总资产也增加，因为公司必须投资于净营运资本和固定资产以支撑更高的销售水平，随着资产的增加，资产负债表右边的负债与权益也要增加。需要说明的是，在这个简例中，负债与所有者权益如何变动取决于公司的融资政策和股利政策，而资产的增长取决于公司如何从财务上支持销售增长，纯属管理决策。值得注意的是，本例中公司不需要外部资金，而通常情况并不一定如此，接下来我们将考察更为具体的情形。

3.3.2　额外资金需求

外部融资需求（external financing needed，EFN）与增长相关联，若其他情况不变，销售或资产的增长率越高，外部融资需求越大。在前面的部分，我们假设增长率给定，然后确定支持增长所需要的外部融资。这里我们稍微改变一下，假设公司的财务政策给定，然后考察财务政策以及为新投资筹措资金的能力之间的关系，进而讨论其对增长的影响。需要强调的是，我们之所以关注增长，不是因为增长是一个合适的目标，而是因为增长是考察投资决策与融资决策之间关系的一个便捷的途径。

1）EFN与增长

首先，要建立外部融资需要量（EFN）与增长之间的关联。为此，我们看看表3-18所示的MT公司的利润表与资产负债表简表。请注意，我们在资产负债表简表中把短期负债和长期负债合并成一个总负债数字。我们还假设没有流动负债随着销售额的变动而自动发生变化，这个假设并没有听起来那么苛刻，如果某些流动负债（如应付账款）随销售额而变动，我们可以认为这个项目是流动资产的减项。同样，我们还在利润表简表中将折旧、利息与成本合并在一起。

表3-18　　　　　　　　　　**MT公司的利润表与资产负债表简表**　　　　　　　　单位：万元

利润表

销售额			500
成本			400
应税所得			100
税（25%）			25
净利润			75
股利		22	
留存收益增加额		53	

资产负债表

资产			负债与所有者权益		
	金额（万元）	占销售额的百分比		金额（万元）	占销售额的百分比
流动资产	200	40	总负债	250	n/a
固定资产净额	300	60	所有者权益	250	n/a
总资产	500	100	负债与所有者权益总计	500	n/a

如果MT公司预计下年度的销售水平会增加100万元，达到600万元，增长率是100/500×100%=20%，运用销售百分比法及表3-18的数据，可以编制出表3-19的预测利润表和资产负债表。

如表3-19所示，按照20%的增长率，MT公司需要新增100万元的资产，预计留存收益会增加63.6万元，所以，EFN=100-63.6=36.4（万元）。

表3-19 　　　　　　　　　MT公司的预测利润表与资产负债表简表 　　　　　　　　　 单位：万元

利润表

销售额			600
成本			480
应税所得			120
税（25%）			30
净利润			90
股利		26.4	
留存收益增加额		63.6	

资产负债表

资产	金额（万元）	占销售额的百分比	负债与所有者权益	金额（万元）	占销售额的百分比
流动资产	240	40	总负债	250	n/a
固定资产净额	360	60	所有者权益	313.6	n/a
总资产	600	100	负债与所有者权益总计	563.6	n/a
			外部融资需要量	36.4	n/a

　　MT公司的负债权益比起初等于250/250=1.0（见表3-18），假设该公司不打算出售新的权益，36.4万元的EFN必须靠借债取得，那么新的负债权益比会是多少呢？由表3-19可知，所有者权益合计数预计为313.6万元，总负债为原负债250万元加上36.4万元的新增借款，即286.4万元，于是负债权益比从1.0下降到0.91（286.4/313.6）。

　　表3-20显示的是不同增长率所要求的EFN，在每一种情形下，预计留存收益增加额和预计负债权益比也都是给定的（你可以练习这些计算），在确定负债权益比时，我们假设资金缺口由借债弥补，资金冗余也用于归还负债。这样，在零增长的情况下，负债由250万元到197万元，下降53万元。请注意，在表3-20中，所要求的资产的增加就简单地等于原有资产500万元乘以增长率，同样，留存收益增加额也等于原来的53万元加上53万元乘以增长率。

表3-20 　　　　　　　　　MT公司的增长率与预计EFN

预计销售额增长率（%）	所要求的资产增加额（万元）	留存收益增加额（万元）	外部融资需要量EFN（万元）	预计负债权益比
0	0	53.0	−53.0	0.64
5	25	55.65	−30.65	0.72
10	50	58.3	−8.3	0.78
15	75	60.95	14.05	0.85
20	100	63.6	36.4	0.91
25	125	66.25	58.75	0.98

表3-20显示，当增长率较低时，MT公司会出现资金冗余，负债权益比下降，但当增长率上升到10%左右时，资金冗余就变成资金缺口，当增长率再进一步超过30%时，负债权益比就会超过原来的1.0。

根据表3-20绘制图3-1，反映了不同增长率下的资产需求额和留存收益增加额的变化，从而直观地说明了销售增长与外部融资需要量之间的关系。可以看到，新增资产的需求比留存收益增加额以更快的速度增长，在销售增长超过一定比率后，留存收益增加额所提供的资金很快就不能满足需求了。

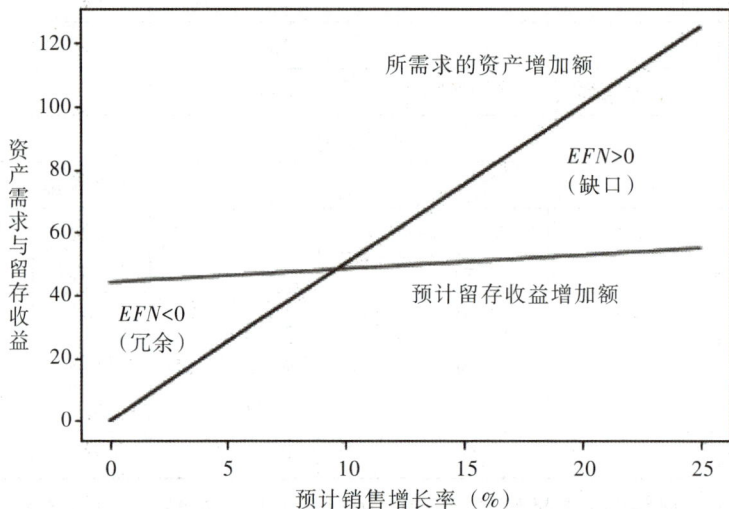

图3-1　MT公司的销售增长与外部融资需要量

2）融资政策与增长

根据上述讨论，可以发现增长与外部融资直接相关，这里将讨论对长期财务计划特别有用的两个增长率：内部增长率和可持续增长率。

（1）内部增长率

内部增长率是指在没有任何外部融资的情况下公司可能实现的最大增长率，之所以称为内部增长率（intenal growth rate），是因为这个增长率是仅靠内部融资来支持的。在图3-1中，内部增长率由两条直线相交的点来表示，在这个点上，所要求的资产增加额刚好等于留存收益增加额，EFN为零。我们可以看到，这时的增长率略微低于10%。运用一点代数知识便可以得到这个增长率的准确定义：

$$内部增长率 = \frac{ROA \times b}{1 - ROA \times b} \times 100\%$$

式中，ROA是我们前面讨论过的资产收益率，b是利润再投资率，即留存比率，这个比率在前面也定义过。

MT公司的净利润为66万元，总资产为500万元，因此$ROA=66/500×100\%=13.2\%$。在66万元的净利润中，有44万元被留存下来，所以利润再投资率$b=44/66×100\%=2/3$。内部增长率可计算如下：

$$内部增长率 = \frac{0.132 \times (2/3)}{1 - 0.132 \times (2/3)} \times 100\% = 9.65\%$$

这样，MT公司在没有外部融资的情况下，每年预计最大可实现增长率为9.65%。

如果 MT 公司想以高于 9.65 的速度增长，这时就需要进行外部融资。

（2）可持续增长率

在没有外部股权融资且保持负债权益比不变的情况下可能实现的最高增长率，它通常被称为可持续增长率（sustainable growth rate），它是在没有提高财务杠杆的条件下所达到的最大增长率。公司希望避免出售股权的原因多种多样，例如，发行新股可能会因为费用过高而十分昂贵，或者现有股东既不愿意引入新股东也不打算追加股权投资。

根据表 3-20，MT 公司的可持续增长率大约为 20%，因为其负债权益比在这个增长率上接近 1.0。计算公式如下：

$$可持续增长率 = \frac{ROE \times b}{1 - ROE \times b} \times 100\%$$

除了以 ROE 替代 ROA 之外，这个公式与内部增长率的公式一样。

启智增慧 3-5

可持续增长率

MT 公司的净利润为 66 万元，总权益为 250 万元，因此 ROE=66/250×100%=26.4%。利润再投资率 b 仍然是 2/3。可持续增长率可计算如下：

$$可持续增长率 = \frac{0.264 \times (2/3)}{1 - 0.264 \times (2/3)} \times 100\% = 21.36\%$$

这样，MT 公司在没有外部股权融资的情况下预计每年可实现的最大增长率为 21.36%。

上面的例子显示，ROE 对于可持续增长率具有显著的影响。显然，那些决定 ROE 的重要因素也就是决定增长率的重要因素。

根据杜邦分析法，ROE 可以被表达成三个变量的乘积：

ROE = 销售利润率 × 总资产周转率 × 权益乘数

如果我们研究一下可持续增长率的公式，就会发现任何导致 ROE 上升的因素都会通过使可持续增长率的分子更大和分母更小，从而导致可持续增长率的上升，那些提高利润再投资率的因素也是如此。所以，公司的可持续增长能力直接取决于以下四个因素：第一，销售利润率。销售利润率的增加会提高公司内部生成资金的能力，所以能够提高可持续增长率。第二，股利政策。净利润中用于支付股利的百分比下降会提高留存比率，增加内部股权资金，从而提高可持续增长率。第三，融资政策。提高负债权益比即提高公司的财务杠杆，这使得公司获得额外的债务融资，从而提高可持续增长率。第四，总资产周转率。提高总资产周转率使得公司每单位资产能够带来更多的销售额，在销售额增长的同时降低公司对新增资产的需求，因而提高可持续增长率。

启智增慧 3-6

从降杠杆到稳杠杆

总的来说，如果公司想要以高于可持续增长率的速度增长，必须提高销售利润率、总资产周转率、财务杠杆、留存比率或者出售新的权益。

由于销售利润率会影响公司内部资金生成能力，所以它是影响可持续增长率的关键因素。为了理解这一点，我们举一个例子。

假设 ZX 公司的负债权益比为 0.5，销售利润率为 3%，股利支付率为 40%，资本密集率为 0.1，其可持续增长率为多少？如果 ZX 公司可持续增长率达到 10%，并计划通过提高销售利润率实现这个目标，你认为如何？

ROE=0.03×1×1.5=4.5%，留存比率=1-0.40=0.60，因此，可持续增长率为 0.45×

0.60/（1−0.45×0.60）×100%=2.77%。

该公司要实现10%的增长率，销售利润率必须提高，因此先求解销售利润率（*PM*）：

$$10\% = PM \times 1.5 \times \frac{0.6}{1 - PM \times 1.5 \times 0.6}$$

$$PM = \frac{10\%}{0.99} = 10.1\%$$

可见，只有销售利润率从3%提高到10.1%，该公司才能够实现计划，这样的增长似乎不太可行。

作为小结，表3-21概括了两个增长率——内部增长率和可持续增长率。

表3-21 两个增长率

$$内部增长率 = \frac{ROA \times b}{1 - ROA \times b} \times 100\%$$

式中，*ROA*表示资产收益率；*b*为利润再投资率（留存比率）。
内部增长率是在没有任何形式的外部融资的情况下所能够实现的最大增长率。

$$可持续增长率 = \frac{ROE \times b}{1 - ROE \times b} \times 100\%$$

式中，*ROE*表示权益收益率；*b*表示利润再投资率（留存比率）。
可持续增长率是在没有外部股权融资且保持负债权益比不变的情况下所能够实现的最大增长率。

在结束本章讨论的时候，我们还要补充说明一下，财务计划与预测是一个重复的过程，计划制订、检查、修正，如此循环不断，最后的计划是整个过程中所有参与者相互协调的结果。因此，财务计划和预测数据暗含着不同方面的不同目标，并受制于很多限制条件，这个财务计划不是对我们所认为的未来可能会发生什么的客观冷静的评估，而是对不同团体的计划活动进行调和并对未来达成共识的一种方法。无论财务计划是如何制定的，财务计划和预测都不是纯粹的机械过程，记住这一点非常重要。如果财务计划和预测是机械的，它就有可能是错误的。

本章小结

财务计划与预测是一种运用财务数据和相关信息，对企业未来的财务状况、经营成果和现金流量进行规划、预测和评价的方法。财务计划的主要内容包括财务预算、投资计划、融资计划和财务风险管理等内容。财务预测可以提供有价值的决策参考，运用历史数据法、线性回归法、销售百分比法等方法对财务报表如何进行预测进行了示例分析。公司长期财务计划模型假设资产和成本与销售同比例增长。外部融资需要量与增长相关联，若其他情况不变，销售或资产的增长率越高，外部融资需要量越大。从是否需要外部融资角度，增长率分为内部增长率和可持续增长率。没有任何外部融资的情况下公司可能实现的最大增长率称为内部增长率。在没有外部股权融资且保持负债权益比不变的情况下可能实现的最高增长率被称为可持续增长率。可持续增长率是财务计划中十分重要的一个比率，它清楚地说明了公司四个主要方面的关系：由销售利润率表示的经营效率、由总资产周转率度量的资产使用效率、由留存比率表示的股利政策以及由负债权益比衡量的融资政策。

关键概念

财务计划 历史数据法 销售百分比法 资本密集率 外部融资需要量 内部增长率 可持续增长率

综合训练

✔ 复习思考

1.请论述财务计划的作用和内容。

2.财务预测时运用历史数据法可能会出现什么问题,如何解决?

3.论述财务报表预测的方法与步骤。

4.销售收入增长率是否可以作为公司财务目标?

5.如何使用销售百分比法来预测公司未来的资金缺口?

✔ 应用训练

GL公司预计在可预见的将来,公司的销售收入可增长20%。该公司本年度的财务报表资料如下:

表3-22 财务报表资料 单位:万元

利润表		资产负债表	
销售收入	32.00	流动资产	16
成本	28.97	固定资产	16
毛利润	3.03	资产合计	32
税金	1.03		
净利润	2.00	流动负债	10
		长期负债	4
股利	1.40	债务合计	14
留存收益	0.60	普通股	14
		留存收益	4
		负债和所有者权益合计	32

GL目前的财务政策包括:股利支付率(d)=70%,负债权益比(L)=77.78%,销售净利率(P)=6.25%,资产销售收入比(T)=1,请计算:

(1)GL公司下一年度外部资金的需求量。

(2)编制GL公司的预计资产负债表。

(3)计算GL公司的可持续增长率。

(4)GL公司为了实现其增长目标,应如何更改其财务政策?

✔ 课程思政

1.XYZ公司正计划上市,以筹集资金用于其新的技术研发项目。为了吸引投资者,XYZ公司在其财务预测报告中高估了其预期收入,并低估了运营成本,从而提高了预期销售利润率。

问题：

（1）评估XYZ公司在追求外部融资过程中可能涉及的职业伦理问题？

（2）结合《证券法》和《公司法》的相关要求，XYZ公司应采取哪些措施以确保其财务报告的准确性和合规性？

（3）如果XYZ公司确实夸大了财务预测，可能对公司和投资者产生哪些长期影响？如何修正这些不准确的数据以恢复投资者的信任？

2.ABC制造公司在过去的两年中实现了稳定的内部增长，并计划继续扩大市场份额。为了实现更高的增长率，公司决定削减生产成本，包括减少员工福利和推迟必要的设备维护。这些措施可能会短期内提高利润，但可能会对员工士气和生产质量产生负面影响。

问题：

（1）在追求高内部增长率的过程中，ABC公司可能面临哪些职业伦理挑战？例如，如何处理可能影响员工福利的成本削减措施，同时确保财务合规？

（2）如何评估减少员工福利和推迟设备维护对公司长期发展的影响？这些措施是否可能导致公司在未来面临更大的财务和伦理风险？

即测即评3

延伸阅读

1.罗斯，威斯特菲尔德，乔丹.公司理财［M］.崔方南，谭跃，周卉，译.北京：机械工业出版社，2020.

2.布里格姆，休斯顿.财务管理精要［M］.北京：机械工业出版社，2017.

综合训练参考答案3

第4章

时间价值、风险与收益

目标引领

☑ 价值塑造

　　通过本章的学习，使学生准确理解货币随时间增值的原理以及风险与收益的关系，引导学生树立正确的理财观，树立勤俭节约和风险价值意识。

☑ 知识传授

　　我们将先对货币的时间价值予以介绍，因为这是评估与衡量风险收益所应必备的基础。之后我们将转向有关风险与收益之间内在关系的分析。这方面我们是通过研究资本资产定价模型完成的。年金现值和资本资产定价模型是学习重点。通过本章的学习，学生能够解释货币时间价值的意义以及如何发挥作用，能够计算一笔资金的现值和终值，能够区分不同类型的年金并计算其现值终值。能够解释资产组合风险分散的原理以及资本资产定价模型的含义，能够计算资产组合的风险和预期收益。

思维导图

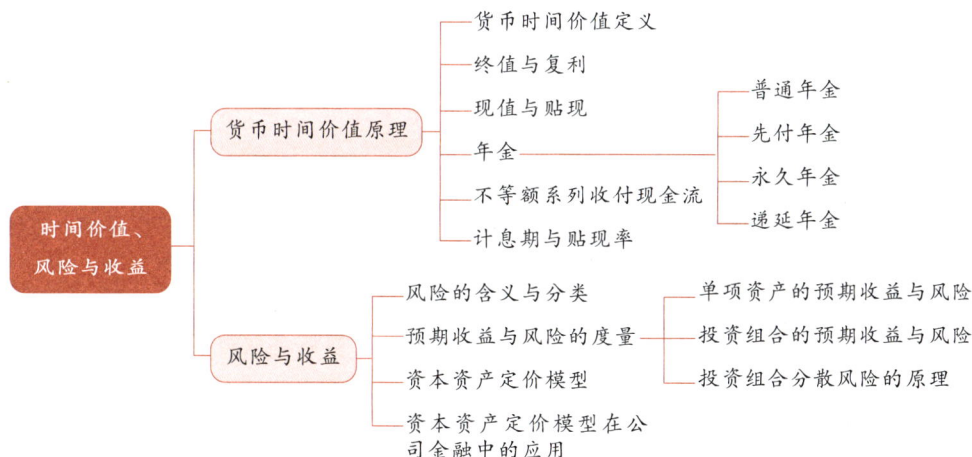

开篇导读

　　当前我国已经迈入老龄化社会，截至2024年年末，60岁及以上人口占比22.0%，其中65岁及以上人口占比15.6%。随着人口出生率下降和人均寿命的提高，养老金收入增长落后于支出的增加，导致养老金出现缺口。为了确保自己在退休时有足够的资金，人们应该如何做好准备呢？养老储蓄是一种有益的补充方式，但是要尽早规划。例如，张先生从40岁开始储蓄，每年定期存入3万元，如果年利率是5%，那么到60岁退休时他可以得到大约99.2万元；而李先生从30岁开始储蓄，如果他在退休时也想得到和张先生一样多的退休储蓄，每年只需要定期存入大约1.5万元。如果在开始储蓄的10年后利率下降为2%，为了在退休时有99.2万元的储蓄收入，毫无疑问，李先生或者张先生都需要调整自己的年度储蓄计划，适当增加存款金额。从这个例子可以看到，尽早开始储蓄是重要的，并且利率的变化对储蓄有重要影响。理解这个问题需要用到货币时间价值原理，这是本章的主要内容之一。

4.1 货币时间价值原理

4.1.1 货币时间价值定义

货币的时间价值也称为资金的时间价值，是指货币经历一定时间的投资和再投资所增加的金额。如果一年期存款利率是10%，你今天存入银行100元，一年后，你将会连本带息取得110元，这就意味着，今天100元的资金在效用上相当于明年的110元，其中增加的10元就是资金的时间价值。透过货币时间价值的含义，我们不难理解，今天一定金额的货币和未来同样金额的货币在经济价值上是不同的。货币的时间价值正确揭示了不同时点上货币之间的换算关系，是计算企业不同时期财务收支、评价企业经营绩效的基本方法。

4.1.2 终值与复利

1）终值

终值是指一定的利率条件下，一定量货币在未来某一时间所具有的价值，即贷款的本利和。

如前所述，如果银行存款利率是10%，那么现在存入100元，一年以后将可以得到110元，用公式表示就是100×（1+10%）=110（元）。这一事实用公司金融学的语言可以这样表述：今天的100元和一年后的110元在市场看来是没有区别的。市场通行的原则是：为换取一年后的110元，需要在当前付出100元。

设当前的现金数量为PV，利率为i，存入银行一年以后将取得现金FV。根据上述事实，则有以下关系式：

$FV=PV（1+i）$

公式表明，当前现金PV一年以后的未来值是FV，称FV是PV的终值。

这是单期终值的例子。那么多期终值如何计算呢？比如，100元在银行里存两年，利率是10%，两年之后能从银行取回多少钱呢？前面已经知道，100元存款，在一年后本息和是110元，这笔110元继续存在银行，经过一年变为121元，即110+110×10%=100×（1+10%）^{2}。如果存在银行里三年，本息和变为多少呢？第二年的121元不取出来继续存在银行，在第三年变为133.1元，即121+121×10%=100×（1+

10%）^{3}。依此类推，n 期终值 FV 为：

$FV = PV(1+i)^n$

其中，$(1+i)^n$ 称为终值系数，用符号 $(F/P, i, n)$ 表示。

2）复利

上一期的利息计入本金在本期继续计算利息的方法，就是复利。复利方法体现了利息再投资的要求，表现为利生利，由利生利多出来的利息称作复利。相应地，如果不考虑利息再投资问题，只考虑本金的利息，即经过一段时间本金所生利息不再加入本金重复计算利息，就是单利。

【例 4-1】你正在向银行申请一笔贷款，本金 200 000 元，利率 5.5%，期限 3 年，到期一次还本付息。到期应该偿还本息多少？其中多少源于单利，多少来自复利？如果贷款期限延长到 5 年，结果会有什么变化？

到期应偿还本息：$200\,000 \times (1+5.5\%)^3 = 234\,848.27$（元）

利息合计：34 848.27 元，其中：

单利：$200\,000 \times 5.5\% \times 3 = 33\,000$（元）

复利：$34\,848.27 - 33\,000 = 1\,848.27$（元）

如果贷款期限延长到 5 年，答案会变为：

到期应偿还本息：$200\,000 \times (1+5.5\%)^5 = 261\,392$（元）

利息合计：61 392 元，其中：

单利：$200\,000 \times 5.5\% \times 5 = 55\,000$（元）

复利：$61\,392 - 55\,000 = 6\,392$（元）

表 4-1 总结了贷款期限从 1 年到 5 年的本利和的变化，显示了复利随时间延长而增长的情况。复利增长的原因是越来越多的利息加入本金中计算利息。

表4-1　　　　　　　　　　在5.5%利率水平的终值　　　　　　　　单位：元

年	年初金额	单利	复利	利息总额	年末金额
1	200 000	11 000	0	11 000	211 000
2	211 000	11 000	605	11 605	222 605
3	222 605	11 000	1 243.27	12 243.27	234 848.27
4	234 848.27	11 000	1 916.65	12 916.65	247 764.92
5	247 764.92	11 000	2 627.07	13 627.07	261 391.99
合计	—	55 000	6 391.99	61 391.99	—

利率对终值影响较大。根据公式 $FV = PV(1+i)^n$，在利率 5%、8%、10% 水平上，分别得到期限 10 年的终值，绘制成终值变化曲线。图 4-1 揭示了终值随着利率变化的情况。在这里，利率是一个增长率，如果你把钱存在银行里，每年 10% 的利率，那么你的存款就会按照 10% 的速度增长。

复利方法有广泛的应用场景，可以被用来计算其他的增长率问题。例如，国内城市平均房价在2010年为9 042元/平米，到2023年年底为16 220元/平米，这13年期间房价复利增长率为4.59%。

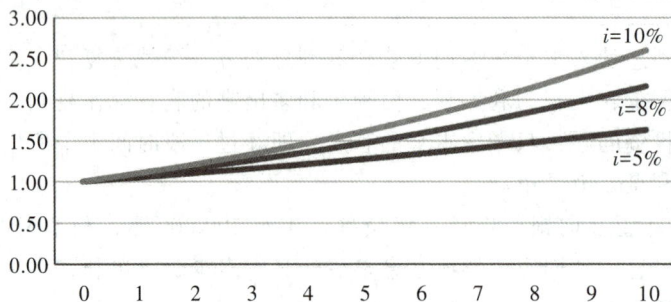

图4-1 不同利率水平上的终值变化

【例4-2】上证指数在2012年12月4日收盘报1 949.46点，2023年12月4日收盘报3 022.91点。在这11年期间上证指数复利增长率是多少？

$$1\,949.46 \times (1+i)^{11} = 3\,022.91$$

$$i = 4.07\%$$

计算终值，可以像例4-1那样，借助计算器计算终值系数$(F/P, i, n)$，还可以借助复利终值系数表计算终值。查复利终值系数表，找到利率i和期数n对应的终值系数，然后以本金乘以终值系数，得到本金的终值。

【例4-3】你准备投资某款理财产品，投资本金100万元，理财产品预期年化收益率5%，3年后赎回。那么3年后预期投资收益是多少？

利率5%，期限为3年的复利终值系数为：$(F/P, 5\%, 3) = (1+5\%)^3 = 1.1576$

预期投资收益$=100 \times (F/P, 5\%, 3) - 100 = 100 \times 1.1576 - 100 = 15.76$（万元）

其中，15万元为单利收入，0.76万元为复利投资收益。

4.1.3 现值与贴现

现值是指未来的一笔资金在现在的货币价值。现值的计算是终值的逆运算。我们已经知道一笔现金的终值等于$FV = PV(1+i)^n$，那么这笔现金的现值等于：

$$PV = \frac{FV}{(1+i)^n}$$

其中，$1/(1+i)^n$称为现值系数，记为$(P/F, i, n)$。

【例4-4】你计划3年后买一套住房，房价1 200 000元，首付率20%，假如存款利率2%，现在应该存多少钱才可以在3年后凑齐首付款？

首付款为1 200 000×20%=240 000（元），根据现值公式，首付款的现值为：

$$240\,000/(1+2\%)^3 = 240\,000 \times (P/F, 2\%, 3)$$

查复利现值系数表，$(P/F, 2\%, 3)$等于0.9151，那么240 000元的现值等于219 624元。你今天需要在银行存款219 624元，才能在3年后得到240 000元。

观察现值公式可以发现，现值的变化与利率i和时间n有密切关系。给定时间长度，利率提高，现值下降；给定利率，期数越长，现值越小，如果期限足够长，现值趋近于0。图4-2揭示了这种关系。

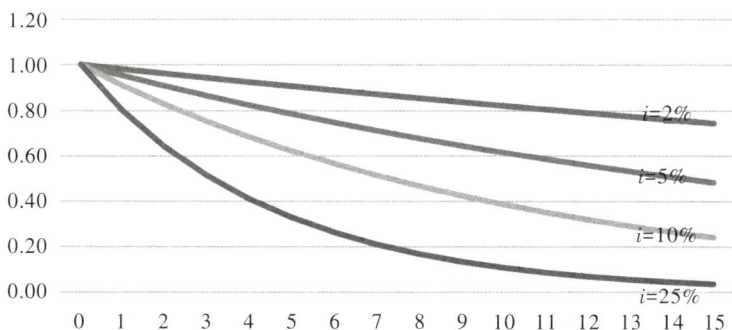

图4-2 不同利率和期数下的1元钱的现值变化

4.1.4 年金

年金是指在某一确定的时期里，每期都有一笔相等金额的收付款项。年金实际上是一组相等的现金流序列。一般来说，折旧、租金、利息、保险金、退休金等都可以采用年金的形式；年金按付款时间可分为普通年金（也叫后付年金）、先付年金（也叫当期年金）两种。此外还有永久年金、递延年金以及年金的变化形式——不等额现金流等。

1）普通年金的终值和现值

（1）普通年金终值

普通年金又称后付年金，是指每期期末有等额的收付款项的年金。现实生活中，这种年金最为常见，如债券支付的利息。

普通年金的终值是指一定时期内每期期末收付款项的复利终值之和。年金终值的计算，是利用复利终值的计算公式，将各期的现金流复利计算到 n 期末，然后将其加总求和。我们用 A 代表年金现金流，F 代表年金终值，n 和 i 分别代表计息期数和利率。普通年金终值的计算过程可以用图4-3直观显示出来：

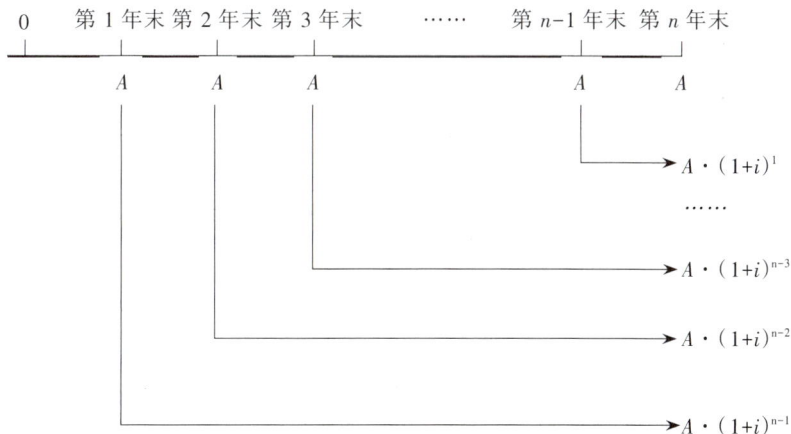

图4-3 普通年金终值计算示意图

根据图4-3，我们可以把普通年金终值的计算公式表述如下：

$$F = A \cdot \sum_{t=1}^{n} (1+i)^{t-1} = A \cdot \left[\frac{(1+i)^n - 1}{i} \right]$$

式中，$\dfrac{(1+i)^n - 1}{i}$ 称为年金终值系数，其简略形式为 $(F/A, i, n)$。相应地，也可以简写为：

$F = A \cdot (F/A, i, n)$

【例4-5】未来5年，你每年年底都能收到企业发放的年终奖10 000元并存入银行，存款利率是5%，则第5年年末存款总额应为多少元？

$$F = 10000 \times \left[\dfrac{(1+5\%)^5 - 1}{5\%}\right] = 10\,000 \times (F/A, 5\%, 5) = 10\,000 \times 5.5256 = 55\,256\,(\text{元})$$

如果用金融计算器，分别输入"5，按键I/YR；10 000，按键PMT；0，按键PV；5，按键N"，最后点击"FV"键，得到55 256.31。

利用Excel的FV函数计算终值。FV语法格式为：FV（rate，pmt，nper［pv］，［type］）。在Excel工作表的单元格中录入："=fv（5%，10 000，5）"，回车确认，结果显示为55 256.31。

（2）普通年金现值

年金现值是把未来不同时期的现金流贴现计算现值，然后把这些现值加起来。普通年金现值的计算可用图4-4说明。

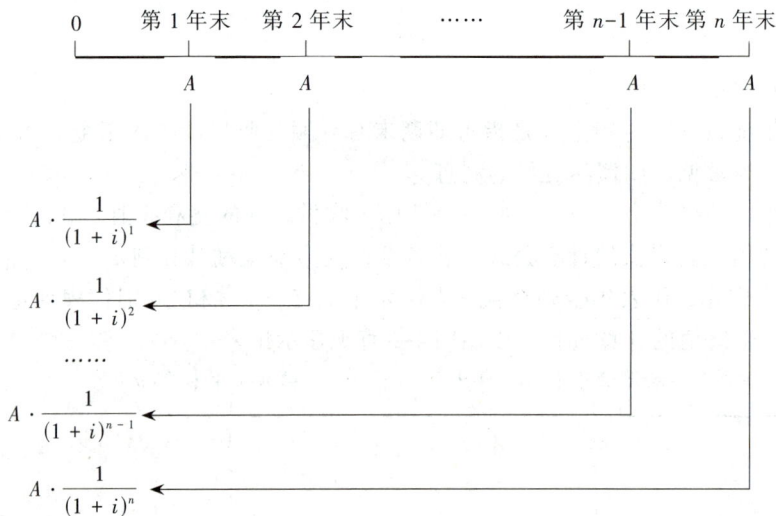

图4-4　普通年金现值计算示意图

图4-4说明，年金现值的计算，关键是利用复利现值的计算公式，将各期年金贴现后求和。所以，年金现值的计算表述为：

$$P = A \cdot \sum_{t=1}^{n} \dfrac{1}{(1+i)^t}$$

其中，$\displaystyle\sum_{t=1}^{n} \dfrac{1}{(1+i)^t}$ 称作年金现值系数。可通过查询普通年金现值系数表得到。这样，年金现值即为年金与年金现值系数的乘积。习惯上用 $(P/A, i, n)$ 代表年金现值系数，因此年金现值公式也可表示为：

$P = A \cdot (P/A, i, n)$

【例4-6】你正在为自己的退休生活进行储蓄。年利率为4%，要想在未来20年中，每年年末获得 60 000 元，现在要向银行存入多少元？

$$P=60\ 000\times\sum_{t=1}^{20}\frac{1}{(1+4\%)^t}=60\ 000\times13.59=815\ 400（元）$$

如果用金融计算器，分别输入"4，按键 I/YR；60 000，按键 PMT；0，按键 FV；20，按键 N"，最后点击"PV"键，得到 815 419.58。

利用 Excel 的 PV 函数。PV 语法格式为：PV（rate，pmt，nper［fv］，［type］）。在 Excel 工作表的单元格中录入："=pv（4%，60 000，20）"，回车确认，结果显示为 -815 419.58。负号表示现金流出。

【例 4-7】某轿车销售价格为 30 万元，首付 30%，其余价款分 3 年等额支付，年利率 7%，问每年期末付款金额应为多少？

每年年末付款金额是一笔年金，设为 A。首付款 9 万元。

$$21=A\cdot\sum_{t=1}^{3}\frac{1}{(1+7\%)^t}$$

查询年金现值系数表可得：$\sum_{t=1}^{3}\frac{1}{(1+7\%)^t}=2.6243$

那么 A=21/2.6243=8，即每年年末付款 8 万元。

利用 Excel 的 PMT 函数。PMT 语法格式为：PMT（rate，nperpv［fv］，［type］）。在 Excel 工作表的单元格中录入："=pmt（7%，3，-21）"，回车确认，结果显示为 8。

如果用金融计算器，分别输入"7，按键 I/YR；3，按键 N；-21，按键 PV；"，点击"PMT"键得到 8。

2）先付年金的终值和现值

（1）先付年金的终值

先付年金，又称当期年金，是指在一定时期内，每期期初有等额收付款项的年金。先付年金与普通年金的区别仅在于收付款时间的不同，即前者是在每期期初收付款项，而后者是在每期期末收付款项。n 期先付年金与 n 期普通年金之间的关系，可以用图 4-5 表示如下：

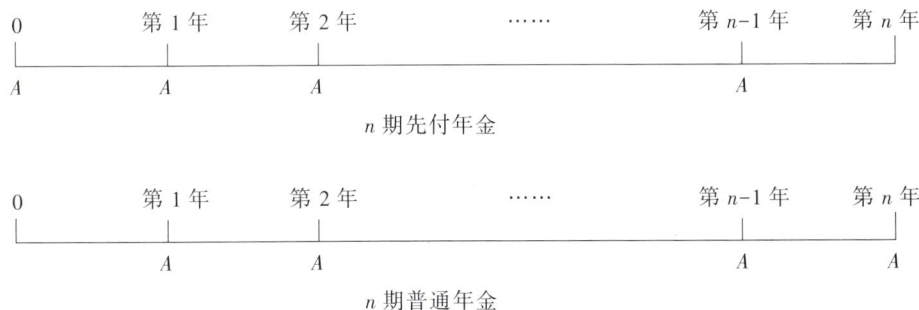

n 期先付年金

n 期普通年金

图4-5　先付年金与普通年金关系示意图

从图 4-5 可以看出，对于期数相同的先付年金与普通年金，只是由于发生时间不同，终值和现值的计算有所差异，就终值的计算来看，先付年金比普通年金多计算一期利息，因此，为求得 n 期先付年金的终值，可在求出后付年金终值后，再乘以（1+i）即先付年金终值的计算公式可表示为：

$$F=A\cdot\sum_{t=1}^{n}(1+i)^{t-1}(1+i)=A\cdot(F/A,i,n)(1+i)$$

其中，（F/A，i，n）表示年金终值系数。查询年金终值系数表可以得到对应利率和期数的年金终值系数值。

【例 4-8】 你在每年年初存入银行 10 000 元，年利率为 2%，则第 6 年末的本利和为多少元？

$$F = 10\ 000 \times \sum_{t=1}^{6}(1 + 2\%)^{t-1} \times (1 + 2\%) = 10\ 000 \times 6.308 \times (1 + 2\%) = 64\ 341.6（元）$$

（2）先付年金的现值

就现值计算来看，先付年金恰好比普通年金少贴现一期利息。为求得先付年金的现值，可在求出普通年金现值后，再乘以（1+i），即计算公式可表示如下：

$$P = A \cdot \sum_{t=1}^{n}\frac{1}{(1+i)^t} \times (1+i)$$

【例 4-9】 某公司租用一台设备，租期为 10 年，每年年初支付租金 10 000 元，年利率为 3%，则这 10 年支付租金的现值为多少元？

$$P = 10\ 000 \times \sum_{t=1}^{10}\frac{1}{(1+3\%)^t} \times (1+3\%)$$

$$=10\ 000 \times 8.530 \times 1.03 = 87\ 859（元）$$

3）永久年金的终值和现值

永久年金是指无限期支付的年金。永久年金的终值和现值就是分别对普通年金的终值与现值的计算公式求 $n \to +\infty$ 时的极限值。因此，永久年金的终值为无穷大，而其现值的计算公式为：

$$P = A \cdot \left[\frac{1}{(1+i)^1} + \frac{1}{(1+i)^2} + \cdots + \frac{1}{(1+i)^n}\right] = A \cdot \frac{1-(1+i)^{-n}}{i}$$

当 $n \to +\infty$ 时，$(1+i)^{-n}$ 的极限等于 0，所以永续年金的现值

$$P = \frac{A}{i}$$

在金融市场上，提供永久年金现金流的金融资产包括无限期支付固定利息的永续债券、有固定股利而无到期日的优先股等。对那些付款期较长的年金，或者收付期限长到无法估计的情形，在计算时，可把它近似地当作永久年金来处理。

例如，某公司优先股每年股利收入为 2 元，利率为 5%，则股利收入的现值为：$P = \frac{2}{5\%} = 40（元）$。

4）递延年金现值的计算

递延年金是指在最初若干期没有收付款的情况下，后面若干期有等额系列收付款项。后面若干期等额收付款又有后付和先付两种情况，因而，递延年金又分为后付递延年金和先付递延年金两种情况。

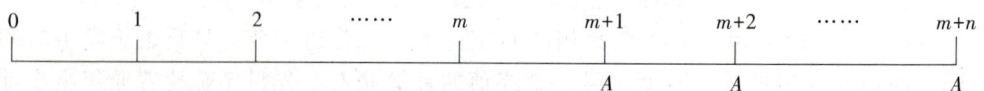

图4-6 后付递延年金现金流

图4-6告诉我们，后付递延年金最初 m 期没有现金流，而后面 n 期是一个普通年金，递延年金的期限表示为 m+n 期，其中称 m 为递延期。

递延年金终值的计算与 n 期普通年金终值的计算原理一样，只不过计算时所用的期限不是用 $m+n$ 期，而是用 n 期。也就是说，递延年金终值的计算与递延期无关。

递延年金现值的计算可分为两步：第一步，先求出 m 期期末的普通年金的现值；第二步，将第一步计算结果贴现到期初，就是将 n 期普通年金的现值往前贴现 m 期。运用普通年金现值公式和复利现值公式，可得：

$$P = A \cdot \sum_{t=1}^{n} \frac{1}{(1+i)^t} \times \frac{1}{(1+i)^m}$$
$$= A \cdot (P/A, \ i, \ n)(P/F, \ i, \ m)$$

【例 4-10】某公司计划贷款建设一生产线，建设期 2 年，2 年内不用还本付息，从第 3 年开始到第 8 年末结束，每年年末偿付贷款本息 30 万元，若银行贷款利率是 5%，该公司从银行借款的最大金额应是多少？

$$P = 30 \times \sum_{t=1}^{6} \frac{1}{(1+5\%)^t} \times \frac{1}{(1+5\%)^2}$$
$$= 30(P/A, \ 5\%, \ 6)(P/F, \ 5\%, \ 2)$$
$$= 30 \times 5.075 \times 0.9070 = 138.09(万元)$$

递延年金的现值可以看作一个更长期限的普通年金（$m+n$ 期）和一个更短期限的普通年金（m 期）的现值之差。所以，递延年金的现值计算公式也可表述为：

$$P = A \cdot \left[\sum_{t=1}^{m+n} \frac{1}{(1+i)^t} - \sum_{t=1}^{m} \frac{1}{(1+i)^t} \right] = A \cdot \left[(P/A, \ i, \ m+n) - (P/A, \ i, \ m) \right]$$

重新计算【例 4-10】：

$$P = 30 \times \left[(P/A, \ 5\%, \ 8) - (P/A, \ 5\%, \ 2) \right]$$
$$= 30 \times (6.463 - 1.859)$$
$$= 138.12(万元)$$

4.1.5 不等额系列收付现金流

上面所说的年金都是假定各期的付款或者收款是同一固定值——有时称为常数或平准年金，虽然一些财务问题是涉及常数年金的，但在实际经济活动中，收付款有时表现为不等额的系列收付款，所以，我们有必要把分析扩展到解决不同年度可能发生不同数量的支付或收款问题上，这些应用的大部分涉及现值的计算。

计算不等额系列收付款现值之和，可先计算出每次收付款的现值，然后将每次收付款的现值进行加总。

不等额系列收付款现值的计算公式为：

$$P = A_0 \cdot \frac{1}{(1+i)} + A_1 \cdot \frac{1}{(1+i)^1} + A_2 \cdot \frac{1}{(1+i)^2} + \cdots + A_n \cdot \frac{1}{(1+i)^n} = \sum_{t=0}^{n} \left[A_t \cdot \frac{1}{(1+i)^t} \right]$$

【例 4-11】某公司每年年末现金流见表 4-2，若贴现率为 6%，试计算不等额现金流量的现值。

表4-2　　　　　　　　　　　某公司现金流分布

年份（t）	1	2	3	4	5
现金流（万元）	120	210	260	350	110

$$P = \frac{120}{1 + 6\%} + \frac{210}{(1 + 6\%)^2} + \frac{260}{(1 + 6\%)^3} + \frac{350}{(1 + 6\%)^4} + \frac{110}{(1 + 6\%)^5}$$
$$= 877.84(万元)$$

4.1.6 计息期与贴现率

1）计息期

所谓计息期，就是指每次计算利息的期限。前面的分析与计算都是以年为单位的计息期。实际上，计息期既可以是年，也可以是半年、一季、一个月甚至是天。计息期不同，所使用的利率或贴现率也就不同，即利率或贴现率要与计息期相匹配。如计息期为月，就要采用月利率或月贴现率；如计息期为季，则相应地就要采用季利率或季贴现率。假定对于利率为 i、期数为 n 年的年金来说，一年计息 m 次，与计息期对应的利率为 i/m，初始第一笔年金终值的计息期数为 mn，第二笔年金的计息期数为 $m(n-1)$，其他依此类推（如表4-3所示）。

在表4-3中，在一年中，计息期为1次时的复利终值最少，计息期为365次的复利终值最多。对投资者而言，计息期数越多越有利，因为投资者凭利息赚取利息的次数多了。但随着计息次数的增加，利息的增长逐渐减缓，一年复利12次与一年复利365次的利息差距很小。

表4-3 复利终值计息期

	复利终值	计息期数
一年	$F=1\left(1+\frac{i}{1}\right)^{1\times1}=1.1200$	1
半年	$F=1\left(1+\frac{i}{2}\right)^{2\times1}=1.1236$	2
季度	$F=1\left(1+\frac{i}{4}\right)^{4\times1}=1.1255$	4
月	$F=1\left(1+\frac{i}{12}\right)^{12\times1}=1.1268$	12
日	$F=1\left(1+\frac{i}{365}\right)^{365\times1}=1.1275$	365

2）贴现率

现在我们来讨论在计息期数 n、终值 FV 或现值 PV 为已知的情况下，如何求贴现率 i。一般来说，利用复利（或年金）现值（或终值）系数表可以求得贴现利率。分为两步：第一步，求出复利（或年金）的现值（或终值）系数；第二步，根据该系数再求出其相应的贴现率。这里分两种情况：一种是根据复利（或年金）现值（或终值）系数及相应的计息期数 n，通过倒查相应的系数表，直接得出贴现率；另一种情形是计算出来的系数在相应的系数表中没有正好相对应的系数，即它是介于某两个系数之间，这时要采用插值法来进行计算。此外，还可以利用 Excel 表以及金融计算器来计算。

【例4-12】某商铺价格为 144 411.43 元，你打算按揭贷款购买，首付款为价款的

30%，余下价款由银行提供 5 年期的按揭贷款。如果需要在未来 5 年的每年年末等额地向银行支付贷款本息 24 000 元，试问银行按揭贷款的利率为多少？

根据题意，商铺的首付款为 43 323.43 元，需要向银行贷款 101 088 元。根据年金现值公式

$$P = A \cdot \sum_{t=1}^{n} \frac{1}{(1+i)^t}$$

得到：$101\,088 = 24\,000 \times \sum_{t=1}^{5} \frac{1}{(1+i)^t} = 24\,000 \times (P/A, i, 5)$

解得：$(P/A, i, 5) = 4.21$

查询年金现值系数表，系数为 4.212，$n=5$，其对应的 i 为 6%。

故银行按揭贷款的利率为 6%。

利用 Excel 的 RATE 函数求解贴现利率。RATE 函数的语法格式是 RATE（nper，pmt，pv，［fv］，［type］，［guess］）。其中 guess 为预期（猜测）利率，如果省略预期利率则假设该值为 10%。pmt 表示一系列等额收付现金流，如果没有现金流，pmt 取值为 0。在 Excel 工作表的单元格中录入："=RATE（5，24000，-101 088）"，回车确认，结果自动显示为 6%。

如果利用金融计算器，首先把计算器默认计息期数改为 1 年 1 次①，然后连续输入"5，按键 N；24000，按键 PMT；-101 088，按键 PV"，最后点击"I/YR"键，得到 6%。

现实生活中，根据系数及已知的期数 n，通过查表得出 i 的情况并不多见，经常是计算出的系数是介于某两个贴现率之间，这时可用插值法来近似计算。

【例 4-13】你在年初把 150 000 元存入银行，希望以后 10 年中每年年末能得到 24 000 元的收益，试问利率应为多少？

根据普通年金现值的计算公式，先计算出年金现值系数：

$$150\,000 = 240\,00 \times \sum_{t=1}^{10} \frac{1}{(1+i)^t} = 24\,000 \times (P/A, i, 10)$$

$(P/A, i, 5) = 6.25$

查询年金现值系数表，当利率为 9% 时，系数为 6.4177，当利率为 10% 时，系数是 6.1446。所求利率应在 9%~10% 之间，设 y 为该利率，利用插值法：

$$\frac{9\% - y}{6.4177 - 6.25} = \frac{y - 10\%}{6.25 - 6.1446}$$

得到，$y = 9.61\%$。

利用 Excel 的 RATE 函数求解贴现利率。在 Excel 工作表的单元格中录入："=RATE（10，24000，-150000）"，回车确认，结果显示为 9.61%。

如果利用金融计算器，连续输入"10，按键 N；24000，按键 PMT；-150000，按键 PV"，最后点击"I/YR"键，得到 9.61%。

自测：假设你面临两个投资机会，一是购买国债，价格 100 元，3 年后将得到 120 元，二是购买银行大额存单，利率 5%，期限 3 年。你应该投资哪种金融资产呢？（答案：$i=6.27\%$）

---

① HP10bⅡ+为例，先后按"1"键、"enter"键、"P/Y"键。

3）期数

有时候，你可能想知道手里的一笔钱经过多久时间才能达到某个水平。例如，你看上的一套住房的首付款需要30万元，但你现在手里只有15万元。银行大额存单的利率是7%，如果购买大额存单的话需要多久才能增值到30万元？

这个问题可以表示为：$15=30/(1+7\%)^n$，当然也可以写为一个终值问题，即：$15\times(1+7\%)^n=30$。

利用Excel的NPER函数计算期数。NPER语法格式为：NPER（rate，pmt，pv，[fv]，[typ]）。如果pmt取值为0，此时fv不能缺省。在Excel工作表的单元格中录入："=NPER（7%，0，15，-30）"，回车确认，结果显示为10.24年。还可以利用对数函数求解，对等式$15=30/(1+7\%)^n$两边取自然对数，得到$n=\ln2/\ln1.07=10.24$。如果利用金融计算器，分别输入"7，按键I/YR；0，按键PMT；15，按键PV；-30，按键FV"，最后点击"N"键，得到10.24。

【例4-14】A公司2023年每股收益为2元，在过去的10年里，每年的增长率4.7%，如果增长率保持不变，那么需要多少年才能让该公司的每股收益翻倍？

每股收益翻倍是4元。利用复利现值定义，上述问题写为：$2=4/(1+4.7\%)^n$。利用对数函数求解，得到$n=\ln2/\ln1.047=15.09$（年）。

利用Excel的NPER函数计算年数。在Excel工作表的单元格中录入："=NPER（4.7%，0，2，-4）"，回车确认，结果显示为15.09年。

利用金融计算器，分别输入"7，按键I/YR；0，按键PMT；15，按键PV；-30，按键FV"，最后点击"N"键，得到15.09。

4.2 风险与收益

如果说企业在进行生产决策时寻求的是边际成本等于边际收益，家庭在进行消费决策时寻求的是在所有消费支出上有相同的边际效用，那么，投资者在进行投资决策时寻求的就是收益与风险的平衡。投资者在希望获得尽可能多的收益的同时，必须考虑可能面临的风险。投资者追求的是既定风险下的最大收益，或既定收益下的最小风险。因此，收益与风险是投资活动中必须考虑的两个基本要素。

4.2.1 风险的含义与分类

从理论上讲，企业在经营过程中所面临的各种决策按其确定性程度可以分为：

确定性决策：事先可以确知后果的各种决策。例如，购买3个月期限的短期国债，从购买日开始就可确定3个月后将得到多少本息。现实生活中，这种决策较为少见。

风险决策：事先可以知道决策的所有可能后果及各种后果出现的概率。例如，投硬币游戏，我们事先知道硬币落地正面朝上或朝下两种结果，而且知道两种结果出现的概率各为50%。

不确定性决策：人们事先不知道决策可能出现的各种后果，或虽然知道决策的可能后果但不知道每种后果出现的概率。如投资股票，事先不知道将来所有可能实现的收益率，更不知道每种结果出现的概率。

在决策实务中，风险与不确定性难以严格区分。一方面，面临不确定性情况，人们仍然需要做决策，这时必须依靠直觉判断和经验设想几种可能的结果，并估计这些结果出现的概率，使不确定性问题转化为风险问题。另一方面，当人们进行风险决策时，结果出现的概率同样带有主观性质，因此风险问题同样带有不确定性。

基于上述原因，我们把不确定性决策与风险决策统称为风险决策，并把风险定义为企业面临的各种不确定性。

在风险管理中，一般根据风险的不同特征进行分类。按风险能否分散，分为系统性风险与非系统性风险；按风险形成的来源，分为经营风险与财务风险。

系统性风险又称市场风险、不可分散风险，是指由于政治、经济及社会环境等公司外部宏观因素的不确定性产生的风险，如通货膨胀、利率与汇率的波动、国家宏观经济政策变化、战争、政权更迭等。由于系统性风险是公司外部的宏观全局性因素导致的，投资者无法通过多样化投资对这些风险进行分散。

非系统性风险又称公司特有风险、可分散风险，是指由于经营失误、劳资纠纷、新产品试制失败等因素影响所产生的个别公司的风险。这类风险是由单个的特殊因素随机变化引起的，且其影响往往只涉及某一家或某一类公司，因此可以通过多样化组合投资来分散。

经营风险是指经营行为（生产经营和投资活动）给公司收益带来的不确定性。通常用息税前收益的变动程度（如标准差、经营杠杆等指标）描述经营风险的大小。这种风险是公司商业活动中固有的风险，主要来自客观经济环境的不确定性，如经济形势和经营环境的变化、市场供求和价格的变化、税收政策和金融政策的调整等外部因素，以及公司自身技术装备、产品结构、成本水平、研发能力等因素的变化等。

财务风险一般是指举债经营给股东收益带来的不确定性。通常用股东权益收益率或每股收益的变动（如标准差、财务杠杆等）描述财务风险的大小。这种风险主要来源于利率、汇率的变化以及公司负债规模的大小。如果公司的经营收入不足以偿付到期利息和本金，就会使公司陷入财务危机，甚至导致公司破产。

4.2.2 预期收益与风险的度量

1）单项投资的预期收益与风险

（1）预期收益

对于单项投资来说，预期收益率就是各种可能情况下收益率的加权平均数，权重为各种可能结果出现的概率。计算公式为：

$$E(r) = \sum_{i=1}^{n} r_i p_i$$

式中的 $E(r)$ 表示预期收益率；r_i 表示在第 i 种可能情况下的收益率；p_i 表示第 i 种情况出现的概率；n 表示可能情况的个数。预期收益率是投资者所期望的平均收益率，实际收益率可能高于也可能低于期望收益率。

（2）风险

风险表示为可能收益水平围绕预期收益率变化的幅度大小，采用方差 σ^2 或标准差 σ 来衡量预期收益的波动，方差计算公式为：

$$\sigma^2 = \sum_{i=1}^{n} \left[r_i - E(r) \right]^2 p_i$$

标准差计算公式为：

$$\sigma = \sqrt{\sum_{i=1}^{n} \left[r_i - E(r) \right]^2 p_i}$$

投资者预计 D 公司所在行业的发展和股市走势有以下四种可能：行业发展缓慢且市场出现熊市；行业发展缓慢但市场出现牛市；行业发展良好但市场出现熊市；行业发展良好且市场出现牛市。四种可能的状态发生的概率分别是 0.20、0.25、0.30、0.25。然后，根据行业的发展状况和市场走势，估计出 D 公司股票在每种状态下的收益率、方差和标准差，结果见表4-4。

表4-4　　　　　　　不同情形下预期收益率、方差和标准差

可能的状态	概率 A	r_i（%）	$p_i \left[\left(r_i - E(r) \right)^2 \right]$
行业发展缓慢且出现熊市	0.20	−20	180
行业发展缓慢但出现牛市	0.25	14	4
行业发展良好但出现熊市	0.30	10	0
行业发展良好且出现牛市	0.25	30	100
期望收益率 $E(r)$（%）			10
方差（%²）			284
标准差（%）			16.85

在一般情况下，预期收益率高的投资方案比预期收益率低的投资方案具有更大的标准差。但是这给投资者在不同风险资产之间进行选择造成困难。因为投资者发现预期收益率高的资产也会带来较大的风险。比如股票 A 的预期收益率为12%，股票 B 的预期收益率为10%，似乎 A 比 B 好，但是股票 A 的标准差为20，而股票 B 的标准差为15，从风险角度看，似乎 B 比 A 好。所以，需要对风险进行标准化，对不同资产的单位收益的风险进行比较。这一目的可借助于标准离差率（CV，又称变异系数）来实现。标准离差率越小越好。标准离差率是指标准差与预期收益率之比，其计算公式为：

$$CV = \frac{\sigma}{E(r)}$$

在这个例子中，股票 A 的 CV 等于166.67，股票 B 的 CV 等于150，所以股票 B 比股票 A 要更好一些。

2）投资组合的预期收益与风险

（1）投资组合的预期收益率

投资组合的预期收益率是单个资产预期收益率的加权平均数，权数是单项资产价

值在组合资产价值中所占的比重。计算公式为：

$$E(rp) = \sum_{i=1}^{n} \omega_i E(r_i)$$

式中的 $E(rp)$ 表示投资组合的预期收益率，ω_i 表示第 i 种资产在投资组合总价值中所占比重；$E(r_i)$ 表示第 i 种资产的预期收益率；n 表示投资组合中资产的个数。因为组合的预期收益率是其所含资产的预期收益率的加权平均，所以每一资产对组合的预期收益率的贡献依赖于它的预期收益率以及它在组合价值中所占的比重。

（2）投资组合的风险度量

投资组合的风险同样用收益率标准差或者方差度量。投资组合的方差是各种资产收益率方差的加权平均数加上各种资产收益率的协方差。

由两种资产构成的投资组合收益率的方差为：

$$\sigma_p^2 = \omega_1^2 \sigma_1^2 + \omega_2^2 \sigma_2^2 + 2\omega_1 \omega_2 cov(r_1, r_2)$$

式中的 ω_1、ω_2 分别代表资产 1 与资产 2 在投资组合价值中所占的比重；σ_1、σ_2 分别表示组合中两种资产各自的预期收益率的方差；$cov(r_1, r_2)$ 表示两种资产预期收益率的协方差。

两个随机变量之间的协方差 $cov(r_1, r_2)$ 等于：

$$cov(r_1, r_2) = \sum_{i=1}^{n} [r_{1i} - E(r_1)][r_{2i} - E(r_2)] p_i$$

式中的 $[r_{1i} - E(r_1)]$ 表示资产 1 的收益率在经济状态 i 下对其预期值的离差；$[r_{2i} - E(r_2)]$ 表示资产 2 的收益率在经济状态 i 下对其预期值的离差。p_i 表示经济状态 i 发生的概率。

协方差是变量实际值与均值离差之积的预期值，描述的是两种资产收益率变动之间的相互关系。以证券投资为例，如果协方差大于零，表明两种证券收益率偏离均值的波动方向相同；如果协方差小于零，表明两种证券收益率与均值的偏离方向相反；如果协方差等于零，表明两种证券收益率的变动不相关。一般来说，两种证券的收益率不确定性越大，其标准差和协方差也越大；反之亦然。

反映两个变量之间相互关系的另一个统计指标是相关系数。相关系数被用来描述组合中各种资产收益率变化的相互关系，即一种资产的收益率变化与另一种资产的收益率变化的关系。相关系数以 ρ 表示，资产 1 和资产 2 的相关系数可按下式计算：

$$\rho_{12} = \frac{cov(r_1, r_2)}{\sigma_1 \sigma_2}$$

引入相关系数，两个资产收益率之间的协方差等于这两个资产收益率之间的相关系数乘以它们的标准差。

$$cov(r_1, r_2) = \sigma_1 \sigma_2 \rho_{12}$$

相关系数介于 -1 和 +1 之间。-1 表明完全负相关，即两种资产收益率与均值的偏离方向相反但幅度（绝对值）相同；+1 表明完全正相关，即两种资产收益率与均值的偏离方向和幅度完全相同；如果相关系数等于 0 就表明两种资产收益率之间是零相关或不相关。

三种情况的直观情况如图 4-7 所示。多数情况下两个资产收益率之间的关系是介于这两个极端值之间。

（1）完全正相关收益　　　　（2）完全负相关收益　　　　（3）不相关收益

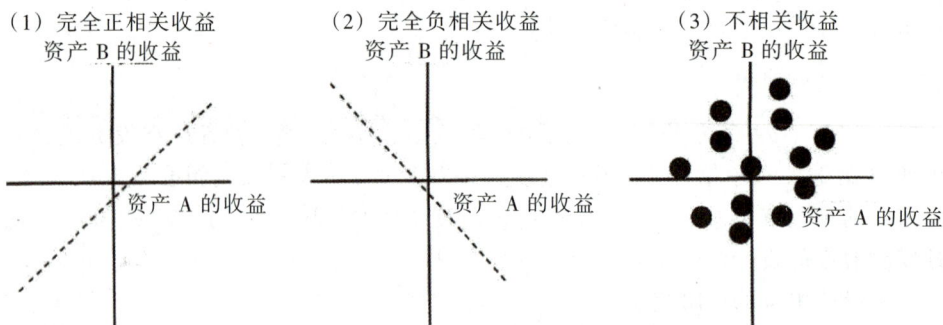

图4-7　资产A与资产B收益率的相关性

对于 n 项资产投资组合收益率的方差可表述为：

$$\sigma_p^2 = \sum_{i=1}^n \sum_{j=1}^n \omega_i \omega_j \sigma_i \sigma_j \rho_{ij}$$

还可以写为：

$$\sigma_p^2 = \sum_{i=1}^n \omega_i^2 \sigma_i^2 + \sum_{i=1}^n \sum_{j=1}^n \omega_i \omega_j \sigma_i \sigma_j \rho_{ij} (i \neq j)$$

上式表明，当投资组合是由 n 项资产组成时，资产组合的方差是由 n 个方差（公式的第1部分）和 $n(n-1)$ 个协方差（公式的第2部分）组成。例如，当投资组合包含3种资产时，组合的方差包括3个方差项和6个协方差项。

3）投资组合分散风险的原理

观察 n 项资产投资组合方差，我们发现随着投资组合中资产数量的增加，方差对投资组合总体方差的影响会越来越少，而协方差项的影响越来越大。当投资组合中包含的资产数量非常多时，单项投资的方差对投资组合总体方差形成的影响几乎可以忽略不计。

下面看一个粗略的证明。假设组合中的 n 种资产的权重相同，即 $\omega_i = \frac{1}{n}$，且每种资产的方差都等于 σ^2，$cov(r_i, r_j)$ 代表平均协方差，则 n 项资产投资组合的方差公式可以简化为：

$$\sigma_p^2 = \sum_{i=1}^n \left(\frac{1}{N}\right) \sigma^2 + \sum_{i=1}^n \sum_{j=1}^n \left(\frac{1}{N^2}\right) cov(r_i, r_j) \ (i \neq j)$$

当 n 趋向于无穷大时，$\frac{1}{n}$ 趋近于0，这意味着组合的方差 σ_p^2 趋近于平均协方差 $cov(r_i, r_j)$，即投资组合风险将趋于各项资产之间的平均协方差。这个平均值是所有投资活动的共同运动趋势，反映了系统性风险。

假设所有资产的收益率方差等于30%，任何两项资产的协方差为5%，则4项资产和6项资产投资组合的方差分别为：

$$\sigma_p^2 = \frac{1}{4} \times 30\% + \frac{3}{4} \times 5\% = 11.25\%$$

$$\sigma_p^2 = \frac{1}{6} \times 30\% + \frac{5}{6} \times 5\% = 9.17\%$$

在这个例子中可以看到，当组合中的资产增加后，组合的方差变小了。这说明，减少组合风险的办法就是在资产组合中加入新的资产或证券，扩大"组合"规模。事实上，只要新加入的资产与组合中的其他资产不是完全正相关，资产组合的方差就会随着资产数量的增加而降低。

随着加入资产数量的增多，风险分散效应呈递减趋势。如图4-8所示，当组合的方差水平降到一定水平时，再增加资产数量只能分散很少的风险。图中存在一个最低的不能通过组合投资加以分散的风险，这个风险就是系统性风险。

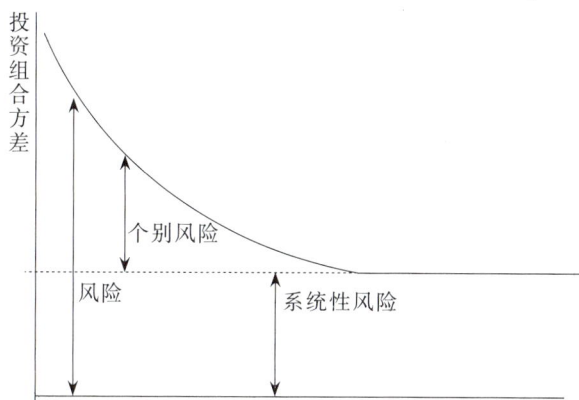

图4-8　投资组合风险与组合中资产数量的关系

4.2.3　资本资产定价模型

资本资产定价模型（CAPM）是在市场均衡状态下，对于资产预期收益的一种预测模型。CAPM模型由威廉·夏普（William Sharp）于1964年提出，建立在马科维茨（Markowitz）均值-方差模型基础上，用来分析在市场均衡状态下资产价格如何依风险而确定。该模型提供了对资产风险和收益之间关系的简洁而精确的描述，得到了广泛的运用，成为现代金融学十分重要的组成部分。

CAPM模型表示为：

$$E(R_j) = R_f + \left[E(R_M - R_f) \right] \beta_j$$

其中，$E(R_j)$表示资产j的期望收益率，R_f表示无风险利率，$E(R_M)$表示市场组合（M）的期望收益率，β_j表示系统性风险。CAPM模型表明，资产j的期望收益率与该资产的系统性风险β_j之间存在线性关系，这种关系可以用证券市场线SML来表示，如图4-9所示。

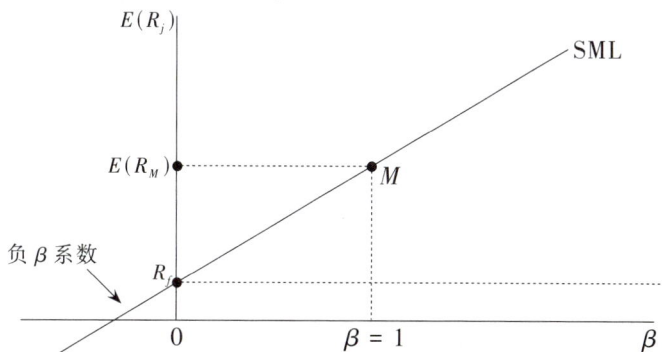

图4-9　资产收益率与风险之间的线性关系

如果一项资产的$\beta > 1$，则该项资产的风险补偿就大于市场组合的风险补偿。这意味着这项资产在市场上的价格波动会大于市场的平均价格波动。如果一项资产0 <

$\beta < 1$，则该资产的风险补偿就小于市场组合的风险补偿，它的价格波动也会小于市场的平均价格波动。如果 $\beta < 0$，则该资产的收益与整个市场存在负相关的关系。如果 $\beta = 0$，则资产的预期收益率应等于无风险利率，这时的资产对市场组合的风险没有影响。当 $\beta = 1$ 时，风险补偿与市场组合的风险补偿一致。

一个证券组合的系统性风险 β 值等于该组合中各种证券 β 值的加权平均数，权数为各种资产在该组合中所占的比例，即：

$$\beta_M = \sum \omega_i \beta_i$$

式中 β_M 表示组合的系统性风险。

证券市场线 SML 的位置，会因为利率、通货膨胀率、市场风险偏好及资产 β 系数的变化而改变。如果预期通货膨胀率提高、利率提高，无风险收益率就会增加，从而导致 SML 线向上平行移动。市场对风险厌恶程度升高，会引起 SML 线的斜率增加。若某公司的财务风险因增发债券而增加，该公司股票在 SML 线上的位置将沿着 SML 线上移。那么，投资者要求的收益率也会相应地提高。对于一项资产，影响其风险的任何变化都将导致该资产沿着 SML 线移动。通常风险溢价会随着 SML 线斜率的变化而变化，并引起风险资产必要收益率的变化。

资本资产定价模型从本质上揭示了投资收益率的内涵。这一模型认为，市场组合的预期收益率减去无风险收益率就是市场对投资者承担的每一单位的风险而支付的必要补偿。除市场补偿外，还要考虑特定风险的影响。因此，在市场均衡条件下，按资本资产定价模型确定的预期收益率就是投资者要求的必要收益率。

4.2.4 资本资产定价模型在公司金融中的应用

1）用于风险投资决策

投资风险由系统性风险和非系统性风险两大部分组成。除了和整个市场的变动相关的风险（即系统性风险）无法分散掉外，其他风险都可以采用投资组合的方式来分散。对于充分分散的组合投资而言，投资者通常不会将那些可以分散掉的风险视为风险，只有那些无法分散掉的市场风险才是真正的风险，此种风险能够由资产报酬率随着市场投资组合报酬率的涨落而涨落的程度衡量出来。资本资产定价模型描述了与投资组合理论相一致的证券风险与收益的基本关系，即风险越大预期报酬率越高，有助于投资者分析资产的不可分散风险。

风险投资决策常用的方法是风险调整贴现率法。贴现率是投资者进行项目投资决策时所要求的最低报酬率，当项目投资的风险增大时，投资者要求得到的报酬率随之上升，反之，当项目投资的风险减少时，投资者要求得到的报酬率也下降。贴现率根据 CAPM 模型得到。对于高风险的项目，采用较高的贴现率（即风险调整贴现率）去计算净现值，然后根据净现值法的规则来选择方案。

风险调整贴现率可以表示为：

风险调整贴现率 = 无风险收益率 + 风险溢价

2）用于权益资本成本的计算

普通股是企业进行权益融资的主要方式。普通股的资本成本可以用投资者要求的最低报酬率来表示。根据CAPM模型：

股东必要报酬率=无风险报酬率+风险溢价

=无风险报酬率+公司β系数×（股票市场平均报酬率–无风险报酬率）

实证研究表明，股票市场平均报酬率通常比无风险报酬率高5%~7%。例如：某技术公司普通股风险系数为2，国债利率为3%，股票市场平均报酬率为8%，则：

某技术公司普通股必要报酬率=3%+2×（8%–3%）=13%

这种方法在理论上存在一些严格的假设，其中包括风险与报酬率要线性相关，投资者进行了高度多元化的投资组合，等等。若这些条件得不到满足，结论与实际就可能存在一定的偏离。

本章小结

货币的时间价值也称为资金的时间价值，是指货币经历一定时间的投资和再投资所增加的价值。复利现值和终值是货币时间价值的两种基本表现形式。年金是指在某一确定的时期里，每期都有一笔相等金额的收付款项。年金按收付款时间可分为普通年金（也叫后付年金）、先付年金（也叫当期年金）两种。此外还有永久年金、递延年金以及年金的变化形式——不等额现金流等。方差σ^2度量整体风险，β系数度量系统性风险，标准离差率CV度量单位期望收益所承担的风险。标准离差率$CV=\dfrac{\sigma}{E(r)}$。资产组合的期望收益率等于每种资产的期望收益率的加权平均。资产组合的方差由每种资产的方差以及两两资产的协方差构成。只要两种资产不存在完全正相关，资产组合的方差就会随着新资产的加入而降低。在充分多元化投资的情况下，组合的整体风险与系统性风险基本相等。资本资产定价模型（CAPM）表示资产组合的期望收益率如何依风险而变化。证券市场线SML揭示了在市场均衡条件下，任何一项资产预期收益率与系统性风险的线性关系。这个期望收益率在不同的场合也被称为投资者必要报酬率，或者经过风险调整后的贴现率。

关键概念

货币时间价值　现值　终值　复利　年金　普通年金　先付年金　期望收益率　风险　系统性风险　标准离差　相关系数　β系数　资本资产定价模型　证券市场线

综合训练

复习思考

1.谈谈你对货币时间价值的理解。

2.试比较单利与复利在计算上的异同。

3.风险与报酬的关系如何？在财务投资中，如何考虑风险与报酬的平衡。

4.证券市场线描述风险与期望收益率的均衡关系，你认为位于证券市场线上方的证券是有投资吸引力的吗？为什么？

✐ 应用训练

白女士中了彩票,她必须在三种奖励方案中进行选择。可以选择今天一次性收到6 100万元,或者在10年中每年年末收到950万元,或者在30年中每年年末获得550万元。(1)如果她认为每年可以获得7%的收益率,应该选择哪种方案?(2)如果她预计年收益率为8%,最好的选择是什么?(3)如果预计每年的收益率是9%,你建议她如何选择?(4)请解释利率是如何影响选择的。

✐ 课程思政

1. "一种具有正的标准差的证券必然有大于无风险利率的期望收益率,否则,为什么会有人持有它呢?"根据资本资产定价模型,你认为这样的表述正确吗?为什么?

2. 货币时间价值理论强调了当前价值和未来价值之间的关系,但它未必考虑道德风险的影响。企业可能由于未来获得较高的回报而在短期内采取更高风险的投资策略。讨论货币时间价值理论如何与道德风险相结合来评估企业决策中的潜在问题和如何在评估企业投资项目时识别和管理道德风险。

即测即评4

综合训练
参考答案4

📖 延伸阅读

1. 罗斯,威斯特菲尔德,乔丹. 公司理财 [M]. 崔方南,谭跃,周卉,译. 北京:机械工业出版社,2020.

2. 布里格姆,休斯顿. 财务管理精要 [M]. 北京:机械工业出版社,2017.

第5章

资本预算

目标引领

☑ 价值塑造

本章引导学生树立正确的社会责任感和正确的职业伦理观；理性看待资本预算和投资决策，树立金融学的科学思维；引导学生理解创新要以科学方法为基础，逐步培养学生创新的思维和能力。

☑ 知识传授

通过本章的学习，要求学生掌握公司资本预算的有关理论、方法和预算实务。现金流量测算是公司资本预算的前提和准备；投资决策方法是公司资本预算的核心内容，资本预算风险分析是资本预算的重要组成部分，旨在揭示、测度投资风险，加强风险控制与管理。

思维导图

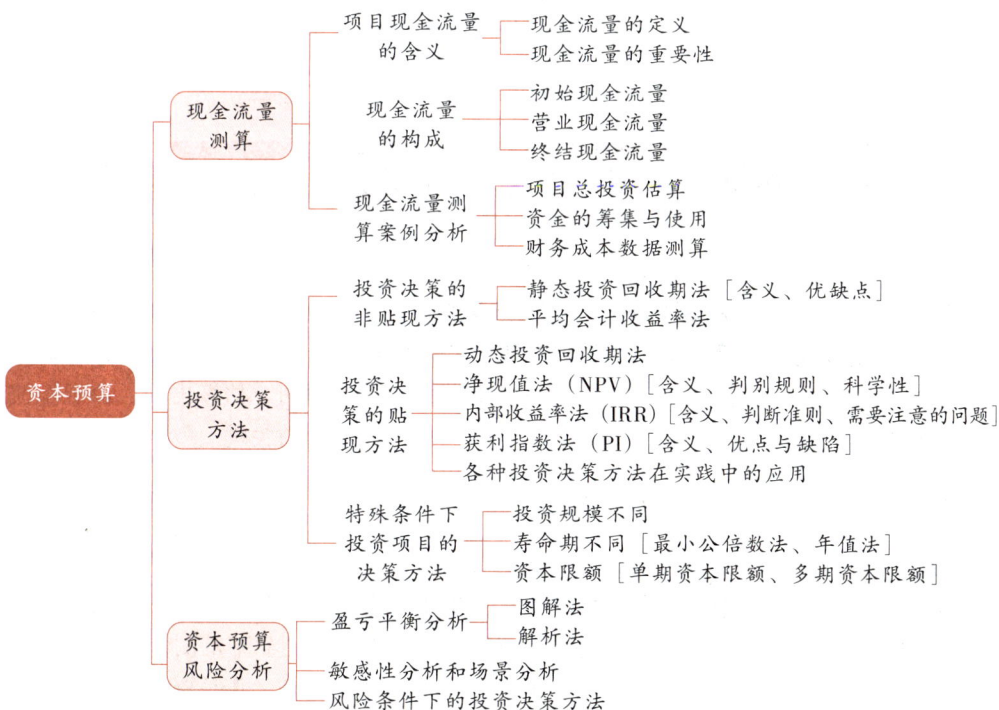

江苏华尔润集团有限公司（以下简称华尔润）成立于20世纪80年代初，曾经是中国最大的民营玻璃企业。华尔润曾拥有8 000多名员工，90多亿元资产以及20多条浮法玻璃生产线。自1997年起，华尔润有限公司的玻璃销量就连续13年成为全国之首，其平板玻璃生产规模在2010年也跻身全球前五。但自2014年起，由于房地产的黄金期逐渐褪去，对玻璃的需求持续下降，导致产能过剩，行业普遍处于亏损状态。由于资金的压力，华尔润公司2014年冷修了广东江门日产量为400吨的一条生产线，随后江苏本部的一线、二线、八线也遭到了冷修，这四条线的冷修让华尔润公司能够勉强维持生存。但到了2015年，华尔润公司的情况继续恶化，分别于2015年3月和10月相继关闭了还在生产的5条生产线。2015年10月19日宣布全线停产清算，解雇所有员工，并且对外公布了破产公告。

在2014年以前，以产能规模计算，华尔润是中国排名前十的玻璃企业，但是却在一年的时间里退出了玻璃的历史舞台。这不仅令人唏嘘，更多的是值得我们思考，究其原因，我们发现华尔润公司后期大量的投资决策失误、利润率下降是压死华尔润这只"大象"的最后一根稻草。相关资料显示，华尔润公司在"十二五"规划期间不仅对原有生产基地进行升级，还扩大加工制造能力，在拓展产业链的同时，将大量的资金投资在了与自身产品不相关的项目中，其中地板、石化以及旅游项目的投资额就已经占到华尔润公司总资产的50%以上，然而这些项目，非但没有给华尔润带来收益，反而成为公司背负不起的包袱。

华尔润投资决策失败的案例说明现金流的匮乏和随意的投资决策，会给企业带来致命的伤害，甚至破产，因此，合理的投资决策和资本预算对企业而言至关重要。进行合理的资本预算决策需要掌握一系列基本方法，这是本章学习的主要内容。

5.1 现金流量测算

资本预算（capital budgeting）是企业选择长期资本（一般长于一年）投资的过程，即企业进行长期投资决策的过程。在资本预算中，对项目进行投资决策的主要依据是项目的现金流量。投资决策是事前决策，所有的现金流量都发生在将来，因此必须对项目的投资支出、销售量、销售价格、生产成本等作预测，估算出项目的现金流量。整个资本预算工作的基础，也是决定资本预算工作质量的关键。

5.1.1 项目现金流量的含义

现金流量是指某一个投资项目所引起的现金流出和现金流入的数量，是现金流入和现金流出的统称。其中，现金流出量是指投资项目所引起的现金支出的数量；而现金流入量是指投资项目所引起的现金流入的数量。项目的现金流量测算坚持"现金制"（又名收付实现制）原则——把项目视为一个独立的系统，凡是资金跨越边界流出该系统，就视为现金流出；凡是资金跨越边界流入该系统，就视为现金流入。在此基础上，现金流入量减去现金流出量的差额形成项目投资的净现金流量。

现金流量的测算与一般的会计核算不同，它只是反映项目在计算期内的现金收支，不反映非现金收支活动。如项目的固定资产折旧、无形资产摊销、应收应付款等就不属于现金流量的计算范围。这是因为固定资产、无形资产投资支出已经作为一次性的现金流出，固定资产折旧、无形资产摊销只是一种资产的补偿费用，没有形成货币资金的真正跨边界流动，不能再次计入现金流出；应收应付款是一种债权债务关系，其发生的具体时点和数额很难准确测定，所以也不予考虑。

5.1.2　现金流量的构成

1）从现金流量的发生方向看，它可以包含如下几个部分：

（1）现金流出量

①固定资产投资：由工程费用、工程建设其他费用、预备费用以及建设期借款利息构成。

②无形资产投资：主要包括土地使用权、专利权、商标权、专有技术、商誉、特许权方面的投资等。

③递延资产投资：项目投资前的筹建费用、咨询费、培训费等。

④流动资产投资：是项目投产后为保证其生产经营活动得以正常进行所必须垫支的周转资金。

（2）现金流入量

①营业现金流入；

②回收固定资产残值；

③回收流动资金。

2）按照现金流量发生的投资阶段，又可划分为：

（1）初始现金流量

初始现金流量是指开始投资时发生的现金流量。如固定资产投资、流动资产垫支等，一般表现为现金流出。

（2）营业现金流量

营业现金流量是指投资项目投入使用后，由生产经营所带来的现金流入和流出的数量。由于是资金的双向流动，所以可以计算营业现金净流量：

$$营业现金净流量(NCF) = 营业现金收入 - 付现成本 - 所得税$$
$$= 税后净收入 + 折旧等非付现费用)$$

某项目的营业现金流量表见表 5-1：

表5-1　　　　　　　　　　　　　营业现金流量表　　　　　　　　　　　　　单位：万元

项目	数额
销售额	160
经营成本	60
折旧费	15

续表

项目	数额
税前收入	85
所得税（25%）	21.25
税后净收入	63.75
净经营现金流量（税后净收入+折旧费）	78.75

净经营现金流量与税后净收入不同，税后净收入是销售收入扣除所有成本费用，包括以现金形式支付的和以非现金形式支出的费用，而净现金流量只扣除以现金形式支付的成本。在资本预算中，我们估算的是税后净现金流量而不是税后净收入。

（3）终结现金流量

终结现金流量是指投资项目终结时发生的现金流量。如固定资产的残值收入，回收的流动资产垫资、停止使用的土地出卖收入等，一般表现为现金流入。

5.1.3　现金流量测算案例分析

某进出口总公司和某生物制品公司想合作开发一个芦荟生产项目——芦荟工业原料冻干粉项目，具体方案如下：

（1）芦荟浓缩液 800 吨（折合冻干粉 40 吨）建成芦荟浓缩液生产线一条。400 吨供应冻干粉生产线作为原材料，其余 400 吨无菌包装后外销。

（2）年产芦荟冻干粉 20 吨，建成芦荟冻干粉生产线一条。

1）项目总投资估算

项目总投资 3 931.16 万元，其中：建设投资 3 450.16 万元，占总投资 87.76%；流动资金 481.00 万元，占总投资 12.24%（见表5-2）。

表5-2　　　　　　　　　　　　　　总投资评估表　　　　　　　　　　　　金额单位：万元

序号	投资内容	金额	占总投资百分比（%）
	总投资	3 931.16	100
2	建设投资	3 450.16	87.76
2.1	工程费用	2 710.10	68.94
2.1.1	其中：设备购置	2 197.5	55.9
2.1.2	建设工程	512.6	13.04
2.2	其他费用	469.05	11.93
2.3	预备费用	271.01	6.89
2.4	固定资产方向调节税	0.00	0.00
3	流动资金	481.00	12.24

以上工程费用和其他费用形成固定资产，其中芦荟浓缩液车间、冻干粉车间和几个管理部门使用的固定资产分别为 1 914.38 万元、1 197.38 万元和 67.39 万元；预备费用形成开办费用。

2）资金的筹集与使用

（1）资金筹措

本项目总投资 3 931.16 万元，其中：1 965.58 万元向商业银行贷款，贷款利率 10%；其余 1 965.58 万元自筹，投资者期望的最低报酬率为 22%。这一资本结构也是该企业目标资本结构。

（2）资金使用计划

本项目建设期一年，项目总投资中，建设性投资 3 450.16 万元应在建设期期初一次性全部投入使用，流动资金 481.00 万元，在投产第一年年初一次性投入使用。项目生产期为 15 年。

3）财务成本数据测算

（1）产品成本估算依据

①材料消耗按工艺定额和目前价格估算，见表 5-3、表 5-4。

表5-3　　　　　　　　　　　芦荟浓缩液消耗定额及价格表

序号	项目	规格	单位	单价（元）	单位消耗定额（吨）	单位直接材料成本（元）
1	原材料					22 488.93
1.1	原料					21 668.38
1.1.1	鲜芦荟	0.8~1.2千克	吨	1 080	20	21 600
1.1.2	添加剂		千克	136.75	0.5	68.38
1.2	包装材料					820.55
1.2.1	无菌袋		个	42.74	5	213.7
1.2.2	铁桶		个	119.66	5	598.3
1.2.3	塑料桶		个	1.71	5	8.55
2	燃料及动力					832.3
2.1	水		吨	1	60	60
2.2	电		度	0.28	1 000	280
2.3	煤		吨	136.75	3.6	492.3
	合计					23 321.23

浓缩液生产成本=材料成本+直接人工费+制造费用=23 321.23×800+321 480+2 125 012.94=21 103 476.94（元/吨）

浓缩液单位生产成本=21 103 460.94/800=26 379.33（元/吨）

表5-4   芦荟冻干粉消耗定额及价格表

序号	项目	规格	单位	单价（元）	单位消耗定额/吨	单位直接材料成本（元）
1	原材料					528 612.6
1.1	原料					527 586.6
1.1.1	浓缩液	10：1	吨	26 379.33	20	527 586.6
1.2	包装材料					1 026
1.2.1	复合膜	25kg	个	8.55	40	342
1.2.2	包装桶	25kg	个	17.1	40	684
2	燃料及动力					29 209.2
2.1	水		吨	1	2 600	2 600
2.2	电		度	0.28	88 000	24 640
2.3	煤		吨	136.75	14.4	1 969.2
合计						557 821.8

②工资及福利费

工资按定员与岗位工资标准估算。总定员120人，人均年工资6 420元。福利费按工资总额的14%计提。根据全厂劳动定员，计入芦荟浓缩液、冻干粉成本中的工资及福利费分别为321 480元和116 280元。其余部分计入管理费用和销售费用，已包含在下面的预计中。

③制造费用估计

预计芦荟浓缩液、冻干粉的年制造成本分别为2 125 012.94元、1 375 747.94元，其中包含折旧费。折旧费按15年，残值率按5%计算。除折旧外，其余均为可变成本。

④管理费用估计

开办费按5年摊销；折旧费按15年，残值率按5%计算；其他管理费用估算为80万元/年（含工资），其中60万元为固定成本。销售费用估计如下：

销售费用估算为288万元，其中包括人员工资及福利费、广告费、展览费、运输费、销售网点费等，其中200万元为固定成本。

以上成本费用估计见表5-5。

（2）销售价格预测

国外报价：

浓缩液6.5美元/磅，折合人民币121 550元/吨

冻干粉125.13美元/磅，折合人民币2 340 000元/吨

国内报价：

浓缩液160 000元/吨

冻干粉2 400 000元/吨

本项目销售价格按国外报价的 50% 计算，即浓缩液 60 000 元/吨、冻干粉 1 200 000 元/吨。

（3）相关税率

为简便起见，本案例假设没有增值税、城建税和教育费附加等已考虑在相关费用的预计中，所得税税率按 25%。

根据上述案例资料，本项目现金流量测算结果如下：

①初始投资现金流量

建设投资为 3 450.16 万元

流动资产投资为 481.00 万元

总投资=建设投资+流动资产投资=3 931.16（万元）

表5-5　**总成本费用评估表**　　　单位：万元

序号		2 ~ 6 年	7 ~ 16 年
1	原材料	1 801.16	1 801.16
2	燃料及动力	125②	125
3	直接人工	43.78③	43.78
4	制造费用	350.08④	350.08
	其中：折旧费	197.08⑤	197.08
5	制造费用合计（=1+2+3+4）	2 320.02	2 320.02
6	管理费用	138.47⑥	84.27⑦
	其中：折旧费用	4.27⑧	4.27
	摊销费	54.2⑨	
7	销售费用	288	288
8	总成本（=5+6+7）	2 746.49	2 692.29
9	固定成本①	515.55	461.35
10	可变成本（=8-9）	2 230.94	2 230.94

注：①2 856.34=（22 488.93×800+528 612.6×20）/10 000

②125=（832.3×800+29 209.2×20）/10 000

③43.78=（321 480+116 280）/10 000

④350.08=（2 125 012.94+1 375 747.94）/10 000

⑤197.08=（1 914.38+1 197.38）×（1-5%）/15

⑥138.47=80+4.27+54.2

⑦84.27=80+4.27

⑧4.27=67.39×（1-5%）/15

⑨54.2=271.01/5

⑩固定成本包括制造费用中的折旧费；管理费用中的折旧费、摊销费和60万元其他费用；销售费用中的200万元。

②经营期现金流量（见表5-6）。

表5-6   **经营期现金流量评估表**   单位：万元

	2～6年	7～16年
销售收入	4 800	4 800
减：总成本	2 746.49	2 692.29
利润总额	2 053.51	2 107.71
减：所得税（25%）	513.38	526.93
净利润	1 540.13	1 580.78
加：折旧等非付现成本	255.55	201.35
经营现金净流量	1 795.68	1 782.13

注：销售收入=60 000×400+1 200 000×20=48 000 000（元）

③终结期现金流量

终结期现金流量=固定资产期末残值+流动资产回收=固定资产投资×残值率+流动资产回收

$$=（1\ 914.38+1\ 197.38+67.39）×5\%+481=639.96（万元）$$

5.2 投资决策方法

根据是否考虑资金的时间价值，投资方案决策方法整体上可以分为两大类：非贴现方法和贴现方法。其中，非贴现方法主要包括：静态投资回收期法和平均会计收益率法；贴现方法较多，主要有：动态投资回收期法、净现值法、内部收益率法和获利指数法等。

5.2.1 投资决策的非贴现方法

1）静态投资回收期法

（1）静态投资回收期的含义

投资回收期（pay back period，PBP）是指收回全部投资所需要的时间。静态投资回收期是在不考虑资金时间价值的条件下，以项目生产经营期的资金回收补偿全部原始投资所需要的时间。通常以年为单位，是反映项目资金回收能力的主要静态指标。用公式表示为：

$$静态投资回收期（PBP）=\frac{原始总投资}{年均净现金流量}$$

采用现金流量分析方法，公式可以转化为：

$$静态投资回收期（PBP）=\frac{累计净现金流量第一次}{出现正值的年份}-1+\frac{上年累计净现金流量的绝对值}{当年净现金流量}$$

为了说明回收期法的运用，我们来看看下面的例题。

【例5-1】沿用本章第1节中现金流量测算的芦荟生产项目案例，根据表5-7提供的项目净现金流量数据计算该项目静态投资回收期。

表5-7　　　　　　　　　　　　项目净现金流量表　　　　　　　　　　单位：万元

年序数 项目	0	1	2	3	4	5	6	7~16 ……
初始建设性投资	3 450.16							
初始流动资金		481.00						
经营期净现金流量			1 795.68	1 795.68	1 795.68	1 795.68	1 795.68	
终结期净现金流量								
项目净现金流量	−3 450.16	−481.00	1 795.68	1 795.68	1 795.68	1 795.68	1 795.68	
累计净现金流量	−3 450.16	−3 931.16	−2 135.48	−339.80	1 455.88	3 251.56	5 047.24	

　　根据上表，累计净现金流量首先出现正值的年份是4投资回收期，应该处于第3年和第4年之间，第3年累计净现金流量为−339.8万元，第4年净现金流量为1 795.68万元。所以 $PBP = 3 + 339.8 \div 1\,795.68 \approx 3.19$（年）。

　　在应用静态投资回收期进行决策时遵循的原则是：回收期大于行业基准投资回收期或者企业要求的回收期，项目被拒绝；回收期小于或等于行业基准投资回收期或企业要求的回收期，则项目可接受。

　　（2）静态投资回收期法的优缺点

　　①静态投资回收期法的优点

　　静态投资回收期法具有简单和易使用性等优点，表明初始投资回收速度的快慢，同时在一定程度上可以反映出项目的盈利能力以及风险大小。一般来讲，投资项目早期收益越大，则回收期越短，其风险一般也越小，因为投资的尽早回收可避免将来经营环境变化的不利影响。

　　②静态投资回收期法的缺点

　　第一，投资回收期的长短和项目前期净现金流大小有直接关系，它并不能反映回收期以后项目的收益情况，所以不能反映项目计算期整体的收益情况。如表5-8所示A、B两项目的现金流量。项目A和B初始投资均为1 000万元。两项目寿命期都是8年。A项目经营前期净现金流量大，后期净现金流量小，而B项目正相反。它们的普通投资回收期分别为：

表5-8　　　　　　　　　　　　项目现金流量　　　　　　　　　　　单位：万元

年序数 项目	0	1	2	3	4	5	6	7	8
项目A	−1 000	400	300	300	200	200	200	200	200
项目B	−1 000	200	200	300	300	400	400	400	400

PBP_A=3年，PBP_B=4年。但是从项目寿命期内1~8年的平均净现金流量来看，A项目的收益不如B项目，项目A年平均净现金流量为250万元，而项目B为325万元，两项目初始投资一样，则B项目优于A项目。由此可见，静态投资法回收期在衡量投资项目的收益方面是有缺陷的，它不能反映项目整个寿命期的现金流量大小，具有与生俱来的短见性，换句话说，回报快的项目就是好项目，哪怕它们产生回报的时间相当短暂。

第二，未曾考虑资金时间价值的存在，是该方法的天然缺陷，尤其对于计算期相对较长的项目，静态投资回收期的误差较大。

第三，行业基准回收期或企业要求的回收期具有较强的主观性，从而导致该方法带有较重的主观色彩，拉开了与科学性之间的距离。

因此，静态投资回收期法一般不能作为项目投资决策的单一方法来使用，必须与其他方法相结合，属于辅助性指标方法。

2）平均会计收益率法

平均会计收益率（accounting rate of return，ARR）为扣除所得税和折旧之后的项目平均收益除以整个项目期限内的平均账面投资额。用公式表示为：

$$ARR=\frac{年均税后净收入}{平均资本占用额} \times 100\%$$

其中：年均税后净收入=年均税后净现金流量-等额年折旧

平均资本占用额=（初始资本投资+投资残值回收）/2

【例5-2】仍然以【例5-1】为例，该芦荟生产项目的现金流量如表5-9所示该项目初始投资3 931.16万元，其中项目形成固定资产部分3 179.15万元，采用平均年限法折旧，期末残值率为5%。计算平均会计收益率ARR。

表5-9　　　　　　　　　　平均会计收益率　　　　　　　　　　单位：万元

年末	0	1	2~6	7~15	16
税后净现金流量	-3 450.16	-481.00	1 795.68	1 782.13	2 422.09
年折旧			201.35	201.35	201.35

年均税后净收入=（1 795.68×5+1 782.13×9+2 422.09）/15-201.35≈1 627.96（万元）

平均资本占用额=（3 450.16+481+639.96）/2≈2 285.56（万元）

ARR=1 627.96/2 285.56×100%≈71.23%

在作投资项目决策时，首先要确立最小可接受收益率。如果平均会计收益率大于可接受的收益率，项目可以通过评估；否则，项目被拒绝。在相互排斥项目中进行选择时，平均会计收益率法首先要确定出平均会计收益率较高的项目，然后决定该收益率是否高于最小可接受收益率。

平均会计收益率法是一种流行的投资评价方法。主要原因是，和静态投资回收期法一样，它用起来比较简单，需要用到的会计数据也容易得到。虽然平均会计收益率法具有把全部现金流入用于其计算之中（不像静态投资回收期法只考虑项目寿命期前几年的现金流量）的优点，但该方法仍然有许多严重的缺点。首先，因为它是一种非贴现评价方法，未考虑资金的时间价值。另一个缺点就是最小可接受收益率的选择是随意的，它导致与可接受回收期确定的随意性完全相同的问题。

5.2.2 投资决策的贴现方法

1）动态投资回收期法

由于静态投资回收期法存在许多不足，一些投资决策人员转而采用一种变通方法，称为"动态投资回收期法"或称"折现投资回收期法"。动态投资回收期是指在考虑货币时间价值的条件下，以投资项目净现金流量的现值抵偿原始投资现值所需要的全部时间，记作 PBP'，用公式表示为：

$$\sum_{t=1}^{T'_p} NCF_t \cdot \left(1 + i_c\right)^{-t} = NCF_0$$

其中，NCF 为第 t 年的净现金流量，i_c 为行业基准折现率（即资金成本），NCF_0 为期初原始投资。

动态投资回收期可以通过现金流量表求得。公式为：

$$PBP' = 累计折现净现金流量开始出现正值的年份 - 1 + \frac{上年累计折现净现金流量的绝对值}{当年折现净现金流量}$$

【例 5-3】仍然以【例 5-1】为例，项目贷款年利率为 10%，则资金成本率=贷款年利率×（1-所得税税率），取行业基准折现率为 7.5%，则项目现金流量表见表 5-10：

表5-10 项目净现金流量表　　　　　　　　　单位：万元

年序数\项目	0	1	2	3	4	5	6~16
净现金流量	-3 450.16	-481.00	1 795.68	1 795.68	1 795.68	1 795.68	……
折现净现金流量（i_c=7.5%）	-3 450.16	-447.44	1 553.86	1 445.45	1 344.61	1 250.80	……
累计折现净现金流量	-3 450.16	-3 897.60	-2 343.74	-898.29	446.32	1 697.12	……

PBP'=4-1+898.29/1344.61≈3.67（年）

通过对比可以发现，动态投资回收期要比前边计算的静态投资回收期长（3.67年>3.19年），因为计算动态投资回收期所使用的折现现金流小于计算静态投资回收期所使用的不折现现金流，需要花费更长的时间才能补偿初始投资总额。

在应用动态投资回收期法进行决策时，应遵循以下原则：动态投资回收期大于行业基准投资回收期或者企业要求的回收期，项目被拒绝；动态投资回收期小于或等于行业基准投资回收期或企业要求的回收期，则项目可接受。

动态投资回收期法与静态投资回收期法相比，它的优势在于考虑了资金的时间价值，即考虑了资本的机会成本，但是这一考虑仅仅局限于动态投资回收期内产生的预期现金流量。因此，动态投资回收期法仍然不能反映项目整个寿命期的现金流量大小，未能突破静态投资回收期法的短见性弊端。对于期望投资回收期的选择和确定，不可避免地也带有主观性质。

2) 净现值法（NPV）

（1）净现值的含义

净现值是在项目计算期内按设定的折现率或资金成本计算的各年净现金流量现值的代数和，记作 NPV，其表达式为：

$$NPV = \sum_{t=1}^{n} NCF_t \cdot (1 + i_c)^{-t}$$

其中：NCF_t 为第 t 年的净现金流量，i_c 是设定的折现率或资金成本，t 为计算期。

从以上公式可以看出，影响净现值大小的因素是：

第一，各期现金流量。各期现金流量包括大小和方向，决定着当期的净现金流量。现金流入量越大，NCF 越大，净现值越大；现金流出量越大，NCF 越小，净现值越小。

第二，贴现率。净现值的大小与贴现率呈反方向变化，即贴现率越高，净现值越小；贴现率越低，净现值越大。因此，NPV 与 i_c 之间的函数关系可以表现为平面直角坐标系中向右下方倾斜的一条曲线，如图5-1所示。

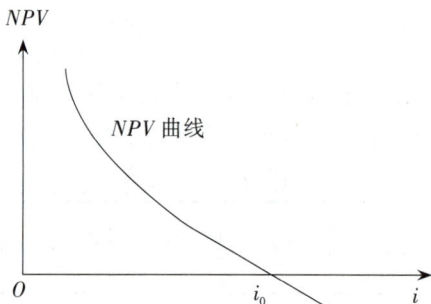

图5-1　净现值曲线图

很显然，净现值是反映项目投资盈利能力的绝对量指标，可以视为按要求的收益率进行投资所获得的超额收益。如果 $NPV>0$，则意味着投资会产生盈余、增加股东财富；如果 $NPV<0$，则盈余实际上是亏空，投资会减少股东的财富；如果 $NPV=0$，则投资的净现金流量现值和为零，收益流量刚好弥补费用支出，投资者获得了设定折现率的收益，但是没有超额收益。

（2）净现值法的判别规则

据此，我们可以得到净现值法的使用原则：当 $NPV \geqslant 0$ 时，投资项目在经济上是可行的；当 $NPV<0$ 时，项目不具备经济可行性。这一原则是明确的，广泛适用于独立项目的投资决策。如果面对的是互斥项目比选，则 $NPV \geqslant 0$ 只能构成决策的必要条件。在此基础上，如果互斥项目之间具备直接可比性，我们一般坚持 NPV 更大的方案为优选。下面，我们将通过两个案例，运用净现值法进行独立项目和互斥项目的投资决策。

【例5-4】 某公司有一投资项目，其初始投资包括：机器设备投资72万元，垫支流动资金23万元，该项目1年建成投产，寿命期为5年，固定资产采用直线法折旧，寿命期终了有固定资产残值为5万元。投产后每年可获得销售收入68万元，每年付现成本为32万元（见表5-11）。若企业所得税税率为25%，行业基准折现率为12%，问该投资项目是否可行？

表5-11 投资项目现金流量计算表 单位：万元

年份	0	1	2～6	6
1.初始现金流量				
（1）机器设备投资	-72			
（2）垫支流动资金		-23		
2.营业现金流量				
（1）销售收入			68	
（2）付现成本			32	
（3）年折旧额			（72-5）÷5=13.4	
（4）总成本			32+13.4=45.4	
（5）税前净利			68-45.4=22.6	
（6）税后净利			22.6×（1-25%）=16.95	
（7）年营业现金净流量			16.95+13.4=30.35	
3.终结现金流量				28
（1）固定资产残值收入				5
（2）垫支流动资金回收				23

其净现值计算如下：

$$NPV = -72 - \frac{23}{1+12\%} + 30.35 \times \frac{1-(1+12\%)^{-5}}{12\%} \times \frac{1}{1+12\%} + \frac{28}{(1+12\%)^6} \approx 19.34 > 0$$

所以该投资项目可行。

【例5-5】一家公司想扩大生产规模，可以有两种选择方案：A方案是引进一条新生产线，B方案是对企业目前闲置未用的设备加以改造。引进生产线需要较高的初始投资，但运行费用较低；改造旧设备初始投资低，但运行费用较高。两个方案的数据如表5-12、表5-13所示：

表5-12 A方案现金流量表 单位：万元

年份	现金流入	现金流入现值（$i=10\%$）
0	-2 000	-2 000.00
1	350	318.18
2	500	413.22
3	600	450.79
4	800	546.41
5	800	496.74
6	600	338.68

表5-13	B方案现金流量表	单位：万元

年份	现金流入	现金流入现值（$i=10\%$）
0	-1 500	-1 500.00
1	200	181.82
2	260	214.88
3	450	338.09
4	700	478.11
5	700	434.64
6	400	225.79

根据表格数据可以计算两个方案的净现值：A方案的净现值为564.02万元，B方案的净现值为373.33万元。两个方案净现值均大于0，若作为单独方案处理，都会通过经济评估；若作为互斥方案进行比选，A方案因为净现值更大，能够为投资者带来更多的收益，所以A方案为优选项目。

（3）净现值法的科学性

第一，净现值法符合投资者利益最大化原则。投资者作为项目企业的股东，投资的目的归根结底是创造更多的价值，实现股东利益最大化。项目净现值恰恰是反映项目盈利能力和收益情况的绝对指标，净现值大于0会保障投资者有一定水平的收益；净现值越大，投资者能够获得的收益总额就会越多。这是投资回收期方法所达不到的效果，而对于净现值法却是一种内在的优势。

第二，该方法考虑了现金流量的时间序列性。净现值的计算需要将各期发生的净现金流量进行折现加总，现金流发生时点距期初越远，在折现系数 $(1 + i_c)^{-t}$ 的作用下，它对净现值的贡献就越小。

第三，该方法调整了项目预期现金流的风险。风险调整是通过项目的折现率实现的。随着时间的推移，项目在未来预期现金流的风险会不断增长，用于计算现金流序列现值的折现率（资本的机会成本）也相应增加。风险与收益的匹配可以通过折现率的变化反映出来。

3）内部收益率法（IRR）

（1）内部收益率法的含义

内部收益率可定义为使项目在寿命期内现金流入的现值等于现金流出现值的折现率，也就是使项目净现值为零的折现率，用IRR表示。显然，内部收益率满足下面等式：

$$\sum_{t=0}^{n} NCF_t (1 + IRR)^{-t} = 0$$

内部收益率是设计科学的投资决策指标，本身不受资本市场利息率的影响，完全取决于项目的现金流量，反映了项目内部所固有的特性。这也就是其被称为"内部收益率"的原因所在。

求解内部收益率一般用试算插值法。下面试举一例：

【例 5-6】根据表 5-14 提供的数据，用试算插值法计算 *IRR*。

表5-14　　　　　　　　　　　　　　现金流量表　　　　　　　　　　　单位：万元

年末	净现金流量	现值 *i*=15%	现值 *i*=20%	现值 *i*=22%
0	−1 000	−1 000.00	−1 000.00	−1 000.00
1	400	347.84	333.32	327.88
2	400	302.4	277.76	268.76
3	400	263.00	231.48	220.28
4	400	228.72	192.92	180.56
		NPV=142.00	*NPV*=35.48	*NPV*=−2.52

根据上表中的数据，可作出 *NPV* 随折现率 *i* 变化的函数曲线。曲线与横轴的交点是 *NPV*=0 的折现率，即内部收益率 *IRR*。当折现率的变化范围很小时，近似认为净现值函数曲线为一段直线，用直线插值法可求出 *IRR*。

将上表中数据带入线性插值公式：

$$IRR = \left[r_1 + \frac{NPV}{NPV_1 + \left| NPV_2 \right|} \cdot (r_2 - r_1) \right] \times 100\% = \left[0.2 + \frac{35.48}{35.48 + 2.52} \times (0.22 - 0.2) \right] \times 100\% = 21.87\%$$

启智增慧 5-2

内部收益率
求解的近似
方法——插
值法简介

（2）内部收益率的判断准则

IRR 大于、等于筹资的资本成本，即 *IRR*≥*i*，项目可接受；若 *IRR* 小于资本成本，即 *IRR*<*i*，则项目不可接受。假设项目全部用贷款筹资，项目内部收益率高于筹资成本（即贷款利率）说明项目的投资收益除偿还利息外尚有剩余，这部分剩余归股东所有，可增加股东的财富。若内部收益率小于贷款利息，则项目的收益不足以支付利息，股东还要为此付出代价，因此，项目不可行，应予以拒绝。

继续使用上例数据，如果行业基准折现率或行业基准收益率为 15%，因为 *IRR*>15%，所以该项目在经济上是可行的；如果行业基准折现率或行业基准收益率为 25%，很显然，*IRR*<25%，这个项目是不能接受的。

（3）运用内部收益率法需要注意的问题

内部收益率在理财实务中最为经常被用来代替净现值，它具备净现值的很多优点，二者的区别在于计算方法的不同：*NPV* 是先给出折现率，再求净现值，*IRR* 是先给出 *NPV*=0，然后计算内部收益率；一个是绝对量指标，而另一个是相对量指标。尽管它们在经济意义上很类似，但 *IRR* 的使用却受到来自技术因素方面的限制。

①忽视项目的规模，在对互斥项目进行选择时会出现误判

如果互斥项目的投资规模相等，使用内部收益率指标就是可行性的，只要选择 *IRR* 更高的即可。但是当投资规模不同时，由于内部收益率是一个百分比的收益衡量指标，它会倾向于让决策者选择偏小的投资项目。因为与较大的投资项目相比，偏小的投资项目较有可能产生高百分比的收益率。在这种情况下，应根据项目净现值的大小作出选择，而不能直接依据内部收益率对项目进行优选。

②在投资项目现金流的正负属性多次改变时，内部收益率指标将失效

根据现金流序列特征，可以将项目分为两大类：常规项目和非常规项目。常规项目是指计算期内各年净现金流量在开始一年或数年为负值、在以后各年为正值的项目；非常规项目是指计算期内各年净现金流量的正负号变化超过一次的项目。一般来讲，常规项目有唯一的内部收益率，非常规项目可能出现多解或无实数解的情况。项目现金流量的特征取决于项目本身：有的项目初始投资很大，经营期投资很少，类似于常规项目；而有的项目在初始投资后，经营期某阶段追加投资数额也不少，则类似于非常规项目。非常规现金流量会导致多重内部收益率，现金流量"改号"M次，那么就可能会有最多达M个正的内部收益率。这时内部收益率法失去作用，可使用净现值法对项目进行取舍。

③若互斥项目现金流量的时间序列分布特征不同，则内部收益率指标可能会对项目作出误选。现金流的时间分布特征不同，对折现率变化的反映程度会有明显的差异，项目运营后，早期的现金流越多，后期的现金流越少，折现率变化对项目净现值的影响就越小，相反，项目现金流的主要部分出现得越晚，折现率变化对净现值的影响就越大。这一结论可通过表5-15直观地体现出来。

表5-15　　　　　　　　　　互斥项目的现金流量、*NPV*与*IRR*　　　　　金额单位：万元

年份	0	1	2	3	*NPV*			*IRR*（%）
					0	10%	15%	
项目1	-10 000	10 000	1 000	1 000	2 000	669	109	16.04%
项目2	-10 000	1 000	1 000	12 000	4 000	751	-484	12.94%

表5-15数据显示，项目1的*IRR*比项目2的*IRR*高，但是，如果比较两者的*NPV*，我们发现，哪个项目的*NPV*更高取决于贴现率的大小，项目2的现金流量总额高于项目1但是它收回成本的速度比项目1慢。在较低的贴现率下，项目2的*NPV*高于项目1。但是随着贴现率的提高，项目2的净现值快速下降，在贴现率升至15%时，项目2的净现值已降到-484元，而项目1的净现值仍然维持在109元的水平。

一般来讲，当我们在互斥项目之间进行比较时，*IRR*可能会产生误导，我们必须关注相对的*NPV*以避免作出错误的选择。公司理财的目标是为股东创造价值，我们最终选择的不应是*IRR*最高的项目，而应该是*NPV*最多的项目。

4）获利指数法（PI）

（1）获利指数法的含义

获利指数是项目经营净现金流现值与初始投资之比，表明项目单位投资的获利能力，记为*PI*。用公式表示为：

$$PI = \frac{\sum_{t=1}^{n} NCF_t}{NCF_0}$$

其中：分子为项目经营期逐年收益的现值之和，分母为投资支出现值，所以又称为收益成本比率。

获利指数的判别准则是：若项目的获利指数大于1，项目可以接受；若获利指数

小于1，应拒绝；若投资的获利指数等于1，公司接受或拒绝该项目没有区别。

【例5-7】某公司有一个投资机会，现金流量如表5-16所示。

表5-16　　　　　　　　　　　　　　现金流量表　　　　　　　　　　　单位：万元

	初始投资	第一期收益	第二期收益	折现率为12%时的收益现值和	*PI*	*NPV*
项目	-20	70	10	70.5	3.53	50.5

该项目获利指数计算过程如下：

折现率为12%时的收益现值和$=70/1.12+10/1.12^2=70.5$（万元）

盈利指数$PI=70.5/20=3.53$

根据获利指数法则，该项目盈利指数大于1，具备经济上的可行性。

（2）获利指数法的优点与缺陷

上表中也列出了该项目的净现值，对比可以看出：如果是独立项目，根据净现值法和根据获利指数法得到的结论是一致的，*NPV*大于0时，*PI*大于1。无论从它们的经济含义上看，还是从数学指标设计上看，二者在一致性方面是很显然的。但是与*IRR*指标类似，*PI*是相对量指标，反映的是项目单位投资的获利能力，更便于投资额不等的多个项目之间进行比较和排序。

虽然获利指数法在科学性上与净现值法无二，但这种方法也有其固有缺陷。这主要表现在互斥项目的选择上。假若两个项目中只能选择一个，根据净现值法，应该选择净现值比较大的那个项目。而项目的获利指数却很可能对决策产生误导。这也属于前面所提到的投资规模问题。和内部收益率一样，获利指数作为相对数，忽略了互斥项目之间规模上的差异，易于引导决策者选择投资规模较小的项目。

5）各种投资决策方法在实践中的应用

以上介绍了多种投资决策方法，可以看出，每一种方法都有其可取的一面，同时也会受到一些条件的限制。总的来看，只使用一种方法就实现一劳永逸的希望是渺茫的，在实践中，往往需要多种方法相互配合，才能选出最优的项目方案。多数研究结果表明，在资本预算实务中，大公司最经常使用的方法是内部收益率法和净现值法，或者将二者结合起来使用。而回收期法则很少被作为首选的决策方法，但在辅助方法中却是使用率最高的（见表5-17）。

表5-17　　　　　　大型跨国公司运用资本预算方法的调查结论

	首选方法占比（%）	辅助占比（%）
平均会计收益率（*ARR*）	10.7	14.6
回收期（*TP*）	5.0	37.6
内部收益率（*IRR*）	65.3	14.6
净现值（*NPV*）	16.5	30.0
其他方法	2.5	3.2
合计	100	100

资料来源：STANLEY M T，BLOCK S B.A survey of multinational capital budgeting ［J］. The Financial Review，1984，19（1）：36-54.

5.2.3 特殊条件下投资项目的决策方法

上面介绍的投资决策方法是一种理论上的抽象，是建立在投资规模相等、项目寿命期相同、资金绝对充足等假设基础上的，在经济实践中如此苛刻的条件很难达成。而投资规模不同、项目寿命期不同以及资金约束却是一种经常状态，需要在特殊条件下，考虑如何实现最优项目或方案的选择。在这一过程中，我们要特别关注项目之间的可比性问题。

1）投资规模不同

投资规模不同即项目初始投资数额不同，在这种情况下，净现值法和内部收益率法的决策结果有可能出现矛盾的情况。为了说明问题，我们要借用下面的案例展开分析。

【例5-8】投资者面对两个投资机会：A方案：初始投资1 000万元，寿命期8年，每年净现金流量216万元；B方案：初始投资2 000万元，寿命期8年，每年净现金流量403万元。若资本成本为8%，那么理性的投资者会选择哪个投资机会？

首先，使用净现值法：

$NPV_A = -1\,000 + 216 \times (P/A, 8\%, 8) = 241$（万元）

$NPV_B = -2\,000 + 403 \times (P/A, 8\%, 8) = 316$（万元）

由此，可以推出B方案优于A方案。

然后，换用内部收益率法进行计算：

由 $-1\,000 + \sum_{t=1}^{8} 216 \times (1 + IRR_A)^{-t} = 0$

得到 $IRR_A = 14\%$，

同理可以得到 $IRR_B = 12\%$。

由此，可以推出A方案优于B方案。

很显然，对于同一个问题，两种方法的结论是截然相反的。在对IRR方法进行介绍时已经提到了内部收益率的局限性问题，它倾向于选择投资规模较小的项目。出于实现公司价值最大的目标（在此加上投资者的效用函数作为条件），净现值大的项目应该具有更大吸引力。

这个问题还可以采用一种新的方法来进行解释，就是增量投资分析法（也叫作差额投资分析法）。想象投资额大的B方案可以进行分拆，拆成一个A加一个增量投资（B-A）的组合。如果增量投资的ΔNPV>0，则B方案可以得到数量更多的盈余，B方案为优选；如果增量投资的ΔNPV<0，增量投资处于亏损状态，A方案成为优选。结合案例数据计算净现值如下：

$\Delta NPV_{B-A} = -1\,000 + \sum_{t=1}^{8} 187 \times (1 + 8\%)^{-t} = 74.6$

所以B方案优于A方案，可以验证NPV法的结论。

增量投资分析法也可以通过计算增量投资内部收益率进行。

$\Delta NPV_{B-A} = -1\,000 + \sum_{t=1}^{8} 187 \cdot (1 + \Delta IRR)^{-t} = 0$

$\Delta IRR = 10\% > 8\%$

因此增量投资获得了良好的效益，投资规模大的项目更好，结论完全一致。

2）寿命期不同

假设存在两个寿命期不同的互斥项目，如果使用净现值法进行决策，很显然是不科学的，因为寿命期长的项目产生的净现金流量更多，两个项目的可比性大打折扣。鉴于此，我们提出了最小公倍数法和年值法来解决这个问题。

【例5-9】期初投资额为32万元的项目A寿命期为3年，每年净现金流量16万元；项目B初始投资42万元，寿命期6年，每年净现金流量12万元。资本成本为10%。哪一个项目在经济上更好呢？

（1）最小公倍数法

当互斥项目寿命期不等时，若用净现值法判断，必须使项目在相同的年限下进行比较。首先确定互斥项目寿命期的最小公倍数，假设项目可以重复一次或多次，直至寿命期等于最小公倍数的寿命期。然后再比较经过调整的互斥项目的净现值，最终得到最优结果。如上例，最小公倍数寿命期为6年，只需将项目A复制一次即可。

$NPV_A=-32+16×（P/A，10\%，3）=7.792（万元）$

$NPV_B=-42+12×（P/A，10\%，6）=10.26（万元）$

$NPV_A'=NPV_A+NPV_A（P/F，10\%，3）=7.792+7.792×0.751=13.644（万元）$

$NPV_B'=NPV_B=10.26（万元）$

如果直接采用 NPV 法计算，B项目肯定优选，因为忽略了项目的可比性，所以会产生一种误导；但寿命经过调整后，项目间具备可比性，A项目则成为优选。

（2）年值法

年值法是NPV法的延伸。通过将互斥项目的净现值按资本成本等额分摊到每年，以每个项目每年的等值年金进行比较，从而解决了寿命期的可比性问题。从净现值转化为年值只是资金时间价值的一种等值换算，所以两种方法是等价的，用年值法和净现值法得出的结论是一致的。

将净现值的等年值记为 AW

$AW_A=NPV_A/（P/A，10\%，3）=7.792÷2.4869=3.133（万元）$

$AW_B=NPV_B/（P/A，10\%，6）=10.26÷4.3553=2.356（万元）$

因为 $AW_A>AW_B$，所以A方案优选，此结论与最小公倍数法完全相同。而且年值法计算比较简单，故在寿命期不相等的互斥方案比选中较为常用。

3）资本限额

资本限额是指公司投资所需的资金受到限制或约束的一种状态，资本数额不足会导致公司无力投资于所有净现值为正的项目。或者因为公司筹资渠道不畅，或者因为公司财务预算限制，资本限额是公司经常面对的状态。

根据资本限额发生的时期，资本限额可以分为两种形态：单期资本限额，即资金限制只在某一期发生，尤其是在当期发生；多期资本限额，是资本限制不只在某一期发生，而是存在于多期。不同形态，处理的方法是不同的。

（1）单期资本限额

在单期资本限额（以期初投资限额为例）条件下，因为要考虑资本约束，所以不能直接采用净现值方法进行筛选。一般要通过技术处理，采用独立项目组合排序的方法进行比选。

【例5-10】 投资限额为5 500万元，资本成本12%，投资者如何选择最优投资方案？

表5-18 备选方案的有关数据

项目	期初总投资（万元）	每年净现金流量（万元）	寿命期（年）
A	2 400	440	10
B	2 000	420	10
C	3 000	550	10

首先根据表5-18计算各方案的净现值，分别为86、373、107.6，均大于0，所以作为单独方案都可以通过评审。

然后使用排列组合方法，将原有方案进行重新组合，获得新一组方案，按照互斥项目比选的思路进行取舍（如表5-19所示）：

表5-19 方案组合数据表

组别	方案组合	组投资（万元）	组年净现金流量（万元）	寿命期（年）
1	A	2 400	440	10
2	B	2 000	420	10
3	C	3 000	550	10
4	AB	4 400	860	10
5	AC	5 400	990	10
6	BC	5 000	970	10
7	ABC	7 400	1 410	10

将各组视为一个新的方案，各方案的净现值分别为：A组86，B组373，C组107.6，AB组459，AC组193.6，BC组480.6，ABC组566.6。不考虑资本限额，按优先顺序排列为：ABC、BC、AB、B、AC、C、A。但是最大资本量为5 500万元，所以只能选择BC方案组合为最优。因为在现实中投资方案无法进行拆分，超出组合方案的资本如果数额很小，可以忽略不计（因为存入银行可以获得等于资本成本的利息，实际上净现值为零，对公司价值最大化影响不大）。本例中多出的500（5 500-5 000）万元资金即是这种情况。

（2）多期资本限额

在项目投资过程中，资本只在期初一次性投入的情况是很少见的，一般地，经营期也会发生分散的投资支出，于是经营各期也会面对资本限额的问题。如果出现多期资本限额，我们就很难用组合排序的方法进行项目选择了，因为决策环境极为复杂，必须用复杂的数学方法才能求出问题的解决方案来。

线性规划是一种比较有效的方法。线性规划与经济分析间有一种内在逻辑的一致性：经济分析一般是给定约束条件，然后求经济主体的最大化目标；而线性规划法则是在既定约束条件下，求解目标函数。具体到项目投资决策，投资者的目标函数无外乎公司价值最大化，而各期的资本限额恰恰构成了相关的约束条件，从而组成了一个标准的线性规划。利用解线性规划的方法，我们可以得到净现值收益最大化的项目组合。这种计算工作量一般较大，在实践中可以借助某些计算机专业软件来简化计算。

5.3　资本预算风险分析

在上一节我们进行投资决策的现金流量是一系列确定的数值，但是实际上，资本预算是对项目未来可能产生现金流量的预测，并以此为基础估算项目的净现值。未来的现金流量不可能与预测的完全一致，风险是客观存在的，因此资本预算需要进行专门的风险分析。资本预算的风险分析是指运用各种手段和方法，研究和分析项目活动的各种潜在风险，并予以量化或估计，为投资决策提供依据。资本预算风险分析方法有很多，在这里我们重点介绍如下几种。

启智增慧 5-3

投资决策中
的风险

5.3.1　盈亏平衡分析

盈亏平衡，顾名思义，是项目某年的收入支出相抵后利润为零、不盈不亏的状态。盈亏平衡分析就是通过计算达到盈亏平衡状态的产销量、生产能力利用率、销售收入等有关经济变量，分析判断拟建项目适应市场变化的能力和风险大小的一种分析方法。其中又以分析产量、成本和利润为代表，所以也俗称为"量本利"分析。

盈亏平衡分析可以用于资本预算的风险分析，但是从该方法的性质上讲，应该属于确定性分析范畴。之所以这样说，是因为盈亏平衡分析所使用的经济数据完全是确定性的，计算的方法也不含非确定性因素。然而盈亏平衡分析归类于风险分析，是因为盈亏平衡点的计算结果能够反映出投资项目的抗风险能力，有利于评价项目的风险大小和进行风险控制、管理。一般来讲，盈亏平衡点越低，项目的盈利空间越大，其适应市场变化的能力越强，也意味着项目抵御风险的能力越强。盈亏平衡分析的核心思想就是计算项目的盈亏平衡点，最常见的方法主要有两种：图解法和解析法。

1）图解法

图解法是通过作平面直角坐标系，把项目的销售收入、总成本、产销量三者的关系反映出来，从而确定盈亏平衡点的方法。图 5-2 为盈亏平衡图。

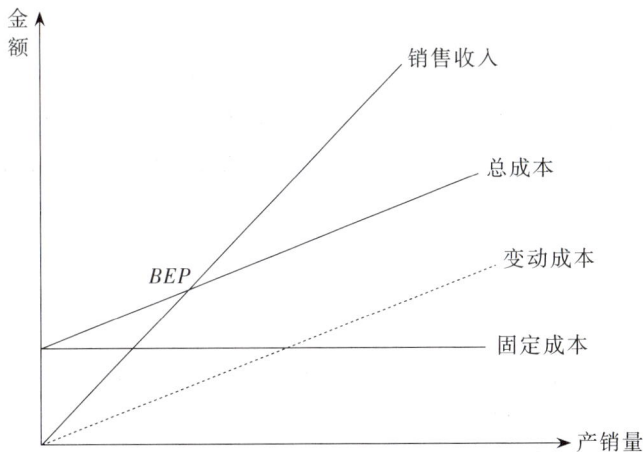

图 5-2　盈亏平衡图

图 5-2 中平行于横轴的成本线为固定成本，因为不随产销量的变化而发生变化，是无论

开工与否都要发生的成本数量，与纵轴的交点决定了它的数值。总成本线是以固定成本线为基础，叠加变动成本线得到的，变动成本随产销量增加而成正比增加，如图中虚线所示。总成本线与销售收入线相交于一点，该点满足了盈亏平衡的要求，即为所求的BEP点。

图解法只适用于线性盈亏平衡分析。

2）解析法

盈亏平衡分析采用的是会计利润分析，而非现金流量分析。根据会计利润为零的假设，我们可以得到：

利润=销售收入−成本−税金=0

从而可推出：销售收入=成本+税金

现在用数学公式来表示：

设年销售收入为：$SS = P \times n$

其中，P 为单价，n 为年销售量。

年总成本为：$TC_t = C_F + C_V = C_F + C_n \times n$

其中，C_F 是年固定成本，C_V 是总变动成本，C_n 是单位产品变动成本。

税金采用从量定额：$T = t \times n$

其中，t 为单位产品的销售税金。

从而得到盈亏平衡的数学表达式：

$$P \times n = C_F + C_n \times n + t \times n$$

从而可以求出盈亏平衡的年产量，记作：

$$BEP(n) = \frac{C_F}{P - C_n - t}$$

从该公式可以看出，分子为年固定成本，分母为边际利润。如果想要降低盈亏平衡产量或保本产量，那就要把注意力放在提高固定资本利用率和降低单位产品变动成本上。

$BEP(n) = \dfrac{C_F}{P - C_n - t}$ 是盈亏平衡分析的基本公式，在此基础上，还可以推导出其他相关经济变量的盈亏平衡公式：

$$BEP(S) = C_F P / (P - C_n - t)$$
$$BEP(P) = C_F / n + C_n + t$$
$$BEP(C_n) = P - t - C_F / n$$
$$BEP(C_F) = n(P - C_n - t)$$

盈亏平衡分析的计算结果是比较粗略的，尽管在一定程度上可以反映出项目的抗风险能力，但是却不能分析出项目本身盈利能力的大小，同时也没有考虑资金时间价值，是一种静态分析方法，因此还需要其他相关方法来加强资本预算的风险分析。

5.3.2 敏感性分析和场景分析

1）敏感性分析

敏感性分析是考察与投资项目有关的一个或多个主要因素发生变化时，对该项目经济效益指标影响程度的一种分析方法。进行这种风险分析的目的在于：寻找敏感性因素，判断外部敏感性因素发生不利变化时投资方案的承受能力。敏感性因素是指对项目经济效益影响程度较大的外部因素。敏感性因素一定比例的变动，可以带来项目经济效益指标较大比例的变动。衡量外部因素是否敏感，我们一般可以通过计算敏感度来实现。

敏感度类似于经济学中所讲的弹性概念，即影响因素一定程度变动所能引起的项目经济效益指标的变动程度。可用公式表示为：

$$某因素的敏感度=\frac{经济效益指标变动百分比}{影响因素变动百分比}$$

该方法使用时，首先，要选定因变量，也就是衡量经济效益的相关指标。一般要针对具体项目的特点，选择最能反映盈利能力的指标作为分析对象。其中，以净现值和内部收益率最为常见。其次，再选择主要的潜在敏感性因素：固定资产投资、建设工期、产量、销售价格、产品成本费用等，以经验结合具体项目情况进行甄别筛选。再次，给这些潜在敏感性因素赋以确定性的变动范围值，如±5%、±10%、±15%、±20%等，进行具体数据测算，并编制敏感性分析汇总表。最后，绘制敏感性分析图并就风险因素加以说明。

【例 5-11】某汽车发动机投资项目，相应财务数据设为已知，其中以销售量、年经营成本和固定资产投资三个因素对项目收益影响最大。以此方案为基准，逐个计算每一因素分别变化±5%、±10%而其他因素不变时的 NPV 值，计算结果如表 5-20 所示。

表5-20　　　　　　　　　　　　汽车发动机投资项目　　　　　　　　　　单位：万元

因素 ＼ 变动率 NPV	−10%	−5%	0	5%	10%
销售量	28.49	219.25	410.30	600.67	791.52
经营成本	1 300.21	855.11	410.30	−35.74	−480.20
固定资产投资	538.54	474.27	410.30	345.74	281.47

从表格数据中清晰可见，经营成本的敏感度是最高的，即相对其他变化因素而言，经营成本每变化一个百分点，项目净现值的变化率最大。找到敏感性因素，有利于项目企业的风险管理。项目可以着重研究该因素变化的可能性，如果经营成本提高的可能性很大，那么公司在经营过程中必将面对更高的风险。鉴于此，要提出加强成本管理的各项对策，在一定程度上实现对风险的控制。

以上述表格为基础，可以绘制敏感性分析图（如图 5-3 所示）。敏感性分析图是一种直观化的分析工具。

从敏感性分析图可以看出，经营成本对 NPV 影响曲线的斜率最高，说明一定程度的经营成本变化会带来更大程度的 NPV 变化率，是三个因素中敏感度最强的一个。敏感图也反映出了某敏感因素所允许变动最大幅度的信息。比如对于经营成本，如果其增加 5%，那么项目的净现值将会小于 0，所以这个变化幅度超出了可允许的最大变动极限。其他的因素也是如此，都能够从图中很容易找到各自的变动极限，它对于项目管理者来讲是相当重要的决策信息。

以上介绍的是单因素敏感性分析方法，即每次只变动一个因素而其他因素保持不变。在现实生活中，这种情况是很少见的。一般总是若干因素同时发生变动，而且各因素之间也并非一定相互独立，这就给敏感性分析提出了难题。所以多因素敏感性分析具有一定的复杂性，使用简单的数学方法很难解决，这里就不作详细介绍了。

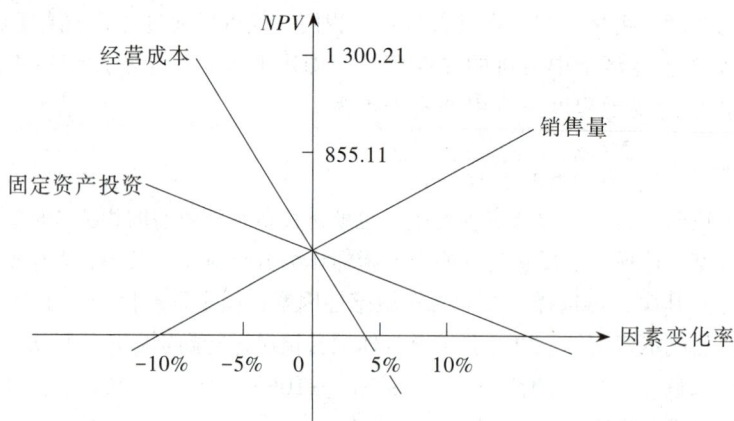

图5-3　敏感性分析图

敏感性分析与盈亏平衡分析一样，性质上属于确定性分析。其所使用的数据尽管形式上有变动的特点，但这种变动的结果是已知的，即发生的概率是1。敏感性分析也是只能进行比较粗略的风险分析，自变量的选择及其变动范围完全是主观决定的，各要素间的相互联系也很难拟合出来。敏感性分析还有一个内在的缺陷：通过敏感性分析可以找到敏感性因素，敏感性因素可能给项目带来较大的风险，但是并不能说明这一因素变化的可能性有多大。如果某因素敏感度极高，但是它发生变化的概率很小，那么这一因素风险分析和风险管理的意义就不是很大了。相反，如果某因素敏感度一般，但是变化十分活跃，却有可能成为项目投资的重大风险来源，必须密切关注。

2）场景分析

场景分析是一种变异的敏感性分析，它不是主观假设敏感因素有多大的变动范围，而是根据实际情况，考察此项目投资可能出现的不同场景，每种场景包含了各种变量的综合影响。如例5-11，如果投资者预测近期国际石油价格将会大幅度上涨，作为互补品的燃油汽车销售量必然受到影响而下降，而电动汽车的销量则会上升，那么汽车发动机的市场也必然会萎缩。在这种场景下，投资者能够预测出方案中各变动因素的发生值，然后以此为依据计算投资项目的净现值。因此，场景分析比敏感性分析更合理、更接近实际。

5.3.3　风险条件下的投资决策方法

风险条件下的投资决策方法强调以风险状态（结果概率）为前提，它是使用概率研究预测各种不确定因素和风险因素对项目经济效益指标影响的一种定量分析方法。在投资项目资本预算中，又以期望净现值分析应用最为广泛，有时也称其为概率分析。

这一分析的基本思路是：根据项目风险状态的发生概率，计算项目净现值的期望值，然后计算出$NPV \geq 0$的累计概率。期望净现值大小向决策者提供了项目可能收益的平均数额，而净现值大于等于0的累计概率恰恰说明了获得期望净现值收益的风险大小。此方法用数学公式表述为：

（1）项目净现值的计算公式为：

$$NPV = \sum_{t=1}^{n} NCF_t \cdot (1 + i_e)^{-t}$$

（2）计算项目净现值的期望值：

$$E(NPV) = E \cdot \left[\sum_{t=1}^{n} NCF_t \cdot (1 + i_c)^{-t} \right] = \sum_{t=1}^{n} \left[E(NCF_t) \cdot (1 + i_c)^{-t} \right]$$

（3）计算项目净现值大于等于零的概率：

$$P(NPV \geq 0) = 1 - P(NPV < 0)$$

如果净现值属于连续型分布，则可以采用分布函数求出；如果属于离散型分布，则可以采用累计概率表的形式计算出来。

【例5-12】某投资项目预计建设投资560万元，当年年产量5 000吨，产品单价600元/吨，经营成本视同可变成本350元/吨，税金50元/吨，寿命期15年，期末余值50万元，折现率取10%。已知上述因素中产品单价和经营成本带来的风险最大，其变动幅度和概率已测知（见表5-21），试对此项目进行概率分析。

表5-21　　　　　　　　　　　　　因素变动幅度及其概率值

因素 \ 变化幅度	−10%	0	+10%
产品单价	0.3	0.5	0.2
经营成本	0.2	0.5	0.3

概率分析可以使用决策树法来进行（如图5-4所示）。

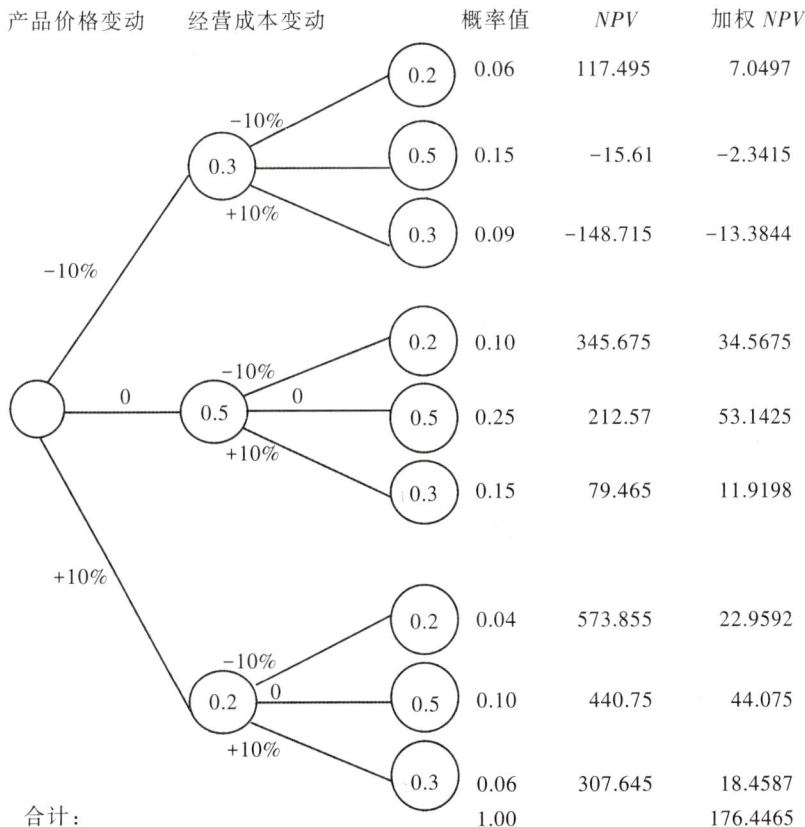

图5-4　概率树状图

图5-4中的各项 *NPV* 值都是根据变动后的数据，代入 *NPV* 计算公式得出的。

项目净现值计算公式为：

$$NPV = -I_p + Q(P - C - t)(P/A, i, n) + S_v(P/A, i, n)$$

其中，I_p 为建设投资，P 是价格，C 是可变成本，t 是税金，Q 为产量，s_v 是期末余值。

由于是离散型概率分布，可以列出累计概率表（见表5-22）：

表5-22　　　　　　　　　　　　　　　　累计概率表

NPV（万元）	−148.715	−15.61	79.465	117.495	212.57	307.645	345.675	440.75	573.855
累计概率	0.09	0.24	0.39	0.45	0.7	0.76	0.86	0.96	1.00

NPV ≥ 0 的累计概率：

$$P(NPV \geq 0) = 1 - P(NPV < 0)$$

首先，用线性插值法计算位于 0.24 ~ 0.39 之间的 *NPV* = 0 的概率值：

$$P(NPV < 0) = 0.24 + (0.39 - 0.24) \times 15.61 / (15.61 + 79.465) = 0.265$$

那么，根据累计概率公式，得到：

$$P(NPV \geq 0) = 1 - 0.265 = 0.735$$

于是可以得出结论：此项目的期望净现值为176.4465万元，但要冒一定风险，因为项目获利的概率为73.5%。

利用此法计算投资净现值期望值的同时，还可以计算净现值的方差，以反映项目面临的风险大小。方差是实际值对期望值的离中程度，方差越大，表明净现值的实际值与期望值相差越大，项目的风险会越大。期望值与方差可以作为项目决策的重要指标：一般我们会选择期望净现值更大的方案，但是如果其方差很大，作为风险规避者的投资人，就不一定会选期望值大的方案。回想在第4章提到的变异系数（*cv*），可以解决这一问题。

$$cv = \frac{净现值标准差}{净现值期望值}$$

变异系数反映的是每单位期望值所分担的标准差大小（即风险大小）。变异系数小意味着期望值的风险比较小，在方案比选中，以变异系数小的方案为佳。

期望净现值是资本预算风险分析中最常用的方法之一，与其他方法相比，它具有使项目的不确定性明晰化的特点。该方法使用数学语言对风险作出了较为准确的数量化分析，并且将风险纳入了经济效益分析系统之中，对风险和收益进行了综合性分析。

本章小结

资本预算过程包括相互关联的三个组成部分：项目现金流量的测算是基础，投资决策方法是资本预算工作的核心，风险分析是投资决策的必要延伸与补充。以流动方向为标准，项目现金流量包括流入量和流出量；按现金流发生的时间，项目现金流包括初始建设期的现金流量，项目运营期的现金流量和终结期的现金流量。投资回收期包括静态投资回收期和动态投资回收期，两者的本质区别在于动态投资回收期考虑了时间价值，两者的主要共同点在于均以回收期内的现金流量评价项目的优劣。在其他条件不变的情况下，项目回收期越短，项目的流动性就越大，风险就越小，因此回收期可以作为衡量项目投资风险的指标。净现值是按项目的必要收益率对项目现金流进行折现后的价值，所以要计算净现值必须具备两个关键因素：一是项目的预期现金流量；二是投资项目的必要收益率或资金成本。如果项目之间是互斥的，且不同项目现金流规模不同，或项目与项目的现金流的时间序列分布特征不同，或项目的现金流是非常规的，这时运用内部收益法进行项目评价时容易出现误判，正确的做法是比较项目的 NPV 并把 NPV 作为项目选择的基本依据。资本预算的风险分析方法主要包括盈亏平衡分析、敏感性分析与概率分析三种。其中，盈亏平衡分析的主要功能是识别销售量或销售收入的关键水平，敏感性分析用来识别影响项目成败的关键因素，概率分析用期望净现值来分析各种风险因素对项目经济效益指标的影响。

关键概念

资本预算　项目现金流　经营现金净流量　静态投资回收期法　动态投资回收期法　净现值法　内部收益率法　获利指数法　盈亏平衡分析　敏感性分析　场景分析　概率分析　变异系数

综合训练

✔ 复习思考

1.为什么为投资项目筹措资金而举债的利息，不包括在与项目评估相关的现金流的估计中？

2.在资本投资决策中，计算终结时的现金流量时需要考虑税收吗？

3.有人说："敏感性分析是对风险进行量化的有效方法。"你同意这种看法吗？为什么？

✔ 应用训练

根据以下题意回答问题：

公司经理要求你对即将购买的分光仪进行评估。这台机器的价格是5万元，为满足专门的需要，公司要对这台机器进行改造，耗资1万元。这台机器按3年折旧，折旧率分别是25%、38%和37%，3年后按2万元售出。使用该机器在最初需要增加库存零件，价值2 000元。这台机器不会对收入产生影响，因此，可将每年增量的收入视为0。但使用该机器每年可以节省税前经营成本2万元。该公司边际税率是40%。

（1）为编制资本预算，该机器的净投资额是（　　　）。

A.5万元　　　　　　　B.6万元　　　　　　　C.6.2万元

（2）第一年的折旧额为（　　　）。

A.1.25万元　　　　　　B.1.5万元　　　　　　C.1.55万元

（3）第二年的折旧额为（　　　）。

A.2.28万元　　　　　　B.1.9万元　　　　　　C.2.356万元

（4）第三年的折旧额为（　　　）。

A.1.85万元　　　　　　　　B.2.294万元　　　　　　　C.2.22万元

（5）最后一年的净残值为（　　　）。

A.2万元　　　　　　　　　B.1.2万元　　　　　　　　C.0万元

（6）经营期间的第一年税后收益为（　　　）。

A.0.3万元　　　　　　　　B.-0.28万元

C.-0.022万元　　　　　　　D.-0.168万元

（7）经营期间的第二年税后收益为（　　　）。

A.0.3万元　　　　　　　　B.一0.28万元

C.-0.022万元　　　　　　　D.-0.168万元

（8）经营期间的第三年税后收益为（　　　）。

A.-0.132万元　　　　　　　B.-0.28万元

C.-0.022万元　　　　　　　D.-0.168万元

（9）经营期间的第二年税收为（　　　）。

A.0　　　　　　　　　　　B.-0.112万元　　　　　　　C.-0.088万元

（10）经营期间的第三年税收为（　　　）。

A.0　　　　　　　　　　　B.-0.112万元　　　　　　　C.-0.088万元

（11）经营期间的第一年净现金流量为（　　　）。

A.1.8万元　　　　　　　　B.2.112万元　　　　　　　C.3.488万元

（12）经营期间的第二年净现金流量为（　　　）。

A.1.8万元　　　　　　　　B.2.112万元

C.3.488万元　　　　　　　D.2万元

（13）经营期间的第三年净现金流量为（　　　）。

A.3.4万元　　　　　　　　B.3.288万元

C.3.488万元　　　　　　　D.3.2万元

（14）最后一年的净现金流量要考虑（　　　）。

A.零件库存2 000元的回收

B.最后残值的回收

C.A和B

D.不考虑A和B

（15）如果此项目的资本成本是12%，计算分光仪的净现值为（　　　）。

A.1.7439万元　　　　　　　B.2.4939万元

C.1.7166万元　　　　　　　D.-0.4万元

（16）该项目是否可行？（　　　）

A.可行　　　　　　　　　　B.不可行

✓ 课程思政

有一家汽车制造商制造的汽车尾气排放不达标。制造商没有重新设计汽车排放系统（需要大量额外成本），而是计算了未来诉讼的预期成本，并确定了隐瞒尾气排放不达标情况并为自己辩护，比重新设计汽车排放系统更便宜。在这种情况下，财务分析忽略了哪些问题？

延伸阅读

即测即评 5

1.叶蜀君.公司金融［M］.北京：清华大学出版社，2023.

2.齐寅峰.公司财务学［M］.5版.北京：经济科学出版社，2017.

3.希金斯，科斯基，米顿.财务管理分析［M］.12版.沈艺峰，肖珉，薛胜昔，等译.北京：北京大学出版社，2022.

综合训练
参考答案 5

第6章

筹集资本

目标引领

价值塑造

本章引导学生全面了解资本是企业生存和发展的血脉，其筹集方式直接关系到企业的财务战略、风险管理以及投资决策。同时要树立法律法规意识，企业融资选择必须符合政府法律法规和监管规定。

知识传授

通过本章的学习，掌握各种类型融资工具的特点以及融资选择的依据。能够从成本和风险两个方面比较各种融资工具之间的差异，为企业设计成本最小的融资方案。

思维导图

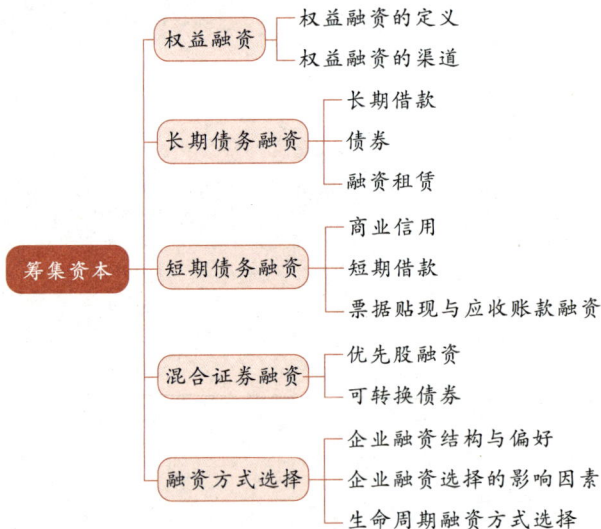

- 筹集资本
  - 权益融资
    - 权益融资的定义
    - 权益融资的渠道
  - 长期债务融资
    - 长期借款
    - 债券
    - 融资租赁
  - 短期债务融资
    - 商业信用
    - 短期借款
    - 票据贴现与应收账款融资
  - 混合证券融资
    - 优先股融资
    - 可转换债券
  - 融资方式选择
    - 企业融资结构与偏好
    - 企业融资选择的影响因素
    - 生命周期融资方式选择

开篇导读

宁德时代成立于2011年，是国内率先具备国际竞争力的动力电池制造商之一，专注于新能源汽车动力电池系统、储能系统的研发、生产和销售。成立10多年来，宁德时代已通过私募融资、上市、银行借款、公司债券、境外债券、定向增发等多种方式融资。

创业初期的宁德时代，需要大量资金进行产业布局，但利润积累能力却非常薄弱。由于规模不大，盈利能力不强，因此宁德时代的融资渠道非常少。截至 2015 年末，宁德时代没有银行借款和其他外部股权资金投入。除了创始人股东和员工出资之外，主要依靠关联方借款、融资租赁等筹集资金。此外，宁德时代还充分利用国家支持绿色能源发展的政策，争取到国家开发银行的"名股实债"投资 6.9 亿元。

2015 年工信部为动力电池产业设置保护政策，为宁德时代抢占市场提供了绝好的机会，公司的快速成长吸引了众多私募股权投资人。2016—2017 年两年间，宁德时代进行了 4 次私募增发，共融资 160 亿元。2018 年 6 月，宁德时代登陆 A 股创业板，以 25.14 元/股的价格融资 54.6 亿元，并在上市后受到热烈追捧。

2019 年我国中央政府对新能源汽车的补贴大幅退坡 70%，再加上 2020 年新冠疫情突然暴发，新能源汽车产业陷入"至暗时刻"。然而，宁德时代并没有停下扩张的脚步，公司发布定向增发预案公告，拟用于锂电池项目建设、研发和补充流动资金。最后以接近市价完成定向增发，向资本市场展示了专业机构投资者对宁德时代以及动力电池市场前景的信心。2020 年 6 月之后，我国新能源汽车市场开始恢复，宁德时代于 2021 年 8 月发出第二个定向增发预案，拟募资 582 亿元用于产能扩张和研发项目。与此同时，宁德时代运用长期债务融资的规模明显偏少，自上市以来仅 2019 年和 2020 年发行过两期公司债，共融资 45 亿元。

该案例说明，企业管理者需要熟悉各种融资工具的特点并在各种融资渠道中进行权衡，设计适合企业特点和资金需求的融资方案。

6.1　权益融资

6.1.1　权益融资的定义

权益融资（equity financing）是指通过向其他投资者出售公司的所有权来获得融资，即用所有者权益来交换资金。权益融资可以让企业创办人不必用现金回报其他投资者，而是与他们分享企业利润并承担风险。

权益融资不是借款，不需要偿还。权益投资者成为企业的所有者，通过股利获得投资回报。权益投资蕴含较大风险，所以权益投资者对企业的选择非常谨慎，那些具有独特商业机会、高成长潜力、产权界定明确的项目以及管理层能力得到证明的企业才是理想候选者。

权益融资有三个特点：（1）权益融资筹措的资金具有永久性特点，无到期日，不需归还。（2）没有固定的按期还本付息压力，股利支付取决于项目投产运营后的实际经营效果，因此财务负担相对较小。（3）它是负债融资的基础。权益融资是企业最基本的资金来源。它体现了企业的实力，为债权人提供保障，增强了公司的举债能力。

6.1.2　权益融资的渠道

股票是权益的典型形式。但是由于公司性质不同，权益还有很多不同形式。

1）所有者权益

这是对于很多非上市的企业而言存在的权益形式，代表企业所有者个人投入的资金，包括企业初创资金投入以及经营过程中的利润留存。所有者权益是企业发展壮大的基础，很多企业在发展初期都是依靠所有者投入来获得发展的，比如腾讯、阿里巴巴、微软等，所有者权益如果被证券化为普通股，那么企业就变成了上市公司。

2）风险资本

风险资本是指投资于初创企业以及有非凡成长潜力的小企业的权益资本。很多引人瞩目的成功企业都接受过风险资本融资，如 Google 公司、思科系统公司以及太空探索技术公司（SpaceX）。风险投资的成功率很低，获得成功的投资必须足以弥补失败造成的损失。风险投资机构一旦投资于某家企业，随后投资就会按轮次（round）（或阶段）投入，这称为后续投资（follow-onfunding）。获得风险资本融资的必要过程是通过尽职调查（due diligence），指的是调查潜在初创企业价值并核实商业计划书中关键声明的过程。

风险投资机构追求资本增值的最大化，他们的最终目的是通过上市、转让或并购的方式在资本市场退出，特别是通过企业上市退出是他们追求的最理想方式。上述特点决定了选择风险投资机构对于企业的好处：没有控股要求，不参与企业的日常管理，能改善企业的股东背景，有利于企业进行二次融资；可以帮助企业规划未来的再融资及寻找上市渠道。但同时，风险投资机构也有其不利之处，他们主要追逐企业在短期的资本增值，容易与企业的长期发展目标形成冲突。

3）天使投资

天使投资（angel investment），是权益资本投资的一种形式，是指对具有专门技术或独特概念的原创项目或小型初创企业进行一次性的前期投资。天使投资者可以分为如下几种类型：富有的个体投资者、家族型投资者、天使投资联合体、合伙人投资者。与风险投资者相比，天使投资者对于很多初创小企业更有价值，因为他们看重长期回报，愿意进行更具耐心的投资。

4）众筹

众筹（crowd funding）是近年来借助互联网兴起的一种创新权益融资模式，它通过集合众多小额资金来投资某个项目。单笔投资额度很小，但投资者人数众多。投资者按照出资比例分享项目投资收益。2012 年 4 月，美国通过 JOBS 法案（Jump-start Our Business Start-ups Act，初创期企业推动法案），允许小企业通过众筹融资获得股权资本，这使得众筹融资替代部分传统证券业务成为可能。

6.1.3 发行股票

股票是股份有限公司发行的，表示其股东按其持有的股份享受权益和承担义务的可转让的所有权凭证。股票作为一种所有权凭证，代表股东对股票发行公司净资产的所有权，即股权。发行股票是股份公司筹措权益资本的基本方式之一。

1）股票的分类

股票的种类有很多，作为公司的理财者，应该对各类不同股票的特点非常了解，以便于在融资时作出正确的选择。在我国，股票的种类主要有以下几种：

（1）按股东权利和义务，分为普通股和优先股

普通股股票是最基本、最常见的股票，通常情况下股份有限公司只发行普通股股票。普通股股票代表对公司剩余资产的所有权，普通股股东共同拥有公司，同时承担与公司所有权相联系的风险，当然，每个普通股股东的责任只限于他们自己的投资额大小。普通股股票有一个明显的特征，就是股利不固定。

优先股股票是公司发行的优先于普通股股东分取股利和公司剩余财产的股票。多数国家公司法规定，优先股可以在公司设立时发行，也可以在本公司增发新股时发行。但有些国家的法律则规定，优先股只能在特殊情况下，如公司增发新股或清理债务时发行。

（2）按票面有无记名，分为记名股票和无记名股票

记名股票是在股票票面上记载股东的姓名或名称的股票，股东姓名或名称要记入公司的股东名册。记名股票一律用股东本名，其转让、继承要办理过户手续。无记名股票是在股票票面上不记载股东的姓名或名称的股票。我国《公司法》规定，公司发行的股票，可以为记名股票，也可以为无记名股票。公司向发起人、法人发行的股票，应当为记名股票。

（3）按票面是否标明金额，分为有面额股票和无面额股票

有面额股票是指票面上载明一定金额的股票。无面额股票在票面上不载明金额，只注明该股票所代表的股份在其所发行的股份总额中所占的比例，故也称为"分权股份"或"比例股"。这种股票的价值随公司资产的增减而增减。无面额股票最早产生于美国，后传入其他国家。但在日本无面额股票极少见。我国《公司法》规定，股票应当标明票面金额。

（4）按股票的上市地点和所面对的投资者，分为 A 股、B 股、H 股、N 股和 S 股等

A 股的正式名称是人民币普通股股票。它是由我国境内的公司发行，供境内机构、组织或个人（不含港、澳、台投资者）以人民币认购和交易的普通股股票。我国股票市场经过三十多年快速发展，已经达到相当大的规模。截止到 2024 年 1 月 31 日，沪深两市共有 5 115 家上市公司，流通总市值超过 60 万亿元。

B 股的正式名称是人民币特种股票。它是以人民币标明面值，以外币认购和买卖，在境内（上海、深圳）证券交易所上市交易的。最初 B 股投资者仅限于境外或中国香港、澳门及台湾地区投资者。自 2001 年 2 月 19 日起，B 股开始对境内居民开放。到 2024 年 8 月，B 股市场有 85 只股票交易，随着资本市场对外开放的加深，B 股市场作用在下降，规模日益萎缩，从未来发展看，A 股市场与 B 股市场将会并轨。

H 股，即注册地在内地、上市地在中国香港的外资股。香港的英文是 HongKong，取其首字母，在港上市外资股就叫作 H 股。依此类推，纽约的第一个英文字母是 N，新加坡的第一个英文字母是 S，在纽约和新加坡上市的股票就分别叫作 N 股和 S 股。

2）股票的发行方式与上市

股票的发行是指股份有限公司出售股票以筹集资本的过程。股票发行人必须是具有股票发行资格的股份有限公司。我国《公司法》明确规定只有股份有限公司才能发行股票，而有限责任公司是不能发行股票的。

发行股票可以分为公开发行和非公开发行，还可以分为首次公开发行和增资发行。公开发行股票是指没有特定的发行对象，发行人通过中介机构向不特定的社会公众广泛发售。所有合法的社会投资者都可以参加认购。公开发行的股票不一定要求上市，但是上市要求必须公开发行股票。非公开发行股票是指上市公司采用非公开方式，向特定对象发行股票的行为，也称为"私募"或者"定向增发"。只针对特定少数人进行股票发售，而不采取公开的劝募行为。首次公开发行（initial public offering, IPO）是指公司股票面向社会公众的初次公开销售。当企业上市后，它的股票要在股票交易所挂牌交易。尽管企业上市有许多益处，但它是一个复杂而成本高昂的过程。上市的第一步是企业要聘请一家投资银行（investment bank）。投资银行是为企业发行证券充当代理商或承销商的机构，担当企业的保荐人和辅导者角色，促成企业通过上市的整个过程。增资发行是指已发行股票的上市公司，在经过一定的时期后，为了扩充股本而发行新股票。增资发行可以采取公募形式，也可以采取私募形式。

发行证券可以由发行人自行销售，也可以委托证券经营机构承销。证券承销可以采取代销或者包销的方式。证券代销是指证券经营机构代发行人发售证券，在承销期结束时，将未售出的证券全部退还给发行人的承销方式。证券包销是指证券经营机构将发行人的证券按照协议全部购入或者在承销期结束时将售后剩余证券全部自行购入的承销方式。

中国全面实行股票发行注册制是在 2023 年 2 月。在注册制下，公开发行股票并拟在证券交易所上市交易的，由证券交易所负责对注册文件的齐备性、一致性、可理解性进行审核。同时发行条件也进行了修改，取消发行人财务状况及持续盈利能力等盈利性要求，发行门槛降低了。对于公司而言，股票上市可以大大提高公司的知名度，增强公司股票的吸引力，从而可以在更大的范围内进行融资。

启智增慧 6-1

上海证交所 IPO 注册发行条件

3）股票发行价格的确定方法

股票发行价格的基本确定方法有三种，即：市盈率法、净资产倍率法、现金流量折现法。

（1）市盈率法

市盈率也称价格盈余比率，是指公司普通股每股市价与每股盈余的比率。它反映了投资者对每股盈余所愿意支付的价格。其计算公式为：

$$市盈率 = \frac{每股市价}{每股盈余}$$

每股市价是每股股票在股票市场上的交易价格，每股盈余即每股利润或每股收益，是股份公司税后利润分析的一个重要指标。市盈率法下，股票发行价格的计算公式为：

股票发行价格 = 每股盈余 × 发行市盈率

通过市盈率法确定股票发行价格的计算步骤如下：

①根据注册会计师审核后的盈利，预测计算出发行公司的每股盈余。一般情况下，确定每股盈余（每股利润）的方法有两种：

一种是加权平均法。采用加权平均法确定每股盈余（每股利润）较为合理。因股票发行的时间不同，资金实际到位的先后对公司效益影响较大，同时投资者在购股后才应享受应有的权益。加权平均法计算公式为：

$$每股盈余 = \frac{发行当年预测税后利润}{发行当年加权平均股本数}$$

$$= \frac{发行当年预测税后利润}{发行前总股本数 + 本次公开发行股本数 \times \dfrac{12 - 发行月数}{12}}$$

另一种是完全摊薄法。即用发行当年预测全部税后利润除以总股本数，直接得出每股盈余。其计算公式为：

$$每股盈余 = \frac{发行当年预测税后利润}{发行当年总股本数}$$

$$= \frac{发行当年预测税后利润}{发行前总股本数 + 本次公开发行股本数}$$

②根据二级市场的平均市盈率、发行公司所处行业的情况（同类行业公司股票的市盈率）、发行公司的经营状况及其成长性等拟订发行市盈率。一般来讲，新兴行业的市盈率普遍较高，而成熟行业的市盈率普遍较低。正常的市盈率为5~20倍。

③依发行市盈率与每股盈余之乘积决定股票发行价格。

【例6-1】2025年6月大江公司拟增发1 000万股普通股。根据二级市场平均市盈率及行业情况确定市盈率为20倍，发行当年预测税后利润1 500万元，发行前总股本为5 000万股，运用加权平均法计算该股票发行价格。

根据题意，将相关数据代入加权平均法公式，得到：

$$股票发行价格 = \frac{发行当年预测税后利润}{发行前总股本数 + 本次公开发行股本数 \times \dfrac{12 - 发行月数}{12}} \times 市盈率$$

$$= \frac{1\ 500}{5\ 000 + 1\ 000 \times \dfrac{12 - 6}{12}} \times 20$$

$$= 5.45(元)$$

【例6-2】大江公司正在申请增资发行股票，拟发行1 000万股股票，经测算该公司最近3年平均净收益为3 000万元，同行业上市公司的市盈率平均为15倍，发行前总股本2 000万股，运用完全摊薄法求该公司股票的发行价格。

根据题意，将相关数据代入完全摊薄法公式，得到：

$$股票发行价格 = \frac{发行当年预测税后利润}{发行前总股本数 + 本次公开发行股本数} \times 市盈率$$

$$= \frac{3\ 000}{1\ 000 + 2\ 000} \times 15$$

$$= 15(元)$$

（2）净资产倍率法

净资产倍率法（net asset value，NAV）是一种基于公司净资产来评估其股票价值的估值方法。具体而言，这种方法通过将公司的净资产与其预计发行的股票数量相结合，来计算股票的价格。倍率法中的"倍率"是指净资产的倍数，用来估算股票的合理发行价格。净资产倍率法主要适用于那些资产重、资产流动性相对较低的公司，常用于房地产公司、重资产公司、投资基金或者破产与重组中的企业估值。例如，房地产公司通常拥有大量的不动产和土地资产，其资产负债表上反映的净资产能够有效地反映公司价值。净资产倍率法可以帮助投资者了解公司的真实资产价值，从而评估其股票是否被低估或高估。以此种方式确定每股发行价格不仅应考虑公平市值，还须考虑市场所能接受的溢价倍数。以净资产倍率法确定发行股票价格的计算公式是：

发行价格 = 每股净资产值 × 溢价倍数

假设一家公司有净资产10亿元，计划发行1亿股股票。如果公司希望以5倍净资产倍率进行定价，那么股票的发行总价应为50亿元（10亿元×5）。每股股票的发行价格则为50亿元÷1亿股=5元/股。

（3）现金流量折现法

现金流量折现法是指通过预测公司未来盈利能力，据此计算出公司净现值，并按一定的折现率折算，从而确定股票发行价格的方法，对新上市公路、港口、桥梁、电厂等公共基础设施公司的估值发行定价一般采用现金流量折现法。这类公司的特点是前期投资大，初期回报不高，上市时的利润一般偏低，如果采用市盈率法发行定价则会低估其真实价值，而对公司未来收益（现金流量）的分析和预测能比较准确地反映公司的整体和长远价值。

现金流量折现法的计算步骤为：首先是用市场接受的会计手段预测公司每个项目若干年内每年的净现金流量，再按照市场公允的折现率，分别计算出每个项目未来的净现金流量的净现值，最后用公司的净现值除以公司股份数，即为每股净现值。

【例6-3】假设有一家名为"ABC科技"的公司，以下是关于其未来5年自由现金流（FCF）的预测信息：

表6-1　　　　　　　　　　未来5年自由现金流（FCF）的预测信息

年份	自由现金流（百万元）
1	10
2	12
3	14
4	16
5	18

假设贴现率为10%，我们还假设在第5年后，公司将以永续增长率3%继续增长。那么，该公司的价值等于

$$V = \frac{10}{1+10\%} + \frac{12}{(1+10\%)^2} + \frac{14}{(1+10\%)^3} + \frac{16}{(1+10\%)^4} + \frac{18}{(1+10\%)^5} + \frac{18 \times (1+3\%)}{10\% - 3\%} \times \frac{1}{(1+10\%)^5}$$

$$= 216.08 (百万元)$$

假设ABC科技公司有50百万元的债务，那么股东权益价值等于：

216.08-50=166.08（百万元）

如果ABC科技公司有1 000万股股票，那么每股股票价值等于：

16 608/1 000=16.6（元/股）

采用现金流量折现法应注意的问题有：第一，由于未来收益的不确定性，发行价格通常要对上述每股净现值折让20%~30%。第二，用现金流量折现法定价的公司，

其市盈率往往远高于市场平均水平，但这类公司发行上市时套算出来的市盈率与一般公司发行时的市盈率之间不具可比性。

4）普通股筹资的优缺点

从发行公司的角度来分析，普通股股票筹资既有优点也有缺点。

（1）普通股筹资的优点

一是没有固定的费用负担。普通股不像债券要定期付息，公司盈利可支付或少支付甚至不支付股利，而无盈利则理所当然地不支付股利。

二是没有固定的到期日，不用偿还。因为普通股是公司的一项永久性资本，无返还资本的约定。

三是筹资风险小，筹资限制少。由于公司资本没有返还期限，故没有偿还压力，当然不存在还本付息的风险。筹资时不像债券有这样那样的限制条件。

四是能增加公司的信誉。利用普通股筹集的资金，形成公司的权益资金，一方面增强了公司的实力，另一方面为公司筹措债务资本提供了物资保证和信用基础。公司资本实力是公司筹措债务的信用基础。公司有了较多的股东权益，就能提高公司的信用价值，并为今后公司筹措债务资本提供强有力的物质保证。

（2）普通股筹资的缺点

一是资本成本较高。筹集债务资本，按照惯例其利息可在所得税前列支，节省所得税，降低资本成本。而筹集普通股资本，其股利不可减免所得税，再加上普通股投资风险较大，因此，普通股资本成本较债务成本高。一般来说，资本成本最高的是普通股，其次是优先股，再次是公司债券，最低的是长期借款。

二是普通股股票筹资虽无财务风险，但也享受不到财务杠杆带来的利益。不能像债务资本那样能加速提高现有股权资本的盈利率。

三是控制权易分散，会导致股价下跌。公司发行新股票，对原有股东而言是一种消极的信号，因为增加普通股股票发行量，势必增加新股东，这将稀释原有股东对公司的控制权，与此同时，新股东参与公司累积盈余的分配，必将导致普通股的每股净收益降低，有可能引起普通股市价的下跌。

6.1.4　认股权证

1）认股权证的概念

认股权证（warrant）是一种允许投资者有权利但无义务在指定的时期内以事先确定的价格直接向发行公司购买普通股的选择权凭证。认股权证是独立于股票单独发行的。发行认股权证有利于将来发售股票，同时可为企业带来资金。企业之所以选择发行认股权证，原因在于股价的波动性导致认股权证有了价格，股价波动越大，认股权证价格越高；市场对股价波动的预期越高，认股权证价格越高，从而企业可以获得更多发行收入。另外，发行认股权证不会对公司形成财务负担。所以，对于正在高速成长的企业而言，发行认股权证是一个较好的融资选择。还有，发行认股权证不会引起当前控制权的稀释，减少来自股东的阻力。

2）认股权证的种类

（1）按认股权证的发行方式不同，可分为单独发行认股权证与附带发行认股权证依附于债券、股票发行的认股权证，为附带发行认股权证。单独发行认股权证是指不依附于任何证券而单独发行的认股权证。单独发行认股权证有利将来发售股票。附带发行认股权证可促进相关证券筹资的效率。如果认股权证依附债券或优先股等发行，可增加公司证券的吸引力，从而促进债券和优先股等的发售。

（2）按照权证的发行人不同，权证可以分为股本权证和备兑权证

股本权证是由上市公司发行的，一般以融资为目的，它授予持有人一项权利，在到期日前特定日期（也可以有其他附加条款）以行权价购买公司发行的新股（或者是库藏的股票）。备兑权证是由上市公司之外的第三方发行的，目的在于提供一种投资工具，同时发行人也获取一定的发行利润，备兑权证是国际权证市场上的主流形式，例如香港权证市场，99%的权证都是由券商等金融机构发行的备兑权证。

（3）按照行权期间不同，权证可以分为美式权证、欧式权证和百慕大式权证

美式权证持有人在股证上市日至到期日期间任何时间均可行使其权利。欧式权证持有人只可以在到期日当日行使其权利。百慕大式权证介于美式权证和欧式权证之间，是指权证持有人在到期日之前的一段时间内可以随时提出买进或者出售标的资产的履约要求。

3）认股权证的价值分析

认股权证在其有效期内具有价值。认股权证的价值分为理论价值、实际价值和时间价值三种。

（1）理论价值

理论价值又称认股权证的底价（有时也称内在价值），可用下列公式计算：

认股权证的理论价值 =（普通股市价 − 执行价格）× 认购的普通股股数

可表示为：

$$V = (P - K) \cdot Q$$

其中：V 是认股权证理论价值；P 是普通股股票市场价格；K 是认购价格或执行价格；Q 是一张认股权证可买到的股票数。

【例6-4】大江股份有限公司发行认股权证筹资，规定每张认股权证可按20元认购2股普通股股票。公司普通股股票每股市价是25元，认股权证理论价值是多少？

根据题意，将相关数据代入公式得：

$$V = (P - K) \cdot Q = (25 - 20) \times 2 = 10 \text{（元）}$$

如果普通股市价低于其执行价格，认股权证的理论价值为负数，在此时，认股权证的持有者不会行使其认股权。所以，当出现这种情况时，认股权证的理论价值为零。影响认股权证理论价值的主要因素有：

①换股比率。认股权证能认购的股票越多，其理论价值就越大；反之，则越小。

②普通股市价。股价越高，认股权证的理论价值越大。

③执行价格。执行价格越低，认股权证的持有者为换股而支付的代价就越小，股价高于执行价格的机会就越大，认股权证的理论价值就越大。

④剩余有效期间。认股权证的剩余有效期间越长，市价高于执行价格的可能性就越大，认股权证的理论价值就越大。

（2）实际价值

认股权证的实际价值是认股权证的市场价格或售价。一般情况下，实际价值通常高于理论价值。认股权证的实际价值受市场供求关系的影响，由于套购活动和存在套购利润，认股权证的实际价值最低为理论价值。

（3）时间价值

与一般股票期权一样，认股权证的市场价格要高于其理论价值（底价），这两者之差就是认股权证的时间价值。

6.2　长期债务融资

按照所筹资金可使用时间的长短，债务融资可分为长期债务融资和短期债务融资两类。其中长期借款、债券和融资租赁属于长期债务融资，商业信用和短期借款属于短期债务融资。这一节介绍长期债务融资。

6.2.1　长期借款

这里的长期借款是指偿还期限在 1 年以上的借款，它是公司长期债务融资的主要方式之一。

1）长期借款的信用条件

根据是否签订正式协议，长期借款信用条件分为信用额度和周转信用协议。同时，银行为了降低自身的风险，往往要求贷款的企业在银行保留补偿性余额和抵押品。

（1）信用额度

信用额度也叫信贷限额，是借款公司与银行间非正式协议规定的公司无担保借款的最高限额。银行通常在上一年度末，对相关公司进行信用评估，并根据评估的结果对这些公司规定出贷款的最高限额。在信用额度内，公司可随时按需要向银行申请贷款，通常银行会同意提供贷款，但是，银行不承担必须提供贷款的法律义务。

（2）周转信用协议

周转信用协议是银行具有法律义务地承诺提供不超过某一最高限额的贷款协定。在协议的有效期内，只要企业借款总额未超过最高限额，银行必须满足企业任何时候提出的借款要求。对应的，企业在享用周转信用协议的同时，通常要对贷款限额的未使用部分付给银行一笔承诺费。周转信用协议是经常使用的一种正式信用额度，也叫周转信用协定。

【例 6-5】大江公司与银行签订的周转信用协议中规定周转信贷限额为 5 000 万元，承诺费为 0.5%。该公司年度内使用了 4 200 万元，则该公司应向银行支付多少承诺费？

根据题意，公司应向银行支付的承诺费为：

承诺费 =（5 000 - 4 200）× 0.5% = 4（万元）

周转信用协议与信用额度非常相似，两者的主要区别在于：银行负有必须履行周转信用协议的法律义务，而为了履行此义务，银行还向公司收取承诺费用；但在比较不正式的信用额度下，银行不负有任何法律义务。

（3）补偿性余额

补偿性余额是银行要求借款人在银行账户中保留按贷款额的一定百分比计算的最低活期存款余额。从银行的角度讲，补偿性余额的作用在于降低贷款风险，补偿其可能遭受的损失；但对借款人而言，补偿性余额实际上提高了银行贷款的实际利率，加重了公司的负担。在实际中，企业出于结算需要也经常保留部分活期存款余额在银行账户中，但这不同于补偿性余额。

下面举例说明补偿性余额下的借款实际利率和贷款面额的计算。

①实际利率的计算公式

$$实际利率 = \frac{利息支出}{实际借款额} \times 100\%$$

【例6-6】某公司按6%的年利率向银行借款12万元，银行要求保留20%的补偿性余额，则公司实际承担的利率为多少？

根据题意得：

$$实际利率 = \frac{利息支出}{实际借款额} \times 100\% = \frac{名义利率}{1 - 补偿性余额比率} \times 100\%$$
$$= \frac{6\%}{(1 - 20\%)} \times 100\%$$
$$= 7.5\%$$

【例6-7】大江公司向银行取得一笔面值100万元的贴现贷款，名义利率为10%，补偿性余额占借款总额的比例也是10%，求公司借款的实际利率是多少？

根据题意得，

$$实际利率 = \frac{利息支出}{实际借款额} \times 100\% = \frac{名义利率}{1 - 名义利率 - 补偿性余额比率} \times 100\%$$
$$= \frac{10\%}{1 - 10\% - 10\%} \times 100\%$$
$$= 12.5\%$$

需要说明的是，补偿性余额存款户中有利息收入的话，鉴于所赚得的利息收入可以部分地抵补贷款的利息支出，实际利率将不会像上面计算的那样高。

②贷款额的计算

鉴于存在补偿性余额的要求，公司从银行取得贷款以满足支付需要时，应根据补偿性余额的比例、需要支付的资金额度，来确定应该向银行申请的贷款额度。

【例6-8】假定大江公司准备从银行取得10万元的资金用于支付一笔材料款，银行的补偿性余额要求为20%，则应申请的贷款面额为多少？如果公司从银行取得的这笔贷款是名义利率为12%的贴现贷款，则应向银行申请的贷款面额是多少？

根据题意得，

（1）$贷款面额 = \dfrac{需要的资金}{1 - 补偿性余额比率} = \dfrac{100\ 000}{1 - 20\%} = 125\ 000（元）$

（2）$贷款面额 = \dfrac{需要的资金}{1 - 补偿性余额比率 - 名义利率} = \dfrac{100\ 000}{1 - 20\% - 12\%} = 147\ 059（元）$

（4）抵押品

很多时候，借款合同都要求借款方提供合格的抵押品。抵押品的作用在于为银行贷款的安全性提供担保。因为抵押品价值要大于贷款价值，通常贷款价值占抵押品价值的30%或者更多，这一比例的高低取决于抵押品的变现能力和银行的风险偏好。一旦借款人出现问题无法偿还贷款，银行完全可以从处理抵押品的收入中得到补偿。从借款人角度看，提供抵押品在一定程度上增加了借款成本，但是另一方面，也增加了借款人获得贷款的可能性，抵押借款的成本通常高于非抵押借款，这是因为银行主要向信誉好的客户提供非抵押贷款，而将抵押贷款看成是一种风险投资，故而收取较高的利率；同时银行管理抵押贷款要比管理非抵押贷款困难，为此往往另收取手续费。公司提供抵押品后，会限制自身财产的使用和将来的借款能力。

（5）偿还条件

贷款的偿还有到期一次偿还和在贷款期内定期（每月、季）偿还两种方式。一般来讲，长期贷款采取分期偿还方式。这种方式可以减轻公司的财务负担，降低违约风险，但是会提高实际借款利率。

2）长期借款融资的保护性条款

由于长期借款的期限长、风险大，银行通常对借款企业提出一些有助于保证贷款按时足额偿还的条件。这些条件形成了合同的保护性条款。它主要有一般性保护条款、例行性保护条款和特殊性保护条款。

（1）一般性保护条款

一般性保护条款应用于大多数借款合同，但根据具体情况会有不同内容，主要包括：①对借款企业流动资金保持量的规定，其目的在于保持借款企业资金的流动性和偿债能力；②对支付现金股利和再购入股票的限制，其目的在于限制现金外流；③对资本支出规模的限制，其目的在于减少企业日后不得不变卖固定资产以偿还贷款的可能性，仍着眼于保持借款企业资金的流动性；④限制其他长期债务，其目的在于防止其他贷款人取得对企业资产的优先求偿权。

（2）例行性保护条款

例行性保护条款作为例行常规，在大多数借款合同中都会出现，主要包括：①借款企业定期向银行提交财务报表，其目的在于及时掌握企业的财务情况；②不准企业在正常情况下出售较多资产，以保持企业正常的生产经营能力；③按时清偿税金和其他到期债务，以防被罚款而造成现金流失；④不准以任何资产作为其他承诺的担保或抵押，以避免企业过重的负担；⑤不准贴现应收票据或出售应收账款，以避免或有负债；⑥限制租赁固定资产的规模，防止企业负担巨额租金从而削弱偿债能力，同时防止企业以租赁固定资产的办法摆脱对其资本支出和负债的约束。

（3）特殊性保护条款

特殊性保护条款是针对某些特殊情况而出现在部分借款合同中的条件，其目的在于防止企业发生不利于银行的行为，主要包括：①贷款专款专用；②不准企业投资于短期内不能收回资金的项目；③限制企业高级职员的薪金和奖金总额；④要求企业主要负责人在合同有效期间担任领导职务；⑤要求企业主要负责人购买人身保险，等等。

3）长期借款融资的成本

由于长期借款的期限较长，与短期借款相比风险大，因此长期借款的利率通常高于短期借款。但是公司若有较好的信誉或抵押品流动性强，仍可争取到较低的长期借款利率。长期借款利率有固定和浮动两种。浮动利率通常有最高、最低限额，并在借款合同中明确。对借款企业来讲，若预测市场利率将上升，应与银行签订固定利率合同，反之应签订浮动利率合同。

除利息之外，银行还会向借款企业收取其他费用，如，实行周转信贷协议所收取的承诺费，要求借款企业在本银行保持补偿余额所形成的间接费用。这些费用会增加长期借款的成本。

4）长期借款融资的优缺点

（1）长期借款融资的优点

一是筹资速度快。银行借款与发行证券相比，一般借款程序较简单，所需时间较短，可以迅速获得资金。

二是筹资成本相对较低。通常来讲，利用银行借款所支付的利息比发行债券所支付的利息低。另外，也无须支付大量的发行费用。

三是借款弹性好。公司与银行可以直接接触，商谈确定借款的时间、数量和利息。借款期间如公司经营情况发生了变化，也可与银行协商，修改借款的数量和条件。借款到期后如有正当理由，还可延期归还。因此，长期借款融资方式相对于发行各种证券方式要灵活得多。

四是可发挥财务杠杆作用。公司利用长期借款筹资，银行只收取固定的利息。而对于公司而言，若经营有方，资本的利润率高于贷款利率，则可获得可观的收益。

（2）长期借款融资的缺点

一是财务风险较高。公司利用长期借款筹资，必须定期付息，在经营不力的情况下，公司可能会有不能偿付的风险，严重的甚至会导致破产。

二是限制条款较多。长期借款融资对银行来讲风险较大，为了能按期收回长期贷款，在借款合同中会有较多的限制性条款，如定期报送有关部门报表、不能改变借款用途等。这些限制性条款有可能影响公司的其他投融资活动。

三是筹资数量有限。一般来讲，为了避免风险，银行往往不愿借出巨额的长期借款，因此，对公司来说，利用银行借款筹资是有一定上限的。

6.2.2 债券

这里所讲的债券是指期限超过一年的公司长期债券。

1）债券及其特征

债券是债务人发行的并向债权人承诺在未来一定时期内按约定条件还本付息的一种有价证券。债券购买者与发行者之间是一种债权债务关系，债券发行人即债务人，投资者（或债券持有人）即债权人。也就是说，债券是一种债权债务凭证，其本质是债的证明书，具有法律效力。在我国，非公司制企业发行的债券称为企业债券，股份有限公司和有限责任公司发行的债券称为公司债券。

作为一种有价证券，债券的收益性主要表现在两个方面：一是投资债券可以给投

资者定期或不定期地带来利息收入；二是投资者可以利用债券价格的变动，买卖债券赚取差额。债券具有流动性、收益性、风险性、返还性的特点，但是上述特点又带有一定的矛盾性和相互补偿性。一般而言，若风险性小、流动性强，则收益率较低；而如果风险大、流动性差，则收益率较高。作为一种重要的融资手段和金融工具，与股票相比，债券具有如下特征：

第一，债券具有偿还性。债券表现为一种债权债务关系，因此，债券一般规定有偿还期限，发行人必须按约定条件偿还本金并支付利息。

第二，债券具有分配优先权。债券持有人有按期收取利息的权利，其收取利息权排在优先股前，在发行公司破产清算时，债券持有人的求偿权也优先于股东。

第三，债券具有收益的安全性和稳定性。债券有固定的利率，与企业绩效没有直接联系，收益比较稳定，风险较小。这就使债券投资的风险小于股票，当然其收益率一般也较股票低。

第四，债券持有人无权参与公司的决策。债券持有人只是公司的债权人而不是所有者，因而一般情况下无权参与公司的经营管理，无权干涉公司的各项决策活动。

第五，可转换性。可转换债券按规定可转换为普通股股票。可转换债券增加了企业和投资者双方选择的多样性和灵活性。

2）债券的基本要素

债券作为一种有价证券，必须具备以下几个基本要素：

第一，债券的面值。债券的面值包含两个方面：一是货币种类；二是债券的票面金额。票面金额的大小直接影响债券的发行成本及发行收入，从而影响债券融资的效果。

第二，债券的期限。债券有明确的到期日，发行日至到期日之间的时间称为债券的期限。在债券期限内，公司必须定期支付利息，债券到期时，必须偿还本金，也可按约定分批偿还或提前一次偿还。

第三，票面利率。债券上通常都载明利率，据此计算债券利息。债券发行者在确定债券利率时要考虑市场利率、债券期限、自身资信状况以及资本市场资金供求关系等因素的影响。

第四，债券价格。理论上，债券面值就应是它的价格，而事实上并非如此。也就是说，债券的面值是固定的，而其价格却是经常变化的。发行公司计息还本，依据的是债券的面值而非其价格。

第五，公司的名称。债券上须注明公司名称，明确债务人以便承担相关的法律责任。

3）债券的种类

公司普通债券可按不同的标准分为很多种类。

（1）债券按是否具有抵押品，分为抵押债券和信用债券

抵押债券是以企业拥有的土地、房屋等有形资产作为抵押品来发行的债券，也称担保债券。按照抵押品的不同，可进一步分为不动产抵押债券、动产抵押债券和信托抵押债券。其中信托抵押债券是以持有的其他企业发行的有价证券作抵押品而发行的债券。信用债券是以公司的资信为后盾而发行的债券，没有任何有形资产作抵押，也

叫无担保债券。国外券商通常并没有太多的固定资产，但却拥有良好的信誉，因此国外券商发行的债券通常是信用债券。

（2）债券按利率是否固定，可分为固定利率债券与浮动利率债券

固定利率债券是指发行债券的券面上载有确定利率的债券。也就是说，在发行时规定利率在整个偿还期内保持不变。这种债券不考虑市场变化因素，因而其筹资成本和投资收益可以事先预计，不确定性较小，但债券发行人和投资者仍然必须承担市场利率波动的风险。如果未来市场利率下降，投资者则获得了相对现行市场利率更高的报酬，原来发行的债券价格将上升；反之，如果未来市场利率上升，投资者的报酬则低于购买新债券的收益，原来发行的债券价格将下降。

浮动利率债券是指发行时规定债券利率随市场利率定期浮动的债券，也就是说，债券利率在偿还期内可以进行变动和调整。浮动利率债券往往是中长期债券。浮动利率债券的利率通常根据市场基准利率加上一定的利差来确定。美国浮动利率债券的利率水平主要参照3个月期限的国债利率，欧洲则主要参照伦敦同业拆借利率（指设在伦敦的银行相互之间短期贷款的利率，该利率被认为是伦敦金融市场利率的基准）。

（3）债券按是否转换为公司股票，可分为可转换公司债券和不可转换公司债券

可转换公司债券（convertible bond，简称可转债）是一种介于债券和股票之间的混合融资工具，债券持有人可以根据规定的价格转换为发行公司股票（通常指普通股股票）。1843年，美国的 NEW YORK ERIE 公司发行了世界上第一张可转换公司债券，之后，可转换公司债券独特的金融性质逐渐为投资者们所熟悉并受到了广泛的欢迎。目前，可转换公司债券市场已经成为金融市场中不可或缺的重要组成部分。

不可转换公司债券是指不能转换为公司股票（通常指普通股股票）的普通债券。

4）债券的发行

（1）债券的发行方式

按债券的发行对象划分，债券的发行方式有私募发行和公募发行两种。

①私募发行。私募发行即非公开发行，是指面向少数特定认购人发行，以专业机构投资者为主，每次发行对象不得超过200人。私募发行可以采用承销方式也可以采用自行销售方式，仅需向中国证券业协会报备即可，不必像证券那样办理发行注册手续，因此可以节省承销费用。

②公募发行。公募发行是指发行者公开向范围广泛的非特定投资者发行债券。为了保护一般投资者的安全，公募发行一般要有较高的信用等级为必要条件。公募发行有三种发行方式：募集发行，指一般在发行前确定发行额度、日期、发行价等要件；出售发行，指发行额不确定，视某一发售时期内被认购的总额为发行额；投标发行，指预先确定发行额，由承销者通过投标确定发行价格（利率）。公募发行多采用间接销售方式，这往往要通过烦琐的注册手续，如在美国发行的债券必须在出售证券的所在州注册登记，符合"蓝天法"（Blue-Sky Laws）的要求。在采用间接销售方式时，发行人要通过发行市场的中介人即承销商办理债券的发行与销售业务。

（2）债券的发行价格

债券的发行价格有三种：等价发行（按债券的面值出售，又叫面值发行）、溢价发行（按高于债券面值的价格出售）、折价发行（以低于债券面值的价格出售）。

债券之所以会存在溢价发行和折价发行，主要是因为市场利率是经常变化的，而债券票面利率，一经印出，便不易再进行调整。从债券的开印到正式发行，往往需要经过一段时间，在这段时间内如果市场上利率发生变化，就要靠调整发行价格的方法来使债券顺利发行。

（3）决定债券发行价格的因素

债券发行价格的高低取决于以下四个因素：

① 票面利率。票面利率是指债券的名义利率。一般而言，债券的票面利率越高，发行价格就越高；反之，就越低。

② 债券面额。这是最基本的因素。通常，债券面额越大，发行价格越高。如果不考虑利息因素，债券面额即为债券的到期价值，也即债券的未来值，但这不是债券的现在价值，债券的现在价值就是债券的发行价格。

③ 债券期限。债券的期限越长，债权人的风险越大，要求的利息报酬就越高，债券发行价格就可能较低；反之，则可能较高。

④ 市场利率。债券发行时的市场利率是衡量债券票面利率高低的参照系，两者往往不一致，它们共同影响债券的发行价格。一般来说，债券的市场利率越高，债券的发行价格越低；反之，就越高。

债券发行价格是以上因素共同作用的结果。

（4）债券发行价格的计算

债券的价值是由它未来给其持有人所带来的收益决定的，所以，债券的发行价格由两部分构成：第一，本金的现值；第二，债券各期利息的现值。

债券发行价格的计算公式为：

$$发行价格 = \frac{票面金额}{\left(1 + 市场利率\right)^n} + \sum_{t=1}^{n} \frac{票面金额 \times 票面利率}{\left(1 + 市场利率\right)^t}$$

式中：n 是债券期限；t 是付息期数。

【例6-9】大江公司发行面额为1 000元、票面利率10%、期限5年的债券，每年末付息一次，请分下列三种情况来分析计算其发行价格。

①当市场利率为10%，与票面利率一致时，债券的发行价格为：

$$P = \frac{债券面额}{\left(1 + 市场利率\right)^n} + \sum_{t=1}^{n} \frac{债券利息}{\left(1 + 市场利率\right)^t}$$

$$= \frac{1\,000}{\left(1 + 10\%\right)^5} + \sum_{t=1}^{5} \frac{100}{\left(1 + 10\%\right)^t}$$

$$= 1\,000（元）$$

通过计算可以知道，当市场利率与票面利率一致时，债券等价发行。

②当市场利率为8%，较票面利率10%低时，债券发行价格为：

$$P = \frac{债券面额}{\left(1 + 市场利率\right)^n} + \sum_{t=1}^{n} \frac{债券利息}{\left(1 + 市场利率\right)^t}$$

$$= \frac{1\,000}{\left(1 + 8\%\right)^5} + \sum_{t=1}^{5} \frac{100}{\left(1 + 8\%\right)^t}$$

$$= 1\,399.27(元)$$

当市场利率较票面利率低时，债券溢价发行。

③当市场利率为12%，比票面利率10%高时，债券发行价格为：

$$P = \frac{债券面额}{\left(1 + 市场利率\right)^n} + \sum_{t=1}^{n} \frac{债券利息}{\left(1 + 市场利率\right)^t}$$

$$= \frac{1\,000}{\left(1 + 12\%\right)^5} + \sum_{t=1}^{5} \frac{100}{\left(1 + 12\%\right)^t} = 927.91(元)$$

当市场利率较票面利率高时，债券此时折价发行。

通过上面的例子，我们可以从中得到这样的结论：债券的发行之所以有溢价发行、按面值发行和折价发行三种情况，其根本原因在于票面利率和市场利率存在差异。当票面利率大于市场利率时，债券溢价发行；当票面利率等于市场利率时，债券按面值发行；当票面利率小于市场利率时，债券折价发行。

5）债券的信用等级

债券评级是由债券信用评级机构根据债券发行者的要求及提供的有关资料（主要是公司的财务报表），通过调查、预测、比较、分析等手段，对拟发行的债券质量、信用、风险进行公正、客观的评价，并赋予其相应的等级标志。债券的信用等级能够表示债券质量的优劣，反映债券还本付息能力的强弱和投资于该债券的安全程度。

债券等级取决于两个方面：一是公司违约的可能性；二是公司违约时，贷款合同所能提供给债权人的保护。债券等级的评定主要依据的是公司提供的信息，如公司的财务报表等。债券信用评级一般分为九级，由一些专门从事管理咨询的公司评定。目前世界上最著名的两家证券评级公司是穆迪公司（Moodys）和标准-普尔公司（Standard & Poor's）。现将穆迪公司和标准-普尔公司的债券等级标准介绍如下（见表6-2）：

表6-2　　　　　　　　　　　**两家公司对债券等级的评定情况**

穆迪公司			标准-普尔公司		
级别	信用程度	说明	级别	信用程度	说明
Aaa	最优等级	极强的财务安全性，情况的变化不会影响其偿债能力	AAA	最高等级	还本付息能力强
Aa	高等级	很强的偿债能力，但长期风险略高于Aaa级	AA	中高等级	还本付息能力较强
A	较高等级	较强的偿债能力	A	中等偏上级别	还本付息能力尚可

续表

穆迪公司			标准–普尔公司		
Baa	中等等级	有一定的偿债能力，但某些偿债保障从长远看有些不足或缺乏可靠性	BBB	中等等级	有一定的还本付息能力。但在环境变化时，还本付息能力弱化
Ba	投机等级	财务安全性有疑问。这类债券的偿还能力一般，且未来的安全不足	BB	中等偏下级别	有投机因素，但与其他投机类债券相比，其违约风险较低
B	非理想投资等级	财务安全性较差，长期支付能力弱	B	投机等级	有较高的违约风险，还本付息能力随情况变化而变化
Caa	易失败等级	财务安全性很差，已有违约迹象	CCC	完全投机等级	清偿能力弱，对经营环境和其他内外部条件变化较为敏感，容易受到冲击，具有较大不确定性，目前已表现出明显的违约风险迹象
			CC		清偿能力很弱，违约风险很大。对内外部环境条件变化非常敏感，容易受到外部冲击，具有较大不确定性
Ca	高度投机等级	财务安全性非常差，已处于违约状态	C	失败等级	面临破产，债务清偿能力极低
C	最差等级	最低级别，通常已违约，且好转的可能性很低	D	失败等级	处于违约状态的债券。如预期到期无法还本付息，或已出现拖欠本息现象的债券

6）长期债券筹资的优缺点

与其他长期负债筹资方式相比，发行债券的突出优点在于筹资对象广、市场大。但是，这种筹资方式成本高、风险大、限制条件多。具体而言，其优缺点如下：

（1）债券筹资的优点

①筹资成本较低。相对于发行股票筹资方式来讲，发行公司债券筹资方式的筹资成本比较低，这是因为债券的发行费用比发行股票低，以及债券的利息在所得税前支付，发行公司享受了抵税的优惠。②与长期借款筹资相比，债券筹资可筹集数额较大的资金。③可发挥财务杠杆作用。债券利息固定，在公司经营状况良好、盈利较多时，公司利用债券筹资所带来的收益将大大高于其筹资的成本，也就是说，可以提高公司权益资本收益率，同时也便于调整公司资本结构。④保障股东控制权。债务人无权参与公司经营与管理，也不享受公司税后净利润的分配，这样，债券筹资既可以使公司获得生产经营所需要的资金，又不会分散股东对公司的控

制权。

（2）债券筹资的缺点

①财务风险较高。公司采用发行债券方式筹资，必须在到期日还本付息。若到期日公司无法向债权人偿还本息，就会陷入财务困境，甚至会导致公司破产。②与长期借款相比，债券筹资手续复杂，筹资费用高。③与股票筹资相比，限制条件较多。发行公司债券要保护债权人的利益，往往会规定很多的限制条款，这些条款一般比发行股票严格得多，这会使公司的投融资活动受到较大程度的限制。

6.2.3 融资租赁

租赁是一种契约协议，规定资产所有者（出租人）在一定时期内，根据一定条件，将资产交给使用者（承租人）使用，承租人在规定的期限内，分摊支付租金并享有对租赁资产的使用权。租赁从 20 世纪 50 年代初在美国开始兴起。20 世纪 80 年代初期，中国国际信托投资公司（中信公司）首开国际租赁之先例，采用融资租赁方式筹集资金。到 20 世纪 80 年代末期，融资租赁已成为一种重要的长期资金筹集方式。

1）租赁的种类

租赁主要分为经营租赁和融资租赁两类。

（1）经营租赁

经营租赁也称为营业租赁、使用租赁或服务性租赁。它是由出租方将自己的设备或用品反复出租，直到该设备报废为止。对于承租方而言，经营租赁的目的只是取得设备在一段时间内的使用权及出租方的专门技术服务，达不到筹集长期资金的目的，所以经营租赁是一种短期商品信贷形式。

经营租赁有以下一些主要特征：①租赁期一般短于租赁资产的经济寿命期；②出租方需要多次租赁才能收回本金、取得收益；③承租方可以随时解除租赁合同；④经营租赁的设备通常是一些通用设备，设备更新较快，出租人需要承担设备过时的风险；⑤出租方负责租赁资产的维修保险和管理工作，租赁费中包含维修费；⑥租赁期满或合同终止时，租赁设备由出租方收回。

（2）融资租赁

融资租赁也称为资本租赁、财务租赁或金融租赁等，它是由租赁公司按照租赁方的要求融资购买设备，并在契约或合同规定的较长期限内提供给承租方使用的信用性业务。对于承租方而言，融资租赁的主要目的是融通资金，即通过融物达到融资的目的。

融资租赁有以下一些主要特征：①租赁期限较长，一般为设备的有效使用期；②需有正式的租赁合同，该合同一般不能提前解除；③存在两个关联的合同，一个是租赁合同，一个是出租方和供应商之间的购销合同；④承租方负有对设备供应商进行选择的权利；⑤租赁设备的维修、保险、管理由承租方负责，租金中不含有维修费；⑥出租方只需要一次出租，就要收回成本、取得收益；⑦租赁期满，承租方具有对设备处置的选择权，或以一个较低的租金继续租用，或廉价买入，或将设备退还给出租方。

融资租赁与经营租赁的区别见表6-3。

表6-3   融资租赁与经营租赁的对比

区别的方面	融资租赁	经营租赁
涉及的关系人	涉及出租人、承租人和供应商三方	一般只涉及出租人和承租人双方
租赁合同	正式合同、不可撤销	一般没有合同，随时可以解除
租赁期限	一般为长期租赁，租赁期较长，通常为设备的经济寿命	短期租赁
租赁次数	一次	多次
租赁目的	融通资金	获得设备的短期使用权以及出租人提供的专门技术服务
租赁物的选择权	选择权在承租人，由承租人选择租赁物、接收租赁物	选择权在出租人
租赁物的维护	由承租人负责	由出租人负责，租金中含有设备维修费
租赁期满后租赁物的处置权	选择权在承租人，可选择退还、续租或留购	选择权在出租人

2）融资租赁的形式

融资租赁按其业务的不同特点，可分为如下几种形式：

（1）直接租赁

直接租赁是融资租赁业务中比较普遍的一种形式，即由出租人向设备制造商购进设备后直接出租给承租人使用。直接租赁的主要出租方是制造商、独立租赁公司和专业设备租赁公司等。

（2）售后租赁

售后租赁又叫返回租赁，是指承租方因面临财务困境，急需资金时，将原本属于自己且仍需要使用的资产出售给出租方（需要签订销售或购买合同），然后再从出租方租回资产的使用权的租赁形式。售后租赁的主要出租方是金融机构，如保险公司、金融公司和投资公司等。

（3）杠杆租赁

杠杆租赁涉及承租人、出租人和资金出借者三方当事人。在杠杆租赁形式下，出租人一般只支付相当于租赁资产价款20%~40%的资金，其余60%~80%的资金由其将欲购置的资产作抵押，并以转让部分租金的权利作为担保，向银行借款支付。

杠杆租赁是融资租赁的派生物，它分散了出租方的风险，通常适用于巨额资产的租赁业务，如飞机、船舶、海上钻井设备的租赁业务。从承租者角度看，杠杆租赁与其他融资租赁形式并无区别，同样是按合同的规定，在租期内获得资产的使用权，按期支付租金。但对出租方却不同：第一，出租方既是出租人又是借款者，据此既要收取租金又要支付债务；如果还款不及时，资产的所有权要归资金出借者所有。第二，出租方以较少投资（20%~40%）换得100%的折旧扣除或投资减税额（指外国的投资减税优惠），从而获得税务上的好处，降低出租方的租赁成本。在正常情况下，杠杆租赁的出租人一般愿意将上述利益以低租金的方式转让一部分给承租人，使杠杆租赁的租金低于一般融资性租赁的租金。对资金出借者而言，它通过收取租金取得了收益权，但对其债权没有追索权。

3）融资租赁租金的确定

在租赁筹资方式下，承租企业要按合同规定向租赁公司支付租金。融资租赁的租金主要包括设备价款和租息两部分。设备价款是租金的主要内容，它由设备的买价、运杂费和途中保险费等构成；租息由融资成本、租赁手续费等构成。融资成本是指租赁公司为购买租赁设备所筹资金的成本，即设备租赁期间的利息；租赁手续费包括租赁公司承办租赁设备的营业费用和一定的盈利。租赁手续费由承租企业与租赁公司协商确定，按设备成本的一定比率计算。

4）融资租赁筹资的优缺点

（1）融资租赁筹资的主要优点

①具有一定的筹资灵活性。采用融资租赁方式，公司就可获得租赁物的使用权，而不必花大笔资金去购买，这样就不会影响公司正常的资金周转。此外，采用融资租赁方式筹资，其限制比银行借款少，且融资租赁使得融资与租入设备同步进行，能很好地满足公司生产经营的需要。

②避免设备陈旧过时的风险。由于科技的进步，设备更新换代的速度加快，由于租赁物的所有权在出租方，对于出租方而言，则需要承担设备陈旧过时的风险，而承租方就避免了这类风险。

③享受税收优惠。在公司理财实务中，租金作为一项费用，在所得税前扣除。融资租赁的租金一般数额较大，这样就可以起到很好的抵税作用。

④既增强了公司的举债能力，又维持了一定的信用能力。对承租方而言，租赁比购买租赁物更有利。因为在承租方的资产负债表中，租赁物并不在表内列示，并不改变公司的资本结构。这样既使公司未来的举债能力得以增强，又保持了公司现有的信用状况。

（2）融资租赁筹资的主要缺点

①租赁筹资的资金成本高。与举债相比，在承租方支付的租金中，不仅包括租赁设备的各项成本，而且包括出租方应获得的利润。通常，融资租赁所支付的租金总额要高于租赁物价款的30%左右。这就使得融资租赁的资金成本高于举债所支付的利息。②丧失资产的残值。租赁物的所有权在出租方，租赁期满后，除非承租方购买该租赁物，否则租赁物的残值归出租方所有。也就是说，对于承租方而言，融资租赁无法获得租赁物期满后的残值收入。如果该租赁物的残值数额较大的话，承租方的损失就较大。

6.3 短期债务融资

商业信用和短期借款是公司筹集短期资金的主要方式，主要用于解决公司因临时性或短期资金流转困难而产生的资金需求，具有筹资速度快、筹资富有弹性、筹资成本低、筹资风险高等特点。

6.3.1 商业信用

商业信用是指在商品交易中由于延期付款或预收货款所形成的企业间的借贷关系。它是企业之间的一种直接信用关系，产生于商品交换之中，又称为"自发性筹资"。在市场经济条件下，商业信用运用广泛，是企业最重要的一项短期资金来源，其数额远高于银行短期借款。在公司短期债务融资中商业信用占有相当大的比重。商业信用的形式主要有应付账款、预收账款和应付票据。

1）商业信用的成本

按照信用和折扣取得与否，商业信用可分为免费信用、有代价信用和展期信用三种。

（1）免费信用

这是指买方在规定的折扣期限内享受折扣而获得的信用。

【例6-10】大江公司以"2/20，n/60"的信用条件从宁晖公司买入货款为300 000元的原材料。若大江公司在20天内付款，则可以获得最长为20天的免费信用，其享受的折扣额为：300 000×2%=6 000（元），其免费信用额为300 000 – 6 000 = 294 000(元)。

（2）有代价信用

这是指买方放弃折扣需要付出代价而取得的信用。

【例6-11】大江公司以"2/20，n/60"的信用条件从宁晖公司买入货款为300 000元的原材料。若大江公司在60天内付款，则意味着商业信用有了机会成本。这种不享受现金折扣的机会成本，可以按以下公式计算：

$$\text{放弃现金折扣的成本} = \frac{\text{现金折扣百分比}}{1 - \text{现金折扣百分比}} \times \frac{360}{\text{信用期限} - \text{折扣期限}}$$

以上例中的信用条件，大江公司放弃现金折扣的机会成本为：

$$\text{放弃现金折扣的成本} = \frac{2\%}{1 - 2\%} \times \frac{360}{60 - 20} = 18.37\%$$

通过计算不难看出，放弃现金折扣的成本是相当高的。以上的计算结果表明，大江公司放弃现金折扣，就会产生资本成本率为18.37%的机会成本，这样就使得原本对公司有利的商业信用，成为一种代价很大的短期融资方式了。

（3）展期信用

这是指买方在规定的信用期满后，通过推迟付款而强制取得的信用。在上例中，如果大江公司拖到90天付款，其展期信用的成本计算如下：

$$\text{展期信用成本} = \frac{2\%}{1 - 2\%} \times \frac{360}{90 - 20} = 10.5\%$$

采用展期信用形式，使成本有较大幅度的降低，下降到10.5%。道理很简单，拖欠别人的货款，当然降低了自己的信用成本。但是作为公司管理者，切记不可违反常规，因小失大，冒公司信用地位和信用等级下降的风险。

2）商业信用折扣的决策

至于企业究竟应否享有现金折扣，视其所处具体情况而定。如果企业能以低于放弃折扣的隐含利息成本的利率借入资金，便应在现金折扣期内用借入的资金支付货款，享受现金折扣。如果在折扣期内将应付账款用于短期投资，所得的投资收益率高于放弃折扣的隐含利息成本，则应放弃折扣而去追求更高的收益。若享受现金折扣，应在优惠期的最后一天付款；若放弃，则应在信用期的最后一天付款。

【例6-12】公司拟采购材料一批，供应商的信用条件为"1.2/10，1/20，0.6/30，n/60"；公司平均资金成本为7%；银行借款的利率为8%，银行补偿性余额为20%：公司应如何决策？

超过10天付款，放弃现金折扣成本：$1.2\%/(1-1.2\%) \times 360/(60-10) = 8.74\%$

超过20天付款，放弃现金折扣成本：$1\%/(1-1\%) \times 360/(60-20) = 9.09\%$

超过30天付款，放弃现金折扣成本：$0.6\%/(1-0.6\%) \times 360/(60-30) = 7.24\%$

借款的实际利率：$8\%/(1-20\%) \times 100\% = 10\%$

若公司有资金不借款，应选择第20天付款，因为超过20天付款所放弃现金折扣的成本最高，并且公司资本成本7%，小于该机会成本。若公司无资金，应向银行借款用于偿还货款，选择第60天付款。

3）商业信用筹资的优缺点

（1）公司利用商业信用筹资的优点

①属于自然筹资。商业信用随商品交易自然产生，事先不必作出正式规划，因而该筹资方式方便、灵活。②限制条件少。商业信用相对于银行借款的筹资方式，没有复杂的手续和各种附加条件，也不需要抵押，取得简便、及时。利用商业信用筹资，使用也比较灵活，有弹性。③取得"便宜"。因为在没有现金折扣或公司不放弃现金折扣的条件下，利用商业信用筹资，就不会发生筹资成本。

（2）公司利用商业信用筹资的缺点

①使用期限较短。与其他短期筹资方式比较，商业信用筹资的使用期限较短。如果享受现金折扣，则使用期更短。②给双方带来一定的风险，对付款方公司而言，如果到期不支付货款，或长期拖欠货款，将会缺乏信誉感，造成今后筹资的困难。对收款方公司而言，长时间收不回货款会影响资金周转，造成生产经营陷入僵局，也容易造成公司之间货款的互相拖欠，出现严重的"三角债"现象。

6.3.2　短期借款

短期借款主要指短期银行贷款，即公司向银行和其他非银行金融机构借入的期限在一年以内的借款。它是一种仅次于商业信用的短期筹资来源。

银行短期贷款的抵押品经常是借款公司的应收账款、存货、股票、债券等。银行接受抵押品后，将根据抵押品的面值决定贷款金额，一般为抵押品面值的30%甚至更高，银行有时还要求公司为取得贷款而作出其他承诺，如及时提供财务报表，保持适当的财务水平（如特定的流动比率）等，如公司违背作出的承诺，银行可要求公司立即偿还全部贷款。公司在选择银行时，重要的是要选用适宜的借款种类、借款成本和借款条件。此外，还应考虑银行对贷款风险的政策、银行对公司的态度、贷款的专业化程度和银行的稳定性等。短期借款的资金成本体现为使用贷款的实际利率。由于借款期限、付息方式等因素的影响，短期借款的实际利率经常与名义利率存在差别。短期借款利率的计算方法有利随本清法、贴现法和加息法，下面分别介绍。

1）利随本清法

利随本清法是指公司在借款合同开始时得到了全部借款，到期日公司以规定的利率计算利息，然后将本息一并支付给银行。借款合同上规定的利率为名义利率。当短期贷款期限等于1年时，名义利率与实际利率相等，当短期贷款期限小于1年时，实际利率会高于名义利率；而且，期限越短，实际利率与名义利率的差距越大。复利法下，实际利率的计算公式为：

$$实际利率 = \left(1 + \frac{名义利率}{m}\right)^m - 1$$

其中：m 为一年内计息次数。

【例6-13】大江公司从银行获得一笔名义利率为10%的贷款200 000元，若贷款期限为3个月，则其实际利率为：

$$实际利率 = \left(1 + \frac{名义利率}{m}\right)^m - 1 = \left(1 + \frac{10\%}{4}\right)^4 - 1 = 10.38\%$$

2）贴现法

贴现法即银行发放贷款时将利息预先扣收。由于公司实际取得的可用贷款额小于贷款面值，因此实际利率就会高于名义利率；而且，期限越短，实际利率越低，即实际利率与名义利率的差距越小。这与单利法正好相反。贴现法下，实际利率的计算公式为：

$$实际利率 = \frac{利息支出}{借款总额 - 利息支出} \times 100\%$$

【例6-14】若将上例改为1年期的贴现贷款，该笔贷款实际利率为：

$$实际利率 = \frac{利息支出}{借款总额 - 利息支出} \times 100\%$$

$$= \frac{20\,000}{200\,000 - 20\,000} \times 100\%$$

$$= 11.11\%$$

如果借款期限为一个季度，其他条件不变，则实际利率为：

$$实际利率 = \left(1 + \frac{利息支出}{借款总额 - 利息支出} \times 100\%\right)^m - 1$$

$$= \left(1 + \frac{5\,000}{200\,000 - 5\,000} \times 100\%\right)^4 - 1$$

$$= 10.66\%$$

对于贴现借款，借款公司得到的实际借款总额低于名义借款总额，名义借款额与实际借款额之间的关系可用下式表示：

$$名义借款额 = \frac{实际借款额}{1 - 名义年利率/m}$$

【例6-15】如果借款公司希望实际借入40万元，期限半年，名义年利率为10%，那么它的名义借款额应为：

$$名义借款额 = \frac{400\,000}{1 - 10\%/2} = 421\,052.6(元)$$

3）加息法

加息法又称分期偿还法，是银行发放分期等额偿还贷款时采用的利息收取方法。在分期等额偿还贷款的情况下，银行将根据名义利率计算的上期利息加到本期贷款本金上计算出贷款的本息和，要求公司在贷款期内分期偿还本息之和的金额。由于贷款分期均衡偿还，借款公司实际上只平均使用了贷款本金的半数，却支付全部本金的利息。这样，公司所负担的实际利率远高于名义利率。

【例 6-16】 大江公司按照利率 5% 取得银行借款 600 000 元，期限为 1 年，如果分 12 个月平均偿还，则公司借款的实际利率是：

$$实际利率 = \frac{利息}{年平均借款额} = \frac{利息}{借款总额 \div 2} = \frac{600\,000 \times 5\%}{600\,000 \div 2} = 10\%$$

如果考虑货币时间价值，那么实际利率计算如下：

公司贷款本利和 $= 600\,000 \times (1 + \frac{5\%}{12})^{12} = 630\,697.14$（元）

月均偿还额 $= 630\,697.14/12 = 52\,558.1$（元）

实际贷款利率由下式决定：

$$600\,000 = 52\,558.1 \times \sum_{t=1}^{12} \frac{1}{(1 + i)^t}$$

可得：$i = 0.77\%$

那么，年实际利率 $= 0.77\% \times 12 = 9.24\%$

4）短期银行借款的优缺点

（1）短期银行借款融资的优点

①银行资金充足，实力雄厚，能够随时为企业提供所需的资金，对于临时性和突发性较强的资金需求，银行短期借款是一个最简洁、最方便的途径。②银行短期借款具有较好的弹性，借款还款的时间灵活，便于企业根据资金需求的变化安排何时借款，何时还款。

（2）短期银行借款融资的缺点

①与商业信用相比，银行短期借款的成本较高。如果采用担保借款方式，由于需要支付管理和服务费用，其资金成本会更高。②向银行借款限制条件较多。公司向银行借款，银行不仅要对公司的经营和财务状况调查以后才决定是否贷款，有些银行还会在贷款合同中加入一些限制性的条款，如要求公司将流动比率、资产负债比率维持在一定的水平之内；贷款不得挪作他用等，目的是使银行的贷款风险降到最低。

6.3.3 票据贴现与应收账款融资

1）票据贴现融资

根据《中华人民共和国票据法》的有关规定，票据的签发、取得、转让及承兑、贴现、转贴现、再贴现应以真实、合法的商业交易为基础，而票据的取得，必须给付对价。显而易见，中国现行法律禁止融资性票据，所以，目前票据贴现融资指的是持票人将未到期的商业承兑汇票或者银行承兑汇票通过向银行申请贴现获得贷款的融资方式。

（1）票据贴现融资的种类及各自特点

①银行承兑汇票贴现

银行承兑汇票贴现是指当企业有资金需求时，持银行承兑汇票到银行按一定贴现率申请提前兑现，以获取资金的一种融资业务。在银行承兑汇票到期时，银行则向承兑人提示付款，当承兑人未予偿付时，银行对贴现申请人保留追索权。

银行承兑汇票贴现是以承兑银行的信用为基础的融资，是客户较为容易取得的融资方式，操作上也较一般融资业务灵活、简便。银行承兑汇票贴现中贴现利率市场化程度高，资金成本较低，有助于企业降低财务费用。

②商业承兑汇票贴现

商业承兑汇票贴现是指当企业有资金需求时，持商业承兑汇票到银行按一定贴现率申请提前兑现，以获取资金的一种融资业务。在商业承兑汇票到期时，银行则向承兑人提示付款，当承兑人未予偿付时，银行对贴现申请人保留追索权。

商业承兑汇票的贴现是以企业信用为基础的融资，如果承兑企业的资信非常好，相对较容易取得贴现融资，对企业来说以票据贴现方式融资，手续简单，融资成本较低。

（2）票据贴现的利息和金额

贴现利息=汇票到期价值×实际贴现天数×月贴现利率/30

贴现金额 = 汇票到期价值 - 贴现利息

【例6-17】华丰公司于4月1日出具一张面值为100 000元、剩余期限6个月的不带息票据向银行借款，银行按照9%（年利率）的贴现率收取贴现息。

由于华丰公司以不带息的票据向银行贴现，票据的面值即为其到期值，因此：

应付票据贴现息 = 100 000 × 9% × 6 ÷ 12 = 4 500（元）

应付票据贴现实得金额 = 100 000 - 4 500 = 95 500（元）

（3）票据贴现融资的优势

票据贴现融资方式的好处之一是票据贴现无须担保，不受资产规模限制。银行不按照企业的资产规模来放款，而是依据市场情况（销售合同）来贷款。票据贴现融资远比申请贷款手续简便，而且融资成本低。票据贴现只需带上相应的票据到银行办理有关手续即可，一般在几个营业日内就能办妥。

票据贴现的另外一个优势就是利率低。贴现利率在人民银行规定的范围内由企业和贴现银行协商确定。企业票据贴现的利率通常大大低于同期银行贷款利率。

2）应收账款融资

（1）应收账款融资的类型

应收账款融资是以应收账款作为担保品来筹措资金的一种方法，具体分为以下两种形式：应收账款抵押和应收账款保理。应收账款抵押的做法是：由借款企业（即有应收账款的企业）与经办这项业务的银行或公司订立合同，企业以应收账款作为担保，在规定期限内（通常为一年）企业向银行借款融资。应收账款保理是指企业将应收账款按一定折扣卖给第三方（保理机构），获得相应的融资款。

（2）应收账款保理的作用

①低成本融资，加快资金周转。一般来说，保理业务的成本要明显低于短期银行贷款的利息成本，银行只收取相应的手续费用。而且如果企业使用得当可以循环使用银行对企业的保理业务授信额度，从而最大限度地发挥保理业务的融资功能。尤其是对于那些客户实力较强，有良好信誉，而收款期限较长的企业作用尤为明显。

②增强销售能力。由于销售商有进行保理业务的能力，会对采购商的付款期限作出较大让步，从而大大增加了销售合同成功签订的可能性，拓宽了企业的销售渠道。

③改善财务报表。在无追索权的买断式保理方式下，企业可以在短期内大大降低应收账款的余额水平，加快应收账款的周转速度，改善财务报表的资产管理比率指标。

（3）应收账款保理业务的分类

保理可以分为有追索权保理（非买断型）和无追索权保理（买断型）、明保理和暗保理、折扣保理和到期保理。

有追索权保理是指销售合同并不真正转让给银行，银行只是拿到该合同的部分收款权，一旦采购商最终没有履行合同的付款义务，银行有权向销售商要求付款。无追索权保理是指银行将销售合同完全买断，并承担全部的收款风险。

明保理是指银行和销售商需要将销售合同被转让的情况通知采购商，并签订银行、销售商，采购商之间的三方合同。暗保理是指销售商为了避免让客户知道自己因流动资金不足而转让应收账款，并不将债权转让情况通知客户，货款到期时仍由销售商出面催款，再向银行偿还借款。

折扣保理又称为融资保理，即在销售合同到期前，银行将剩余未收款部分先预付给销售商，一般不超过全部合同金额的70%~90%。到期保理是指银行并不提前预付账款融资，而是在赊销到期时才支付，届时不管货款是否收到，银行都必须向销售商支付货款。

6.4　混合证券融资

权益代表了对公司现金流和资产的剩余索取权并且通常可以参与公司经营管理。与之相反，负债代表了对公司现金流和资产的优先受偿权并且对公司的经营管理不具有决策权。但是有些证券并不能严格分为权益或者负债，它们同时具有二者的特点，这种证券被称为混合证券。

6.4.1　优先股融资

优先股是介于股票和债券之间的一种混合性证券，这是因为优先股不仅具有股票的性质，而且也具有公司债券的某些性质，如股利固定等。在这个意义上，优先股不能算作完全的权益证券。优先股既可在公司设立时发行，又可在公司增资发行新股时发行；既可以由上市公司发行，也可以由非上市公司发行。

1）优先股的特征

（1）优先分配固定的股利

优先股股东通常优先于普通股股东分配股利，且其股利一般是固定的，通常用一个定额或相当于股票面额的一定比率表示，一般不受公司经营状况和盈利水平的影响。所以优先股类似于固定利息的债券。但公司对优先股固定股利的支付并不构成公司的法定义务。如果公司财务状况不佳，则可暂时不支付优先股股利，即便如此，优先股股东也不能像公司债权人那样迫使公司破产。因此，优先股股利的支付既固定又有一定的灵活性。

（2）优先分配公司剩余利润和剩余财产

在公司未发放优先股股利之前，不得发放普通股股利；当公司因经营不善而解散或破产清算时，在偿还全部债务和付清清理费用之后，如有剩余资产，优先股股东有权先于普通股股东得到清偿。总之，优先股股东具有剩余利润的优先分配权和剩余财产的优先清偿权。

（3）优先股股东一般无表决权

在公司股东大会上，优先股股东一般没有表决权，通常也无权参与公司的经营管理。但是，当公司研究与优先股有关的权益问题时，例如，讨论把一般优先股改为可转换优先股时，或推迟优先股股利的支付时，优先股股东有权参加股东大会并享有表决权，因此，优先股股东不大可能控制整个公司。

（4）优先股可由公司赎回

发行优先股的公司，按照公司章程的有关规定、发行时的约定及根据公司的需要，可以采用一定的方式将所发行的优先股收回，调整公司的资本结构。

2）发行优先股的动机

筹资是股份公司发行优先股的基本目的，但由于优先股具有其特有的特征，公司发行优先股往往还有其他的动机，主要表现在以下四个方面：

（1）防止公司股权分散化

优先股股东一般无表决权，发行优先股就可以避免公司股权分散，保障公司老股东的原有控制权。

（2）调剂现金余缺

公司在需要现金资本时可发行优先股，在现金充裕时将可赎回优先股的部分或全部，从而调剂现金余缺。

（3）改善公司的资本结构

公司在安排借入资本与自有资本的比例关系时，可较为便利地利用优先股的发行转换、赎回等手段进行资本结构和自有资本内部结构的调整。

（4）维持举债能力

公司发行优先股，不仅有利于巩固自有资本的基础，而且有利于维持并增强公司的举债能力。

3）优先股融资的优缺点

（1）优先股融资的优点

①筹资风险小。优先股没有固定的到期日，不用偿还本金，近乎得到一笔无限期

的长期贷款，这就减小了企业的筹资风险。

②有利于增加公司财务的弹性。对可赎回优先股，公司可在需要时按约定条件赎回。当财务状况较弱时发行优先股，而财务状况转强时赎回，这有利于结合财务状况加以调剂，也便于掌握公司的资本结构。

③股利的支付有一定的灵活性。对优先股股息的支付并不构成公司的法定义务，因此，股息支付可以根据公司盈利情况进行适当的调整，不用像债务到期那样必须还本付息。

④保持普通股股东对公司的控制权。由于优先股股东没有表决权，因此，公司原有股东的控制权不会旁落，所以发行优先股不会引起普通股股东的反对，从而使筹资顺利进行。当使用债务融资风险很大，利率很高，而发行普通股又会产生控制权被稀释的可能性时，采用优先股筹资不失为一种最理想的筹资方式。

⑤具有财务杠杆作用。优先股的股息率一般为固定比率，当公司增长的利润大于支付给优先股股东的股息，则差额为普通股股东分享，因此，优先股筹资有助于提高普通股收益率。

⑥增强公司的实力，提高公司的信誉。利用优先股筹集的资金形成公司的权益资金，一方面加强公司权益资本的基础，增强公司的实力，另一方面为公司筹措债务资本提供了资金保证和信用基础，增强公司的举债能力。

（2）优先股融资的缺点

①资本成本高于债务。优先股的成本虽低于普通股，但一般高于债券。

②对公司的制约因素较多。如根据《优先股试点管理办法》（2023年），对上市公司近3年年均可分配利润、优先股占普通股股数的比例以及筹资规模占净资产的比例、募集资金用途等都作出了明确规定。另外，公司有盈利必须先分给优先股股东，公司发行新的优先股时要征求现优先股股东的意见等。

③公司财务负担较重。由于优先股在股利分配、资产清算等方面拥有优先权，使得普通股股东在公司经营不稳定时收益受到影响，通常情况下优先股又要求支付固定股利，而股利又不能税前扣除，当公司盈利下降时，优先股股利就可能成为公司一项沉重的财务负担，尽管优先股股利可以延期支付，但这样会影响公司的形象。

6.4.2 可转换债券

1）可转换债券的定义与特征

可转换债券（convertible bond 或 convertible debenture、convertible note）是指持有者可以在一定时期内按一定比例或价格将之转换成一定数量的普通股股票的债券。通常具有较低的票面利率。从本质上讲，可转换债券是在发行公司债券的基础上，附加了期权，允许购买人在规定的时间范围内将其购买的债券转换成指定公司的普通股股票。

可转换债券兼有债券和股票的特征，具有以下三个特点：

（1）债权性。与其他债券一样，可转换债券也有规定的利率和期限，投资者可以选择持有债券到期，收取本息。

（2）股权性。可转换债券在转换成股票之前是债券，但转换成股票之后，原债券持有人就由债权人变成了公司的股东，可参与企业的经营决策和红利分配，这也会在一定程度上影响公司的股本结构。

（3）可转换性。可转换性是可转换债券的重要标志，债券持有人可以按约定的条件将债券转换成股票。转股权是投资者享有的、一般债券所没有的选择权。可转换债券在发行时就明确约定，债券持有人可按照发行时约定的价格将债券转换成公司的普通股股票。如果债券持有人不想转换，则可以继续持有债券，直到偿还期满时收取本金和利息，或者在二级市场出售变现。如果持有人看好发债公司股票增值潜力，在宽限期之后可以行使转换权，按照预定转换价格将债券转换成股票，发债公司不得拒绝。正因为具有可转换性，可转换债券利率一般低于普通公司债券利率，企业发行可转换债券可以降低筹资成本。

可转换债券持有人还享有在一定条件下将债券回售给发行人的权利，发行人在一定条件下拥有强制赎回债券的权利。

2）可转换债券的优势

可转换债券具有双重选择权的特征。对投资者而言，有很大吸引力。

（1）可转换债券使投资者获得最低收益权。可转换债券与股票最大的不同就是它具有债券的特性，即便当它失去转换意义后，作为一种低息债券，它仍然会有固定的利息收入，这时投资者以债权人的身份，可以获得固定的本金与利息收益。如果实现转换，则会获得出售普通股的收入或获得股息收入。可转换债券对投资者具有"上不封顶，下可保底"的优点，当股价上涨时，投资者可将债券转为股票，享受股价上涨带来的盈利；当股价下跌时，则可不实施转换而享受每年的固定利息收入，待期满时偿还本金。

（2）可转换债券当期收益较普通股红利高。投资者在持有可转换债券期间，可以取得定期的利息收入，通常情况下，可转换债券当期收益较普通股红利高，如果不是这样，可转换债券将很快被转换成股票。

（3）可转换债券比股票有优先偿还的要求权。可转换债券属于次等信用债券，在清偿顺序上，同普通公司债券、长期负债（银行贷款）等具有同等追索权利，但排在一般公司债券之后，同可转换优先股、优先股和普通股相比，可得到优先清偿。

对于发行企业而言，发行可转换债券至少有三个方面的好处：一是可转债的发行成本比普通债券要低，由于蕴含选择权，所以可转债的利率低于普通债券。二是对于高速成长而目前现金流紧张的公司而言，发行可转债有助于减轻还本付息的财务压力。三是可转债可以减少公司内部权益投资者与债券投资者之间的矛盾，可转债为债券投资者提供了继续做债权人还是做股东的选择权，从而取得了参与剩余收益分配的机会。

3）可转换债券的要素

可转换债券有若干要素，这些要素基本上决定了可转换债券的转换条件、转换价格、市场价格等总体特征。

（1）有效期限和转换期限。就可转换债券而言，其有效期限与一般债券相同，是指债券从发行之日起至偿清本息之日止的存续期间。转换期限是指可转换债券转换为普通股股票的起始日至结束日的期间。在大多数情况下，发行人都规定一个特定的转换期限，在该期限内，允许可转换债券的持有人按转换比例或转换价格转换成发行人的股票。我国《上市公司证券发行管理办法》规定，可转换公司债券的期限最短为1年，最长为6年，自发行结束之日起6个月方可转换为公司股票。

（2）利率或股息率。可转债的票面利率是指可转换债券作为债券时的票面利率，发行人根据当前市场利率水平、公司债券资信等级和发行条款确定，一般低于相同条件的不可转换债券。

（3）转换比例、转换价格与转换价值。转换比例是指一定面额可转换债券可转换成普通股股票的股数。用公式表示为：

$$转换比例 = \frac{可转换债券面值}{转换价格}$$

转换价格是指可转换债券转换为普通股股票所支付的价格。用公式表示为：

$$转换价格 = \frac{可转换债券面值}{转换比例}$$

转换价值是指每单位债券转换为股票的市场价值，等于转换比例乘以股票市价。转换溢价等于债券市场价格超过市场转换价值的部分。

例如，可转换债券的面值1 000美元，若1张可转换债券可转换为50股股票，则转换比例为50。转换价格则等于1 000/50=20（美元/股）。如果股票市价为25美元，那么市场转换价值等于50×25=1 250（美元）。如果债券市场交易价格为1 300美元，那么转换溢价等于1 300-1 250=50（美元）。

（4）赎回条款与回售条款。赎回是指发行人在发行一段时间后，可以提前赎回未到期的发行在外的可转换债券。赎回条件一般是当公司股票在一段时间内连续高于转换价格达到一定幅度时，公司可按照事先约定的赎回价格买回发行在外尚未转股的可转换债券。

回售是指公司股票在一段时间内连续低于转换价格达到某一幅度时，可转换债券持有人按事先约定的价格将所持可转换债券卖给发行人的行为。

赎回条款和回售条款是可转换债券在发行时规定的赎回行为和回售行为发生的具体市场条件。

（5）转换价格修正条款。转换价格修正是指发行公司在发行可转换债券后，由于公司送股、配股、增发股票、分立、合并、拆细及其他原因导致发行人股份发生变动，引起公司股票价格下降时而对转换价格所做的必要调整。

6.5 融资方式选择

启智增慧6-7

企业如何在
募集资本中
实现可持续
发展

公司可以在权益、债务以及混合证券中选择适合自己的融资模式。一般而言，相对于上市公司，非上市公司的融资方式和渠道要少一些。非上市公司可以从内部融资，也可以用风险投资或者银行贷款等方式融资。

6.5.1 企业融资结构与偏好

据同花顺iFinD统计，2019—2023年通过沪深两市企业股票募资达61 694.07亿元，而同期上市公司各类债券融资规模为 151 304.09 亿元，尚不包括银行贷款等债务融资，可见债务融资远超出股权融资规模，债务融资在我国公司融资中占有较大比重，对企业的发展起着重要的作用。

根据中国证券监督管理委员会披露的数据，2023 年 12 月我国上市公司资产负债率为 83.11%，比上一年度的 84.54% 略有下降。其中金融业资产负债率最高，达到91.17%，之后分别为建筑业 76.99%、房地产业 74.57%、商务服务业 66.51%、批发零售业 64.57%、水电煤气 63.81%、教育 63.06%。在债务融资中，上市公司长期债务的占比要低于流动负债，企业更倾向于短期融资。

尽管股权融资规模小于债务融资，但是股权融资规模呈波动增长趋势，2005—2023 年之间，股权融资规模在 2003 年仅有 330 亿元，2010 年达到 9 514 多亿元，随后下降，之后又上升，2023 年融资规模近 14 175 亿元。

股权融资增长的原因在于政府鼓励企业扩大直接融资比重，特别是 2005 年以来，随着多层次资本市场的不断完善，中小企业股权融资规模不断增长，推动了市场股权融资规模的扩大。还有一个原因在于有些企业片面强调股权融资无须还本付息的好处而大举从股票市场融资，却忽视了公司需要以业绩增长带给投资者回报，在一定程度上导致股票市场投机严重，股价波动剧烈。股票市场融资通常被作为调控经济的手段，一旦经济过热就压缩公司股票发行规模甚至暂时停止某些行业公司的股票发行，以控制股票发行节奏，而经济需要刺激的时候又加快企业股票发行速度和发行规模，导致股权融资波动较大。

6.5.2 企业融资选择的影响因素

传统财务金融理论认为，企业融资行为受融资成本的大小、融资风险的高低和企业控制权的稳固等因素的共同约束。企业融资方式应该随着这些因素的变化而作出灵活的调整，以适应企业在不同时期的融资需求变化。

1）资本成本

融资成本越低，融资收益越好。由于不同融资方式具有不同的资本成本，为了以较低的融资成本取得所需资金，企业应分析和比较各种筹资方式的资本成本的高低，尽量选择资本成本低的融资方式及融资组合，比如，商业信用融资主要体现为现金折扣成本，银行贷款的资金成本主要体现为利息费用等，一般来讲，股票融资成本最高，其次是公司债券、融资租赁、银行贷款、商业信用等。

2）融资风险

每种融资方式都有风险。融资风险与融资成本成反比，即融资成本相对较高的融资风险相对低。一般而言，债务融资方式因其必须定期还本付息，可能产生不能偿付的风险，融资风险较大；而股权融资方式由于不存在还本付息的风险，因而融资风险小。企业若采用了债务融资方式，由于财务杠杆的作用，一旦当企业的息税前利润下降，税后利润及每股收益下降得更快，从而给企业带来财务风险，甚至可能导致企业破产。企业务必根据自身的具体情况并考虑融资方式的风险程度选择适合的融资方式。

3）资本结构

企业融资有债务融资和权益融资，企业要合理安排债务与权益资金比例，以达到综合资金成本最小，同时将财务风险保持在适当的范围内，使企业价值最大化，这就是最佳资本结构。如果企业处于初创或不稳定发展阶段但预期收入较高，为了避免还本付息的压力，应采取偏重权益融资的资本结构，包括内部融资、风险投资等。

如果企业处于稳定发展阶段，则可能通过发行企业债券或借款等融资方式，充分利用财务杠杆的作用，偏重于负债的资本结构。在现金流稳定性较高时，可以通过增加长期债务回购公司股票来增加财务杠杆，在不降低资信等级的同时，可以明显降低资本成本，从而在保证债权人利益的同时，增加股东价值。

4）企业的控制权

发行普通股股票会稀释企业的控制权，可能使控制权旁落他人，而债务融资一般不影响或很少影响控制权。因此，企业应根据自身实际情况慎重选择融资方式。

6.5.3 生命周期融资方式选择

1）生命周期阶段划分

生命周期理论是研究企业萌芽、成长、成熟、衰退各阶段特征及其运行规律的理论。基于企业生命周期特征以制定融资战略是企业开展融资活动的内在要求。1959年，马森·海尔瑞最先提出了企业生命周期的概念，他从生物学的观念对企业的成长进行探讨，提出企业的发展与生物的生长类似，他同时也认为企业在市场上的发展，会出现发展停滞、企业消亡等现象。美国学者伊查克·爱迪思（Adizes，1989）在他的《企业生命周期》一书中提出了企业的生命周期模型，该模型对企业生命周期的各个阶段的变化特征进行了详细的描述。他对企业生命周期进行划分的标准从企业灵活性和可控性两个角度出发，将企业生命周期划分成成长阶段与老化阶段，并根据不同的因素又对这两个阶段进行了细分，成长阶段分成孕育期、婴儿期、学步期、青春期、盛年期和稳定期六个阶段；老化阶段分成贵族期、官僚化早期、官僚期和死亡四个阶段。现在通常将企业生命周期划分为初创期、成长期、成熟期和衰退期四个阶段（如图6-1所示）。

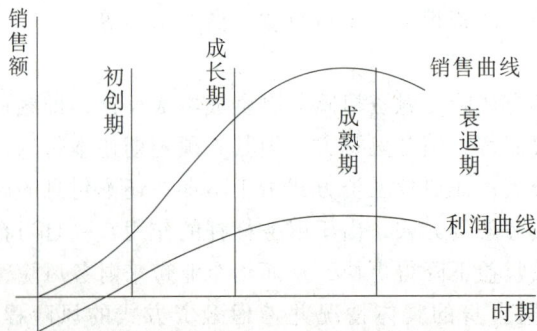

图6-1 企业生命周期

2）生命周期阶段融资策略

（1）初创期企业财务特征与融资策略

①初创期企业财务特征

在企业生命周期的初创阶段，企业以求生存为目标，该阶段企业在财务上的显著特征为：企业的现金流出远大于流入，这是企业开展投资导致的结果，现金流的来源主要是筹资，这种现象会根据企业的性质和经营的好坏持续一段时间，之后，随着企业业务的展开，现金流的流入会逐步增加。这个阶段，企业经营风险非常高，这与以下几个问题相关：企业开发的产品是否能够顺利生产出来；企业生产出来的产品能否被市场所接受；市场是否有更多的需求让企业加大生产力度等。这些都是一个新创立的企业需要考虑的问题，这些问题的答案会决定企业的发展方向。因此，企业在该阶段财务战略要做到尽可能降低风险，从本质上讲，其实就是降低债务风险，最好的办法是尽可能减少债务资本的使用，多利用企业的权益资本。该阶段高风险的特征，注定了高风险有着高额的回报，对那些喜好风险的冒险投资者具有很强的吸引力。

②初创期企业融资策略

第一，由于初创期的企业的主要目的是追求能在市场上存活，该阶段以高风险为主要特征。因此，企业应该在该阶段采取较为保守或稳固的成长战略。保持财务稳健发展，不要急于进行扩张，要将资产负债的比例控制在一定的范围内，注重企业的资金积累，并且妥善处理股东利润分配问题，不能没有节制地划分企业积累的资金，忽视企业的进一步发展，也不能完全忽视股东利益，打击股东的积极性。

第二，初创企业应重视融资风险控制。初创企业的融资风险根植于投融资双方的企业文化差异。企业创立人与投资者在确定投资前应首先磨合二者在企业运营理念方面的差异，创立人应消除投资人对初创企业的顾虑，解决因投资资金运用分歧所引致的风险。初创企业应在创业计划书中明晰企业投资价值、盈利模式及远景发展规划等内容，将其团队的基本运营理念公示给投资者，以建立双方真诚与坦率的合作基础。

第三，谨慎选择股权投资人。初创企业不仅资本金匮乏，更缺乏市场资源、人力资源及供应链资源，初创企业首次股权融资战略不仅可获取急需的资本资产，还可借助投资人的商业关系网络来弥补本企业发展进程中各项能力不足。初创企业应选择战略投资人，以借助其商业网络整合其供应链和营销渠道，通过实现企业长期利益最优化的方式给投资者的投资收益最大化回报。

第四，初创企业应统筹考量其战略目标下企业实际资本需求量及融资规模。初创企业应将本企业发展战略划分成若干阶段，并匹配分阶段融资策略来实施资本筹措。初创期企业经营水平有限，企业发展前景不确定性强，投资人故此更为偏好分阶段投资模式而企业创立人则期望通过分阶段融资确保其对企业的实际控制权。

第五，初创企业的财务风险防范能力普遍较弱，资金链断裂是初创期企业面临的主要风险。资金链断裂通常由企业经营者缺乏对投资与融资的有效平衡能力所致，资金链断裂后的融资失败将直接导致企业申请破产。初创企业在与投资人签订投资协议时应当审视投资先决条件、投资收益率对赌条款及投资退出条款等关键内容，审慎对待协议中可强化己方责任的未决事项所引致的或有负债。

（2）成长期企业的财务特征与融资策略

①成长期企业财务特征

当企业步入成长期之后，开始实现盈利，企业步入高速发展时期。此时，企业迫切需要进行扩张，这就需要大量的资金作为支撑。在该阶段，企业无法仅仅通过内部融资等实现企业的资金需求，企业对债务融资、股权融资等均有很强烈的需要，当然在该阶段，银行也愿意对企业进行放贷，它们看到了企业发展的潜力，所以也期待在其中分享一部分利润。此时的企业，销售额急剧上升，单位生产成本也在下降，正在逐步形成规模经济，企业的经营风险也在逐步下降。在该阶段企业往往会采取积极的财务战略，从初创期的求稳态度慢慢开始转变，有的企业甚至开始实施负债经营，以此来实现企业的财务杠杆效应。股东的股利分配往往也不会太多。

当然，在该阶段的企业还是存在很大风险的，虽然企业现金流入量增长，但是由于这个时期企业需要大量的营销费用和进行扩张投资，导致企业现金流出量也非常大，甚至有时比流入量更大，所以财务风险还存在一定的不确定性。

②成长期企业融资策略

根据成长期企业的财务特点，这段时期企业采取积极财务战略或者是扩张型的财务战略，充分利用财务杠杆的作用，进一步实现企业的发展。

第一，实施债务融资战略的首要前提是预测债务融资所对应的投资项目的资产收益率水平是否高于债务融资利息率水平。过高的债务融资利息率水平可能导致企业融资净收益为负，威胁企业财务稳定和企业的长期健康发展。

第二，成长期企业管理者容易被迅速扩张的市场份额所迷惑，而大肆举债扩张，故需明确成长期企业的投融资方向，选择适合培养企业产品核心竞争力的投资项目展开融资。成长期企业应当集中投资于企业优势项目上，不可盲目实施多角化经营，分散资金投入。

第三，对有实力的成长期企业可采取上市融资战略，通过上市直接融资规避债务融资的苛刻条件限制，获取充分的资金运用自由权。

第四，在分配政策方面，成长期企业可降低对所有者的现金分红率，将所有者权益资产集聚以用于企业长期发展所需，从而获取企业发展所需的低成本资金，以提升企业长期市场竞争力，为满足企业所有者适当股权分红的诉求，企业可采取低现金股利匹配送股、配股的方式进行分红。

（3）成熟期企业的财务特征与融资策略

①成熟期企业财务特征

企业迈过成长期就进入了成熟期，成熟期企业的运营相对稳定。处于成熟期的企业增长速度会放缓，没有初创期和成长期快，经营风险会下降。此时的企业在市场上所占的市场份额相对较高，利润和销售增长率都会在达到某个峰值之后逐步下降；企业的资金实力非常强大，维持运营所需资金非常少；企业不再将抢占或扩张市场作为重点，而是将注意力转移到了企业盈利能力上面。

进入成熟期的企业，现金流入大于流出，产生正数的净现值，而且浮动性不大，相对较稳定；在投资上也不断收取投资回报，企业日常运营也处于盈利的状态，留存收益不断增加，对股东的分红也在不断增加，债务也到了还本付息阶段。当然也有很多企业进入成熟期之后，企业在市场上的竞争能力还是较弱，资金相对也是较为短缺。

②成熟期企业融资策略

成熟期企业产品技术水平和市场营销渠道趋于稳定，市场占有率相对稳固，经营现金流保持较高水平，故其设计融资策略时应考虑如下因素：

第一，保持适度外源性债务融资以提升企业财务稳健水平。成熟期企业的运营风险较低，投资风险也相对较低，故对融资对象的吸引力较强，融资对象愿意给予诸多融资优惠政策。但成熟期企业的盈利保持较高水平，资金匮乏状况缓解，部分企业出现资金冗余现象，对外源性融资需求较低或无需求。但保持合理的资产负债率对企业财务的稳健发展更为有利，因此企业可根据投资项目具体收益率水平选择适当的外源性债务融资方式，以提升企业的权益净利率水平。

第二，成熟期企业应保留适度资本公积金，以资本公积金转增股本的方式来满足企业的内源性融资需求。成熟期企业的销售额和总利润额虽然保持较高水平，但增长速率趋于平稳或停滞。在缺乏合适投资项目的前提下，成熟期企业可采用稳健的高分红策略，通过降低企业股东权益的方式提升股权收益率水平。

第三，采取分散风险策略，实施以企业传统优势产品为核心的同心多角化投资，将募集资本用于对传统优势产品的优化升级，以拓展产品线的方式开发新产品等领域。通过同心多角化模式下的分散化投资活动，成熟期企业可创造新的利润增长点，增加企业盈利空间，延长企业成熟期的时间，降低企业传统产品步入衰退期所引致的经营风险和财务风险。

（4）衰退期企业的财务特征与融资策略

①衰退期企业财务特征

任何一家企业都无法一直处于成熟期并获得持续的正现金流，企业必然逐步走向衰弱，企业产品最终会被市场所淘汰，这是一个无法逆转的趋势。处在衰退期企业的产品在市场中逐渐失去吸引力，产品的销售量慢慢萎缩，企业的现金和存货周转率下降，出现负的现金流量。处于衰退期的企业，通过投资找到新的利润点的机会已经非常小，勉强存在的原因只是看能否为企业找到新的转机。财务杠杆水平与财务风险随之增加。

②衰退期企业融资策略

企业在衰退期的市场客户需求及主营业务收入下降，导致销售利润率下滑，应收账款坏账率上升，进而威胁企业融资能力。衰退期企业可采取压缩不良资产回收资本的方式筹措发展新业务所需资金。通过变卖不良资产或资产重组的方式削减衰退产品或服务项目，集中企业资源用于开拓新业务，以促进企业进入新的生命周期循环。衰退期企业应当采取内源权益融资战略，通过减少银行贷款、债券等融资额度以压缩资产负债率水平，转而采取以盈利充实资本金、发行股票扩充股本的方式以改进资本结构，预防主营业务下滑所引致的财务危机。

本章小结

权益融资是指向其他投资者出售公司的所有权，即用所有者权益来交换资金。权益融资是负债融资的基础，是企业最基本的资金来源。权益融资有很多不同形式，包括发行股票、所有者权益、风险资本、天使投资、股权众筹等。发行股票可以分为公开发行和非公开发行；还可以分为首次公开发行和增资发行。股票发行价格的确定方法有三种：市盈率法、净资产倍率法、现金流量折现法。认股权证是一种允许投资者有权利但无义务在指定的时期内以事先确定的价格直接向发行公司购买普通股的选择权凭证。备兑认股权证是独立于股票单独发行的。债务融资可分为长期债务融资和短期债务融资两类。其中长期借款、债券和资本租赁属于长期债务融资，商业信用和短期银行借款属于短期债务融资。债券是债务人发行的并向债权人承诺在未来一定时期内按约定条件还本付息的一种有价证券。债券的价格由两部分构成：本金的现值和各期利息的现值。融资租赁也称为资本租赁、财务租赁或金融租赁等，它是由租赁公司按照租赁方的要求融资购买设备，并在契约或合同规定的较长期限内提供给承租方使用的信用性业务。对于承租方而言，融资租赁的主要目的是融通资金，即通过融物达到融资的目的。商业信用和短期借款是公司筹集短期资金的主要方式，其他还包括票据贴现和应收账款融资。商业信用是指在商品交易中由于延期付款或预收货款所形成的企业间的借贷关系，又称为"自发性筹资"。商业信用的形式主要有应付账款、预收账款和应付票据。混合证券是除了权益与负债融资之外第三类融资方式。这类证券并不能严格分为权益或者债务，它们同时具有二者的特点，主要包括优先股和可转换债券。企业融资行为受融资成本的大小、融资风险的高低和企业控制权的稳固等因素的共同约束。在企业生命周期的不同阶段上，公司融资策略和融资选择是不同的，应该根据生命周期特征制定其融资战略。

关键概念

权益融资　所有者权益　风险资本　天使投资　众筹　普通股　优先股　公开发行　非公开发行　代销　包销　认股权证　长期债务融资　长期借款　补偿性余额　保护性条款　债券　可转换债券　固定利率债券　融资租赁　经营租赁　杠杆租赁　短期债务融资　展期信用　票据贴现融资　应收账款融资　生命周期理论

综合训练

复习思考

1.简述普通股融资和优先股融资的优缺点。
2.简述发行公司债券融资的优缺点。
3.认股权证融资的作用表现在哪些方面？
4.试比较经营租赁与融资租赁的异同。

5.如果你是一家大公司的总裁，你会在什么情况下作出长期借款的融资决策？

6.处在不同生命周期阶段上企业的财务特征与融资战略是怎样的？

✔ 应用训练

1.振兴公司发行5年期的公司债券，面值为1 000元，复利计息，已知票面利率为10%。（1）一年计息一次，市场利率为8%时，债券的发行价格是多少？（2）半年计息一次，市场利率为12%时，债券的发行价格是多少？

2.某公司与银行商定的周转信贷额为3 600万元，承诺费率为0.5%，借款公司年度内使用了2 800万元，借款公司应向银行支付的承诺费是多少？

3.2024年6月，光明公司拟增发3 000万股普通股。根据二级市场平均市盈率及行业情况确定市盈率为12倍，发行当年预测税后利润1 500万元，发行前总股本为5 000万股。请分别用加权平均法和完全摊薄法计算该公司股票的发行价格。

4.某企业按6%的年利率向银行借款120万元，银行要求保留20%的补偿性余额。企业实际承担的利率为多少？

5."中化CWB1"（580011）认股权证的行权期限为5个交易日，即2007年12月11日至2007年12月17日期间的5个交易日。行权价格为6.52元/股，行权比例为1∶1，即：投资者每持有1份"中化CWB1"（580011）认股权证，有权在行权期间以6.52元/股的价格认购1股中化国际（600500）股票。截至2007年11月29日，中化国际（600500）收盘于19.34元。而同日"中化CWB1"（580011）认股权证收盘于12.061元。请问投资者应该提前卖出权证还是行权获利？

6.分析讨论

2021年初，京博集团总部融资小组内部争论不休、分歧不断。究其原因，主要是集团旗下新材料公司为实现精细化仓储管理，需要获得近1亿元的资金，以完成"自动化立体仓库"的建设，并采购配套"包装码垛系统"设备。然而，关于采用何种资金方案才能实现优化集团资金结构、提升资金使用效率的目标，却在融资团队内部引发了不小争议。考虑到融资标的属性特征，内部借款、银行信贷、融资租赁这三种筹资方案被一一罗列以供商讨。

方案1：内部借款。京博集团沿用大型石化央企"收支两条线"的管理思维，实现了原本分散在各产业公司账户的经营资金的完全归集与有效盘活。据统计，集团总部可调动的资金余额约人民币近10亿元。但是，该部分资金的主要用途是为确保资金安全、获取资金收益，以及弥补各产业公司经营过程中计划外的临时资金缺口。同时，产业公司通过集团借款方式来满足融资需求，不仅会面临较高的资金成本（通常高于银行信贷利率），并且集团还会进行"资金占用率"考核，从而影响到该产业公司相关负责人的薪酬奖惩、职级晋升等。

方案2：银行信贷。银行等金融机构的信用贷款一直以来都是石化类重资产集团企业突破资金瓶颈的重要方式。但在国家一系列"去产能"政策的影响下，银行信贷的监管环境、审批额度等变得越发严格，而产业公司的信用借款必然会影响京博集团的整体信贷额度。此外，从银行的角度来看，项目信贷的还款期限通常较短（除非是融资规模达数十亿的大型信贷项目），与借款方希望优化集团资金结构、提升资金使用效率的融资目标存在一定的差距。

方案3：融资租赁。融资租赁作为一种紧密结合实体经济需求的金融工具，具有监管宽松、资金投向自由等优势。一般而言，融资租赁主要包括直接租赁和售后租回这两种交易模式。其中，直接租赁的最终交易目的是"融物"，即为承租企业引进所需要的设备，京博集团旗下物流运输企业的汽车租赁就是典型的直租业务；而售后租回是指承租人将自有设备出售给出租人（即租赁公司），再租回使用。无论哪种交易模式，融资租赁一般都要求租赁物具有较好的通用性、可移动性、转换性。

讨论：京博集团采用哪种方式融资最合适？为什么？

✔ 课程思政

1.在企业融资过程中，如何在选择融资工具和融资方式时平衡职业伦理与遵守国家监管政策的要求？具体来说，企业应如何处理潜在的道德风险，如信息披露不充分或融资结构复杂化，以确保透明度和合规性？

2.经纪人通常会根据销售脚本出售证券，而这些脚本与招股说明书中提供的信息关系不大。同时，投资者往往在收到（或阅读）招股说明书之前就作出投资决策。在这种情况下，谁的过错更大？

即测即评6

综合训练
参考答案6

延伸阅读

1.赖黎，蓝春丹，秦明春.市场化改革提升了定价效率吗？——来自注册制的证据[J].管理世界，2022，38（4）：172-184；199；185-190.

2.罗斯，威斯特菲尔德，乔丹.公司理财［M］.崔方南，谭跃，周卉，译.北京：机械工业出版社，2020.

3.布里格姆，休斯顿.财务管理精要［M］.北京：机械工业出版社，2017.

第7章

资本成本与资本结构

目标引领

☑ 价值塑造

本章引导学生树立财务风险意识，科学使用各类资金，降低平均资金成本，提高公司价值；通过放松MM定理的假设条件得到更加逼近现实的结论，引导学生增强探索精神，培养创新能力。

☑ 知识传授

通过本章的学习，掌握资本成本的含义和计算原理；理解经营杠杆、财务杠杆和总杠杆的原理和作用。能够清晰地阐释资本成本和财务杠杆的内涵以及MM理论的基本原理，能够计算个别资本成本、平均资本成本，确定公司最佳资本结构。

思维导图

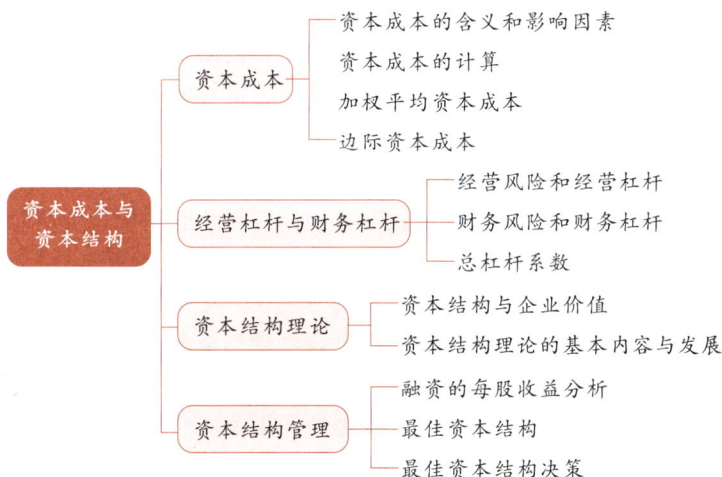

开篇导读

2020年8月，中国人民银行发布了重点房企资金监测和融资管理的"三道红线"规则。三档规则包括：别除预收款后的资产负债率大于70%、净负债率大于100%以及现金短债比小于1倍。包括恒大集团在内的国内多家大型房地产商因为触碰"三道红线"被住建部约谈，再次因为债务问题引发世人关注。

由于多年的持续迅猛扩张、盲目的多元化并进，恒大集团自身经营现金流量净额常年为负，难以支撑其发展，因此，恒大几乎运用了所有的债务融资工具、权益融资工具和表外融资手段以助力其快速扩张之路。2020年，恒大面临一大批海外美元债即将到期，不得不再次奔赴海外发行了总额高达60亿元的高息美元债。然而因为融资新规限制房企有息负债的规模，导致恒大资金链难以为继。另外，疫情黑天鹅的影响亦加剧了售房回款的难度，拿地成本逐年攀升，多元产业投资耗费巨大却不见收益，尽管2021年下半年以来，恒大集团利用众多手段试图化解危机，如保交房、推动恒大汽车产量、实际控制人变卖自身财产、转让股权等，然而恒大依然陷入债务违约的局面。恒大集团案例说明保持合理的资本结构对于企业长期发展来讲是非常重要的，过度利用财务杠杆会陷入财务困境。本章将详细探究资本结构及其与公司价值之间的关系。

7.1 资本成本

7.1.1 资本成本的含义和影响因素

1）什么是资本成本

资本成本是指企业为筹集和使用资金而付出的代价，体现为资金供给者所要求的必要报酬率。广义地讲，企业筹集和使用任何资金，不论短期的还是长期的，都要付出代价。狭义的资本成本仅指筹集和使用长期资金（包括自有资本和借入长期资金）的成本。由于长期资金也被称为资本，所以长期资金的融资成本也称为资本成本。

资本成本有多种形式。在比较各种筹资方式中，使用个别资本成本，包括普通股成本、留存收益成本、长期借款成本、债券成本；在进行资本结构决策时，使用加权平均资本成本；在进行追加筹资决策时，则使用边际资本成本。

资本成本是公司财务中的重要概念。首先，资本成本是企业的投资者（包括股东和债权人）对投入企业的资本所要求的收益率，只有当企业使用投资所赚取的报酬率高于它的资本成本时，才能补偿投资者；其次，资本成本是投资本项目（或本企业）的机会成本，即一旦将资金投资本项目（或本企业），就失去了获取其他投资报酬的机会，因此它是投资者考虑了目前情况后向企业提供资金所要求的报酬率，这意味着不能用历史数据说明资本成本。

资本成本的概念广泛运用于企业财务管理的许多方面。对于企业筹资来讲，资本成本是选择资金来源、确定筹资方案的重要依据，企业力求选择资本成本最低的筹资方式。对于企业投资来讲，资本成本是评价投资项目、决定投资取舍的重要标准。资本成本还可用作衡量企业经营成果的尺度，即经营利润率应高于资本成本，否则表明业绩欠佳。

2）影响资本成本高低的因素

企业资本成本的高低受到多种因素影响，主要包括：总体经济环境、证券市场条件、企业经营和财务状况、项目融资规模等。

总体经济环境决定了整个经济中资本的供给和需求，以及预期通货膨胀的水平。

总体经济环境变化的影响，反映在无风险报酬率上。显然，如果整个社会经济中的资金需求和供给发生变动，或者通货膨胀水平发生变化，投资者也会相应改变其所要求的收益率。具体来说，如果货币需求增加，而供给没有相应增加，投资人便会提高其要求的投资收益率，企业的资本成本就会上升；反之，则会降低其要求的投资收益率，使资本成本下降。如果预期通货膨胀水平上升，货币购买力下降，投资者也会提出更高的收益率来补偿预期的投资损失，导致企业资本成本上升。证券市场条件影响证券投资的风险。证券市场条件包括证券的市场流动难易程度和价格波动程度。如果某种证券的市场流动性不好，投资者卖出证券相对困难，流动性风险加大，要求的收益率就会提高：或者虽然存在对某证券的需求，但其价格波动较大，市场风险大，要求的收益率也会提高。

企业经营和财务状况指经营风险和财务风险的大小。经营风险是企业投资决策的结果，表现在资产收益率的变动上。财务风险是企业筹资决策的结果，表现在普通股收益率的变动上。如果企业的经营风险和财务风险大，投资者便会要求较高的收益率。

融资规模是影响企业资本成本的另一个因素。企业的融资规模大，资本成本就会较高，比如，企业发行证券的筹资规模很大，资金筹集费和资金占用费都会上升，而且证券发行规模的增大还会降低其发行价格，由此也会增加企业的资本成本。

7.1.2　资本成本的计算

1）资本成本的含义

资本成本是指筹集和使用各种资金的成本，是企业用资费用和有效筹资额的比率。其基本公式如下：

$$K = \frac{D}{P - F}$$

或　$K = \dfrac{D}{P(1 - f)}$

式中：K—资本成本，以百分比表示；

D—资金占用费用；

P—筹资额；

F—筹资费用额（如发行成本）；

f—筹资费用率，即筹资费用额与筹资额的比率。

由此可见，资本成本的高低取决于三个因素，即用资费用、筹资费用和筹资额。

用资费用是决定资本成本高低的一个主要因素。在其他两个因素不变的情况下，某种资本的用资费用大，其成本就高；反之，用资费用小，其成本就低。筹资费用也是影响资本成本高低的一个因素。一般而言，发行债券和股票的筹资费用较大，故其资本成本相对较高；而其他筹资方式的筹资费用较小，故其资本成本较低。筹资额是决定资本成本高低的另一个主要因素。在其他两个因素不变的情况下，某种资本的筹资额越大，其成本越低；反之，筹资额越小，其成本越高。

2）债务资本成本

（1）长期借款成本

长期借款成本是指借款利息和筹资费用。借款利息可以在税前扣除，能够抵税。

因此，一次还本、分期付息借款的成本为：

$$K_L = \frac{I_L(1-t)}{L(1-f_L)}$$

或者：

$$K_L = \frac{R_L(1-t)}{1-f_L}$$

式中：K_L—税后长期借款资本成本；

I_L—长期借款年利息；

t—所得税率；

L—长期借款筹资额（借款本金）；

f_L—长期借款筹资费用率；

R_L—长期借款年利率。

当长期借款的筹资费（主要是借款的手续费）很小时，也可以忽略不计。

【例 7-1】某公司取得 5 年期长期借款 100 万元，利率为 11%，每年付息一次到期一次还本，筹资费用率为 0.5%，企业所得税率为 40%。该项长期借款的资本成本为：

$$K_b = \frac{100 \times 11\% \times (1-40\%)}{100 \times (1-0.5\%)} = 6.63\%$$

或者：

$$K_b = \frac{11\% \times (1-40\%)}{1-0.5\%} = 6.63\%$$

上述计算长期借款资本成本的方法比较简单，但缺点在于没有考虑货币的时间价值，因而这种方法的计算结果不是十分精确。如果对资本成本计算结果的精确度要求较高，可先采用前面计算现金流量的办法确定长期借款的税前成本，然后再计算其税后成本。公式为：

$$L(1-f_L) = \sum_{t=1}^{n} \frac{I_L}{(1+K)^t} + \frac{P}{(1+K)^n}$$

$$K_L = K(1-t)$$

式中：P—第 n 年末应偿还的本金；

K—所得税前的长期借款资本成本。

第一个公式中的等号左边是借款的实际现金流，等号右边为借款引起的未来现金流出的现值总额，由各年利息支出的年金现值之和加上到期本金的复利现值而得。

按照这种办法，实际上是将长期借款的资本成本看成使这一借款的现金流入等于其现金流出现值的贴现率。运用时，先通过第一个公式，采用内插法求解借款的税前资本成本，再通过第二个公式将借款的税前资本成本调整为税后的资本成本。

【例 7-2】沿用例 7-1 的资料，考虑货币时间价值的该项借款资本成本计算如下。

第一步，计算税前借款资本成本：

$$100 \times (1-0.5\%) = \sum_{t=1}^{5} \frac{100 \times 11\%}{(1+K)^t} + \frac{100}{(1+K)^5}$$

可以计算出 $K=11.16\%$。

第二步，计算税后借款资本成本：

$$K_L = K(1 - T) = 11.16\% \times (1 - 40\%) = 6.696\%$$

（2）长期债券成本

发行债券成本主要是指债券利息和筹资费用。债券利息的处理与长期借款利息的处理相同，应以税后的债务成本为计算依据。债券的筹资费用一般比较高，不可在计算资本成本时省略。按照一次还本、分期付息的方式，债券资本成本的计算公式为：

$$K_b = \frac{I_b(1 - t)}{B(1 - f_b)}$$

或者：

$$K_b = \frac{R_b(1 - t)}{1 - f_b}$$

式中：K_b——债券资本成本；

I_b——债券年利息；

t——所得税率；

B——债券筹资额；

f_b——债券筹资费用率；

R_b——债券利率。

【例 7-3】某公司发行总额为 1 000 万元的 1 年期债券，票面利率为 2%，发行费用率为 1%，公司所得税率为 15%。该债券的成本为：

$$K_b = \frac{1\,000 \times 2\% \times (1 - 15\%)}{1\,000 \times (1 - 1\%)} = 1.72\%$$

或者：

$$K_b = \frac{2\% \times (1 - 15\%)}{1 - 1\%} = 1.72\%$$

若债券溢价或折价发行，为更精确地计算资本成本，应以实际发行收入作为债券筹资额。

【例 7-4】假定上述公司发行面额为 1 000 万元的 10 年期债券，票面利率为 5%，发行费用率为 1%，发行收入为 1 200 万元，公司所得税率为 15%。该债券成本为：

$$K_b = \frac{1\,000 \times 5\% \times (1 - 15\%)}{1\,200 \times (1 - 1\%)} = 3.58\%$$

【例 7-5】假定上述公司发行面额为 1 000 万元的 10 年期债券，票面利率为 5%，发行费用率为 1.5%，发行价格为 960 万元，公司所得税率为 15%。该债券的成本为：

$$K_b = \frac{1\,000 \times 5\% \times (1 - 15\%)}{960 \times (1 - 1.5\%)} = 4.49\%$$

上述计算债券成本的方法比较简单易行。如果需要将债券资本成本计算得更为准确，应当先依据现金流量确定税前的债券成本，再计算其税后成本。这样，债券成本的计算公式为：

$$B(1 - f_b) = \sum_{t=1}^{n} \frac{I_B}{(1 + K)^t} + \frac{P}{(1 + K)^n}$$

$$K_b = K(1 - t)$$

式中：K——所得税前的债券成本；

K_b——所得税后的债券成本。

【例7-6】沿用例7-4的资料，计算该债券的成本如下：

第一步，计算税前债券成本：

$$1\ 200 \times (1 - 1\%) = \sum_{t=1}^{10} \frac{1\ 000 \times 5\%}{(1 + K)^t} + \frac{1\ 000}{(1 + K)^{10}}$$

可得 $K = 1.25\%$

第二步，计算税后债券成本：

$$K_b = K(1 - t) = 1.25\% \times (1 - 15\%) = 1.06\%$$

如果债券溢价或折价发行，则应当以实际发行价格作为现金流入计算债券的资本成本。

3）权益资本成本

（1）留存收益成本

留存收益是企业缴纳所得税后形成的未分配利润，其所有权属于股东。股东将一部分未分派的税后利润留存于企业，实质上是对企业追加投资，如果企业将留存收益用于再投资所获得的收益率低于股东自己进行另一项风险相似的投资的收益率，企业就不应该保留留存收益而应将其派发给股东。留存收益成本的估算比对债务成本的估算难，这是因为很难对诸如企业未来发展前景及股东对未来风险所要求的风险溢价作出准确的测定。

公司的管理者有可能误认为留存收益是不存在成本的，是免费的，因为它们是支付股利后的剩余。尽管留存收益融资不存在任何直接融资成本，但是并非免费的，使用留存收益存在机会成本。公司的税后收益是属于股东的，因为债权人在税前取得了他们的利息收益，优先股股东获得了优先股股利，公司支付了利息、税收、优先股股利之后的剩余是属于股东的，这些剩余收益是对股东提供资本的报酬，公司可以把其以股利的形式返还给股东，或者作为留存收益用于再投资。如果用作留存收益，那么存在一种机会成本——如果公司把它返还给股东，股东可以用于购买股票等投资而获利，因此，留存收益的成本至少等于股东把其再投资所获得的收益。

如果股东自己投资，那么他们的期望收益率为多少呢（假设股东自己投资与公司投资项目的风险相同）？我们知道，股票市场处于均衡状态时期望收益率和必要收益率相等，即 $K = K_s$。因此，如果企业将这部分剩余收益用作再投资，其收益率至少为 K_s，否则还不如以股利的形式发放给股东，让股东自己去投资。

留存收益资本成本的确定方法有以下三种：

①资本资产定价模型（CAPM模型）

资本资产定价模型一般分为以下几个步骤：

估计无风险利率 R_F，无风险利率可以是国库券票面利率；

估计该股票的 β 系数 β_i，用它来估计该公司的风险；

估计该股票的预期市场收益率 R_F；

用CAPM模型计算出该普通股的必要收益率 R_s。这个必要收益率 R_s 即为留存收益资本成本。

$$R_s = R_F + (R_M - R_F)\beta_i$$

使用资本资产定价模型需要三个变量，即无风险收益率、市场期望收益率以及资

产的 β 系数。这涉及三个问题，第一，如何度量市场期望收益率与无风险利率之间的差异 $(R_M - R_F)$，即风险溢价？第二，模型使用的无风险利率如何确定？第三，β 系数如何估计？

首先来看风险溢价的度量。风险溢价的度量基于历史数据，在实际中是指计算期内的股票平均收益率与无风险证券平均收益率的差异，计算期一般为10年或者更长时间，比如美国是从1926年开始计算风险溢价的，长的计算期可以保证风险溢价估计相对稳定。美国的经验表明，随着时间变化，溢价并没有趋势性变化，保持相对稳定。1970—1990年，美国股票与政府债券之间的风险溢价平均为3.82%，日本和英国风险溢价比较高，分别为6.74%和6.25%，比较低的为意大利和德国，分别为0.34%和0.59%。决定风险溢价的因素有三种：一是总体经济的波动程度，经济波动越大，风险溢价越高。高成长、高风险的新兴市场的风险溢价就要比成熟市场的风险溢价高。二是政治风险。具有潜在政治不稳定性的市场的风险溢价较高，因为政治不稳定会带来经济不稳定。三是市场结构。如果上市公司中规模较小的企业占比较高，那么股票的风险溢价就会比较高；反之，如果大企业较多而且经营多样化，那这样的市场风险溢价较低。

其次，无风险收益率的替代。无风险收益率由纯粹利率（资金的时间价值）和通货膨胀补偿率两部分构成。关于无风险收益率的选择实际上并没有什么统一的标准。在国际上，一般采用短期国债收益率来作为市场无风险收益率，也可以与被分析的资产或投资项目期限相匹配的政府债券的收益率替代。例如，1995年3月百事可乐公司的 β 值为1.06，当时国库券利率为5.80%，市场溢价为8.41%，那么必要收益率可以计算为：

$$R_s = 5.80\% + 1.06 \times 8.41\% = 14.71\%$$

最后，β 系数的估计。估计 β 系数的一般方法是对股票收益率 R_i 和市场收益率 R_M 进行回归分析：

$$R_i = a + bR_M$$

式中：a 为截距，b 为斜率，$b = \dfrac{\sigma_{im}}{\sigma_M^2}$。

回归曲线的斜率等于股票的 β 系数。

相对于 CAPM，回归曲线的截距 a 提供了度量股票投资业绩的简单方法。对 CAPM 进行简单整理得到：

$$R_s = R_F + \beta_s (R_M - R_F) = R_F(1 - \beta_s) + \beta_s R_M$$

这样，通过比较截距 a 和 $R_F(1 - \beta_s)$ 就可以度量回归期间的股票业绩。如果 $a > R_F(1 - \beta_s)$，则业绩比预期要好。若 $a < R_F(1 - \beta_s)$，则业绩不如预期好；若二者相等，则说明业绩与预期一致。a 和 $R_F(1 - \beta_s)$ 的差称为 Jensen's Alpha，是一种在回归期内分析资产经过风险调整后业绩表现的方法。

②风险溢价法

根据某项投资"风险越大，要求的报酬率越高"的原理，普通股股东对企业的投资风险大于债券投资者，因而会在债券投资者要求的收益率上再要求一定的风险溢价。依照这一理论，留存收益的成本公式为：

$$K_P = K_b + RP_c$$

式中：K—债务成本；

K_p—留存收益成本；

RP_c—股东比债权人承担更大风险所要求的风险溢价。

债务成本（长期借款成本、债券成本等）比较容易计算，难点在于确定RP_c即风险溢价。风险溢价可以凭借经验估计。例如，采用2%风险溢价的企业，其留存收益成本为：

$K_s = K_b + 2\%$

对于债券成本为9%的企业，其留存收益成本为：

$K_s = 9\% + 2\% = 11\%$

而对于债券成本为13%的另一家企业，其留存收益成本则为：

$K_s = 13\% + 2\% = 15\%$

③增长模型法

股利增长模型法是依照股票投资的收益率不断提高的思路来计算留存收益成本，一般假定收益以固定的年增长率递增，则留存收益成本的计算公式为：

$K_P = \dfrac{D_1}{P_0} + g$

式中：K_P—留存收益成本；

D_1—预期年股利额；

P_0—普通股市价；

g—普通股利年增长率。

【例7-7】某公司普通股目前市价为56元，本年已发放股利2元，估计年增长率为12%，则明年预期股利为：

$D_1 = 2 \times (1 + 12\%) = 2.24$（元）

留存收益成本为：

$K_P = \dfrac{2.24}{56} + 12\% = 16\%$

（2）普通股资本成本

这里的普通股是指企业新发行的普通股，普通股成本可以按照前述股利增长模式的思路计算，但需调整发行新股时发生的筹资费用对资本成本的影响。普通股成本的计算公式为：

$K_e = \dfrac{D_1}{P_0(1 - f_e)} + g$

式中：K_e—普通股成本；

f_e—普通股筹资费用率。

普通股资本成本究竟是否需要包括发行成本存在争议，尽管发行成本很大，但是如果在投资项目存续期内加以分摊，那么每年的发行成本也就不是很大了。

（3）混合证券成本

①优先股成本

优先股具有一些债务特征——股利固定且预先支付，在普通股股利支付之前支付还具有权益特征——优先股股利并不享受税前抵扣的好处。所以，如果优先股是永续的，股利不变，并且没有其他选择权，那么优先股成本可以表示为：

$$优先股成本 = \frac{优先股股利}{优先股市价}$$

如果优先股附加其他选择权，就需要对这些选择权分别估价，以恰当反映优先股成本。从风险角度看，优先股比普通股安全，比债券风险高。所以，从税前收益来看，优先股成本高于债券成本低于权益成本。

例如，1995年3月，通用汽车的优先股每年股利为2.28美元，每股交易价格为26.38美元。优先股成本等于8.64%（（2.28÷26.38）×100%）。

②可转换公司债成本

可转换公司债的价格是由直接债券或者说纯债券价格和权益价格构成。所以，在计算可转债成本时也是分为负债和权益两个部分来分别计算。负债成本即可转债在转换前作为直接债券的价值。直接债券的价值可以根据票面价值、利率以及期限来计算，它等于转换前的利息和本金现金流贴现值之和。而权益部分价值则等于可转债的市场价格减去直接债券的价值。

例如，美国通用信息公司在2008年发行了票面利率为8.4%，预期到期收益率为8.25%，一年付息两次，2016年到期的可转债，市场交易价格为1 400美元。那么，该可转债可以分为一般债券和权益两个部分。利用Excel表计算一般债券的价值如下：

$$p = \sum_{t=1}^{16} \frac{1\,000 \times 4.2\%}{(1 + 4.125\%)^t} + \frac{1000}{(1 + 4.125\%)^{16}} = 1\,008.66(美元)$$

一般债券价值1 008.66美元作为债务成本对待，而选择权价值391.34美元作为权益成本。

7.1.3 加权平均资本成本

上述各项资本成本就是投资者所要求的必要收益率，各公司的风险不同，投资者所要求的必要收益率不同，资本成本也不同。企业往往不止一种资本来源，因此，在资本预算中或者在评估企业和项目的价值时，我们需要计算企业的加权平均资本成本（weighted average cost of capital，WACC）。加权平均资本成本一般是以各种资本占全部资本的比重为权数，对个别资本成本进行加权平均确定的。加权平均资本成本一般按照其市场价值加权平均，其计算公式为：

$$K_W = \sum_{j=1}^{n} K_j W_j$$

式中：K_W—加权平均资本成本；

K_j—第j种个别资本成本；

W_j—第j种个别资本占全部资本的比重（权数）。

影响加权平均资本成本的因素很多，主要包括以下两类：

（1）公司不能控制的因素

①市场利率。利率代表了投资的机会成本，反映了债权人所要求的必要报酬率。利率取决于货币的需求和供给以及投资项目的收益和风险。

②税率。税率对公司的加权平均资本成本影响很大，在计算债务成本时要考虑税率的影响，并且税率还以其他一些不是很明显的方式影响着资本成本，如降低资本

利得税等与普通股收益相关的税率会提高普通股的吸引力，从而使成本下降，加权平均资本成本也会下降，税率的变化还有可能改变公司的最优资本结构。

（2）公司可以控制的因素

① 资本结构政策。到目前的讨论，我们一直假设公司保持目标资本结构，在计算加权平均资本成本时所使用的权重也是按照目标资本结构下的权重比例，然而，公司的资本结构是可以改变的，其改变会影响资本成本。债务的税后成本小于权益成本，如果公司决定使用更多的债务，这会降低加权平均资本成本，然而，过多债务的使用会增加公司的风险，从而增加权益资本成本。

② 股利政策。公司可以使用留存收益或者发行新股来进行股权融资，由于发行成本的存在，使用留存收益的成本比较低，因此，一般来说公司只有在使用了所有的留存收益后才会考虑发行新股。股利政策会影响留存收益的多少，因为留存收益是本应该发放给股东的，因此，股利政策会影响股权成本的大小。如果股利支付比率较低，那么公司用于再投资的留存收益比较多，从而可以减少发行新股融资量，降低权益资本成本，反之则相反。

③ 投资政策。当我们估计资本成本时，首先考虑股东或债权人所要求的必要收益率，它的大小反映了公司资产风险的大小。因此，我们已经暗含假设公司新增资产属于同一种类，其风险大小相等。一般来说，这个假设是正确的，因为公司一般都会投资于和目前其所拥有的资产相似的资产。然而，如果公司突然改变其投资策略，那么这个假设就不正确了，我们必须根据项目风险的大小调整资本成本。

7.1.4　边际资本成本

企业无法以某一固定的资本成本来筹措无限的资金，当其筹集的资金超过一定限度时，原来的资本成本就会增加，在企业追加筹资时，需要知道筹资额在什么数额上会引起资本成本怎样的变化。这就要用到边际资本成本的概念。

边际资本成本是指资金每增加一个单位而增加的成本。它是财务管理中的重要概念，也是企业投资、筹资过程中必须加以考虑的问题。

前述企业的个别资本成本和加权平均资本成本是企业过去筹集的或目前使用的资本的成本。然而，企业各种资金的个别资本成本，随着时间的推移或筹资条件的变化在不断地变化，加权平均资本成本也会随之而发生变动。因此，企业进行投资，不能仅仅考虑目前所使用的资金的成本，还要考虑为投资项目新筹集的资金的成本，这就需要计算资金的边际成本。

（1）边际资本成本计算

企业追加筹资，有时可能只采取一种筹资方式。但在筹资数额较大或在目标资本结构既定的情况下，往往通过多种筹资方式的组合来实现。这时，边际资本成本需要按加权平均法计算，追加筹资时所使用资本的加权平均资本，其权数必须为市场值权数，不应采用账面价值权数。

【例7-8】某公司目标资本结构如下：债务0.25、优先股0.4普通股权益（包括普通股和留存收益）0.35。现拟追加筹资100万元，仍按此资本结构来筹资。个别资本成本预计分别为：债务为8%，优先股为10%，普通股权益为12%。试计算该追加筹资的边际资本成本为多少?

该追加筹资的边际资本成本为:0.25 × 8% + 0.4 × 10% + 0.35 × 12% = 10.2%

其计算过程可用表7-1表示:

表7-1　　　　　　　　　　　　追加筹资的边际资本成本　　　　　　　　　　金额单位:百万元

资本种类	目标资本结构	追加筹资(市场价值)	个别资本成本	加权平均边际资本成本
债务	0.25	25	8%	2%
优先股	0.40	40	10%	4%
普通股权益	0.35	35	12%	4.2%
合计	1.00	100	—	10.2%

(2)边际资本成本规划

在未来追加筹资过程中,为了便于比较选择不同规模范围的筹资组合,企业可以预先计算边际资本成本,并以表或图的形式反映。下面举例说明建立边际资本成本规划的过程。

【例7-9】某公司目前拥有资本200万元,其中长期借款30万元,资本成本3%;长期债券50万元,资本成本10%;普通股120万元,资本成本13%。加权平均资本成本为10.75%。由于扩大经营规模的需要,公司拟筹措新资金。公司财务人员经分析确定目前的资本结构位于目标范围内,在今后增资时应予保持,即长期借款15%、长期债券25%、普通股60%。财务人员分析了资本市场状况和企业筹资能力,认定随着企业筹资规模的扩大,各种资本的成本也会发生变动。测算资料详见表7-2:

表7-2　　　　　　　　　　　　　资本成本的测算表

资金种类	目标资本结构	新筹资的数量范围	资本成本
长期借款	15%	45 000元以内	3%
		45 000~90 000元	5%
		90 000元以上	7%
长期债券	25%	200 000元以内	10%
		200 000~400 000元	11%
		400 000元以上	12%
普通股	60%	300 000元以内	13%
		300 000~600 000元	14%
		600 000元以上	15%

试确定筹措新资金的资本成本为多少?

①计算筹资突破点。因为花费一定的资本成本只能筹集到一定限度的资金,超过这一限度多筹集资金就要多花费资本成本,引起原资本成本的变化,所以就把在保持某资本成本的条件下可以筹集到的资金总限度称为现有资本结构下的筹资突破点。在筹资突破点范围内筹资,原来的资本成本不会改变;一旦筹资额超过筹资突破点,即使维持现有的资本结构,资本成本也会增加。

筹资突破点的计算公式为：筹资突破点=可用某一特定成本筹集到的某种资金额/该种资金在资本结构中所占的比重。由题意可知，在花费3%资本成本时取得的长期借款筹资限额为45 000元，其筹资突破点为：

筹资突破点=45 000÷15%=300 000（元）

而在花费5%资本成本时，取得的长期借款筹资限额为90 000元，其筹资突破点则为：

筹资突破点=90 000÷15%=600 000（元）

按此方法，本题中各种情况下的筹资突破点的计算结果如表7-3所示：

表7-3　　　　　　　　　　　　　　　　筹资突破点

资金种类	资本结构	资本成本	新筹资额	筹资突破点
长期借款	15%	3%	45 000元以内	300 000元
		5%	45 000~90 000元	600 000元
		7%	90 000元以上	
长期债券	25%	10%	200 000元以内	800 000元
		11%	200 000~400 000元	1 600 000元
		12%	400 000元以上	
普通股	60%	13%	300 000元以内	500 000元
		14%	300 000~600 000元	1 000 000元
		15%	600 000元以上	

②计算边际资本成本。根据上一步计算出的筹资突破点，可以得到7组筹资总额范围：300 000元以内；300 000~500 000元；500 000~600 000元；600 000~800 000元；800 000~1 000 000元；1 000 000~1 600 000元；1 600 000元以上。对以上7组筹资总额范围分别计算加权平均资本成本，即可得到各种筹资总额范围的边际资本成本。计算结果如表7-4所示：

表7-4　　　　　　　　　　　　各种筹资总额范围的边际资本成本

序号	筹资总额范围	资金种类	资本结构	资本成本	加权平均资本成本
1	300 000元以内	长期借款 长期债券 普通股	15%	3%	15%×3%=0.45%
			25%	10%	25%×10%=2.5%
			60%	13%	60%×13%=7.8%
		第一个范围的资金边际成本=10.75%			
2	300 000~500 000元	长期借款 长期债券 普通股	15%	5%	15%×5%=0.75%
			25%	10%	25%×10%=2.5%
			60%	13%	60%×13%=7.8%
		第二个范围的资金边际成本=11.05%			
3	500 000~600 000元	长期借款 长期债券 普通股	15%	5%	15%×5%=0.75%
			25%	10%	25%×10%=2.5%
			60%	14%	60%×14%=8.4%
		第三个范围的资金边际成本=11.65%			

续表

序号	筹资总额范围	资金种类	资本结构	资本成本	加权平均资本成本
4	600 000~800 000元	长期借款 长期债券 普通股	15% 25% 60%	7% 10% 14%	15%×7%=1.05% 25%×10%=2.5% 60%×14%=8.4%
			第四个范围的资金边际成本=11.95%		
5	800 000~ 1 000 000元	长期借款 长期债券 普通股	15% 25% 60%	7% 11% 14%	15%×7%=1.05% 25%×11%=2.75% 60%×14%=8.4%
			第五个范围的资金边际成本=12.2%		
6	1 000 000~ 1 600 000元	长期借款 长期债券 普通股	15% 25% 60%	7% 11% 15%	15%×7%=1.05% 25%×11%=2.75% 60%×15%=9%
			第六个范围的资金边际成本=12.8%		
7	1 600 000元以上	长期借款 长期债券 普通股	15% 25% 60%	7% 12% 15%	15%×7%=1.05% 25%×12%=3% 60%×15%=9%
			第七个范围的资金边际成本=13.05%		

以上计算结果亦可绘制成规划图来反映，可以更形象地看出筹资总额增加时边际资本成本的变化（见图7-1），企业可以此作出追加筹资的规划。边际资本成本还可与边际投资报酬率相比较，以判断有利的投资和筹资机会。图7-1中同时显示了企业目前的投资机会，A至F共6个项目。企业筹集资本首先用于边际投资报酬率最大的A项目，然后有可能再选择B项目，以此类推。资本成本与投资机会的折线相交于75万元的筹资总额，这是适宜的筹资预算。此时可选择A、B和C三个项目，它们的边际投资报酬率高于相应的边际资本成本。D项目的边际投资报酬率虽然高于目前的资本成本，但低于为其筹资所需的边际资本成本，是不可取的。

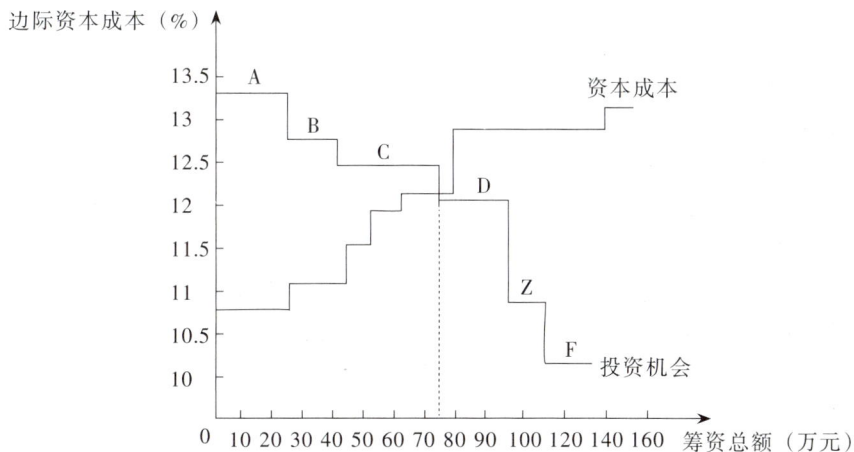

图7-1　最佳筹资规模

7.2 经营杠杆与财务杠杆

7.2.1 经营风险和经营杠杆

1）经营风险

经营风险指企业因经营上的原因而导致利润变动的风险。影响企业经营风险的因素很多，主要有：

① 产品需求。市场对企业产品的需求越稳定，经营风险就越小；反之，经营风险则越大。

② 产品售价。产品售价变动不大，经营风险则小；否则经营风险便大。

③ 产品成本。产品成本是收入的抵减，成本不稳定，会导致利润不稳定，因此产品成本变动大的，经营风险就大；反之，经营风险就小。

④ 调整价格的能力。当产品成本变动时，若企业具有较强的调整价格的能力，经营风险就小；反之，经营风险则大。

⑤ 固定成本的比重。在企业全部成本中，固定成本所占比重较大时，单位产品分摊的固定成本额就多，若产品量发生变动，单位产品分摊的固定成本会随之变动，最后导致利润更大幅度地变动，经营风险就大；反之，经营风险就小。

2）经营杠杆系数

在上述影响企业经营风险的诸因素中，固定成本比重的影响很重要。在某一固定成本比重的作用下，销售量变动对利润产生的作用被称为经营杠杆。由于经营杠杆对经营风险的影响最为综合，因此常常被用来衡量经营风险的大小。

经营杠杆的大小一般用经营杠杆系数表示，它是企业计算利息和所得税之前的盈余（简称息税前利润）变动率与销售量变动率之间的比率。计算公式为：

$$DOL = \frac{\dfrac{\triangle EBIT}{EBIT}}{\dfrac{\triangle Q}{Q}}$$

式中：DOL—经营杠杆系数；

$\triangle EBIT$—息税前利润变动额；

$EBIT$—变动前的息税前利润；

$\triangle Q$—销售变动量；

Q—变动前销售量。

假定企业的成本—销量—利润保持线性关系，变动成本在销售收入中所占的比例不变，固定成本也保持稳定，经营杠杆系数便可通过销售额和成本来表示。这又有两种公式：

公式1：

$$DOL_q = \frac{Q(P-V)}{Q(P-V)-F}$$

式中：DOL_q—销售量为 Q 时的经营杠杆系数；

P—产品单位销售价格；

V—产品单位销售成本；

F—总固定成本。

公式 2：

$$DOL_s = \frac{S - VC}{S - VC - F}$$

式中：DOL_s—销售量为 S 时的经营杠杆系数；

S—销售额；

VC—变动成本总额。

在实际工作中，公式 1 可用于计算单一产品的经营杠杆系数；公式 2 除了用于单一产品外，还可用于计算多种产品的经营杠杆系数。

【例 7-10】某企业生产 A 产品，固定成本为 60 万元，变动成本率为 40%，当企业的销售额分别为 400 万元、200 万元、100 万元时，经营杆系数分别为：

$$DOL_{(1)} = \frac{400 - 400 \times 40\%}{400 - 400 \times 40\% - 60} = 1.33$$

$$DOL_{(2)} = \frac{200 - 200 \times 40\%}{200 - 200 \times 40\% - 60} = 2$$

$$DOL_{(3)} = \frac{100 - 100 \times 40\%}{100 - 100 \times 40\% - 60} \to \infty$$

以上计算结果说明这样一些问题：

第一，在固定成本不变的情况下，经营杠杆系数说明了销售额增长（减少）所引起利润增长（减少）的幅度。比如，DOL（1）说明在销售额为 400 万元时，销售额的增长（减少）会引起利润 1.33 倍的增长（减少）；DOL（2）说明在销售额为 200 万元时，销售额的增长（减少）将引起利润 2 倍的增长（减少）。

第二，在固定成本不变的情况下，销售额越大，经营杠杆系数越小，经营风险也就越小；反之，销售额越小，经营杠杆系数越大，经营风险也就越大。比如，当销售额为 400 万元时，$DOL_{(1)}$ 为 1.33；当销售额为 200 万元时，DOL（2）为 2。显然后者利润的不稳定性大于前者，故而后者的经营风险大于前者。

企业一般可以通过增加销售额、降低产品单位变动成本、降低固定成本比重等措施使经营杠杆系数下降，降低经营风险，但这往往要受到条件的制约。

7.2.2　财务风险与财务杠杆系数

1）财务风险

一般来讲，企业在经营中总会发生借入资金。财务风险是指全部资本中债务资本比率的变化带来收益波动的风险。当债务资本比率较高时，投资者将负担较多的债务成本，并经受较高负债所引起的收益变动的冲击，从而加大财务风险；反之，当债务资本比率较低时，财务风险就小。

2）财务杠杆

企业负债经营的情况下，一旦负债规模确定下来，那么不论利润多少，债务成本是不变的。于是，当利润增大时，每 1 元利润所负担的债务成本就会相对减少，从而使投资者收益有更大幅度的提高。这种债务对投资者收益的影响称作财务杠杆。与经营杠杆作用的表示方式类似，财务杠杆作用的大小通常用财务杠杆系数表示。财务杠杆系数越大，表明财务杠杆作用越大，财务风险也就越大；财务杠杆系数越小，表明财务杠杆作用越小，财务风险也就越小。财务杠杆系数的计算公式为：

$$DFL = \frac{\dfrac{\triangle EPS}{EPS}}{\dfrac{\triangle EBIT}{EBIT}}$$

式中：DFL—财务杠杆系数；

$\triangle EPS$—普通股每股收益变动额；

EPS—变动前的普通股每股收益；

$\triangle EBIT$—息税前利润变动额；

$EBIT$—变动前的息税前利润。

上述公式还可以推导为：

$$DFL = \frac{EBIT}{EBIT - I}$$

式中：I—债务利息。

【例7-11】ABC为三家经营业务相同的公司，它们的有关情况见表7-5。

表7-5　　　　　　　　　　　　财务杠杆系数　　　　　　　　　　金额单位：元

项目\公司	A	B	C
普通股本	2 000 000	1 500 000	1 000 000
发行股数	20 000	15 000	10 000
债务（利率8%）	0	500 000	1 000 000
资本总额	2 000 000	2 000 000	2 000 000
息税前利润	200 000	200 000	200 000
债务利息	0	40 000	80 000
税前盈余	200 000	160 000	120 000
所得税（税率33%）	66 000	52 800	39 600
税后盈余	134 000	107 200	80 400
财务杠杆系数	1	1.25	1.67
每股普通股收益	6.7	7.15	8.04
息税前利润增加	200 000	200 000	200 000

续表

项目 公司	A	B	C
债务利息	0	40 000	80 000
税前盈余	400 000	360 000	320 000
所得税（税率33%）	132 000	118 800	105 600
税后盈余	268 000	241 200	214 400
每股普通股收益	13.4	16.08	21.44

表7-5说明：第一，财务杠杆系数表明的是息税前利润增长所引起的每股收益的增长幅度。比如，A公司的息税前利润增长1倍时，其每股收益也增长1倍（13.4÷6.7-1）；B公司的息税前利润增长1倍时，其每股收益增长1.25倍（16.08÷7.15-1）；C公司的息税前利润增长1倍时，其每股收益增长1.67倍（21.44÷8.04-1）

第二，在资本总额、息税前利润相同的情况下，负债比率越高，财务杠杆系数越高，财务风险越大，但预期每股收益（投资者收益）也越高。比如，B公司比起A公司来，负债率更高（B公司负债率为500 000÷2 000 000×100%=25%，A公司负债率为0），财务杠杆系数更高（B公司为1.25，A公司为1），财务风险大，但每股收益也更高（B公司为7.15元，A公司为6.7元）；C公司比起B公司来，负债比率高（C公司资本负债率为1 000 000÷2 000 000×100%=50%），财务杠杆系数高（C公司为1.67），财务风险大，但每股收益也高（C公司为8.04元）。

负债率是可以控制的。企业可以通过合理安排资本结构，适度负债，使财务杠杆利益抵销风险增大所带来的不利影响。

7.2.3　总杠杆系数

从以上内容可知，经营杠杆通过扩大销售影响息税前利润，而财务杠杆通过扩大息税前利润影响收益。如果两种杠杆共同起作用，那么销售稍有变动就会使每股收益产生更大的变动。通常把这两种杠杆的连锁作用称为总杠杆作用。

总杠杆作用的程度可用总杠杆系数（DTL）表示，它是经营杠杆系数和财务杠杆系数的乘积。其计算公式为：

$$DTL = DOL \times DFL = \frac{Q(P - V)}{Q(P - V) - F - I}$$

$$DTL = \frac{S - VC}{S - VC - F - I}$$

【例7-12】某企业年销售额为1 500万元，变动率为60%，息税前利润为500万元，全部资本为700万元，负债比率为40%，负债平均利率为10%。要求：计算该企业的总杠杆系数。

$$DTL = \frac{1\,500 \times (1 - 60\%)}{500 - 700 \times 40\% \times 10\%} = 1.271$$

例如，甲公司的经营杠杆系数为 2，财务杠杆系数为 1.5，总杠杆系数即为 3（2×1.5）。

总杠杆系数的意义：首先，能够估计出销售变动对每股收益造成的影响。比如，上例中销售每增长（减少）1 倍，就会造成每股收益增长（减少）3 倍。其次，它使我们看到了经营杠杆与财务杠杆之间的相互关系，即为了达到某一总杠杆系数，经营杠杆和财务杠杆可以有很多不同的组合。比如，经营杠杆度较高的公司可以在较低的程度上使用财务杠杆；经营杠杆度较低的公司可以在较高的程度上使用财务杠杆等。这有待公司在考虑了各有关的具体因素之后作出选择。

7.3 资本结构理论

7.3.1 资本结构与企业价值

所谓资本结构（capital structure）是指企业各种资本的价值构成及其比例，特别是长期债务资本和权益资本（股本）的构成比例。该比例的高低，通过综合资本成本变化直接影响企业价值的高低。在现代经济环境中，影响企业价值的直接因素是综合资本成本。企业只有获得超过平均资本成本水平的投资报酬率，才能增加股东收益，使股票市价升值。综合资本成本又取决于企业的资本结构。所以，优化资本结构，以最低的综合资本成本达到企业价值最大化是资本结构理论研究的核心问题。需要指出的是，企业价值是指市场对其潜在盈利能力和发展前景的评价与认同。其一，企业价值不是其现有的盈利水平，更不是其拥有的实物资产价值的总和，而是企业作为整体资产所具有的（潜在的）未来的获利能力，因而必然存在风险因素（经营风险和财务风险）及资金时间价值的双重影响，使之具有不确定性；其二，企业价值是市场对企业的评价，不是企业自身对其价值的认定。在通常情况下，企业价值以企业发行的股票和债券的市价之和计算，这是因为有价证券在资本市场上市价的涨落反映了投资者对企业发展前景的评估与预期。

由于长期债务成本通常都低于普通股成本，因此，从表面上看，似乎债务资本比重越高，对提高企业价值越有利，但事实并非如此。资本结构理论要研究的两个基本问题如下：其一，以债务资本代替权益资本能够提高企业价值吗？其二，如果提高债务资本在资本结构中的比重能增加企业价值，债务资本比重是否有限度？如果有，这个限度应如何确定？

为了说明上述问题，需建立以下基本公式：

设：S—普通股市场价值（每股市价与发行在外普通股股数之积）；

B—长期债券市场价值；

$EBIT$—息税前利润（earnings before interest and taxes 的简写）；

K_e—普通股成本；

K_b—长期债券成本（未扣除所得税因素）；

I—应付利息($I = K_b \times B$)；

K_w—加权平均资本成本（或综合资本成本）；

T—所得税率；

N_t—税后净收益（net inome 的简写）；

V—企业总价值（$V=S+B$）。

在预期 $EBIT$ 稳定、公司全部净利润都以股利支付给股东的假定下，则公司普通股市价为：

$$S = \frac{N_t}{K_e}$$

上式说明，普通股市价即为税后净利润按普通股成本资本化的结果。在这里，K_e 也称为普通股必要报酬率（the required rate of return），由上式可导出：

$$S = \frac{(EBIT - K_b B)(1 - t)}{K_e}$$

式中，$K_b B$ 即为税前长期债券应付利息费用，分子为支付给股东的税后净利润，分母是普通股成本，因此，普通股成本可表示为：

$$K_e = \frac{(EBIT - K_b B)(1 - t)}{S}$$

根据综合资本成本计算公式，有：

$$K_w = W_b K_b (1 - t) + W_e K_e$$
$$= \left(\frac{B}{V}\right) K_b (1 - t) + \left(\frac{S}{V}\right) K_e$$

上式中，W_b、W_e 分别为债务资本和权益资本的比重，据此，可分析公司负债比率（the debt ratio）对综合资本成本的影响。

$$V = \frac{K_b B(1 - t) + S K_e}{K_w}$$

将 $K_e = \dfrac{(EBIT - K_b B)(1 - t)}{S}$ 代入上式，有：

$$V = \frac{K_b B(1 - t) + \left[\dfrac{(EBIT - K_b B)(1 - t)}{K_s}\right] K_s}{K_w}$$

$$= \frac{EBIT(1 - t)}{K_w}$$

上式说明，企业总价值即为支付利息费用之前的税后净利润（称为"净经营收益"，the net operating income）。上述基本关系说明，公司资本结构通过综合资本成本变化对企业价值产生影响，这是资本结构理论研究的基础。

7.3.2　资本结构理论的基本内容

资本结构理论是财务金融理论的重要组成部分之一。资本结构理论经历了传统资本结构理论和新资本结构理论两个阶段。传统资本结构理论是基于一系列严格假设进行研究的，以 MM 资本结构理论为代表。新资本结构理论是基于非对称信息进行研究的，包括代理成本理论、控制权理论、信号传递理论和啄序理论等。

1）MM资本结构理论

（1）无税条件下的MM资本结构理论

该理论假设：公司在无税收的环境中经营；公司营业风险的高低由息税前利润标准差来衡量，公司营业风险决定其风险等级；投资者对所有公司未来盈利及风险的预期相同；投资者不支付证券交易成本，所有债务利率相同；公司为零增长公司，即年平均盈利额不变；个人和公司均可发行无风险债券，并有无风险利率；公司无破产成本；公司的股利政策与公司价值无关，公司发行新债时不会影响已有债券的市场价值；存在高度完善和均衡的资本市场。在满足这些假设条件下，公司的资本结构与公司的市场价值无关，不存在最佳资本结构问题。无论公司有无债务资本，其价值等于公司所有资产的预期收益按适合该公司风险等级的必要报酬率予以折现。其中，公司资产的预期收益相当于公司扣除利息、税收之前的预期盈利，即息税前利润EBIT；与公司风险等级相适应的必要报酬率相当于公司的综合资本成本率。

那些利用财务杠杆的公司，其股权资本成本率随筹资额的增加而提高。便宜的债务给公司带来的财务杠杆利益会被股权资本成本率的上升抵销，最后有债务公司的综合资本成本率等于无债务公司的综合资本成本率，所以公司的价值与其资本结构无关。

上述MM资本结构的基本理论是在一系列假设的前提下得出的。在企业金融实践中，几乎没有哪一家公司不关注资本结构。因此，MM资本结构理论还需要发展。

（2）含税条件下的MM资本结构理论

在考虑公司所得税的情况下，负债的利息是免税支出，可以降低综合资本成本，增加企业的价值，因此，公司只要通过财务杠杆利益的不断增加，不断降低其资本成本，就会出现负债越多，杠杆作用越明显，公司价值越大的局面。因此，公司资本结构与公司价值相关。

在这种情况下，有债务公司的股权资本成本率等于无债务公司的股权资本成本率加上风险报酬率，风险报酬率的高低则视公司债务的比例和所得税税率而定。随着公司债务比例的提高，公司的综合资本成本率会降低，公司的价值也会降低。这意味着，近乎100%的负债率对于公司而言是最好的资本结构。

（3）取消无破产成本假设

随着公司债务比例的提高，公司的财务风险也会上升，因而公司陷入财务危机甚至破产的可能性也就越大，由此会增加公司的额外成本，降低公司的价值，因此，公司最佳的资本结构应当是节税利益和债务资本比例上升而带来的财务危机成本与破产成本之间的平衡点。

财务危机成本取决于公司危机发生的概率和危机的严重程度。根据公司破产发生的可能性，财务危机成本可分为有破产成本的财务危机成本和无破产成本的财务危机成本。当公司债务的面值总额大于其市场价值时，公司面临破产，这时公司的财务危机成本是有破产成本的财务危机成本。公司的破产成本有直接破产成本和间接破产成本两种。直接破产成本包括支付律师、注册会计师和资产评估师等的费用，这些费用实际上是由债权人所承担的，即从债权人的利息收入中扣除。因此，债权人必然要求与公司破产风险相应的较高报酬率，公司的债务价值和公司的总价值也因而降低。公司的间接破产成本包括公司破产清算损失以及公司破产后重组而增加的管理成本。当公司发生财务危机但还不至于破产时，也同样存在着财务危机成本并影响公司的价值，主要表现为股东为保护其利益而要求经理层以股票价值最大化目标代替公司价值最大化目标，当公司的经营者按此作出决策并予以执行时，会使公司的节税利益下降并降低公司价值。这时的财务危机成本是无破产成本的财务危机成本。债务带来的公司财务危机成本抑制了公司通过无限举债而增加公司价值的冲动，使公司的负债比例保持在适度的区间内。

2）新资本结构理论

20世纪七八十年代出现了一些新的资本结构理论，主要有代理成本理论、信号传递理论和啄序理论等。

（1）代理成本理论

代理成本理论是经过研究代理成本与资本结构的关系而形成的。这种理论通过分析指出，公司债务的违约风险是财务杠杆系数的增函数；随着公司债务资本的增加，债权人的监督成本随之提升，债权人会要求更高的利率。这种代理成本最终要由股东承担，公司资本结构中负债比率过高会导致公司价值的降低。根据代理成本理论，债务适度的资本结构会增加股东的价值。代理成本理论仅限于债务的代理成本。除此之外，还有一些代理成本涉及公司的雇员、消费者和社会等，在资本结构决策中也应予以考虑。

（2）信号传递理论

信号传递理论认为，公司可以通过调整资本结构来传递有关获利能力和风险方面的信息，以及公司如何看待股票市价的信息。按照资本结构的信号传递理论，公司价值被低估时会增加债务资本；反之，公司价值被高估时会增加股权资本。当然，公司的筹资选择并非完全如此。例如，公司有时可能并不希望通过筹资行为告知公众公司的价值被高估的信息，而是模仿被低估价值的公司去增加债务资本。

（3）啄序理论

啄序理论认为，公司倾向于首先采用内部筹资，比如留存收益，因此不会传导任何可能对股价不利的信息。如果需要外部筹资，公司将先选择负债筹资，再选择其他外部权益筹资，这种筹资顺序的选择也不会传递对公司股价产生不利影响的信息。

按照啄序理论，不存在明显的目标资本结构，因为虽然留存收益和增发新股均属权益筹资，但前者最先选用，后者最后选用；获利能力较强的公司之所以安排较低的债务比率，并不是由于已确立较低的目标负债比率，而是由于不需要外部筹资；获利能力较差的公司选用负债筹资是由于没有足够的留存收益，而且在外部筹资选择中负债筹资为首选。

7.4　资本结构管理

7.4.1　融资的每股收益分析

判断资本结构合理与否，其一般方法是以分析每股收益的变化来衡量。能提高每股收益的资本结构是合理的；反之，则不够合理。由此前的分析已经知道，每股收益的高低不仅受资本结构（由长期负债融资和权益融资构成）的影响，还受到销售水平的影响，处理以上三者的关系，可以运用融资的每股收益分析的方法。

每股收益分析是利用每股收益的无差别点进行的。所谓每股收益的无差别点，指每股收益不受融资方式影响的销售水平。根据每股收益无差别点，可以分析判断在什么样的销售水平下适于采用何种资本结构。

每股收益无差别点可以通过计算得出。

每股收益（EPS）的计算为：

$$EPS = \frac{(S - VC - F - I)(1 - t)}{N} = \frac{(EBIT - I)(1 - t)}{N}$$

式中：S—销售额；

VC—变动成本；

F—固定成本；

I—债务利息；

t—所得税税率；

N—流通在外的普通股股数；

$EBIT$—息税前利润。

在每股收益无差别点上，无论是采用负债融资，还是采用权益融资，每股收益都是相等的。若以 EPS_1 代表负债融资，以 EPS_2 代表权益融资，有：

$$EPS_1 = EPS_2$$

即：

$$\frac{(S_1 - VC_1 - F_1 - I_1)(1 - t)}{N_1} = \frac{(S_2 - VC_2 - F_2 - I_2)(1 - t)}{N_2}$$

在每股收益无差别点上，$S_1 = S_2$，则：

$$\frac{(S - VC_1 - F_1 - I_1)(1 - t)}{N_1} = \frac{(S - VC_2 - F_2 - I_2)(1 - t)}{N_2}$$

能使得上述条件公式成立的销售额（S）为每股收益无差别点销售额。

【例7-13】某公司原有资本700万元，其中债务资本200万元（每年负担利息24万元），普通股资本500万元（发行普通股10万，每股面值50元）。由于扩大业务，需追加筹资300万元，其筹资方式有二：

一是全部发行普通股：增发6万股，每股面值50元；

二是全部筹借长期债务：债务利率仍为12%，利息36万元。

公司的变动成本率为60%，固定成本为180万元，所得税税率为33%。

将上述资料中的有关数据代入条件公式：

$$\frac{(S - 0.6S - 180 - 24)(1 - 33\%)}{10 + 6} = \frac{(S - 0.6S - 180 - 24 - 36)(1 - 33\%)}{10}$$

$$S = 750(万元)$$

此时的每股收益额为：

$$\frac{(750 - 750 \times 0.6 - 180 - 24)(1 - 33\%)}{16} = 4.02 （元）$$

上述每股收益无差别分析可描绘如图7-2所示。

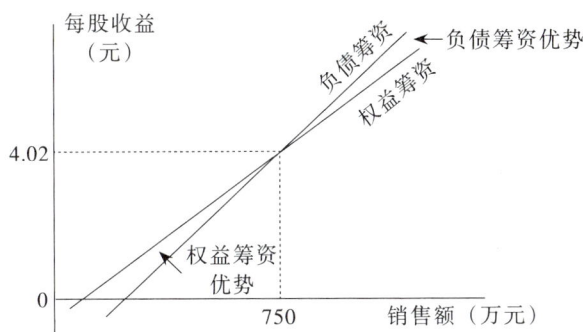

图7-2 每股收益无差别分析

从图7-2可以看出,当销售额高于750万元(每股收益无差别点的销售额)时,运用负债筹资可获得较高的每股收益;当销售额低于750万元时,用权益筹资可获得较高的每股收益。

以上每股收益无差别点的计算,建立在债务永久存在的假设前提下,没有考虑债务本金偿还问题。实际上,尽管企业随时借入新债以偿还旧债,努力保持债务规模的延续,也不能不安排债务本金的清偿。这是因为很多债务合同要求企业设置偿债基金,强制企业每年投入固定的金额。设置偿债基金使得企业每年有一大笔费用支出,并不能用来抵减税负。设置偿债基金后的每股收益称为每股自由收益($VEPS$),是建立偿债基金企业的可供自由支配的资金,既可用于支付红利,也可用于进行其他新的投资。这种情况下的每股收益无差别分析公式可改为:

$$\frac{\left(S_1 - VC_1 - F_1 - I_1\right)\left(1 - t\right) - SF_1}{N_1} = \frac{\left(S_2 - VC_2 - F_2 - I_2\right)\left(1 - t\right) - SF_2}{N_2}$$

或:
$$\frac{\left(EBIT_1 - I_1\right)\left(1 - t\right) - SF_1}{N_1} = \frac{\left(EBIT_2 - F_2 - I_2\right)\left(1 - t\right) - SF_2}{N_2}$$

式中:SF_1、SF_2为企业在两种筹资方案下提取的偿债基金额。

7.4.2 最佳资本结构

以上我们以每股收益的高低作为衡量标准对筹资方式进行了选择。这种方法的缺陷在于没有考虑风险因素。从根本上讲,财务管理的目标在于追求公司价值的最大化或股价最大化。然而,只有在风险不变的情况下,每股收益的增长才会直接导致股价的上升,实际上经常是随着每股收益的增长,风险也随之加大。如果每股收益的增长不足以补偿风险增加所需的报酬,尽管每股收益增加,股价仍然会下降。所以,公司的最佳资本结构应当是可使公司的总价值最高,而不一定是每股收益最大的资本结构。同时,在公司价值最大的资本结构下,公司的资本成本也是最低的。

回忆一下,公司价值V等于股票的总价值S加上债券的价值B,即:

$V = S + B$

为简化起见,假设债券的市场价值和价值相等。股票的市场价值则可通过下式计算:

$$S = \frac{\left(EBIT - I\right)\left(1 - t\right)}{K_s}$$

采用资本资产定价模型计算股票的资本成本K_s:

$$K_s = R_s = R_F + \beta_s (R_M - R_F)$$

公司的资本成本则应用加权平均资本成本(K_w)来表示。其公式为：

$$K_w = K_b \left(\frac{B}{V}\right)(1 - T) + K_s \left(\frac{S}{V}\right)$$

【例7-14】某公司年息税前利润为500万元，资金全部由普通股资本组成，股票账面价值为2 000万元，所得税率为40%。该公司认为目前的资本结构不够合理，准备用发行债券购回部分股票的办法予以调整。经咨询调查，目前的债务利率和权益资本的成本情况见表7-6。

表7-6　　　**不同债务水平对公司债务资本成本和权益资本成本的影响**

债券的市场价值B（百万元）	税前债务资本成本 K_b	股票 β 值	无风险报酬率 R_F	平均风险股票必要报酬率 R_M	权益资本成本 K_s
0	—	1.2	10%	14%	14.8%
2	10%	1.25	10%	14%	15%
4	10%	1.3	10%	14%	15.2%
6	12%	1.4	10%	14%	15.6%
8	14%	1.55	10%	14%	16.2%
10	16%	2.1	10%	14%	18.4%

根据表7-6的资料，运用上述公式即可计算出筹借不同金额的债务时的公司市场价值和资本成本（见表7-7）。

表7-7　　　　　　**公司市场价值和资本成本**

债券的市场价值B（百万元）	股票的市场价值S（百万元）	公司的市场价值V（百万元）	税前债务资本成本 K_b	权益资本成本 K_s	加权平均资本成本 K_w
0	20.27	20.27	—	14.8%	14.80%
2	19.20	21.20	10%	15%	14.15%
4	18.16	22.16	10%	15.2%	13.54%
6	16.46	22.46	12%	15.6%	13.36%
8	14.37	22.37	14%	16.2%	13.41%
10	11.09	21.09	16%	18.4%	14.23%

从表7-7中可以看到，在没有债务的情况下，公司的总价值就是其原有股票的市场价值。当公司用债务资本部分替换权益资本时，一开始公司总价值上升，加权平均资本成本下降；在债务达到600万元时，公司总价值最高，加权平均资本成本最低；债务超过600万元后，公司总价值下降，加权平均资本成本上升。因此，债务为600万元时的资本结构是该公司的最佳资本结构。

7.4.3　案例分析——波音公司的资本结构

1）波音公司的资本结构

1990年3月，波音公司负债2.77亿美元，同时权益的市场价值为161.82亿美元，

启智增慧7-2

企业如何在去杠杆政策背景下保持合理的资本结构？

股价为 69.75 美元，发行在外的股票有 232 亿股。在公司资本结构中，负债占 1.68%，权益占剩余的 98.32%。

1990 年 3 月，波音公司股票的 β 系数为 0.95，当时国库券收益率为 9%，波音公司的负债等级为 AA。波音公司没有发行在外的债券，AA 级长期债券的收益率为 9.7%，公司税率为 25%，假定本案例采用的市场风险溢价为 5.5%。那么，

公司价值=16 182+277=16 459（百万美元）

权益成本=无风险利率+β系数×市场风险溢价=9%+0.95×5.5%=14.23%

负债的成本=税前利率×（1−税率）=9.7%×（1−25%）=7.28%

加权平均资本成本= $14.23\% \times \dfrac{16\ 182}{16\ 182 + 277} + 7.28\% \times \dfrac{277}{16\ 182 + 277} = 14.03\%$

2）不同负债水平下的权益成本

现在我们需要计算无负债的 β 系数，然后以此为基准再计算不同负债水平下的 β 系数，从而确定各个负债规模上的权益成本。

无负债 β 系数与公司财务杠杆之间存在如下关系：

$$\beta_0 = \frac{\beta_c}{1 + (1 - t)\dfrac{D}{E}}$$

式中，β_0 是指无负债公司的 β 系数，β_c 为当前公司的 β 系数，t 是公司税率，D/E 表示负债权益比率。

据此我们可以计算出：

无负债β系数 $= \dfrac{0.95}{1 + (1 - 25\%) \times 1.71\%} = 0.94$

波音公司负债的 β 系数以及对应的权益成本计算结果见表 7-8：

启智增慧 7-3

β 系数与公司
财务杠杆的
关系

表7-8　　　　　杠杆作用、β系数与权益成本

负债/（负债+权益）（%）	负债/权益（D/E）（%）	负债价值（百万美元）	β系数	权益成本（%）
0	0	0	0.94	14.17
10	11.11	1 646	1.018	14.93
20	25.00	3 292	1.116	14.99
30	42.68	4 938	1.241	15.65
40	66.67	6 584	1.410	16.44
50	100.00	8 230	1.645	17.58
60	150.00	9 876	1.998	19.67
70	233.33	11 522	2.585	23.23
80	400.00	13 168	3.760	30.72
90	900.00	14 814	7.285	52.45

注：①负债价值 $= \dfrac{负债}{负债 + 权益} \times$ 公司总价值 $= \dfrac{负债}{负债 + 权益} \times (16\ 182 + 277)$；②$\beta$系数根据$\beta_0$ 以及相应的 D/E 计算得到，如负债率为 10% 时，相应的β系数=0.94×$[1 + (1 - 25\%) \times 11.11\%]$=1.018；③权益成本则是根据资本资产定价模型计算得到。

3）不同负债水平下的负债成本

一般来讲，公司负债规模增加以后，违约风险加大，债权人要求更高的风险回报，这意味着负债成本提高。在确定负债成本的时候，通常要先确定不同负债率下的公司债券的等级以及与之相关的市场利率，这便是税前负债成本。然后利用公司税率计算出来税后的负债成本。

确定债券等级的模型很复杂，但是也有简单的方法：假定债券等级仅仅由利息保障倍数来决定而不考虑其他的财务比率。回忆一下我们学过的对利息保障倍数的定义：

利息保障倍数=息税前收益/利息费用

利息保障倍数是一个非常重要的财务比率，常被用作债券信用评级的指标。利息保障倍数会随着资本结构的变化而变化，当债务比率提高时，利息保障倍数下降。利息保障倍数越大，信用评级越高。以制造业公司为例，债券评级为AAA的公司的利息保障倍数一般在9.65~10之间。如果利息保障倍数小于1，那么这个公司的债券评级通常要低于B-。

根据不同等级长期债券的平均收益率，计算得到1990年3月债券等级与负债成本的关系（见表7-9）。

表7-9   **债券等级与负债成本**

债券等级	负债利率（%）	对国库券的风险溢价（%）
AAA	9.30	0.30
AA	9.70	0.70
A+	10.00	1.00
A	10.25	1.25
A−	10.50	1.50
BBB	11.00	2.00
BB	11.50	2.50
B+	12.00	3.00
B	13.00	4.00
B−	14.00	5.00
CCC	15.00	6.00
CC	16.50	7.50
C	18.00	9.00
D	21.00	12.00

下面，我们来看看波音公司的债券等级。这需要计算不同负债水平下的利息保障倍数。来看波音公司在1990年的简化的利润表（见表7-10）和负债比率（D/（D+

E）提高的影响（见表7-11）。

表7-10 简化的波音公司利润表 单位：百万美元

营业收入	27 500	
一营业费用	（25 437）	
折旧息税前收入	2 063	
一折旧	（675）	
一利息费用	（26.87）	利息保障倍数= （1 361.13+26.87）÷26.87=51.7
税前盈余	1 361.13	
一税收	（462.78）	
税后盈余	898.35	
+折旧	675	
经营现金流	1 573.35	

表7-11 负债比率（D/（D+E））提高的影响 金额单位：百万美元

负债利率	10%	20%
负债	1 646	3 292
折旧息税前收入	2 063	2 063
−折旧	（675）	（675）
息税前收益	1 388	1 388
−利息费用	（160）	（346）
税前盈余	1 228	1 042
−税收	（418）	（354）
税后盈余	810	688
利息保障倍数	8.69	4.02
债券等级	A A	A−
利率	9.70%	10.50%
税后负债成本	6.40%	6.93%

同理，我们可以根据债券等级对应的利率计算得到负债率在30%~90%之间的负债的税后成本，分别是7.59%，9.24%，9.90%，11.72%，13.90%，14.42%，14.81%。

限于篇幅，此处不再一一列举，有兴趣的读者可以自己计算。

4）不同负债水平下的加权平均资本成本

既然我们已经确定了不同负债水平下的权益成本和负债成本，那么就可以根据权益与负债的权重计算出来加权平均的资本成本。

从图7-3中可以看出来，由于负债成本低于权益成本，所以当负债增加时加权平均的资本成本逐渐下降，当负债率达到30%时，综合资本成本最低，为13%，随后随着负债率的提高，综合资本成本会上升。

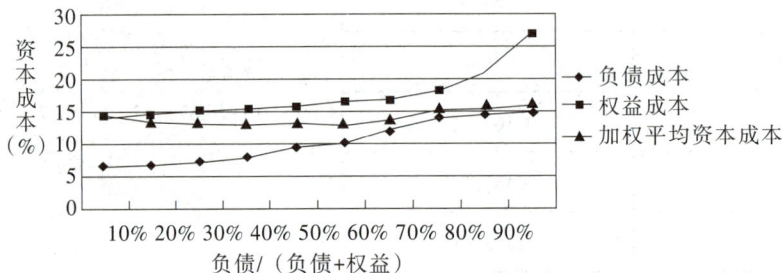

图7-3　资本成本与财务杠杆的关系

5）对公司价值的影响

资本成本的变动对公司价值影响很大。下面我们利用股息不变增长模型来计算公司价值。这要知道两个变量，一是现金流量，二是增长率。已知公司价值164.59亿美元，资本费用为8亿美元，当前加权资本成本为14.09%。

公司现金流量＝息税前盈余×（1-税率）+折旧-资本费用

＝1 388×（1-25%）+675-800=916（百万美元）

另外，根据股息不变增长模型可以得到增长率为：

$$g = \frac{公司价值 \times 加权资本成本 - 公司现金流量}{公司价值 + 现金流量}$$

$$g = \frac{16\,459 \times 14.09\% - 916}{16\,459 + 916} = 8.08\%$$

确定资本成本引起公司价值的变动可以通过以下公式来计算：

最优负债比率带来的成本节约＝（WACC现行-WACC最优）×公司价值

＝（14.09%-13.00%）×16 459=179.4（百万美元）

$$公司价值增加 = \frac{每年节约的成本(1+g)}{WACC_{最优} - g} = \frac{179.4 \times (1+8.08\%)}{13\% - 8.08\%} = 3\,940.97（百万美元）$$

所以，如果公司负债率提高到30%，公司价值将会从164.59亿美元增加到211.76亿美元。

波音公司发行在外的普通股股份为2.32亿股，如果股东对于公司增加负债融资的反应是理性的，那么股价预期变为：

$$股价的提高 = \frac{公司价值增加}{发行在外的股份} = \frac{3\,940.97}{232} = 17.00（美元）$$

这意味着波音公司股价会从当前的每股69.75美元的水平提高到每股90.08美元，股价上涨22.57%。如果波音公司保持资产规模不变，那么对资本结构进行调整是通过增加负债和回购股份来实现的，所以股价会在宣布回购的消息之日而上涨，所有股东都会从中受益。

本章小结

资本成本是指企业为筹集和使用资金而付出的代价，体现为资金供给者所要求的必要报酬率，是企业用资费用和有效筹资额的比率。加权平均资本成本（weighted average cost of capital，WACC）是以各种资本占全部资本的比重为权数对个别资本成本进行加权平均确定的。边际资本成本是指筹资规模每增加一个单位而增加的成本。资本成本概念用于进行筹资方式选择决策中。边际资本成本与企业追加筹资的决策有关，而加权平均资本成本与资本结构的决策有关，对公司价值有关键性影响。留存收益融资的机会成本至少等于股东把其再投资所获得的收益。确定权益资本成本有三种方法：资本资产定价模型、风险溢价法以及股利增长模型。相对而言，资本资产定价模型适用更加广泛。可转债成本分为负债和权益两个部分来分别计算。负债成本是可转债在转换前作为直接债券的价值，而权益部分价值则等于可转债的市场价格减去直接债券的价值。经营杠杆被用来衡量经营风险的大小，是企业计算利息和所得税之前的盈余（简称息税前利润）变动率与销售量变动率的比率。财务杠杆用来衡量财务风险的大小，表示息税前盈余变动对每股盈余变动的影响。财务杠杆越大，企业负债率越高，财务风险越大。资本结构（capital structure）是指企业各种资本的价值构成及其比例，特别是长期债务资本和权益资本（股本）的构成比例。该比例的高低，通过加权资本成本变化，直接影响企业价值的高低。MM 理论认为，在考虑了公司税之后，公司价值会随着财务杠杆系数提高而增加，资本结构或者说筹资组合对公司价值有显著影响。公司的最佳资本结构是使公司价值最高而不一定是每股收益最大的资本结构。在公司价值最大的资本结构下，公司的加权平均资本成本是最低的。

关键概念

资本成本　长期借款成本　长期债券成本　权益资本成本　留存收益　资本资产定价模型　无风险利率　β 系数　风险溢价法　股利增长模型法　加权平均资本成本　边际资本成本　筹资突破点　经营风险　经营杠杆　财务风险　财务杠杆　总杠杆　资本结构　MM 资本结构理论　权衡理论　代理成本理论　信号传递理论　啄序理论　每股收益无差别点　最佳资本结构　利息保障倍数

综合训练

✔ 复习思考

1.资本成本的含义和影响因素有哪些？

2.简述财务杠杆与经营杠杆的含义及其联系。

3.MM 资本结构理论的基本结论是什么？

4."资本成本只需依据所评估的投资方案的风险而定，所以我们不用考虑公司整体的资本成本"，你对于这句话有什么看法？

✔ **应用训练**

XYZ公司是一家全部以股本融资的公司，其财务报表摘要如下：

资产负债表（单位：元）		损益表（单位：元）	
总资产	3 000 000	销售收入	5 625 000
普通股（100 000股）	1 000 000	减：成本	4 725 000
留存利润	2 000 000	息税前利润（$EBIT$）	900 000
总权益	3 000 000	减：所得税（25%）	225 000
		税后利润（EAT）	675 000

注：息税前利润（$EBIT$）为销售收入的16%。

现公司拟增新资本 1 000 000 元。有两种融资方案可供选择：一是按80元/股的价格发行普通股；二是发行利率为12%的公司债券。若公司扩资成功，销售收入可望增加到 6 500 000 元，$EBIT$ 将按与销售额增长的同样比例增至新的水平。

要求：

（1）计算目前该公司的 EPS。

（2）计算两种融资方案的 EPS 相等时的临界点 $EBIT$。

（3）计算两种融资方案的 EPS 各为多少。

✔ **课程思政**

华夏幸福创立于1998年，主要从事房地产、工业园区预计基础设施建设投资业务。华夏幸福2011年借壳上市成功，2017年成为国内地产大鳄，公司净资产在2011年为40亿元，2020年高达914亿元。然而，2018年市场形势发生变化，公司在建项目停滞、资金链断裂，2021年公司净资产降至238亿元，并陷入破产重组境地。

回顾过去的发展历程，华夏幸福将国家政策利好以及独特的产业新城PPP模式创新性结合，使公司利润在2011—2017年一路高歌猛进，且增速不断提升。同时，华夏幸福存货和总资产的大规模增加，使其经营杠杆不断提高。华夏幸福始终以产业新城为主要经营模式，前期投入高且运营周期长，平均项目合作期限达20年以上，存货相比同行更难以变现。另外，华夏幸福在2011—2017年多次发行公司债、短期融资券、信托贷款等，通过对外筹资得以进一步扩张，其财务杠杆一直保持较高的水平。正是因为华夏幸福高财务杠杆的模式，才能支撑其在各地复制产业新城模式，在房地产行业的"黄金时期"不断发展，成为房地产行业的"黑马"突出重围。然而，面对市场和政策的调整，华夏幸福仍然坚持杠杆经营，导致大量项目堆积、资金占用成本飙升，杠杆风险成倍增加，最终面临巨额亏损，陷入债务危机，曾经助其腾飞的高杠杆也成为陨落根源。

问题：

在华夏幸福的案例中，试分析如何在政策与职业伦理之间找到平衡，以避免高杠杆经营导致的财务危机？

你认为公司在过度扩张时应采取哪些措施来控制财务风险？

延伸阅读

1. 赵胜民，闫红蕾，张凯. Fama-French 五因子模型比三因子模型更胜一筹吗——来自中国 A 股市场的经验证据 [J]. 南开经济研究，2016（2）：41-59.

2. 罗斯，威斯特菲尔德，乔丹. 公司理财 [M]. 崔方南，谭跃，周卉，译. 北京：机械工业出版社，2020.

3. 布里格姆，休斯顿. 财务管理精要 [M]. 亚洲版·原书第 3 版. 北京：机械工业出版社，2017.

即测即评 7

综合训练
参考答案 7

第8章

营运资本管理

目标引领

☑ 价值塑造

本章引导学生关注企业现实问题，理解营运资本管理对企业高质量发展的意义，树立诚实守信、合作共赢的职业价值观和大局意识。

☑ 知识传授

通过本章学习，掌握营运资本的概念，了解现金持有动机、应收账款、存货的成本，以及现金、存货、应收账款的管理方法；能够评价公司流动资产组合策略，确定最佳现金持有量以及存货、应收账款的最佳投资规模。

思维导图

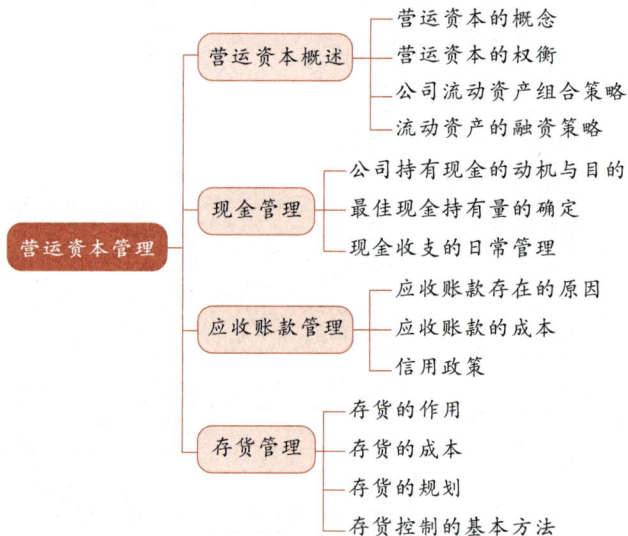

- 营运资本概述
  - 营运资本的概念
  - 营运资本的权衡
  - 公司流动资产组合策略
  - 流动资产的融资策略
- 营运资本管理
  - 现金管理
    - 公司持有现金的动机与目的
    - 最佳现金持有量的确定
    - 现金收支的日常管理
  - 应收账款管理
    - 应收账款存在的原因
    - 应收账款的成本
    - 信用政策
  - 存货管理
    - 存货的作用
    - 存货的成本
    - 存货的规划
    - 存货控制的基本方法

开篇导读

CTJC公司是提供涵盖云计算、大数据、安全灾备服务、网络系统建设、系统运营维护以及移动互联网应用等在内的融合ICT服务商，主要服务于政府部门和金融、建筑、通信领域的客户。截至2021年，CTJC公司营业收入已经突破60亿元，5年复合增长率达到17.36%，然而净利润却增长缓慢，去年竟下降了32%，资产净利率只有可怜的 3.75%。CTJC 公司的盈利能力下降和公司近几年总资产周转率下降有很大关系。CTJC 公司资产总额中流动资产占比为 87%，负债中 99% 为流动负债，占资产总额比重平均为 45%，问题进一步指向 CTJC 公司的营运资本管理。5 年间，公司营运资本规模从 23.43 亿元上升到 46.06 亿元，年均复合增长率为 18.41%，营运资本周转率却从 2017 年的 1.54 次下降到 1.32 次。5 年间，流动资产规模从 49.7 亿元上升到 2020 年的 101.85 亿元，年均复合增长率为 19.65%，流动负债则从 26.27 亿元上升到 55.79 亿元，年均复合增长率为 20.72%，流动负债规模增速总体上快于流动资产。这在一定程度上暴露出 CTJC 公司营运资本管理上存在的问题。

这个案例说明，营运资本是企业生存和发展"流动的血液"，其本质是对利益相关者的关系管理。良好的营运资本管理不但能够维持企业的日常生产经营，还能够提升企业整体的投入产出效率，保证企业经营过程中的资金都得到充分高效利用，从而进一步提升企业的盈利能力。本章将介绍什么是营运资本以及企业如何进行营运资本管理。

8.1 营运资本概述

8.1.1 营运资本的概念

营运资本有广义和狭义之分。广义的营运资本是指公司的流动资产的总额。狭义的营运资本，又称净营运资本，即公司流动资产减去流动负债后的余额，实际上是公司以长期负债和权益资本为来源的那部分流动资产（如图 8-1 所示）。公司金融中提到的营运资本，一般指的是狭义的营运资本。其公式如下：

净营运资本=流动资产-流动负债

=长期负债+所有者权益-固定资产

其中，流动资产是可以在一年以内或超过一年的一个营业周期内变现或运用的资产。流动负债是需要在一年以内偿还的债务。该公式表明，如果流动资产大于流动负债，则净营运资本为正数，与它相对应的"净流动资产"要以长期负债或股东权益的一定份额为其资本来源。企业的净营运资本越多，它履行当期财务责任的能力越强。

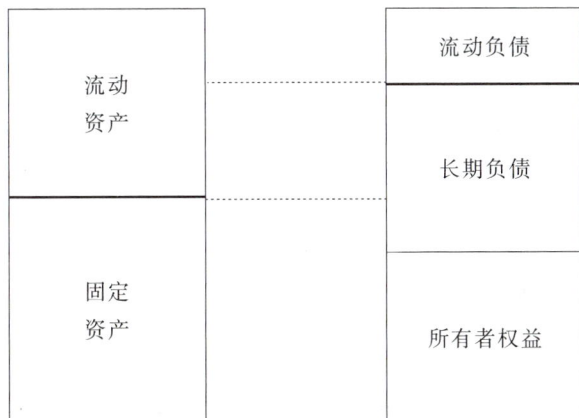

图8-1 净营运资本

公司持有营运资本主要基于以下三个方面的考虑：第一，营运资本是公司开展正常生产经营活动的基础；第二，营运资本规模影响公司的经营风险；第三，营运资本是公司解决现金流入量与流出量不同步性和不确定性的有效手段。

鉴于流动资产与固定资产盈利能力上的差异，以及短期资本与长期资本成本上的差异，净营运资本越多，就意味着企业是以更高的筹资成本将长期资本运用到盈利能力较低的流动资产上，从而使企业整体的盈利水平相应地降低。所以，公司营运资本管理要解决两个问题：一是确定流动资产的投资规模。在确定流动资产（现金、有价证券、应收账款和存货）的最佳数量或水平时，公司财务管理人员必须权衡获利能力与风险承受能力之间的关系。二是确定与流动资产相匹配的资金来源。公司要考虑如何筹措资金的问题。作为公司的财务管理人员，在对营运资本进行管理的时候，必须注意以下事项：（1）流动资产占公司总资产的比例必须适度；（2）重视流动负债融资的便利性和低成本；（3）流动资产与流动负债相匹配。

8.1.2　营运资本的权衡

最佳营运资本决策存在一个权衡问题。拥有大量的营运资本（即流动资产超过流动负债）可以降低流动风险，但是会减少现金流量。所以，在进行营运资本决策时应该综合考虑两种影响相抵之后的净效应。

（1）现金流量效应

营运资本的变动会影响现金流量。增加营运资本会减少现金流量，因为投资于营运资本的现金不能够同时投资于其他资产，而减少营运资本则会增加现金流量。营运资本的变动对现金流量的影响受到多种因素影响。

① 生产经营所需的营运资本投资额。公司营运资本占经营现金流量或者销售收入比重越大，营运资本对现金流量的影响往往也越大。例如，一个房地产商存货的增减变化所引起的现金流量的变化远远大于一家房地产中介公司存货变动对现金流量的影响。这是因为服务型企业所需要的营运资本较少。

② 营运资本的增补。不同类型的营运资本对现金流量有不同的影响。例如，增加证券资产虽然也会减少现金流量，但是因为有投资收益（利息或者股利），现金流量受到的影响较小。但是增加存货却会给现金流量带来较大负面影响。因为持有存货不会带来任何现金收益，反而产生存储成本和管理成本。

（2）流动效应和经营效应

增加营运资本有助于降低公司面临的流动性风险。营运资本对流动性风险的影响取决于以下因素。一是筹资的可得性。易于取得外部资金的公司比难以取得外部资金的公司面临的流动性风险要小，因为这些公司可以从外部获得融资来偿还到期债务。这意味着与易于获得商业信用或者从金融市场融资的大公司相比，小公司因营运资本下降而遭遇的流动性风险更大。二是经济状况。在经济衰退时，公司因营运资本变动要承受更大的流动性风险。在经济繁荣时，风险要大大降低。三是未来现金流量的不确定性。公司通常利用经营所得现金流量支付到期流动性债务。如果公司的现金流量可预测并且稳定，那么拥有较低的营运资本也可以保持正常生产经营。但是如果未来的现金流量不稳定，就需要保持较多的营运资本。

经营效应是指维持较高的营运资本规模能够带来更多的营业收入或者影响潜在的营业收入增长率。比如，保持较高的存货水平能够让公司增加销售，至少可以避免因需求增长而存货不足导致的损失。再比如，虽然提供较多的商业信用会对现金流量产生副作用，但是会扩大销售，增加应收账款额，从而可能增加营业收入和利润。

（3）最佳营运资本水平

从以上分析可以看到，增加营运资本会减少现金流量同时会降低流动性风险，而增加营运资本可能会增加收入和经营现金流量。公司经理要在这二者之间进行权衡，作出是否要增加营运资本的决策。一般来讲，只有收益大于成本，才应该增加营运资本。最佳营运资本应该确保边际收益等于边际成本，或者说是使公司价值最大化。

请看下面这个案例。假设某公司年营业收入为 1 000 万元，营业利润占营业收入的 10%。营业收入与营业利润同比例增长。如果公司不需要营运资本，其税后营业利润增长率预计为每年 3%，资本成本为 12.5%。随着营运资本的增加，营业利润预期增长率也将（以递减的速度）增加，资本成本降低，见表 8-1。

表8-1　　　　　　　　　　　　　公司价值与营运资本的关系

营运资本（占收入比例，%）	预期营业收入增长率	资本成本（%）	公司价值（万元）
0	3.00	12.50	1 084.21
10	4.00	12.45	1 183.43
20	4.50	12.40	1 208.86
30	4.83	12.35	1 201.77
40	5.08	12.30	1 174.36
50	5.28	12.25	1 132.06
60	5.45	12.20	1 077.78
70	5.59	12.15	1 013.29
80	5.72	12.10	939.73
90	5.83	12.05	857.87
100	5.93	12.00	768.20

表 8-1 说明营运资本变动对公司价值的影响。没有营运资本的时候，按照不变增长模型，公司价值等于：

$$公司价值 = \frac{100 \times (1 + 3\%)}{12.5\% - 3\%} \approx 1\,084.21（万元）$$

现在假定营运资本占营业收入的 10%。营业收入增长率从 3% 增加到 4%，资本成本从 12.5% 下降为 12.45%，那么预期现金流量将因为营运资本的增加而减少。

$$下一年度预期现金流量 = 下一年度预期营业利润 - 预期营运资本的增加额 = 100 \times (1 + 4\%) - 1\,000 \times 4\% \times 10\% = 100（万元）$$

其中，预期营运资本的增加额=营业收入的增加额×营运资本占收入的百分比。

$$公司价值 = \frac{100}{12.45\% - 4\%} \approx 1\,183.43（万元）$$

假定营运资本增加到100%，那么：

$$公司价值 = \frac{100 \times (1 + 5.93\%) - 1\,000 \times 5.93\% \times 100\%}{12\% - 5.93\%} \approx 768.20（万元）$$

从中可以看到，公司价值与营运资本之间存在紧密联系。当营运资本占收入20%时，公司价值达到最大。

（4）营运资本管理的行业差异

不同的行业有不同的营运资本管理政策，并且每个行业的营运资本政策又会随时间的变化而变化。有研究表明，我国不同行业的上市公司的营运资本管理具有显著性差异，而同一行业的营运资本则具有高度稳定性。各个行业营运资本管理与其影响因素之间都存在显著的相关关系，不过同一因素对各行业的影响方向和影响力度是不一样的。

鉴于难以确定最佳营运资本的影响因素，所以在实践中很多公司采用行业对比的方法来确定适合本公司的营运资本比率。表8-2显示的是美国一些行业的营运资本比率。

表8-2 　　　　　　　　　　　　　美国部分行业营运资本比率

行业	营运资本占收入的比率（%）
农业	31.30
制药业	43.15
消费品	13.72
设备制造业	25.11
银行及金融服务业	9.84
房地产业	46.03
保险业	17.44
零售业	13.95
批发业	17.36
娱乐业	22.75
矿业	39.48
饮料	7.26
平均	18.81

公司通常参考行业水平来制定自己的营运资本政策。不过如果大家都这样做，就会导致各家公司的营运资本比率过高或者过低。而且，某家公司的营运资本率高于或者低于行业平均水平，也并不能说明该公司的营运资本投入过多或者过少，这是因为

营运资本比率还要受到公司特征差异的影响。所以，在参考行业水平的同时，公司还应该尽可能制定适合自己的最佳营运资本比率政策。

8.1.3　公司流动资产组合策略

公司流动资产的需要量可分为正常需要量和保险储备量。前者是指满足正常生产经营需要而持有的流动资产；后者是指为应对意外情况的发生，在正常生产经营需要量以外而储备的流动资产（可进一步划分为基本保险量和额外储备量）。公司流动资产组合策略应视流动资产正常需要量和保险储备量之和以及它们之间的关系确定。

依据流动资产的数量变动情况，可以将流动资产的组合策略分为稳健的资产组合策略、中庸的资产组合策略、激进的资产组合策略三大类型（如图8-2所示）。

图8-2　流动资产组合策略

（1）激进的资产组合策略

公司在确定流动资产数量时，只安排正常生产经营需要量而不安排或只安排很少的保险储备量。采用这种策略，公司的流动资产投资少了，可以获得较高的投资报酬率，但是财务风险较大。

（2）稳健的资产组合策略

公司在确定流动资产数量时，在正常生产经营需要量和基本保险量的基础上，再加上一部分额外储备量。采用这种策略，公司的流动资产投资多了，可以降低公司的财务风险。

（3）中庸的资产组合策略

公司在确定流动资产数量时，在正常生产经营需要量的基础上，再适当加上基本保险量。

针对以上三种不同的资产组合策略，从投资报酬来看，激进的资产组合策略报酬最高，中庸的资产组合策略报酬次之，稳健的资产组合策略报酬最低。从偿债能力来看，由于风险大小与偿债能力相反，稳健的资产组合策略偿债能力最强，中庸的资产组合策略偿债能力次之，激进的资产组合策略偿债能力最弱。

作为公司财务人员，在确定公司流动资产组合策略时，应该对影响公司资产组合的因素有所了解。这些影响因素主要有：①风险与报酬。在筹资组合不变的情况下，较多地使用流动资产，可以降低公司的风险；较多地使用固定资产，则可以提高公司的收益，从而提高公司的投资报酬率。②公司的经营规模。大公司有较强的筹资能力，承担风险的能力较强，因而可以较多地投资于固定资产，降低流动资产的投资比例。③行业特点。制造业相较零售业具有较多的固定资产需要量，而对流动资产的需要量较低。④利率水平。在利率水平较高时，公司应减少对流动资产的投资。反之，可以增加对流动资产的投资。

8.1.4 流动资产的融资策略

在确定了流动资产投资策略后，就需要为流动资产融资。为了更清楚地理解这一问题，我们首先对流动资产及其资金来源进行分类。

按照投资的时间长短，企业的流动资产可以分为临时性流动资产和永久性流动资产。临时性流动资产是受季节性、周期性影响的流动资产，如季节性存货、销售旺季的应收账款等，属于短期的资金需求。永久性流动资产则是企业处于经营淡季时也需要保留的、用于满足企业长期稳定运行的流动资产。相应的，流动资产的资金来源可以分为临时性负债和永久性资金来源。临时性负债是指为了满足临时性流动资金需要所发生的负债，如商业零售企业春节前为满足节日销售需要，超量购入货物而形成的债务。永久性资金来源则包括长期负债、权益资本以及自发性流动负债。自发性流动负债是指直接产生于企业持续经营中的负债，如商业信用筹资和日常运营中产生的其他应付款，以及应付职工薪酬、应付利息、应交税费等。

根据不同类型资金来源的组合，流动资产融资策略可以分为激进型、稳健型和配合型筹资政策。

激进型筹资政策的特点：短期金融负债不但为临时性流动资产的资金需要提供融资，还解决部分永久性资产的资金需要（如图 8-3 所示）。

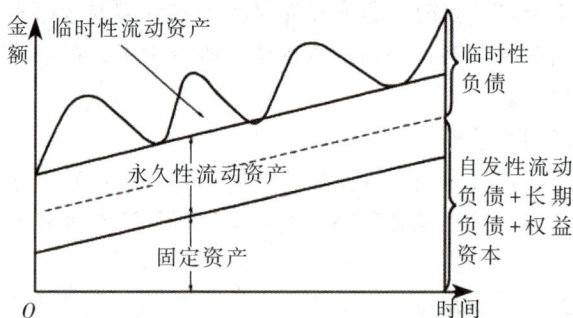

图 8-3 激进型筹资策略

稳健型筹资政策的特点：短期金融负债只满足部分临时性流动资产的资金需要，另一部分临时性流动资产和长期性资产则由长期负债、自发性负债和权益资本作为资金来源（如图 8-4 所示）。

配合型筹资政策的特点：对于临时性流动资产，运用临时性负债筹集资金；对于永久性流动资产和长期资产，运用长期负债、自发性负债和权益资本筹集资金满足其资金需要（如图 8-5 所示）。

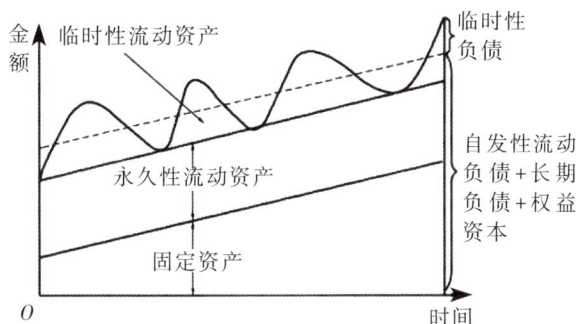

图8-4　稳健型筹资策略

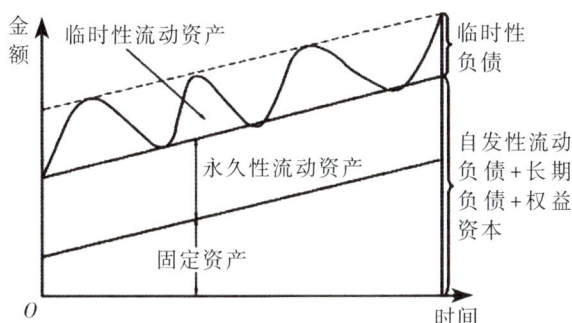

图8-5　配合型筹资策略

8.2　现金管理

这里所说的现金包括公司的库存现金、银行存款和其他货币资金。

8.2.1　公司持有现金的动机与目的

1）持有现金的动机

公司持有一定数量的现金，主要基于下列动机：

（1）支付动机

支付动机又称交易动机，是指公司为满足日常交易活动的需要而持有现金。这是公司持有现金的主要动机。如公司在生产经营过程中，购买原材料、支付工资、缴纳税金、偿还到期债务、派发现金股利等都需用现金支付。由于公司的现金流入量与流出量在时间与数额上通常存在一定程度的差异，因此需要持有一定数量的现金。

（2）预防动机

预防动机是指公司为预防意外事件的发生而必须持有一定数量的现金。例如，航空公司的现金流具有较高的不确定性，天气情况、燃料价格等因素使其现金需求预测困难，因此，航空公司通常会持有较多现金余额。

（3）投机动机

公司为满足投机需要而持有现金。投机动机可分为三类，一是证券市场上投资机会，比如某只股票因为政策利好而出现股价上涨的机会；二是有利可图的市场机会，如遇有廉价原材料或其他资产供应的机会，便可用手头持有的现金及时购入；三是好的项目投资机会，公司持有现金就可以及时支付保证金或者预付金，从而锁定项目获取收益。

（4）其他动机

公司除了以上三个动机持有现金外，也会基于满足将来某种特定要求的考虑，或者为满足银行补偿性余额的要求而持有现金。某种特定要求的考虑包括：①获得商品交易中的现金折扣，从而获得更多的收益。②维持与提高公司的信用等级。在评定公司的信用等级或进行公司信用分析时，现金的绝对额与相对数是一项很重要的指标。③有效地提高公司在商业竞争中的灵活性。

2）现金管理的目的

现金管理主要是合理确定现金持有量。其必要性在于：现金属于非营利性资产，过多持有会降低公司的盈利能力；现金持有量不足则会导致较大的财务风险。

因此，现金管理的目的是：在保证公司生产经营所需要现金的同时，节约使用资金，并从暂时闲置的现金中获得最多的利息收入，最终达到既保证公司交易所需要的资金，降低财务风险，又不使现金过多闲置的现金管理目标。

8.2.2 最佳现金持有量的确定

基于公司持有现金的动机，要求必须保持一定数量的现金余额。确定最佳现金持有量的模式主要有现金周转期模式、成本分析模式、存货模式、因素分析模式。

1）现金周转期模式

现金周转期模式是从现金周转的角度出发，根据现金的周转速度来确定最佳现金持有量。

（1）现金周转期

现金周转期是指从现金投入生产经营开始，到最终转化为现金所经历的时间。这个过程经历三个周转期：①存货周转期。将原材料转化为产成品并出售所需要的时间。②应收账款周转期。将应收账款转换为现金所需要的时间，即从产品销售到收回现金的期间。③应付账款周转期。从收到尚未付款的材料开始到现金支出之间所用的时间。

现金周转期的计算公式：

现金周转期=存货周转期+应收账款周转期−应付账款周转期

（2）最佳现金持有量计算

在现金周转期模式下，最佳现金持有量计算公式为：

$$Q^* = \frac{Q}{360} \times T$$

式中：Q^*——最佳现金持有量；

Q——公司年现金需求总额；

T——现金周转期。

【例8-1】宁晖股份有限公司预计计划年度存货周转期为120天，应收账款周转期为80天，应付账款周转期为70天，预计全年需要现金1 400万元，求最佳现金持有量是多少？

根据题意可得：

现金周转周期T=120+80-70=130（天）

最佳现金持有量$Q^* = \dfrac{Q}{360} \times T = \dfrac{1\,400}{360} \times 130 \approx 505.56$（万元）

需要注意的是，根据现金的周转速度来确定最佳现金持有量是基于以下几点假设：①假设现金流出的时间发生在应付款支付的时间。事实上，原材料的购买发生在生产与销售过程中，因此，以上假设的结果是过高估计最低现金持有量。②假设现金流入等于现金流出，即不存在利润。③假设公司的购买—生产—销售过程在一年中持续稳定地进行。④假设公司的现金需求不存在不确定性因素（这种不确定性因素将影响公司现金的最低持有量）。如果上述假设条件不存在，则得到的最佳现金余额将发生偏差。

2）成本分析模式

成本分析模式是通过分析持有现金的有关成本，预测其总成本最低时现金持有量的一种方法。

（1）公司持有现金的成本

公司持有现金是有代价的，通常持有现金的成本包括持有成本、转换成本和短缺成本。

①持有成本

现金的持有成本是指公司因保留一定现金余额而增加的管理费用及放弃将其用于其他投资机会而可能获得的收益。实际上，现金持有成本包括持有现金机会成本和管理成本两部分。

机会成本是公司把一定的资金投放在现金资产上所付出的代价，如：因持有现金而不对外放贷会放弃利息收入，不对外投资就会放弃投资收入。简言之，现金机会成本就是放弃投资收益的代价，即投资机会成本。现金机会成本与现金持有量成正比。计算公式如下：

现金机会成本=资本成本率×现金持有量

例如，如果一个公司的加权平均资本成本是6%，年均持有50万元的现金，那么这家公司每年的现金机会成本为3万元。

现金管理成本是公司对日常存放的现金资产进行管理而付出的代价，包括建立、执行、监督、考核现金管理内部控制制度的成本，编制执行现金预算的成本以及相应的安全装置购买、维护成本等。它是一种相对固定的成本，与现金持有量没有明显对应关系。

②转换成本

公司留存大量现金需要承担很大的机会成本，使用现金购买有价证券就可以避免这种损失。短期有价证券可以作为现金的替代品，通过买卖证券来调剂现金余缺，又可以获得比现金高的收益。但是在证券与现金之间转换要发生各种费用，如委托买卖佣金、委托手续费、证券过户费、交割手续费等，这些构成了现金的转换成本。

③短缺成本

现金的短缺成本是指公司由于缺乏现金资产而无法应对各种必要的业务和还贷等方面的开支或者失去投资机会而造成的损失。例如，公司因未能持有规定的现金余额而向银行支付的罚金，因在银行的活期存款账户上透支而影响未来贷款等。现金的短缺成本随现金持有量的增加而下降。

（2）运用成本分析模式确定最佳现金持有量的步骤

第一步，根据不同现金持有量测算并确定有关成本数值；

第二步，按照不同现金持有量及有关成本资料编制最佳现金持有量测算表；

第三步，在测算表中找出总成本最低的现金持有量，即最佳现金持有量。

【例8-2】宁晖公司有四种现金持有方案，各方案的相关成本资料见表8-3，不予考虑转换成本。要求：计算该公司的最佳现金持有量。

表8-3　　　　　　　　　　　　　　　现金持有量备选方案表　　　　　　　　　　金额单位：万元

项目 ＼ 方案	A	B	C	D
现金持有量	15 000	25 000	35 000	45 000
资本成本率	10%	10%	10%	10%
管理成本	3 000	3 000	3 000	3 000
短缺成本	8 500	4 000	3 500	0

根据上表编制公司最佳现金持有量测算表，见表8-4。

表8-4　　　　　　　　　　　　　　　现金最佳持有量表　　　　　　　　　　　　单位：万元

方案	现金持有量	机会成本	管理费用	短缺成本	总成本
A	15 000	15 000×10%=1 500	3 000	8 500	13 000
B	25 000	25 000×10%=2 500	3 000	4 000	9 500
C	35 000	35 000×10%=3 500	3 000	3 500	10 000
D	45 000	45 000×10%=4 500	3 000	0	7 500

通过表8-4分析比较各方案的总成本可知，D方案的总成本最低，因此，450 00万元为公司现金最佳持有量。

3）存货模式

存货模式是借用存货的管理方法进行现金管理，以确定最佳现金持有量的方法。运用存货模式确定最佳现金持有量，一般只考虑因持有一定量的现金而产生的持有成本及转换成本，而不予考虑短缺成本。这是分析现金管理问题的一个经典方法，又称为鲍默尔模型。该模式下的现金总成本和最佳现金持有量的计算公式如下：

现金总成本=持有成本+转换交易成本

即：

$$T_c = R \times \frac{Q}{2} + F \times \frac{S}{Q}$$

式中：S：一定时期内的预计现金需求总量；

R：同期的有价证券利率；

F：每次证券转换为现金的固定成本；

Q：公司期初现金持有量。

对式中的 Q 求导，并令一阶导数等于零，整理后得到最佳现金持有量：

$$Q^* = \sqrt{\frac{2FS}{R}}$$

那么，总成本：

$$T_c = \sqrt{2SFR}$$

现金转换次数：

$$N = \frac{S}{Q^*} = \sqrt{\frac{SR}{2F}}$$

这种方法基于以下假设：公司的现金需求不存在不确定性因素；收入是每隔一段时间发生一次，而支出则是在一定时期内均匀发生的。

从图8-6可以看出，由于各项成本同现金持有量的变动关系不同，使得现金管理总成本线呈抛物线形，抛物线的最低点为成本最低点，该点所对应的现金持有量便是最佳现金持有量，此时总成本最低。

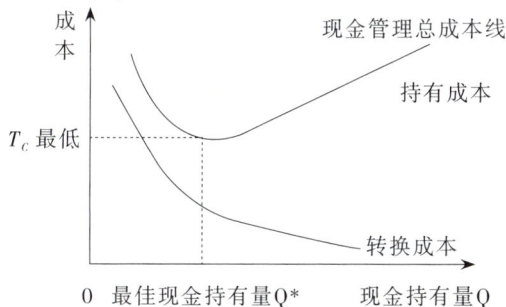

图8-6 最佳现金持有量

【例8-3】宁晖公司预计今年3月份所需要的现金总额为900 000元，同期的有价证券利率为0.9%，每次证券转换为现金的固定成本为50元。求公司现金的最佳持有量、月内现金转换次数及月内持有现金的成本总额。

由题意知，转换成本 F 为50元，所需现金总额 S 为900 000元，利率 R 为0.9%，根据存货模式计算公式，现金最佳持有量为：

$$Q^* = \sqrt{\frac{2FS}{R}} = \sqrt{\frac{2 \times 50 \times 900\,000}{0.9\%}} = 100\,000(元)$$

现金转换次数 $N = \dfrac{S}{Q^*} = \dfrac{900\,000}{100\,000} = 9(次)$

持有现金的成本总额 $T_c = \sqrt{2SFR} = \sqrt{2 \times 50 \times 900\,000 \times 0.9\%} = 900(元)$

4）因素分析模式

因素分析模式是根据上年现金占用额和有关因素的变动情况，来确定最佳现金余额的一种方法。其计算公式如下：

最佳现金余额=（上年的现金平均占用额−不合理占用额）×（1±预计销售收入变化的百分比）

例如，宁晖公司去年平均占用现金为 3 000 万元，经分析，其中有 80 万元的不合理占用额，今年销售收入预计较去年增长 15%。则今年公司最佳现金持有量为：

（3 000-80）×（1+15%）=3 358（万元）

因素分析模式考虑了影响现金持有量高低的基本因素，计算过程比较简单。但是这种模式假设现金需求量与营业收入呈同比例增长，在现实中这种情形较少。因此公司财务人员在采用此模式时应多加注意。

8.2.3 现金收支的日常管理

公司提高现金收支日常管理效率的方法主要有三种：

一是加速现金回收。在分析公司收款、发票寄送、支票邮寄、业务处理、款项到账等流程的前提下，采用银行存款箱制度和集中银行制等现金回收方法，尽可能缩短收款浮账时间。收账浮账时间，是指收账被支票邮寄流程、业务处理流程和款项到账流程所占用的收账时间的总称。

在不影响未来销售的前提下，公司应该尽可能地加快货款的收现，并尽快将其转化为可支配资金。公司应该尽量做到：（1）减少顾客付款的在途时间；（2）减少公司支票兑现的时间；（3）加速资金的进账过程。

二是延缓付款速度。在不影响公司商业信誉的前提下，尽可能地推迟应付款项的支付期，充分利用供货方所提供的信用优惠，积极采用集中应付账款、利用现金浮游账量等手段。现金浮游账量，是指公司从银行存款账户上开出的支票总额超过其银行存款账户的余额。

三是力争现金流入与现金流出同步。在实际工作中，公司要合理安排供货和其他现金支出，有效地组织销售和其他现金流入，使现金流入与现金流出的波动基本一致。

8.3 应收账款管理

公司应收账款投资具有双重性。一方面，应收账款投资具有强化竞争、扩大销售的功能；另一方面，应收账款又会带来相应的机会成本、管理成本和坏账损失。最大限度地提高应收账款的投资收益是应收账款管理的目标。

8.3.1 应收账款存在的原因

应收账款存在的主要原因是赊销，即公司给客户提供商业信用。这样一来，公司的一部分资金就被顾客占用，由此发生应收账款成本。不过赊销可以给公司带来两大好处：

一是增加公司的销售量，提高市场竞争能力。赊销能为顾客提供方便，从而扩大公司的销售规模，提高公司产品的市场占有率；在银根紧缩、市场疲软和资金匮乏的情况下，赊销的促销作用是十分明显的。特别是在销售新产品、开拓新市场时，赊销更具有重要意义。

二是减少公司的存货，加速资金周转。公司应收账款增加意味着存货的减少，而存货减少可以降低与存货相关的成本费用，如储存成本、保险费用和管理成本等。公司管理人员应当在增加赊销的收益与成本之间作出正确的权衡。

应收账款上的投资金额取决于赊销金额与平均收账期间。例如，一家公司的平均收账期间是 30 天，那么任何时候都将有 30 天的销售收入尚未收款。如果每天销售 10 000 元，那么平均而言，公司的应收账款就等于 30×10 000=300 000 元。公司应在信用政策所增加的盈利和这种政策的成本之间作出权衡。

8.3.2　应收账款的成本

1）机会成本

应收账款的机会成本是指因应收账款占用资金而失去将资金投资于其他方面所取得的收益。应收账款机会成本一般按有价证券的利息率计算，即：

机会成本＝应收账款平均占用额×利率

也可用公司的加权平均资本成本率来计算。即：

机会成本＝应收账款平均占用额×公司加权资本成本率

例如，宁晖公司资产负债表中应收账款余额年初为 600 万元，年末为 1 000 万元，该公司加权资本成本率为 12%，那么应收账款的机会成本为：

$$\frac{600 + 1000}{2} \times 12\% = 96(万元)$$

2）管理成本

一般来讲，公司为了维护自己作为债权人的利益，在应收账款的管理上必然会发生一些开支和费用，这些开支和费用就是应收账款的管理成本。它主要包括：对客户资信调查费用、应收账款账簿记录费用、收账费用以及其他费用等。

3）坏账成本

应收账款的坏账成本是指应收账款因故不能收回而发生的损失。此项成本一般与应收账款发生的数额成正比。

8.3.3　信用政策

信用政策指公司在应收账款投资管理方面确立的基本原则与行为规范。包括信用标准、信用条件与催收政策。

1）信用标准

信用标准是公司用来衡量客户是否有资格享有商业信用的基本条件，也是客户要求赊销所应具备的最低条件。信用标准一般使用预期的坏账损失率作为衡量标准。它主要是根据本公司的经营状况和财务状况、市场竞争程度和客户的信誉情况等综合因素来制定的。

如果公司制定的信用标准过低，就会有利于公司扩大销售，提高产品的市场占有率，但坏账损失风险和收账费用将因此而大大增加；如果公司信用标准过分苛刻，许多因信用品质达不到设定标准的客户被拒之于公司门外。这样虽然能降低违约风险及收账费用，但同样会严重影响公司产品销售，延误公司市场拓展的机会。

通常在制定公司信用标准时，应考虑以下三个基本方面的因素：

（1）同业竞争对手的情况。同业竞争对手采用什么信用标准是公司制定信用标准的参考依据。如果竞争对手实力很强，则公司应采取较低的信用标准，以增强公司的竞争力。不考虑同业竞争对手的做法则有可能使公司信用标准不适当而陷入困境：信用标准过高，会使公司失去市场竞争优势；信用标准过低，又会使公司背上沉重的财务负担。

（2）本公司承担风险的能力。如果公司具有较强的承担违约风险的能力，信用标准就可以定得较低，来提高公司的市场竞争力，多争取客户，广开销售渠道；反之，如果公司承担违约风险的能力较为脆弱，就只能制定比较严格的信用标准，以尽可能地降低违约风险程度。

（3）客户的资信程度。制定公司信用标准，通常是在调查、了解和分析客户资信情况后，根据客户坏账损失率的高低，对客户的信用作出评估，在此基础上决定是否给客户提供赊销，以及提供多少赊销。

对客户进行信用评估时，一般从五个方面来考查，称作5C评估法。①信用品质。信用品质是指客户的信誉，是客户履行按期偿还货款的诚意、态度及赖账的可能性。②偿付能力。偿付能力是指客户偿还债务的能力。③资本。资本是指客户的财务实力，主要根据资本金和所有者权益的大小、比率来判断，表明客户可以偿还债务的背景和最终保证。④抵押品。抵押品是提供作为授信安全保证的资产。这对于不知底细或信用状况有争议的客户尤为重要。客户提供的抵押品越充足，信用安全保障就越充分。⑤经济条件。经济条件是指可能影响客户付款能力的经济环境。主要了解在经济状态发生变化时或一些特殊的经济事件发生时，会对客户的付款能力产生什么影响。对此，应着重了解客户以往在困境时期的付款表现。

要对客户进行信用评价，首先要了解客户的信用状况，而要了解客户的信用状况，就需要有一定的信息渠道。调查了解客户信用状况的信息渠道主要有三条：一是通过与客户有经济往来的各个公司和机构的调查访问来了解客户的信用状况；二是借助一些中介机构，如社会调查机构、信用分析机构来了解客户的信用状况；三是在合法和得到许可的情况下，向客户的开户银行了解有关资料。

2）信用条件

信用条件是指公司要求顾客支付赊销款项的条件，包括信用期限、折扣期限与现金折扣（率）三项。信用条件的基本表现方式如"2/10，n/30"，意思是：若客户能够在发票开出后的10天内付款，可以享受2%的现金折扣；如果放弃折扣优惠，则全部款项必须在30天内付清。在此，30天为信用期限，10天为折扣期限，2%为现金折扣率。

信用期限是公司要求客户付款的最长期限。对公司而言，规定出恰当的信用期限很重要。对于信用期限的确定，主要可采用分析信用期限长短对公司收入和成本的影响的方法。例如，对于延长信用期限，一方面可以增加销售收入和收益，但另一方面，会增加相应的机会成本、管理费用和坏账损失。因此，在进行信用期限决策时，应使得由赊销增加的边际收入不小于边际成本，否则，就不宜延长。

折扣期限是为顾客规定的可享受现金折扣的付款时间。

现金折扣是指当顾客提前付款时给予的优惠。也就是说，公司给予的现金折扣实际上是对信用折扣期内的贷款利息的免除。一方面，现金折扣可加速账款回收，减少应收账款的机会成本与坏账损失等；另一方面，现金折扣则会造成价格损失。因此，当公司确定现金折扣及期限时，应使得现金折扣的机会收益不小于其成本。

放弃现金折扣的成本 M 计算公式为：

$$M = \frac{折扣率}{1 - 折扣率} \times \frac{360}{信用期限 - 折扣期限}$$

【例8-4】卖方公司提供给某公司的信用条件为："3/30，n/60"，求该公司放弃现金折扣的成本。

根据题意得：

$$M = \frac{折扣率}{1 - 折扣率} \times \frac{360}{信用期限 - 折扣期限}$$
$$= \frac{3\%}{1 - 3\%} \times \frac{360}{60 - 30}$$
$$= 37.11\%$$

公司向客户提供优惠的信用条件能够增加销售量，这是因为越优惠的信用条件，客户将来付款的现值就越小，相当于销售价格越低。但同时也会带来额外的负担，使应收账款数额增大，增加应收账款成本。因此，公司要综合考虑成本与收益的关系，确定合理的信用条件。

启智增慧8-3

企业的收账政策

3）催收政策

催收政策是指当客户违反信用条件，拖欠甚至拒付账款时，公司所采取的收账策略与措施。如信函、电话、派员催收及诉诸法律行为等。

8.4 存货管理

存货是公司的一项重要资产，是指公司在生产经营过程中为销售或者耗费而储备的各种商品和材料物资。它包括在产品、自制半成品、原材料、燃料、低值易耗品、包装物等。存货是公司流动资产中流动性最差的项目。

8.4.1 存货的作用

存货是公司的一项特殊资产，它是一项不能给公司直接带来收益的必要投资，也是一项维持公司正常生产经营活动的必要准备。其存在意义在于：一是避免或减少出现停工待料、中断供货等事故，保证生产或销售的连续性而需要的存货。二是出于价格方面的考虑。零购物资的价格往往较高，而整批购买在价格上常有优惠。

过多的存货要占用较多的资金，并且会增加包括仓储费、保险费、维修费、管理人员工资等在内的各项开支。存货占用资金是有成本的。

存货管理的目标是要最大限度地降低存货投资上的成本，即以最小的成本提供公司生产经营所需的存货。戴尔公司的存货管理效率曾经成为行业标杆，仅保持8天的存货，康柏、IBM和惠普都曾极力效仿。现在，基于5G的工业物联网为企业系统规

划产供销提供了强有力的科技手段，完全可以做到以销定产，并提高生产环节的衔接转运效率，从而使企业库存管理更加高效。

8.4.2 存货的成本

要想持有一定数量的存货，必然会有一定的成本支出。存货成本主要包括取得成本、储存成本和短缺成本三部分。

1）存货的取得成本

存货的取得成本，又称存货的进货成本，由购置成本和进货费用两部分组成。

（1）购置成本

购置成本又称进价成本，是存货本身的价值，只与购买总量和单价有关，是数量与单价的乘积，可视为固定成本，属于决策无关成本。购置成本可用 SC 来表示，其中 S 表示年需要量，p 表示单价。

（2）订货成本

订货成本又称进货费用，是公司为组织进货而开支的费用，主要有订货办公费、差旅费、邮资、电话电报费、运输费、检验费、入库搬运费等支出。订货成本中有一部分与订货次数无关，如常设机构的基本开支等，称为订货的固定成本（可用 F_1 表示）。订货成本中的另一部分与订货次数有关，如差旅费、邮资等，称为订货的变动成本（每次进货量可用 Q 表示，每次订货的变动成本可用 v_s 来表示）。

在实际工作中，很难准确区别订货的固定成本和变动成本。

$$存货的取得成本 = F_1 + \frac{S}{Q} \times v_s + SP$$

2）存货的储存成本

存货的储存成本是公司为持有存货而发生的费用。它包括存货占用资本的资本成本、存货的保险费、存货的财产税、存货建筑物与设备的折旧费与财产税、仓库职工工资与福利费、仓库的日常办公费与运转费、存货残损霉变损失等储存成本。按照与储存数额的关系可分为固定性储存成本和变动性储存成本。

存货的固定性储存成本与存货的数量多少无关，如存货建筑物与设备的折旧费、仓库职工固定工资、仓库的日常办公费与运转费等，用 F_2 来表示；储存变动成本与存货的数量有关，如存货占用资金的资本成本、存货的保险费、存货残损霉变损失，用 $v_c \times \frac{Q}{2}$ 表示。其中，v_c 表示单位储存成本，Q 表示每次进货量。

存货的储存成本通常由存货价值的一定百分数来衡量。一般来讲，各个公司储存成本都是在存货价值的 20%~25% 间变动。

$$存货的储存成本 = F_2 + v_c \times \frac{Q}{2}$$

3）存货的短缺成本

存货的短缺成本是指公司因存货不足，无法满足生产和销售需求时发生的费用和损失。它具体包括：（1）由于材料供应中断，所造成的生产进度中断、损失，紧急采购代用材料而发生的额外购入成本；（2）由于成品供应中断，导致延迟交货所承担的罚款，及因此而发生的顾客信誉损失与其他一切费用；（3）公司由于存货不足而丧失销售机会的损失等。

8.4.3　存货的规划

公司的存货规划是指在确定公司占用资金数额的基础上，编制存货资本计划，以便合理配置存货资金的占用数量。其中，节约使用公司存货资金数额的测算是存货规划中最重要的内容。它的具体测算方式分两类：一类是从总体上测算公司存货资金数额；另一类是分别测算各公司生产过程中各阶段的存货资金占用情况，即分别测算储备资金、生产资金和产成品资金等的占用情况。

1）确定存货资金占用额的基本方法

公司确定存货资金占用额的基本方法有周转期计算法、因素分析法、比例计算法等。

（1）周转期计算法

周转期计算法又称定额日数法，是根据各种存货平均每天周转额和存货资金周转日数来确定占用资金数额。计算公式是：

存货资金占用额=平均每天周转额×资金周转日数

这种方法通常适用于对原材料、在产品和产成品等存货资金占用数额的测定。

假设一家公司年销售成本为800 000元，年末存货价值为200 000元。计算存货周转天数为365/（年销售成本/年末存货价值）=365/（800 000/200 000）=91天。则存货资金占用额为年末存货价值×存货周转天数/365=200 000×91/365≈49 863元。

（2）因素分析法

因素分析法是以上一年资金实际占用额为基础，分析计划年度各项变动因素，加以调整后核定其占用资金的数额。计算公式是：

存货资金占用额=（上年存货资金平均占用额−不合理平均占用额）×（1+计划年度营业额增长率）×（1−计划年度存货资金周转加速率）

这种方法主要适用于品种繁多、规格复杂和价格较低的材料物资；对于供、产、销数量变化不大的中小公司，也可用此法来匡算全部存货资金占用数额。

假设一家公司上年存货资金平均占用额为500 000元，不合理平均占用额为50 000元，计划年度营业收入预计增长10%，计划年度存货资金周转速度提高20%，那么计划年度的存货资金占用额等于（500 000−50 000）×（1+10%）×（1−20%）=396 000元。

（3）比例计算法

比例计算法根据存货资金和有关因素之间的比例关系，来测定公司存货资金的占用额。下面，以销售收入存货资金率法为例进行说明，其计算公式为：

存货资金数额=计划年度销售收入总额×计划年度销售收入存货资金率

$$\begin{matrix}计划销售收入\\存货资金率\end{matrix}=\left[\left(\begin{matrix}上年存货资金\\平均余额\end{matrix}-\begin{matrix}不合理\\占用额\end{matrix}\right)\Big/\begin{matrix}上年实际销售\\收入总额\end{matrix}\right]\times\left(1-\begin{matrix}计划年度存货\\资金周转加速率\end{matrix}\right)$$

假设一家公司上年营业收入为1 200 000元，存货资金平均占用额为900 000元，不合理平均占用额为50 000元，计划年度营业收入预计增长5%，计划年度存货资金周转速度提高10%，那么计划年度的存货资金占用额为：

1 200 000×（1+5%）×［（900 000−50 000）/1 200 000］×（1−10%）=803 250（元）。

2）各阶段存货资金占用额的测算

（1）储备资金占用额的测算

储备资金是指公司从用现金购买各项材料物资开始，到把它们投入生产为止的整个过程所占用的资金。公司储备资金包括的项目很多。现以原材料为例，说明其资金占用数额的测定方法。原材料资金占用额的大小，取决于计划期原材料平均每日耗用量、原材料计划价格、原材料的资金周转天数三个基本因素。计算公式是：

原材料资金占用额＝原材料平均每日耗用量×原材料计划价格×原材料资金周转日数

假设一家公司上年原材料平均每日耗用量1 000千克，计划年度原材料价格10元/千克，经测算原材料资金周转天数30天，那么计划年度原材料资金占用额为1 000×10×30＝300 000元。

（2）生产资金占用额的测算

公司的生产资金是指从原材料投入生产开始，直至产品制成入库为止的整个过程所占用的资金，主要是指在产品所占用的资金。其计算公式是：

在产品资金占用额＝产品每日平均产量×产品单位计划生产成本×在产品成本系数×生产周期

其中，在产品成本系数要视具体情况而确定。

假设公司平均每日产量为8 000件，单位计划生产成本为60元/件，生产资金周转日数为15天，产品成本系数为0.45。那么在产品资金占用额为8 000×60×0.45×15＝3 240 000元。

（3）产成品资金占用额的测算

公司的产成品资金是指产成品从制成入库开始，直到销售取得货款或结算货款为止的整个过程所占用的资金。产成品资金占用额的测定公式是：

产成品资金占用额＝产成品每日平均产量×产成品单位计划生产成本×产成品资金周转日数

其中，产成品资金周转日数＝（产成品存货平均余额÷平均每日销售成本）。

假设公司平均每日产量为900件，计划单位生产成本为50元。年初产成品库存为70 000件，年末库存为20 000件，销售成本为1 400 000元。那么产成品资金占用额为900×50×［（70 000+20 000）/2÷（1 400 000÷365）］≈5 279 464.28元。

公司根据上述方法在分别测定储备、生产、产成品资金占用额后，即可汇总编制存货资金计划表，并据此确定公司存货资金占用额。

8.4.4 存货控制的基本方法

确定最佳的存货水平，并对之实施有效的控制，是存货管理的关键。存货控制的基本方法主要有经济订购量法和ABC分类法等。

1）经济订购量（EQQ）

经济订购量模型是一种用于确定最佳订购数量的方法，以最小化库存持有成本和订购成本。

决定存货订购量的成本因素主要有：存货成本中的变动性进货费用（简称进货费用）、变动性储存成本（简称储存成本）以及允许缺货时的存货短缺成本。

（1）经济订购量模型的假设

经济订购量模型的假设前提有：①公司一定时期的存货总量能准确地预测；②存货耗用量或者销售量比较均衡；③存货价格稳定，且不存在数量折扣，进货日期完全由公司自行决定；④当公司仓库存货量降为零时，下一批存货都能立即一次性到位；⑤仓库条件及所需现金不受限制；⑥不允许出现缺货情形；⑦所需存货市场供应充足，不会因买不到所需存货而影响其他方面。

不同的存货成本与经济订购量呈现出不同的变动关系。增加订购量，减少订购次数，虽然有利于降低进货费用与存货短缺成本，但同时会导致储存成本的提高；而减少订购量，增加订购次数，在影响储存成本降低的同时，会导致进货费用与存货短缺成本的提高。由此可见，公司订购过程中要解决的主要问题，就是协调各项成本之间的关系，使存货总成本保持最低水平。

如前述假设前提，公司不存在短缺成本。因此，与存货订购批量、批次直接相关的就只有进货费用和储存成本了。如图 8-7 所示，储存成本随订货规模的上升而提高，而订货成本（即进货费用）则相反，存货总成本在储存成本线与订货成本线相交的那一点（进货量 Q）达到了最小。可见，订货成本（即进货费用）与储存成本总和最低水平下的订购量，就是经济订购量。

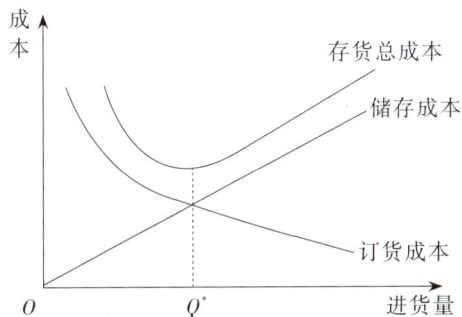

图8-7　存货成本与经济订购量的变动关系

（2）EQQ模型

根据上述存货成本与订购量之间的变动关系，可得到存货总成本的计算公式如下：

$$T_C = v_s \times \frac{S}{Q} + v_c \times \frac{Q}{2}$$

式中：T_C——存货总成本；v_s——平均每次订购费用（即单位订货成本）；

S——一定时期存货需求总量；

Q——一次订货量；

v_c——一定时期单位存货的（变动性）储存成本。

对上述公式的 Q 求导，并令一阶导数等于零，得到经济订购量 Q^*：

$$T_C' = \frac{K}{2} - \frac{ES}{Q^2} = 0$$

则，$Q^* = \sqrt{\dfrac{2ES}{K}}$

经济订购量下的总成本为：$T_C = \sqrt{2ESK}$

经济订购量的平均占用资金（W）为：

$$W = \frac{Q^*}{2} \times P = P\sqrt{\frac{ES}{2K}}$$

其中，P是存货的单位买价。

年度最佳订购批次：$N = \dfrac{S}{Q^*} = \sqrt{\dfrac{SK}{2E}}$

【例8-5】GH公司预计年耗用A材料6 000千克，单位采购成本为15元，单位储存成本为9元，平均每次进货费用为30元，假设该材料不会缺货，试计算：①A材料的经济进货批量；②经济进货批量下的总成本；③经济进货批量的平均占用资金；④年度最佳进货次数。

根据题意可知，S=6 000千克，P=15元，K=9元，E=30元。

①A材料的经济订购量（Q^*）：

$$Q^* = \sqrt{\dfrac{2 \times 30 \times 6\,000}{9}} = 200(千克)$$

②经济订购量下的总成本（T_c）：

$$T_c = \sqrt{2 \times 6\,000 \times 30 \times 9} = 1\,800(元)$$

③经济订购量的平均占用资金（W）；

$$W = \dfrac{Q^*}{2} \times P = \dfrac{200}{2} \times 15 = 1\,500(元)$$

④年度最佳订购批次（N）：

$$N = \dfrac{S}{Q^*} = \dfrac{6\,000}{200} = 30(次)$$

上述计算表明，当订购量为200千克时，订货费用与储存成本总额最低。

在实际工作中，通常存在数量优惠即价格折扣以及允许一定程度的缺货等情形，公司财务人员必须同时结合价格折扣及缺货成本等不同的情况具体分析，灵活运用EQQ模型。

【例8-6】宁晖公司预计明年小五金销售量将达到3 600套，储存成本为存货购买价格的25%，单位存货的购买价格为40元，每批订货的可变订货成本为125元。计算：①经济订购量；②经济订购量的平均存货投资；③如果销售量缩小至预计销售量的1/4，则最佳经济订购量又是多少？

根据题意可知，S=3 600套，P=40元，v_c=40×0.25=10元，v_s=125元。

①经济订购量（Q^*）：

$$Q^* = \sqrt{\dfrac{2 \times 125 \times 3\,600}{10}} = 300(套)$$

②经济订购量的平均存货投资（W）：

$$W = \dfrac{Q^*}{2} \times P = \dfrac{300}{2} \times 40 = 6\,000(元)$$

③如果销售量缩小至预计销售量的1/4，则经济订购量（Q^*）：

$$Q^* = \sqrt{\dfrac{2 \times 125 \times 900}{10}} = 150(套)$$

通过计算可以知道，该公司的销售额缩小至预计销售量的1/4（即由3 600套变为900套）时，经济订购量缩小一半（即由300套变为150套）。如销售量增长4倍，只能够导致存货量增加2倍。一般的规则是经济订购量将随着销售额的平方根的增长而增长，因此，销售额的任何增长都会引起存货相应比例增长。公司财务人员在确定存货控制标准时，应该牢记这一点。

2）ABC 分类法

所谓 ABC 分类法，就是按照一定的标准，将公司的存货划分为 A、B、C 三类，分别实行分品种重点管理、分类别一般控制和按总额灵活掌握的存货管理、控制的方法。ABC 分类管理的目的在于使公司分清主次，突出重点，以提高存货资金管理的整体效果。

存货 ABC 分类的标准主要有两个：第一，金额标准，它是最基本的标准；第二，品种数量标准，它仅作为参考标准。

存货按 ABC 分类的基本特点如下：属于 A 类存货，金额巨大，但品种数量较少，一般来说，其品种数占全部存货总品种数的 10% 左右，而价值最高可达 70% 左右；属于 C 类的存货是品种繁多，但金额却很小的项目，通常这类存货的品种数占 70% 而价值却只占 10% 左右；而 B 类存货则介于二者之间，品种数与价值都在 20% 左右。三类存货在品种数与价值量上的特点如图8-8所示。

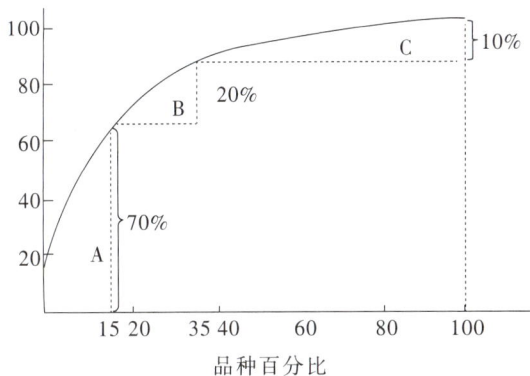

图8-8 三类存货品种数与价值量的关系图

根据 ABC 分类法，针对三类存货的不同特点，需采取不同的管理方法。A 类存货占用公司绝大部分的资金，只要能够控制好该类存货，一般不会出现什么大问题。因此，对于 A 类存货应按品种重点管理和控制，实行最为严格的内部控制制度（比如说定期盘点的间隔期最短），逐项计算各种存货的经济订购量与再订货点，并经常检查有关计划和管理措施的执行情况，以便及时纠正各种偏差。对于 B 类存货，可按类别进行控制管理。由于 B 类存货金额相对较小，而品种数量远多于 A 类存货，因此不必像 A 类存货那样严格管理，可通过分类别的方式进行管理和控制。对于 C 类存货，可按总额灵活掌握，进行一般控制和管理。在管理上可采用较为简化的方法，只要把握一个总金额就可以了。

启智增慧 8-5

工业物联网对于存货管理的意义

本章小结

净营运资本是流动资产与流动负债之差，营运资本增加会减少公司的现金流量，营运资本的减少会增加公司的现金流量。营运资本决策需要权衡风险和收益。增加营运资本可以降低流动性风险，提高增长率，但是会导致现金流出增加，其净效应可能为正也可能为负。最佳营运资本规模就是使得公司价值最大的规模。公司持有现金以及现金等价物的数量取决于满足交易性、投机以及预防性需求的收益与持有现金的机会成本之间的权衡。公司制定存货政策的关键是在高存货、低订货成本和高储存成本之间作出取舍。如果可以获得订货成本与存储成本的信息，就可以按照平方根模型确定最佳存货规模。确定最佳的存货水平，并对之实施有效的控制，是存货管理的关键。存货控制的基本方法主要有经济订购量模型和 ABC 分类法等。公司需在应收账款信用政策所增加的盈利和其增加的违约风险成本之间作出权衡。

关键概念

净营运资本　现金管理　应收账款管理　存货管理　经济订购量（EQQ）模型

综合训练

复习思考

1. 最佳营运资本决策要权衡哪些因素？
2. 公司的流动资产投资组合策略有哪三种，各自的特点是什么？
3. 现金持有成本包括哪些？
4. 确定最佳现金持有量的模式有哪些？
5. 应收账款的信用政策包括什么内容？
6. 存货的成本包括哪些？
7. 确定存货资金占用额的基本方法有哪些？

应用训练

某公司预计的年度赊销收入为 6 000 万元，信用条件是（2/10，1/20，n/60），其变动成本率为 65%，行业基准折现率为 8%，收账费用为 70 万元，坏账损失为赊销收入的 4%。预计占赊销额 70% 的客户会利用 2% 的现金折扣，占赊销额 10% 的客户利用 1% 的现金折扣，其余客户在第 60 天付款。一年按 360 天计算。

要求计算：

（1）现金折扣损失；
（2）信用成本前收益；
（3）平均收账期；
（4）应收账款机会成本；
（5）信用成本后收益。

课程思政

1. 一些公司经常逾期付款或享受他们没有资格享受的折扣。这对供应商有何影响？这种行为对公司本身有什么负面影响吗？

2. 在进行营运资本管理时，你发现公司通过不合规的手段（例如虚报应收账款或延迟支付供应商款项）来提高短期财务表现，以满足财务指标目标和管理层的要求。这些手段虽符合公司的短期利益，但可能违反国家的监管规定。作为营运资本经理，你的职责在于将职业伦理与国家政策相融合作为指导原则开展工作，以实现合规且道德的业务运营。请提出解决方案。

延伸阅读

即测即评 8

1.陈剑，黄朔，刘运辉. 从赋能到使能——数字化环境下的企业运营管理 [J]. 管理世界. 2020，36（2）：117-128；222.

综合训练
参考答案 8

2.罗斯，威斯特菲尔德，乔丹. 公司理财 [M]. 崔方南，谭跃，周卉，译. 北京：机械工业出版社，2020.

第9章

股利政策

目标引领

☑ 价值塑造

　　本章引导学生思考股利政策和分红对于公司高质量发展的重要意义，协调长远发展与当前利益的关系，树立社会责任感。

☑ 知识传授

　　通过本章的学习，掌握股利政策理论和股利政策类型；了解股利的不同种类以及股利支付方式的概念和区别。能够分析股利政策的影响因素，清晰地阐述不同股利政策的特点。

思维导图

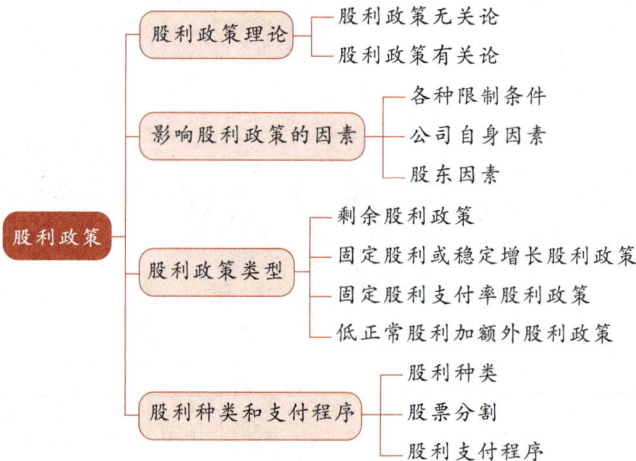

开篇导读

　　股利分配政策是公司最重要的财务决策之一。目前中国股市中存在相当比例的异常低派现或异常高派现的上市公司。作为数字经济服务和新基建运营的领先提供商，润泽科技自2009年成立以来一直紧跟国家发展数字经济的战略。2021年中国第三方IDC市场服务商业务规模占比中，润泽科技位列第五，成为第三服务商中的一匹"黑马"。润泽科技是创业板第一家成功借壳上市的公司，但在2022年10月19日，润泽科技在借壳上市后第一年分配现金股利约8.20亿元，几乎分光多年积累。

根据润泽科技公告中披露的内容，截至2022年9月30日，公司合并报表中可供分配的利润为1 424 521 834.02元，母公司报表中可供分配的利润为832 846 763.47元。润泽科技2022年前三季度利润分配方式是以公司现有总股本820 420 678股为基数，向全体股东按每10股派发现金红利10.00元（含税），合计派发现金红利人民币820 420 678元（含税）。本次利润分配没有进行资本公积转增股本，也不送红股，所以是一次现金分红。而润泽科技本次派发的现金红利总共占前三季度净利润99.98%，基本上将润泽科技多年积累的净利润分光，所以这无疑是一次高比例的派现行为。润泽科技本次"清仓"分红行为可以用信号传递理论、代理成本理论以及隧道理论进行解释。尽管从财务支撑的角度来说，润泽科技具有支付这次高比例分红的能力，但是在短期内高比例派现与润泽科技当前的偿债能力不匹配，会进一步加重其还款压力，消极影响可能会大于积极影响。从长期来看，润泽科技后期的募资计划落地，资金状况改善，声誉效应可能会逐渐显现，投资者对其认可度提高，积极影响可能会大于消极影响。

润泽科技案例说明，公司在制定股利分配政策时只有考虑多种因素，才能有助于企业发展。那么，哪些因素影响公司的股利政策呢？股利政策对公司价值有影响吗？本章将介绍相关理论，回答以上问题。

9.1　股利政策理论

股利政策理论的重点，主要在探讨股利政策是否会影响公司价值。有趣的是，如同资本结构是否会影响公司价值的争论一样，在股利政策理论研究方面也有两派立场相反的学者，一派以米勒（Miller）及莫迪利安尼（Modigliani）为首，主张股利政策不会影响公司价值，即所谓的股利政策无关论；另一派则主张股利政策会影响公司价值，即所谓的股利政策有关论，知名学者主要有戈登（Gordon）、杜兰德（Durand）及林特纳（Lintner）等人。

9.1.1　股利政策无关论

1）MM理论

1961年，米勒及莫迪利安尼两位学者（以下简称MM）认为股利政策并不会影响公司价值或是资金成本，即任何一种股利政策所产生的效果都可由其他形式的融资取代，此为股利政策无关论，即公司即使不按照股东的意愿来发放股利，股东也可以自制股利（homemade dividend）。

【例9-1】假设有一家无债公司共发行200股，存续期间为两年（在两年之后结束经营），其股东的必要报酬率与举债利率皆为10%。又设此无债公司的期初资本为零，每年产生20 000元的税后现金流入量，并全数作现金股利发放。目前公司正在考虑的股利政策有以下两种：

（1）A政策：每期均支付20 000元（每期支付每股100元）。

（2）B政策：第1期支付22 000元，第2期支付17 800元（第1期支付每股110

元，第2期支付每股89元）。

或许有人会问，为什么在B政策里，第1期支付了22 000元后，第2期只有17 800元（不等于税后现金流入总和40 000元）呢？这是由于此公司并没有足够的现金来支付第1期超过盈余的2 000元，故须以举债的方式（利率10%）取得融资；又因1年后公司清算时要偿还债务本息，届时须付2 000×（1+10%）=2 200元，故支付给股东的股利只剩下17 800元。

因此，由股利贴现模型可知，此无债公司在两种不同股利政策下的股价分别为：

$$\frac{100}{(1 + 10\%)} + \frac{100}{(1 + 10\%)^2} \approx 173.553 \qquad \text{A政策下的股价}$$

$$\frac{110}{(1 + 10\%)} + \frac{89}{(1 + 10\%)^2} \approx 173.553 \qquad \text{B政策下的股价}$$

上述结果反映出，无论公司采用何种股利政策，股价（即公司价值）并不受到影响。事实上，若公司采用的股利政策与股东中意的股利政策不一致时，股东可通过"自制股利"来达成其中意的政策所具有的财务效果。

【例9-2】沿用例9-1的资料：

（1）当股东中意的是A政策，但公司采行B政策时

第1期时，将多领的10元再投资于该公司的股票，故实际上只领到：110-10=100元。因再投资的报酬率为10%，故第2期时该投资将增值为11元，加上原先每股发放89元，共领到投资收益89+11=100元。这样的结果与A政策（每期每股100元）的股利政策安排是一样的。

（2）当股东中意的是B政策，但公司采行A政策时

第1期时先借入10元享用，使总所得变为：100+10=110元。到了第2期时，以所领到的股利100元支付欠债本利和11元（即10×（1+10%）），故总所得只剩下：100-11=89元。这样的结果与B政策（第1期每股110元、第2期每股89元）的付款安排是一样的。

由以上的讨论可知，似乎公司采用何种股利政策都不会影响到公司价值，同时股东本身更可通过自行投资或借贷来选择自己所偏好的股利政策，所以无论是从公司还是股东的角度来看，根本没有所谓的"最佳股利政策"存在。换个角度来看，在股利政策无关的前提下，MM认为公司的价值完全视其投资决策的成败而定（即EBIT的多少）——与此资本结构无关论的精神有异曲同工之妙。

2）支持股利政策无关论的其他论点

在现实世界中，MM理论本身有许多假设不一定能够成立。即使如此，仍然有许多不同的假说，可以解释股利政策不会影响公司价值的观点。

（1）信号效应

在MM的实证研究中发现，许多公司常较偏好稳定的股利政策，即使公司在某些年度绩效不好，通常也不愿意减发股利；而除非能预期未来盈余将高于目前水准或维持在稳定水准，否则也不会轻易增发股利。MM进一步认为，股利的增发可当作一种传达给投资人的正面信息——管理当局预期未来盈余会获得改善；而股利的减发则隐

含公司未来盈余状况不佳的信息。由于影响股价的因素是股利政策改变的信息内容（information content）而非股利本身支付金额的多少，因此没有所谓的最佳股利政策的存在。

为何股利支付额的改变可代表管理层对未来盈余或现金流量预期的一种信号（signal）呢？因为管理层属于公司的内幕人士（insider），能获取完整且重要的公司信息以及较能精确预期公司未来绩效，投资人却无法得到这些内幕信息进行分析，只好以股利额度的变化作为一个具可信度的信号，来预期公司未来的前景。此信号效应（signaling effect）的影响如同资本结构改变的信号效应一样。

（2）顾客效应

顾客效应是指公司设定的股利政策会吸引特定的投资人前来购买该公司股票，例如低收入或喜欢当期收入的投资人，偏好高股利支付的股票；高收入或不需靠当期收入过活的投资人，偏好低股利支付的股票。如果这种现象确实存在，则管理层可以制定一套特定的股利政策来吸引特定的投资人。当然，公司一旦建立了特定的顾客群，若忽然改变股利政策，则会丧失部分既有的股东，造成股价下跌；不过也会吸引另一批喜爱新股利政策的投资人。

换个角度来看一下顾客效应。假设原先证券市场中有50%的投资人喜欢股利政策x，但是全部公司中只有30%提供政策x，此时会发生什么现象呢？明显地，喜欢政策x的投资人会去买提供政策x的公司的股票，使该公司的股价上升；而其他未提供政策x的公司察觉改变股利政策的好处后，也将纷纷跟进改用政策x。这种股价调整的过程，将一直持续到所有喜欢政策x的投资人都买到实施政策x的公司股票为止；而当所有投资人被满足后，股利政策的改变也就无关于公司价值了。

上述的过程意味着若顾客效应存在，股利政策只是在股价上升的诱因下反映顾客效应的产物而已；由于股价走势将趋于均衡，股利政策最终也将与公司价值无关。然而顾客效应究竟存不存在？实证研究发现顾客效应是存在的，不过这也只是在许多研究限制下的统计推论，在现实世界里，顾客效应的存在仍是令人质疑与争议的财务问题。

9.1.2 股利政策有关论

在MM以外，另有一派学者认为公司股利政策会影响公司价值，特别在逐一放宽MM无关论的假设时，股利政策将变得愈来愈重要。

1）风险偏好

戈登认为投资人都是风险趋避者，较喜欢定期且立即可收现的现金股利，而非不确定的资本利得。因此在投资人评估公司价值时，会提高低股利支付公司的必要报酬率，来补偿远期现金流量的风险，导致该公司股价下跌。此理论又称为"一鸟在手理论"（bird in the hand theory），因为资本利得就如同停留在丛林中尚未被抓到的两只鸟一样，永远比不上一只握在手中的鸟——现金股利。根据一鸟在手理论，股利收入要比由留存收益带来的资本收益更为可靠，故需要公司定期向股东支付较高的股利，提高股利支付率才能增加公司价值。

2）税率差异

在税率存在的真实世界中，资本利得显然较现金股利好一些，因为资本利得税的税率较收入所得税的税率更低，同时资本利得只要未获实现，不用交税，直到证券出售、获利了结时方须缴纳。因此对投资人来说，其将赋予低股利支付率的公司较低的必要报酬率（也就是较高的评价），相对而言，采取高股利支付率的公司其价值也就较低了。

大量的实证研究表明，当收入所得税率提高时，公司会降低它的股利支付率。这表示管理层可能为了增加股东财富（为股东避税）而调整股利政策——降低股利支付率，以达成财务管理的重要目的，此即公司之所以需要考虑税率差异（tax differential）的原因。

3）发行成本

当考虑发行新普通股的发行成本（floatation cost）时，使用外部权益资金的成本较保留盈余成本高。因为在考虑了发行成本后，外部权益资金的成本（ke'）若以股利固定增长模式来估计，此值将大于使用保留盈余的成本（ke）：

$$ke' = \frac{D_1}{P_0(1-f)} + g > ke = \frac{D_1}{P_0} + g$$

式中，f 表示发行费用占每股股价的比例；$P_0(1-f)$ 表示扣除发行成本后，发行公司可得的每股实收价格。

由于 $P_0(1-f) < P_0$，故可知保留盈余成本 ke 小于外部权益资金成本 ke'。由于新普通股的资金成本较高，因此当公司有投资计划要实施时，应尽量使用内部盈余；万一资金不足，也应避免发行太多新股，以免提高了资金成本，使公司价值受损。

如此一来，管理当局必须适时地为公司累积盈余；同时，因公司通常不愿减发股利，故在制定股利政策时不得不审慎为之，此时股利政策与公司价值间的关系便呼之欲出了。

4）代理成本

这里所称代理成本，指的是股东与管理层之间的代理成本。由于管理层与股东之间的基本利益目标有冲突，导致股东们不得不设计一些措施来监督、控制管理层的作为，避免其作出不符合股东利益的决策；然而这些限制职权的措施往往容易延误商机，造成公司决策效率低下。这些负面现象即所谓的代理成本。

有些学者认为，通过股利的支付可以间接降低管理层与股东之间的代理成本，因为股利支付意味着可供再投资的保留盈余减少，而为满足未来增长的资金需求，公司将不得不使用额外的权益资金。由于发行新股的手续繁复且审查严格，管理层若不妥善地经营公司，将引起监管机构及投资人的注意，影响了整个经理人市场对管理者的评价。因此，管理层或许会在民间与政府的共同监督下，力求良好绩效，使代理问题的伤害降到最低，并间接提高公司的整体价值。

事实上，多数经营者都认定股利政策是公司十分重要的财务决策之一，特别是在现实世界中种种不确定因素（如信息不对称、投资人预期的异质性以及税率的差异等）的影响下，管理层必须了解公司各方面的特性，配合经济环境及行业趋势的变化，才能审慎地制定出适当的股利政策。

9.2　影响股利政策的因素

股利政策是公司财务管理的一项重要内容，它不仅仅是对投资收益的分配，还关系到公司的投资、融资以及股票价格等各个方面。因此，制定一个正确、稳定的股利政策是非常重要的。一般来说，在制定股利政策时，应当考虑到以下因素的影响。

9.2.1　各种限制条件

1）法律因素

为了保护投资者的利益，各国法律如《公司法》《证券法》等都对公司的股利分配进行一定的限制。影响公司股利政策的主要法律因素有：

（1）资本保全的约束。资本保全是为了保护投资者的利益而作出的法律限制。股份公司只能用当期利润或留存利润来分配股利，不能用公司出售股票募集的资本发放股利。这样是为了保全公司的股东权益资本，以维护债权人的利益。

（2）企业积累的约束。这一规定要求股份公司在分配股利之前，应当按法定的程序先提取各种公积金。这也是为了增强企业抵御风险的能力，维护投资者的利益。我国《公司法》明确规定，股份公司应按税后利润10%提取法定公积金，当法定公积金累计数额已达到注册资本50%以上时，可不再提取。企业在分配普通股股利之前还可以提取任意公积金。

（3）企业利润的约束。只有在企业以前年度的亏损全部弥补完之后，若还有剩余利润，才能用于分配股利，否则不能分配股利。

（4）偿债能力的约束。企业在分配股利时，必须保证充分的偿债能力。企业分配股利不能只看利润表上的净利润数额，还必须考虑到企业的现金是否充足。如果因企业分配现金股利而影响了企业的偿债能力或正常的经营活动，则股利分配就要受到限制。

2）债务契约因素

债务契约是指债权人为了防止企业过多发放股利，影响其偿债能力，增加债务风险，而以契约的形式限制企业现金股利的分配。这种限制通常包括：

（1）规定每股股利的最高限额。（2）规定未来股息只能用贷款协议签订以后的新增收益来支付，而不能动用签订协议之前的留存利润。（3）规定企业的流动比率、利息保障倍数低于一定标准时，不得分配现金股利等。

9.2.2　公司自身因素

公司自身因素的影响是指公司内部的各种因素及其面临的各种环境、机会而对其股利政策产生的影响。其主要包括现金流量、举债能力、投资机会、资金成本等。

（1）现金流量。企业在经营活动中，必须有充足的现金，否则就会发生支付困难。公司在分配现金股利时，必须考虑到现金流量以及资产的流动性，过多地分配现金股利会减少公司的现金持有量，影响未来的支付能力，甚至可能会出现财务困难。

（2）举债能力。举债能力是企业筹资能力的一个重要方面，不同的企业在资本市场上的举债能力会有一定的差异。公司在分配现金股利时，应当考虑到自身的举债能力如何，如果举债能力较强，在企业缺乏资金时，能够较容易地在资本市场上筹集到资金，则可采取比较宽松的股利政策；如果举债能力较弱，就应当采取比较紧缩的股利政策，少发放现金股利，留有较多的公积金。

（3）投资机会。企业的投资机会也是影响股利政策的一个非常重要的因素。在企业有良好的投资机会时，企业就应当考虑少发放现金股利，而增加留存利润，用于再投资，这样可以加速企业的发展，增加企业未来的收益，这种股利政策往往也易于为股东所接受。在企业没有良好的投资机会时，往往倾向于多发放现金股利。

（4）资本成本。资本成本是企业选择筹资方式的基本依据。留存利润是企业内部筹资的一种重要方式，它同发行新股或举借债务相比，具有成本低、隐蔽性好的优点。合理的股利政策实际上是要解决分配与留用的比例关系以及如何合理、有效地利用留存利润的问题。如果企业一方面大量发放现金股利，另一方面又要通过资本市场筹集较高成本的资金，这无疑有悖于财务管理的基本原则。因此，在制定股利政策时，应当充分考虑到企业对资金的需求以及企业的资本成本等问题。

启智增慧9-1

上市公司超能力分红现象

9.2.3　股东因素

股利政策必须经过股东大会决议通过才能实施，股东对公司股利政策具有举足轻重的影响。一般来说，影响股利政策的股东因素主要有以下几方面：

（1）追求稳定的收入，规避风险。有的股东依赖于公司发放的现金股利维持生活，如一些退休者，他们往往要求公司能够定期地支付稳定的现金股利，反对公司留利过多，还有些股东是"一鸟在手理论"的支持者，他们认为留存利润反而可能使股票价格上升所带来的收益具有较大的不确定性，还是取得现实的股利比较稳妥，可以规避风险，因此，这些股东也倾向于多分配股利。

（2）担心控制权被稀释。有的大股东持股比例较高，对公司拥有一定的控制权，他们出于对公司控制权可能被稀释的担心，往往倾向于公司少分配现金股利，多留存利润。如果公司发放了大量的现金股利，就可能会造成未来经营资金的紧缺。这样就不得不通过资本市场来筹集资金，如果通过举借新的债务筹集资金，就会增加企业的财务风险；如果通过发行新股筹集资金，有优先认股权的老股东必须拿得出一笔数额可观的资金，否则其持股比例就会降低，其对公司的控制权就有被稀释的危险。因此，他们宁愿少分现金股利，也不愿看到自己的控制权被稀释，当他们拿不出足够的现金认购新股时，就会对分配现金股利的方案投反对票。

（3）规避所得税。按照税法的规定，政府对企业征收企业所得税以后，还要对股东分得的股息、红利征收个人所得税。各国的税率有所不同，有的国家个人所得税采用累进税率，边际税率很高。因此，大股东为了避税往往反对公司发放过多的现金股利，而小股东因个人税负较轻，可能会欢迎公司多分红利。按照我国税法规定，股东从公司分得的股息和红利应按 20% 的比例税率缴纳个人所得税[①]，而对股票交易所得目前还没有开征个人所得税，因而，对股东来说，股票价格上涨获得的收益比分得股息、红利更具吸引力。

9.3　股利政策类型

不同的股利政策对公司的股票价格会产生不同的影响。因此，对于股份公司来说，制定一个正确的、合理的股利政策是非常重要的。股利政策的核心问题是确定分配利润与留存利润的比例，即股利支付比率问题。常用的股利政策主要有以下几种类型：

9.3.1　剩余股利政策

在制定股利政策时，企业的投资机会和资本成本是两个重要的影响因素。在企业有良好的投资机会时，为了降低资本成本，企业通常会采用剩余股利政策。所谓剩余股利政策，就是在企业确定的最佳资本结构下，税后净利润首先要满足投资的需求，然后若有剩余才用于分配股利。这是一种投资优先的股利政策。剩余股利政策是 MM 理论在股利政策上的具体应用。根据 MM 理论的观点，股利政策不会对公司的股票价格产生任何影响，公司在有较好的投资机会时，可以少分配甚至不分配股利，而将留存利润用于再投资。

采用剩余股利政策的先决条件是企业必须有良好的投资机会，并且该投资机会的预计报酬率要高于股东要求的必要报酬率，这样才能为股东所接受。采用剩余股利政策的企业，因投资者会对公司未来的获利能力有较好的预期，因而其股票价格会上升，并且以留存利润来满足最佳资本结构下对股权资本的需要，可以降低企业的资本成本，也有利于提高权益收益。剩余股利政策往往导致各期股利忽高忽低。

这里需要说明的是，根据修正的 MM 理论，企业都有一个最佳资本结构，在最佳资本结构下企业的综合资本成本才最低，企业才可能实现股东财富最大化的财务目标。因此，股利政策要符合最佳资本结构的要求，如果股利政策破坏了最佳资本结构，就不能取得使公司的综合资本成本达到最低的效果。

【例 9-3】假定光明电器公司今年的税后净利润为 6 800 万元，目前的资本结构为：债务资本 40%，股权资本 60%。该资本结构也是其下一年度的目标资本结构（即最佳资本结构）。如果下一年度该公司有一个很好的投资项目，需要投资 9 000 万元，该公司采用剩余股利政策，试确定应该如何融资？分配的股利是多少？

对于投资需要的 9 000 万元资本，光明电器公司可以有多种融资方法，但若利用留存利润的内部融资方式，可以有以下两种方法：

（1）公司将全部净利润用于该投资项目，再另外筹集 2 200 万元新的债务资本。

[①] 我国相关税法规定了减免个人所得税的 7 种情形，比如《财政部 国家税务总局 证监会关于上市公司股息红利差别化个人所得税政策有关问题的通知》（财税〔2015〕101 号）规定：个人从公开发行和转让市场取得的上市公司股票，持股期限超过 1 年的，股息红利所得暂免征收个人所得税。

这样公司就没有剩余利润用于分配股利。

(2) 公司根据目标资本结构的要求，需要筹集 5 400 万元的股权资本和 3 600 万元的债务资本来满足投资需要。这样，公司将净利润的 5 400 万元作为留存利润，还有 1 400 万元的净利润可用于分配股利，然后，再通过举债筹集 3 600 万元资金。

上述的第一种融资方法，虽然公司需向外部筹资的金额最少，但是这种方法破坏了最佳资本结构，会使公司的综合资本成本上升，因此不是最优筹资方案。而第二种融资方法，虽然需要向外部筹集较多的资本，但是它保持了企业的最佳资本结构，此时综合资本成本才是最低的。综上所述，剩余股利政策指的是第二种方法的股利政策，而不是第一种方法的股利政策。

9.3.2 固定股利或稳定增长股利政策

这是一种稳定的股利政策，它要求企业在较长时期内支付固定的股利额，只有当企业对未来利润增长确有把握，并且这种增长被认为不会发生逆转时，才增加每股股利。稳定的股利政策在企业盈利发生短暂变化时，并不影响股利的支付水平，而是保持稳定。实行这种股利政策者都支持股利政策有关论，他们认为企业的股利政策会对公司股票价格产生影响，股利的发放是向投资者传递企业经营状况的某种信息。实施这种股利政策的理由如下：

(1) 股利政策是向投资者传递重要的信息。如果公司支付的股利稳定，就说明该公司的经营业绩比较稳定，经营风险较小，这样可使投资者要求的股票必要报酬率降低，有利于股票价格上升；如果公司的股利政策不稳定，股利忽高忽低，这就给投资者传递企业经营不稳定的信息，从而导致投资者对风险的担心，会使投资者要求的股票必要报酬率提高，进而使股票价格下降。这样做的代价是，为了维持稳定的股利水平，有时可能会使某些投资方案延期，或者使公司资本结构暂时偏离目标资本结构，或者通过发行新股来筹集资金，可能会延误投资时机，或者使资本成本上升。

(2) 稳定的股利政策，有利于投资者有规律地安排股利收入和支出，特别是那些希望每期能有固定收入的投资者更欢迎这种股利政策。忽高忽低的股利政策可能会降低他们对这种股票的需求，这样也会使股票价格下降。

然而，也应当看到，尽管这种股利政策有其股利稳定的优点，但是它也可能会给公司造成较大的财务压力，尤其是在公司净利润下降或现金流紧张时，公司为了保证股利的照常支付，容易导致资金短缺，财务状况变差。因此，这种股利政策一般适用于经营比较稳定的企业。

9.3.3 固定股利支付率股利政策

企业每年都从净利润中按固定的股利支付率发放股利。这一股利政策使企业的股利支付与企业的盈利状况密切相关，盈利状况好，则每股股利额就增加，盈利状况不好，则每股股利额就下降，股利随经营业绩水涨船高。这种股利政策不会给公司造成较大财务负担，但是其股利可能变动较大，忽高忽低，可能向投资者传递该公司经营不稳定的信息，容易使股票价格产生波动，不利于树立良好的企业形象。

【例 9-4】假定天宇公司上年度税后净利润为 4 000 万元，该公司想维持目前的资产负债率45%。如果计划年度该公司决定投资一个项目，需要投资8 000万元，该公司实行固定股利支付率股利政策，股利支付率为10%。那么，投资该项目应从外部筹措多少权益资金？

由于该公司实行固定股利支付率股利政策，所以上一年度的留存收益为4 000×（1-10%）=3 600万元。而要维持资本结构不变，那么投资项目所需权益融资为8 000×（1-45%）=4 400万元，所以该公司从外部筹集的权益资本为4 400-3 600=800万元。

【例9-5】晨星股份公司发行在外的普通股为300万股，该公司2022年的税后利润为3 000万元，发放的股利为3元/股。2023年的税后利润为5 000万元。目前的资金结构为6∶4（即权益资本占60%，债务资本占40%）。已知现在的资金结构，企业的加权平均资本成本最低。该公司准备在2024年上一个项目，需要再投资2 500万元。请问：如果该公司采用固定股利支付率政策，则其在2023年的每股股利为多少？

采用固定股利比例政策时，公司要确定一个股利占盈余比例并按此比例支付股利，计算如下：

2022年每股盈余为：3 000÷300=10（元）。

2022年股利占盈余的比例为：3÷10=30%。

2023年发放的股利总额为：5 000×30%=1 500（万元）。

2023年每股股利为：1 500÷300=5（元）。

此时留存盈余为5 000-1 500=3 500（万元），能够满足2024年投资需要。

9.3.4 低正常股利加额外股利政策

这是一种介于稳定股利政策与变动股利政策之间的折中的股利政策。在这种股利政策下，每期都支付稳定的较低水平的股利，当企业盈利较多时，再根据实际情况发放额外股利。这种股利政策具有较大的灵活性，在公司盈利较少或投资需要较多资金时，可以只支付较低的正常股利，这样既不会给公司造成较大的财务压力，又保证股东能定期得到一笔固定的股利收入。低正常股利加额外股利政策，既可以维持股利的一定稳定性，又有利于使企业的资本结构达到目标资本结构，做到灵活性与稳定性较好地结合，因而为许多企业所采用。

【例9-6】假定星辉公司2020年和2021年每年实现净利润为800万元，2022年净利润为1 300万元，2023年净利润为1 400万元。2024年有一投资项目需要资金3 000万元。该公司执行低正常股利加额外股利政策，每期支付的低正常股利额为300万元。请问：该公司在2020年至2023年应如何支付股利？

该公司在2020年和2021年经营情况正常，每年应维持300万元的现金股利支付。2022年，由于净利润有较大的增长，除了支付低股利额300万元之外，应再增加一部分现金股利的支付。2023年，公司的净利润也较高，但因2024年有一投资项目需要资金，所以支付低股利额300万元就可以了。

【例9-7】大宇股份公司发行在外的普通股股数为125 000股，2022年的税后利润为250 000元，2023年的税后利润为450 000元。如果该公司采用每股0.5元加上年终额外股利政策，额外股利为净收益超过250 000元部分的50%。请问：2022年和2023

年应发放的股利各为多少？

2022年税后利润为250 000元，不发放额外股利，所以股利总额为0.5×125 000= 62 500元，每股股利0.5元。

2023年税后利润为450 000元，股利总额为0.5×125000+（450 000-250 000）× 50%=162 500（元），每股股利为162 500÷125 000=1.3（元）。

9.4 股利种类和支付程序

9.4.1 股利种类

股份公司支付股利的形式一般分为现金股利、股票股利、财产股利和负债股利。

1）现金股利

它是指以现金支付股利的形式，是企业最常见、最易被投资者接受的股利支付方式。这种形式能满足大多数投资者希望得到一定数额的现金这种实在收益的要求。但这种形式增加了企业现金流出量，增加企业的支付压力，在特殊情况下，有悖于留存现金用于企业投资与发展的初衷。因此，采用现金股利形式时，企业必须具备两个基本条件：一是要有足够的指明用途的留存收益；二是要有足够的现金。

2）股票股利

它是指企业以股票形式发放股利。实际操作过程中，有的公司增资发行新股时，预先扣除当年应分配股利，减价配售给老股东；也有的公司发行新股时进行无偿增资配股，即股东不需交纳任何现金和实物，即可取得公司发行的股票。

股票股利是一种比较特殊的股利，它不会引起公司资产的流出或负债的增加，而只涉及股东权益内部结构的调整，即在减少未分配利润项目金额的同时，增加公司股本，同时引起资本公积的增减变化。它们之间是此消彼长的关系，股东权益总额并不改变。

【例9-8】某公司在发放股票股利前，股东权益情况见表9-1。

表9-1 发放股票股利前股东权益 单位：元

普通股（面额1元，已发行100 000股）	100 000
资本公积	200 000
未分配利润	1 000 000
股东权益合计	1 300 000

假定该公司宣布发放10%的股票股利，即发放10 000股普通股股票，并规定现有股东每持10股可得1股新发放股票。若该股票当时市价为20元，随着股票股利的发放，需从"未分配利润"项目划转的资金为：

20×100 000×10%=200 000（元）

由于股票面额不变，发放10 000股，"普通股"项目增加10 000元，其余的190 000元（200 000-10 000）作为股本溢价转至"资本公积"项目，而公司股东权益总额保持不变。发放股票股利后，公司股东权益各项目见表9-2。

表9-2	发放股票股利后的公司股东权益	单位：元
普通股（面额1元，已发行110 000股）		110 000
资本公积		390 000
未分配利润		800 000
股东权益合计		1 300 000

可见，发放股票股利不会对公司股东权益总额产生影响，但会发生资金在股东权益项目间的再分配。需要指出的是，以市价计算股票股利价格，通常为国外上市公司会计准则所采用；除此之外，也有的按股票面值计算股票股利价格，如我国目前即采用这种做法。

发放股票股利后，如果盈利总额不变，普通股股数增加就会引起每股收益和每股市价的下降；由于股东所持股份的比例不变，每位股东所持股票的市场价值总额仍保持不变。

【例9-9】假定上述公司本年盈余为220 000元，某股东持有10 000股普通股，发放股票股利对该股东的影响见表9-3。

表9-3	发放股票股利对该股东的影响	金额单位：元
项目	发放前	发放后
每股收益	220 000÷100 000=2.2	220 000÷110 000=2
每股市价	20	20÷（1+10%）≈18.182
持股比例	10 000÷100 000=10%	11 000÷110 000=10%
所持股票总价值	20×10 000=200 000	18.182×11 000=200 000

尽管股票股利不直接增加股东的财富，也不增加公司价值，但对股东和公司都有特殊意义。

（1）股票股利对股东的意义

事实上，公司发放股票股利后其股价并不会成比例下降，这可使股东得到股票价值相对上升的好处。发放股票股利的通常是那些成长性公司，因此投资者往往认为发放股票股利预示着公司将会有较大发展，利润将大幅度增长，足以抵消增发股票带来的消极影响，这种心理会稳定住股价甚至略有上升。另外，在股东需要现金时，还可以将分得的股票股利出售，有些国家税法规定出售股票所需交纳的资本利得（价值增值部分）税率比收到现金股利所需交纳的所得税税率低，这使得股东可以从中获得纳税上的好处。

（2）股票股利对公司的意义

发放股票股利使公司留存了大量现金，便于进行再投资，有利于公司长远发展。在盈余不变的情况下，发放股票股利可以降低股价，从而吸引更多的投资者。发放股票股利往往会向社会传递公司将会继续发展的信息，从而提高投资者对公司的信心，有利于稳定股价。但在某些情况下，发放股票股利也会被认为是公司资金周转不灵的征兆，从而降低投资者对公司的信心，导致股价下跌。发放股票股利的费用比发放现金股利的费用高，这会增加公司负担。

启智增慧9-3

企业股利政策与共同富裕

3）财产股利和负债股利

财产股利是以现金以外的资产支付的股利，主要是以公司所拥有的其他企业的有价证券，如债券、股票等作为股利支付给股东。负债股利比较少见，是指公司以负债形式支付的股利，通常以公司的应付票据支付给股东，在不得已的情况下也有发行公司债券来抵付股利。财产股利和负债股利实际上是现金股利的替代品，这两种形式目前在我国公司实务中很少使用，但并非国家法律所禁止的。

9.4.2　股票分割

股票分割是指将面额较高的股票交换成面额较低的股票的行为。例如，将原来的一股股票交换成两股股票。股票分割不属于股利方式，但其所产生的效果与发放股票股利近似。股票分割时，发行在外的股数增加，使得每股面额降低，每股盈余下降；但公司价值不变，股东权益总额、权益各项目的金额及其相互间的比例也不会改变。

【例9-10】某公司原发行面额2元的普通股100 000股，若按1股换成2股的比例进行股票分割，分割前后股东权益变化见表9-4。

表9-4　　　　　　　　　　　分割前后股东权益变化　　　　　　　　　　单位：元

分割前股东权益		分割后的股东权益	
普通股（面额2元，100 000股）	200 000	普通股（面额1元，200 000股）	200 000
资本公积	1 000 000	资本公积	1 000 000
未分配利润	2 000 000	未分配利润	2 000 000
股东权益合计	3 200 000	股东权益合计	3 200 000

分割前、后的每股盈余计算如下：

假定公司本年净利润为200 000元，那么分割前的每股收益为2元（200 000÷100 000）。假定股票分割后公司净利润不变，分割后的每股收益为1元，每股市价也会因此而下降。

对于公司来讲，实行股票分割的主要目的在于通过增加股票股数来降低每股市价，从而吸引更多的投资者。此外，股票分割往往是成长性公司的行为，所以宣布股票分割后容易给人一种"公司正处于发展之中"的印象，这种有利信息会对公司有所帮助。

对于股东来讲，股票分割后各股东持有的股数增加，但持股比例不变，持有股票的总价值不变。不过，只要股票分割后每股现金股利的下降幅度小于股票分割幅度，股东仍能多获现金股利。例如，假定某公司股票分割前每股现金股利5元，某股东持有100股，可分得现金股利500元。公司按1换2的比例进行股票分割后，该股东股数增为200股，若现金股利降为每股3元，该股东可得现金股利600元，仍大于其股票分割前所得的现金股利。另外，股票分割向社会传递的有利信息和降低了的股价，可能导致购买该股票的人数增加，反使其价格上升，进而增加股东财富。

9.4.3　股利支付程序

股份公司分配股利必须遵循法定的程序，一般是先由董事会提出分配预案，然后提交股东大会决议通过才能进行分配。股东大会决议通过分配预案之后，要向股东宣布支付股利的方案，并确定股权登记日、除息日和股利发放日。这几个日期对分配股利是非常重要的。

（1）股利宣告日

宣告日就是股东大会决议通过并由董事会宣布发放股利的日期。在宣布分配方案的同时，要公布股权登记日、除息日和股利发放日。

（2）股权登记日

股权登记日是有权领取本期股利的股东资格登记截止日期。企业规定股权登记日是为了确定股东能否领取股利的日期界限，因为股票是经常流动的，所以确定这个日期是非常必要的。凡是在股权登记日这一天登记在册的股东才有资格领取本期股利，在股权登记日当天仍持有或买进该公司股票的投资者可以享有此次分红派息的权利。

（3）除息日

除息日是指除去股利的日期，即领取股利的权利与股票分开的日期。一般股权登记日的次日为除息日。在除息日之前购买的股票，才能领取本次股利，在除息日当天或以后购买的股票，则不能领取本次股利。除息日对股票的价格有明显的影响，在除息日之前的股票价格中包含了本次股利，在除息日之后的股票价格中不再包含本次股利，所以股价会下降。

（4）派息日

派息日是将股利正式发放给股东的日期。在这一天，企业派发的股利打入股东在证券公司的资金账户。

【例9-11】山梨公司于7月6日举行的股东大会决议通过股利分配方案，并于当日由董事会宣布分配方案为：每股分派现金股利1.50元，股权登记日为7月26日，除息日为7月27日，股利发放日为8月15日。其支付程序如图9-1所示：

07—06	07—26	07—27	08—15
股利宣告日	股权登记日	除息日	股利发放日

图9-1 股利支付程序

本章小结

分配股利会对公司股价有显著影响。影响公司的股利政策的因素包括法律层面、股东层面以及公司自身的因素。根据股利支付方式，股利政策分为剩余股利政策、稳定增长股利政策、固定股利支付率政策，以及低正常股利加额外股利政策等。股利一般分为现金股利、股票股利、财产股利和负债股利。股票分割的效果与股票股利非常接近，都会引起发行在外的股票数量增加，但是股东权益总额不变。

关键概念

股利　自制股利　信号效应　顾客效应　一鸟在手理论　剩余股利政策　稳定增长股利政策　固定股利支付率政策　低正常股利加额外股利政策

综合训练

复习思考

1. 论述股利政策的类型及影响因素。
2. 股利政策相关论和无关论的主要依据是什么？
3. 论述股票股利与股票分割的区别。
4. 股利是如何支付的？

应用训练

诺维斯公司有 10 000 股股票发行在外，且股利支付率为 100%，该公司当前净收入为 32 000 美元，公司一年后的预期价值为 1 545 600 美元。诺维斯公司适用的折现率为 12%。请问：（1）该公司当前的价值是多少？（2）如果董事会继续其当前的政策，那么诺维斯公司股票的除息价格是多少？（3）在股利宣布大会上，几位董事认为所派发的股利太少，这可能降低诺维斯公司股票的价格。他们提议公司应该发行足够的新股，以筹集资金发放 4.25 美元/股的股利。请评述这一认为低股利降低公司股票价格的观点，并通过计算支持你的论述。如果该提议被采纳，新股的发行价格将是多少？应该发行多少新股？

课程思政

2023 年 10 月 20 日，证监会对《上市公司监管指引第 3 号——上市公司现金分红》以及《上市公司章程指引》中有关现金分红的条款进行了修订，并向社会公开征求意见，旨在健全上市公司常态化分红机制，提高投资者回报水平，进而促进资本市场平稳健康发展。本次现金分红规则修订主要思路是在坚持公司自治的基础上，鼓励公司在章程中制定明确的分红政策，稳定投资者分红预期，对不分红、财务投资规模较大但分红比例不高的公司，通过强化披露要求督促分红；便利公司中期分红实施程序，鼓励公司增加现金分红频次；加强对异常高比例分红企业的约束，引导合理分红。

思考：分红对于公司价值有什么影响？为什么要出台这两个指引？

延伸阅读

1. 罗斯，威斯特菲尔德，乔丹. 公司理财 [M]. 崔方南，谭跃，周卉，译. 北京：机械工业出版社，2020.
2. 王春飞，郭云南. 半强制股利政策与股权融资成本 [J]. 金融研究，2021（8）：172-189.

第 10 章

外部增长与调整

目标引领

☑ **价值塑造**

通过了解中国企业走出去现状，树立制度自信、道路自信；通过学习并购动机与效应，理解合作共赢以及跨文化交流的意义，具备全球化视野。

☑ **知识传授**

本章介绍了公司并购的基本概念、类型，并购动机与效应，并购目标公司价值评估方式以及资产重组和财务重组的基本知识和相关的法律规定等内容。通过本章学习，学生能够清晰地阐释公司并购和重组的动因、效果，掌握公司并购重组的价值评估的基本方法，能够基于财务、经营数据对被并购公司价值进行简单评估。

思维导图

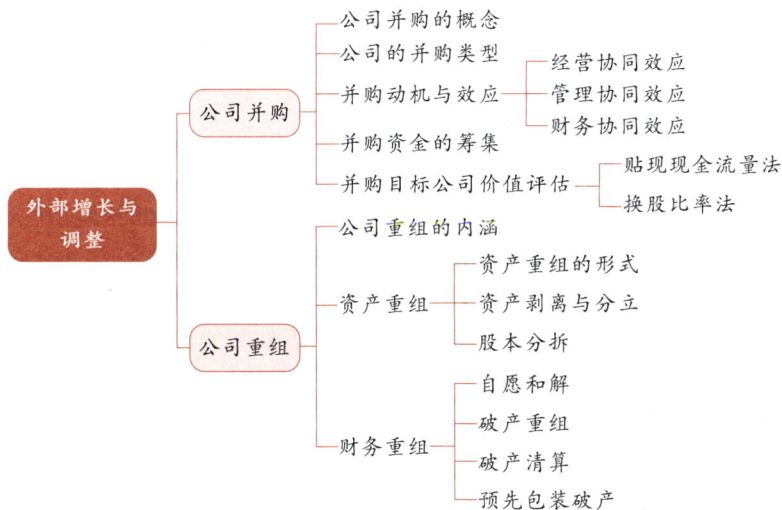

开篇导读

并购与重组是公司实现外部增长的重要方式。通过并购和重组，公司能够在较短时间内实现规模扩展、技术升级、成本优化、市场拓展等战略目标，从而有效促进外部增长并提升竞争力。例如，2021年 Microsoft 以约 196 亿美元收购了语音识别技术公司 Nuance Communications，这笔交易旨在增强其在人工智能和医疗保健技术领域的竞争力，同年宁德时代以60亿元人民币收购了松下在中国的电池业务，这一并购巩固了宁德时代在动力电池领域的领先地位，并扩大了其市场份额。总体来说，每一笔交易背后都有其独特的战略目标和市场影响，为企业带来了新的增长机会和挑战。企业对价值增长的追求，使得当今世界并购活动非常活跃，不仅涵盖了传统的市场扩展和效率优化，还受到技术创新、ESG因素、数字化驱动和监管环境等多重因素的共同影响和推动。2023年，全球并购市场的总交易规模为3.2万亿美元，中国并购交易总额为3 331亿美元，并购交易总量8 563宗。那么，企业为什么要并购重组？对公司价值有什么影响？在学习了本章内容之后，大家就会得到答案。

10.1 公司并购

10.1.1 公司并购的概念

公司并购是指一家企业通过取得其他企业部分或全部产权从而实现对该企业控制的经济行为。公司并购是合并（merger）与收购（acquisition）的统称，常缩写成M&A。合并，是指两个或两个以上具有独立法人地位的企业能按照法定程序结合成为一个企业的行为。按法人资格变更情况，可以分为吸收合并和新设合并。按照2024年7月1日起实施的《公司法》的规定，吸收合并是指一个公司吸收其他公司，被吸收公司解散。新设合并是指由两个或两个以上的公司合并组成一家新的公司，原有的公司在合并后解散，其一切经营活动均由新成立公司接管。总的来说，无论是吸收合并还是新设合并，往往伴随着至少一家公司失去法人资格。收购是指一家企业用现金、证券购买其他企业资产或股权而获得对这些企业控制权的行为。收购的实质是取得控制权，目标公司的法人实体地位并不因此消失。获得控股地位，在理论上指持有投票权股票即普通股的51%以上，称为绝对控股。但对于规模庞大、股权分散的公司，往往控制30%左右甚至20%或更低的股权就能对付其余分散的股权达到控股的目的，这称为相对控股。控股关系可以是单层的，如A公司购买B公司80%的股份，于是A公司成为控股公司或母公司，B公司成为附属公司或子公司。控股关系也可以是多层的，如B公司又持有C公司80%的股份，则A公司通过B公司就控制了C公司。

收购与合并的相似点是都是以企业产权为交易对象，发生的基本动机也相似。主要区别是：合并是合并企业获得被合并企业的全部业务和资产，并承担全部债务和责任，且合并后被合并公司作为法律实体不复存在。而收购企业则是通过购买被收购企业的股权达到控股，对被收购企业的原有债务不负连带责任，只以出资为限承担风险，且收购后被合并公司作为法律实体仍可存在。由于在实际运作中这几个概念的联系远远超过其区别，所以合并与收购常作为同义词一起使用，统称为"并购"，并把并购一方称为"买方"或并购企业，被并购一方称为"卖方"或目标企业。

启智增慧 10-1
中国并购市场新变化

启智增慧 10-2
2023年中国并购市场统计分析报告

10.1.2 公司并购的类型

1）按并购双方所属行业划分

（1）横向并购

横向并购也称为水平并购，指涉及两家从事同类业务活动的竞争公司之间发生的并购行为。其结果是资本和资源在同一生产、销售领域或部门集中，扩大了经济规模。其目的是确立公司在行业内的竞争优势，增加垄断实力或形成规模效应。例如，2012 年原深圳发展银行吸收合并平安银行，成立新的平安银行，合并金额高达 220 亿元。合并以后，平安银行依托平安集团的品牌优势和深圳发展银行原有的网点资源，迅速发展壮大，2023 年在商业银行中排名第 13 位。另一个典型成功案例是，2010 年吉利控股集团有限公司与福特汽车签署股权收购协议，以 18 亿美元获得沃尔沃轿车公司 100% 的股权以及相关资产（包括知识产权）。横向并购不涉及并购双方不熟悉的新领域，因此并购后的风险较小，并购后比较容易整合双方的资源，彼此融合，进而形成规模经济。它是并购活动的主要形式。

（2）纵向并购

纵向并购是生产工艺或经营方式上有前后关联的企业进行的并购，是生产、销售的连续性过程中互为购买者和销售者（即生产经营上互为上下游关系）的企业之间的并购。如加工制造企业并购与其有原材料、运输、贸易联系的企业。纵向并购可分为向后并购和向前并购，前者指并购供应厂商获取原材料供应来源，后者指并购自身客户。节约交易费用、实现技术经济是纵向并购的主要动因，其本质是市场交易的内部化。纵向并购的目的是实现生产组织专业化和产销一体化。其特征是并购双方可以加强生产过程各环节的紧密配合，缩短生产周期，减少运输、仓储成本，节约资源、能源等。纵向并购的典型案例是，2013 年 6 月，双汇集团作为国内领先的肉类加工商以 71 亿美元并购了美国最大的生猪生产商和猪肉供应商史密斯菲尔德食品公司，保障了猪肉供应。

（3）混合并购

混合并购是对处于不同产业领域，产品属于不同市场，且与其产业部门之间不存在特别的生产技术联系的企业进行并购。如钢铁企业并购石油企业，因而产生多种经营企业。混合并购可分为三种形态：产品扩展型、市场扩张型和纯混合型。产品扩展型并购是指当一家公司需要另一家公司生产自己所不能生产但又与自己生产和销售产品有关的产品时，发生两家公司的并购。市场扩张型并购是指一个公司为了扩大竞争地盘而对它尚未渗透的地区生产同类产品的公司进行并购。纯混合并购是那些生产和经营毫无关系的公司间的并购行为，通过分散投资、多样化经营来降低企业风险，达到资源互补、优化组合及扩大市场活动范围的目的。例如，在 2015—2018 年之间，美团先后完成了三次并购，2015 年美团与最大竞争对手大众点评网完成合并，这是一次市场扩张型并购。2016 年 9 月，美团完成了对第三方支付公司钱袋宝的全资收购，获得了重要的第三方支付牌照。2018 年 4 月，美团以 27 亿美元的实际作价（12 亿美元现金及 15 亿美元股权）收购了摩拜单车，从而在出行领域抢下市场份额。后两次都是典型的纯混合并购。混合并购与企业多角化经营战略密切相关，是公司扩张的一种重要形式，也是风险最大的一种形式。

2）按并购是否取得目标公司的管理层同意与合作划分

（1）善意并购

善意并购也称为友好并购、协议并购，指目标公司管理层同意收购方提出的收购条件并承诺给予协助，故双方管理层通过协商来决定并购的具体安排，如收购方式（以现金、股票、债券或其混合方式来支付对价）、收购价位、人事安排、资产处置等。若目标公司对收购条件不完全满意，双方还可以就此进一步讨价还价，最终达成双方都可以接受的并购协议，并经双方董事会批准，股东会以特别决议形式通过。由于收购当事双方均有合并意愿，而且对彼此之间情况较为熟悉，故此类并购成功率较高。

（2）敌意并购

敌意并购也称为强迫接管（takeover），指收购方在目标公司管理层对其收购意图尚不知晓或持反对态度的情况下，对目标公司强行进行收购的行为。在此种收购中，收购方常用的手段有两种：一种是在公开市场上直接收购股票；另一种是针对股权分散的目标公司，以收购目标公司股东的投票委托书，使收购方投票权超过目标公司管理层，就可以设法改组目标公司董事会，达到控制公司的目的，这也称为委托书收购。敌意收购往往采取突然的手段，提出苛刻的收购条件而使目标公司不能接受，因此目标公司在得知收购公司的收购意图后可能采取一系列的反收购措施，例如发行新股以分散股权、回购本公司发行在外的股份等。敌意并购的成功率远远小于善意并购。

3）按并购中股份取得方式划分

（1）要约收购（tender offer）

要约收购也称为公开报价收购，指收购公司公开向目标公司全体股东发出收购要约，承诺在一定期限内按要约披露的某一特定价格收购目标公司一定数量的股份，以求大量获得股票，以股权转让方式取得或强化目标公司的控制权。由于要约收购是收购公司和目标公司股东之间的间接交易，所以股东是否出让手中的股权完全取决于股东个人的判断，往往收购要约的出价高于目标公司股票的市场价格才具有吸引力，否则目标公司股东在公开市场上即可出售股票而不必卖给收购公司。虽然价格在公开收购要约发出的过程中发挥决定性作用，但目标公司管理层是否同意收购要约中所列条件与要约收购的成败有很大关系。因为要约收购针对目标公司全体股东，其信息的透明度、程序的规范性与全体股东的利益休戚相关，世界各国均对要约收购的条件、程序作出了详细的规定。

（2）二级市场购买股票

对于在公开市场交易的上市公司，可以通过直接在市场上收购一定数量的股份达到控制目标公司的目的。早期许多公司并购就是通过这种方式进行的，但在现在的市场实施这种方式越来越困难，因为各国对于公司收购都有了详细的法律规定，如美国《证券交易法》、我国《公司法》规定，当投资者在股票市场上购得某公司的股票达5%时，必须向监管部门报告并公开，称为举牌，此时股价往往加速上涨，因此该方式往往成本过高，周期过长，不可控因素较多，收购者很难在股票市场上以持续购股的方式取得目标公司控制权。但是，对于股权十分分散的公司，如大股东持股比例不足 10% 或 5% 的公司，这仍然是一种操作简单的收购方式，如我国资本市场最早的收购：宝安收购延中。

（3）协议收购

协议收购也称为非公开收购，是指收购公司以协商的方式与目标公司的股东签订收购其股份的协议，从而达到控制该上市公司的目的。收购人可以依照法律、行政法规的规定同被收购公司的股东以协议方式进行股权转让。

4）按是否利用外部融资来支付并购资金来划分

（1）杠杆收购（leveraged buy-out）

杠杆收购是指依靠借款进行的收购活动。杠杆收购是由收购方成立一家直接收购公司，再以该公司名义向银行借款、发行债券，以借贷资本完成收购。杠杆收购的突出特点是收购者不需要投入大量资金，一般在收购中所需的全部资金构成中，收购方投入的自有资金占收购资金的 5%~20%，垃圾债券占 10%~40%，银行贷款占 40%~80%。完成收购后，收购公司一般会把目标公司的资产分拆、变卖一部分，利用出售资产的收入来偿还贷款，使收购公司的资本结构达到合理水平。

（2）非杠杆收购

非杠杆收购指用收购公司自有资金及营运所得来支付或担保支付并购资金的收购方式。早期并购风潮中的收购形式多属此类。但非杠杆收购并不意味着收购公司不用举债即可负担并购资金，实践中，几乎所有收购都是利用贷款完成的。

10.1.3　公司并购的动机与效应

公司并购的动机是由公司的目标和需求引起的。因此，公司并购的原始动机就是追求公司价值最大化，以实现公司的生存和发展。同时，并购行为的另一动机来源于市场竞争的巨大压力。在现实的经济生活中，公司并购的原始动机又以不同的具体形态表现出来。公司的并购行为往往不仅来源于某一个原因，而是动机的多种具体形态综合的结果。比如：（1）通过规模效应以降低成本获得效益的并购；（2）通过扩大市场份额以增加效益的并购；（3）实现多元化经营，迅速进入新领域以获得收益的并购。就中国的现状来看，并购还有调整经济结构、希望国企做大做强等一些具体的经济政策目标。

从微观的角度看，公司并购将产生一系列的协同效应。所谓协同效应是指单个公司成为一个整体后价值的增加，或者说整体价值大于个体价值之和，简单可以表示为 1+1>2。

1）经营协同效应

由于经济的互补性及规模经济，两个及两个以上的公司合并后可提高生产经营活动的效率，这就是经营协同效应。并购对公司效率的最明显作用是取得规模经济效益。通过并购可以调整其资源配置使其达到最佳规模经济的要求，有效解决由专业化引起的生产流程的分离，从而获得稳定的原材料来源渠道，降低生产成本，扩大市场份额。另外，并购可以使企业在保持整体产品结构的情况下，在各部门实现产品生产的单一化，避免产品品种转换带来的生产时间的浪费。

启智增慧 10-3
中国企业走出去现状

启智增慧 10-4
国企混改的"前世今生"

2）管理协同效应

并购可以减少管理部门和环节，节约管理费用、营销费用，集中研发费用，从而降低管理成本，提高管理效率。

3）财务协同效应

财务协同效应主要是指并购给公司在财务方面带来的种种效益。这种效益不是由经营效益的提高而引起的，而是税法、会计惯例以及证券交易等内在规定的作用产生的纯货币价值上的收益。主要表现在：

启智增慧 10-5

混改与并购

启智增慧 10-6

中国证监会关于深化上市公司并购重组市场改革的意见

（1）节税效应

企业可以利用税法中的亏损递延条款来达到合理避税的目的。所谓亏损递延，指的是若某公司出现了亏损，该公司不仅可以免缴当年的所得税，其亏损额还可以向后递延，根据以后年份盈余抵销亏损额后的剩余缴纳所得税。如果并购中有一方存在较大数额的亏损，则利润高的公司通过并购有较大亏损的公司，以被并购企业的亏损额来抵减其应缴纳的所得税，从而使并购后的公司减少应纳税款。

（2）预期效应

预期效应是指并购使股票市场对公司股票评价发生改变而对股价产生的影响。预期效应对公司并购有巨大的刺激作用，它是股票投机的一大基础，而股票投机又刺激了并购的产生。

10.1.4　并购资金的筹集

并购（M&A）常用的筹资方式主要包括以下几种：

1）现金支付

通过使用公司的现金储备或从外部融资获得现金来支付收购目标公司的对价。这是最直接、最简单的方式，但需要公司拥有足够的流动资金。

这种方式的优点在于不需要承担额外的债务，能够简化交易结构。其缺点也比较明显，可能会影响公司的流动性和运营资金；对现金储备不足的公司来说，可能需要筹集现金，这可能涉及高额的融资成本。

2）股票发行

通过发行新的公司股票来支付并购对价。这通常涉及增发股份或向目标公司股东提供公司股票作为交换。其优点：不需要立即支付现金，有助于保持公司的流动性；可能有助于避免增加公司的债务负担。缺点：可能稀释现有股东的股权；股票价格波动可能影响交易的总体价值。

3）债务融资

通过发行公司债券或从银行贷款等方式筹集资金来支付并购对价。这种方式可以快速获得大额资金。优点是不会稀释现有股东的股权，可以利用低利率环境获得融资成本较低的资金。缺点包括：增加公司的债务负担，可能影响公司的财务稳定性；高额债务可能影响公司的信用评级和未来融资能力。

4）混合融资

结合使用现金、股票和债务等多种融资方式来支付并购对价。这种方式可以灵活应对不同的财务和市场条件。优点是可以分散融资风险和负担，提高了交易的灵活性。缺点是可能会增加交易的复杂性，另外，不同融资方式可能会带来不同的成本和风险。

5）可转换债券

发行可转换债券，这些债券可以在未来转化为公司股票。债务在短期内提供资金，而未来可以转换为股权。这种融资方式的优点是：起初以债务形式存在，可能有较低的融资成本。在债务转换为股权后，可能减轻公司的债务负担。缺点包括：转换后的股权稀释现有股东的股份，债券持有人可能会对公司的未来股票价格提出要求。

6）杠杆收购

在收购中使用大量的债务融资，通常以目标公司的资产作为担保。这种方式通常由私募股权投资公司使用。杠杆收购的优点：可以以较少的自有资本完成收购提高投资回报率（*IRR*）。缺点包括：高杠杆可能增加公司的财务风险和违约风险，需要稳定的现金流来偿还债务。

每种筹资方式都有其优点和缺点，公司在选择时需考虑其财务状况、市场条件、目标公司的特性以及交易的总体战略目标。

10.1.5　并购目标公司的价值评估方法

并购公司确定了目标，接下来要做的工作就是要对目标公司作出价值判断，也就是确定对目标公司支付的收购价格。价值评估是并购的关键环节，直接影响目标公司的交易价格。对收购方来说，合理的价格是成功收购的关键要素；对目标公司来说，出价要最大限度地符合股东的利益，合理的价格是公司管理层下决心的前提。下面介绍两种常用的目标公司价值评估方法。

1）贴现现金流量法

贴现现金流量法是指将目标公司期望增量现金流按照一定的资本成本贴现为现值，以确定可接受的并购价格。这里的增量现金流是指并购引起的现金流，包括预测销售量和销售收入的增长以及新增固定资产投资、新增流动资产投资等。

（1）公司价值的计算

公司价值＝公司现金流量现值之和－公司负债的价值

其中，现金流量现值 $= \sum_{n=1}^{N} \dfrac{CF_n}{(1+i)^n} + SV$，式中 CF_n 代表公司第 n 年的现金净流量，i 代表贴现率（即收购方公司资本成本），SV 代表预测期后目标公司残值，n 代表预测年份。

可见，目标公司价值取决于两个因素：目标公司未来年度现金净流量和收购公司的资本成本。目标公司未来年度现金净流量 CF_n 测算公式为：

$$CF_n = S_{n-1}(1+g_n)PM_n(1-t_n)-(S_n-S_{n-1})(f+w)$$

式中，g 代表销售额增长率，PM 代表销售利润率，S 代表销售额，f 代表销售额每增加 1 元所需追加的固定资产投资，w 代表销售额每增加 1 元所需追加的流动资产投资，t 代表所得税税率。$(S_n-S_{n-1})(f+w)$ 表示资本性支出。

在计算目标企业现金流量时要注意几个问题：一是现金流量中不考虑折旧，因为目标企业每年计提的折旧全部投入其营运过程，维持并购前的营运能力，目标企业正常营运中的现金不能作为并购企业的价值回报。二是股利要从现金流量中扣除，因为目标企业支付的现金股利是并购企业的现金流出。三是长期负债成本无须扣除税金，因为债务成本的估计更加困难。四是现金流量测算无须减原始投资，因为并购中需要做的是目标企业价值评估，而非项目投资评价。

（2）资本成本

资本成本是公司取得资本所需付出的代价，是公司债务成本与股权成本的加权平均成本（WACC）。

$$WACC = \sum_{i=1}^{N} \omega_i K_i$$

这里，ω为资本i占总资本的比重，K为资本i的成本。

由于公司并购是风险投资，因此在确定用于并购的资本成本时，必须考虑并购行动的风险补偿，相应调整公司的资本成本。那么：

并购资本成本=加权平均资本成本×风险补偿系数

下面用一个例子说明贴现现金流量法的应用。

【例10-1】假定现在兰华公司成为并购目标公司。预计该公司未来6年期间的财务数据见表10-1。公司的销售收入在未来6年间每年增长10%，毛利为5%，追加的固定资本增长率为8%，追加的流动资金增长率为4%，加权平均资本成本为10%，所得税税率为25%，还假定5年后不用再追加固定资产和流动资金，第6年起每年的经营利润同第5年，折旧不进入经营利润或固定资产投资。

表10-1　　　　　　　　　　　兰华公司预期财务指标　　　　　　　　　　单位：百万元

年份	1	2	3	4	5	6
销售额	180.00	198.00	217.80	239.58	263.54	263.54
经营利润	8.48	8.90	9.35	9.82	10.31	10.31
-企业所得税	2.12	2.23	2.34	2.46	2.58	2.58
-追加固定资产	2.20	2.38	2.57	2.77	2.99	0.00
-追加流动资金	0.80	0.83	0.87	0.90	0.94	0.00
-自由现金流	3.36	3.46	3.57	3.69	3.80	7.73

第一步，计算未来6年自由现金流的现值。

$$pv = \frac{3.36}{1+10\%} + \frac{3.46}{(1+10\%)^2} + \frac{3.57}{(1+10\%)^3} + \frac{3.69}{(1+10\%)^4} + \frac{3.80}{(1+10\%)^5} + \frac{7.73}{(1+10\%)^6}$$

$$= 17.84（百万元）$$

第二步，计算目标公司自第6年起以后各年自由现金流的现值。这需要用永续年金现值的计算公式来计算：

$$\frac{7.73}{10\%} \times \frac{1}{(1+10\%)^6} = 43.63（百万元）$$

将第一步和第二步的结果相加，就得到目标公司自由现金流的现值，即：

17.84+43.63=61.47（百万元）

如果没有其他的资产需要调整，需要减去的只有公司的长期债务。假设目标公司的长期贷款和其他长期负债一共 1 000 万元，目标公司的价值就是 5 147 万元。超过 5 147 万元的收购价格就是收购溢价。

2）换股比率法

如果双方决定以换股的方式进行并购，那么并购估值的重点就在于测算换股比率。换股比率是指将目标公司的股票转换成并购公司股票的转换率，也就是目标公司的 1 股股票能换成并购公司的多少股股票，它等于目标公司的每股收购价格除以收购方公司股票的当前价格。比如，目标公司 A 的每股收购价格确定为 60 元，而收购公司 B 当前的股价为 120 元，它们的换股比率就是 1 股 A 公司股票交换 0.5 股 B 公司股票。如果收购方准备采用定向增发股票的方式换股，A 公司的总股票数量为 2.4 亿股，则 B 公司就需要增发 1.2 亿股股票来进行交换。

在换股收购中，如果并购方发行新股过多，则对并购方不利；发行过少，又不被目标公司所接受。因此一般认为最恰当的换股比率应是使并购双方的每股盈余相等的换股比率。由这一比率形成的目标公司股价会高于其市价，又不会稀释并购方的盈利，能被双方接受。在换股并购中，无论收购公司股东，还是目标公司股东，只有当他们有理由相信两公司合并后，他们所持股票价格会大于并购前的股价（即并购有利于增加双方股东的财富），才会同意交换各自手中的股票，并购才能实现。这就是确定换股比率所需遵循的"都是赢家"原则。

收购公司向目标公司支付的每股市盈率等于支付给目标公司的每股股价 P_b÷目标公司的每股收益 E_b，这对于并购后存续公司的每股收益有直接影响。如果支付给目标公司的市盈率 $\dfrac{P_b}{E_b}$ 小于收购公司的市盈率 $\dfrac{P_a}{E_a}$，这意味着相对于得到的目标公司的收益而言支付的成本较低，所以收购公司的每股收益增加，目标公司每股收益减少；反之，则收购公司每股收益减少，目标公司每股收益增加。若 $\dfrac{P_b}{E_b}=\dfrac{P_a}{E_a}$，则收购公司与目标公司每股收益不变。

在股票购买中，双方对收购者的股票价值是否有一致的估价是非常关键的问题。目标公司应考虑收购方如发行新股则必然会稀释每股收益而使股价下跌。所以，换股比率的确定要使得新股的发行数量能令双方都得利。在确定换股比率时，并购双方关注的是并购对每股收益 EPS 的影响。根据这一原则我们来推导换股比率模型。

设 E_m=并购后的公司收益总额，S_a=收购方原有股票数，P_a=收购方的股票市价，S_b=被收购方的原有股票数，c=换股比率，AP 为并购价款。

$$AP = c \times S_b \times P_a$$

则并购后 EPS：

$$EPS = E_m(S_a + AP/P_a)$$

令并购后的 A 公司 EPS 不变，即有：

$$E_m/(S_a + AP/P_a)=EPS_a$$

经过变换可以得出[①]：

$$c=EPS_b/EPS_a$$

[①]　$EPS_a = E_m/(S_a + AP/P_a)$，即 $EPS_a = E_m/(S_a + c \times S_b)$，$c = (E_m - S_a \times EPS_a)/(S_b \times EPS_a)$。其中，$EPS_b =(E_m - S_a \times EPS_a)/S_b$。

$$AP = (EPS_b/EPS_a) \times S_b \times P_a$$

下面举一个简单的例子来说明换股率的计算和并购价格的确定。

【例10-2】假设A公司计划以换股方式并购B公司，并购时双方的财务资料见表10-2。

表10-2 两公司并购时的财务资料

项目	A公司	B公司
净利润	1 000万元	250万元
普通股股数	500万股	200万股
每股收益	2元	1.25元
每股市价	32元	15元
市盈率	16倍	12倍

根据换股后每股收益不变这一思路：

$c=EPS_b/EPS_a=1.25\div2=0.625$

$AP=(EPS_b/EPS_a)\times S_b\times P_a=1.25\div2\times200\times32=4\,000$（万元）

即A公司向B公司支付的每股价格为$32\times0.625=20$（元），这是双方都能够接受的价格。如果双方达成一致意见A公司以20元价格收购B公司股票，A公司需要发行股票数量为$4\,000\div32=125$（万股）。并购后利润为1 250万元，并购后股本总数为625万股，每股收益为2元，A公司每股收益不变，B公司每股收益为$2\times0.625=1.25$（元），也保持不变，因此双方都能够接受。

如果收购价格不是20元，例如A公司希望以16元的价格并购B公司，则交换比率为$16\div32=0.5$，A公司需发行100万股股票来收购B公司，并购后净利润为1 250万元，总股本为600万股，每股收益为2.083元，此时A公司并购后每股收益提高了0.083元，而B公司每股收益下降为$0.5\times2.083=1.0415$（元），比原来的1.25元降低了0.2085元，这样B公司不会接受这一价格。

如果A公司以24元的价格并购B公司，则交换比率为$24\div32=0.75$，A公司需发行股票的数量为$200\times0.75=150$（万股），则并购后A公司每股收益为$1\,250\div650=1.923$（元），比原来降低，而B公司每股收益为$0.75\times1.923=1.44$（元），比并购前提高了。A公司不会接受这个价格。

在本例中，不难发现并购中一方公司每股收益增加是以另一方公司每股收益减少为代价的，这与前述的"都是赢家"法则相矛盾，20元的价格是A公司可以接受的理论最高价格。那么是不是说如果收购价格高于20元A公司就不收购了呢？答案并不是，而是说这时候收购公司就更应该慎重，因为未来收益、联合效应及并购后市场为存续公司提供的新的市盈率等积极因素，使并购后双方股东的利益都可能增加，都成了赢家。

未来收益因素。未来收益是指如果目标公司未来收益增长率高于收购公司，尽管收购公司向目标公司支付了较高的市盈率，并购后收购公司每股收益下降，但并购后目标公司的利润并入收购公司，会使收购公司未来年度每股收益增长率加大。

联合效应因素。联合效应指两家公司并购后优势互补，产生协同效应，利润总额与不发生并购情况下两家公司利润之和相比有较大增长，这使并购后双方公司股东可获得的利益更大。

并购后存续公司市盈率。两家公司并购后，市场为存续公司股票提供了一个新的市盈率。如果新的市盈率较并购前公司市盈率高，则有利于股价上升；如果新的市盈率与并购前相等，但并购后的每股收益若能提高，也将有利于股价上升。

仍采用上例说明未来收益因素在并购决策中的应用。

【例10-3】假设A公司以24元的价格收购B公司，已知收购后A公司的每股收益从2元降到了1.92元，但是，如果收购前A公司的每股收益增长率为3%，收购后其增长率为4.2%，则收购后若干年的每股收益情况见表10-3。

表10-3　　　　　　　A公司收购前后的每股收益增长情况表　　　　　　　单位：元

年份	3%增长率	4.2%增长率	年份	3%增长率	4.2%增长率
0	2.00	1.92	5	2.32	2.36
1	2.06	2.00	6	2.39	2.46
1	2.12	2.08	7	2.46	2.56
3	2.19	2.17	8	2.53	2.67
4	2.25	2.26	9	2.61	2.78

从表10-3可见，如果并购可以获得更快的每股收益增长率，那么，尽管支付了较高的收购价格，股东收益被稀释，并购后最终还是可以得到更高的每股收益。在此例中，并购后第4年每股收益超过了无并购条件下的每股收益水平。影响并购后每股收益增长速度的因素有两个：一是收购方与目标公司的市盈率差，目标公司的市盈率比收购方的市盈率高得越多，收购后每股收益增长得就越快；二是收购方与目标公司的收益率差，目标公司的收益率比收购方的收益率高得越多，收购后每股收益增长得就越快。

因此，尽管现实中有些并购价格并不符合"都是赢家"的原则而仍能得以实施，就是考虑了这些因素。当然，具体的换股比率还受并购市场供求形势以及投资者对公司并购后的心理预期等因素的影响，需要双方在具体的讨价还价中确定。

启智增慧10-7

上市公司并购
重组规则、
政策与案例
一本通

启智增慧10-8

追求规模效应
的并购——美
国波音公司与
麦道公司的
合并

10.2　公司重组

10.2.1　公司重组的内涵

公司重组包括的范围广泛，习惯上把包括企业改制上市、公司合并、收购以及公司破产等各种经济活动都称为公司重组。通过重组，实现资产结构、债务结构以及产权结构的优化，充分利用企业内外部资源，实现资本的保值增值。

在公司重组过程中，管理者除了考虑企业并购重组的资金解决方案、工资解决方

案、员工安置分流解决方案外，还必须考虑企业文化的融合。企业文化的融合不仅关系到并购重组的全局，而且对重组后企业健康协调发展和整体竞争力的提升都有重要影响。企业并购后的文化整合过程是一项长期而艰巨的系统工程，并购后的企业需要理顺自身和各利益相关方的相互关系，满足各方的利益诉求。这在跨国并购重组中表现得更加明显。

当企业发生经营或财务困难时，重组是企业利用内、外部资源，尽快摆脱危机的有效方式，具体做法是：（1）出售主要资产；（2）和其他公司合并；（3）减少资本支出及研究与开发费用；（4）发售新股；（5）与银行和其他债权人谈判；（6）以债权置换股权；（7）申请破产等。其中前三种方法与企业的资产有关，后四种方法都涉及企业资产负债表的右栏，因此可以把公司重组分为"资产重组"和"财务重组"两个方面。

华夏幸福基业股份有限公司重组是一个比较典型的案例。2021年9月30日，上市地产公司华夏幸福通过与债权人谈判，公布了2 192亿元金融债务重组计划，包括：卖出优质资产回笼资金约750亿元；出售资产带走债务约500亿元；优先类金融债务展期或清偿约352亿元；现金兑付约570亿元；以持有型物业等约220亿元资产设立信托受益权份额抵偿；剩余约550亿元金融债务由公司承接，展期、降息，通过后续经营发展逐步清偿。① 截至2023年2月28日，华夏幸福《债务重组计划》已签约实现债务重组的金额累计约为1 723.40亿元（含境外间接全资子公司发行的49.6亿美元债券重组，约合人民币335.32亿元），相应减免债务利息、豁免罚息金额共计176.41亿元。②

10.2.2　资产重组

1）资产重组的主要形式

资产重组的形式有很多，除了并购以外，比较主要的还有资产剥离、资产分立、股份置换和股本分拆等。

（1）资产剥离（divestiture）

资产剥离是指将公司的一部分资产对外出售，以获得现金或可交易的证券或同时获得现金与证券。这部分资产可能是公司的一些资产、一个部门，可能是一个子公司，也可能是公司的一条或几条生产线。

（2）资产分立（spin-off）

资产分立是指以法律的形式将公司的部分资产和人员分离出去并成为独立的公司。可以看出，分立其实也是一种剥离，但资产剥离所剥离出来的资产或资产与人员会成为另一家公司的一部分；而资产分立是将剥离出来的资产与人员独立出去成为一家或几家新的公司。分立与剥离之间的另一个区别是剥离会给母公司带来正的净现金流量，而分立通常不会。

---

① 李艳艳. 华夏幸福债务重组计划出炉：不逃废债！2 192亿元金融债务如何清偿？[EB/OL]. [2024-10-01]. https://baijiahao.baidu.com/s？id=1712388468916427558&wfr=spider&for=pc.
② 刘畅. 华夏幸福：1 723.4亿元债务已签约重组，新平台股权抵偿约99亿元 [EB/OL]. [2024-03-12]. https://www.thepaper.cn/newsDetail_forward_22249057.

（3）股份置换（split-off）

股份置换是指母公司的部分股东把其持有的母公司股份置换成公司下属某一子公司股份的情况。

（4）股本分拆（split-up）

股本分拆是指整个公司都被分立的情况。股本分拆的最终结果是母公司不复存在，只剩下各个新成立的子公司。各家子公司的股东可能有所不同，因为原有股东可能仅把他们在母公司的股份兑换成分立出的一家或几家子公司的股票。

2）资产剥离与分立的动因

资产剥离与分立多数都是公司战略选择的结果，即是公司主动进行的。剥离与分立的动因主要有以下几个方面：

（1）为适应经营环境的变化，调整经营战略

公司的经营环境变化包括市场竞争、技术进步、产业发展趋势、国家经济政策的变化、经济周期的改变等。这些变化可能使公司发展战略发生变化，需要对资源配置进行调整。通过剥离可以使公司的某个部门、某项业务或某条生产线独立后在市场上获得更高的评价，其股价也会因此走高。有时则因为公司要实施回归核心业务的战略。比如，恒源祥绒线公司曾经是万象集团的主要盈利部门，后来世茂集团收购了万象集团，但是世茂集团是以房地产为主业的上市公司，针织服饰板块并不是其业务重点。世茂集团通过管理层收购方式出售了恒源祥业务，换取大额现金支持房地产业务，同时恒源祥业务独立出来并获得了巨大发展空间。2020 年，IBM 宣布有史以来最大规模的业务退出，即剥离其信息技术服务业务的主要部分，该部门的销售额和员工占整体的近四分之一。但随着客户更多地选择云计算，上述业务已经萎缩，并成为"蓝色巨人"的盈利拖累。此次剥离使公司聚焦在了云计算和人工智能等增长更快的业务上。

（2）为提高公司的管理效率

公司所控制资产的规模和种类增加，而公司管理人员不可能精通所有业务，更难以注意到从事不同业务类型的公司各自所面临的独特问题与投资机会。为应付日常经营管理需要，在不断增加管理人员的同时，势必造成管理机构臃肿、管理效率低下。若采用不同形式将那些与母公司经营活动不适应或管理效率较低的子公司分立出去，则更加有利于集中各自的优势业务，提高公司的整体管理效率，为公司的股东创造更大的价值。此外，剥离和分立常常能创造出简洁、有效率、分权化的公司组织，使公司能够更快适应经营环境的变化。

（3）有利于提高公司资源的利用效率

把一部分与主营业务不相关的产业或资产分立出去，可以改变公司的市场形象，纠正市场对公司资产的低估，提高公司股票的市场价值。因为一些实行多元化经营的集团公司，其业务涉及广泛的领域，市场投资者以及证券分析人员对其复杂业务难以正确理解和接受，导致低估其股票市场价值。适当剥离和分立其部分业务可以让市场能够正确地认识和评价一个公司的市场价值。另外，剥离和分立可以筹集营运资金，用以满足发展主营业务的需要，同时为了偿还收购过程中借入的巨额债务，需要出售被并购公司的资产或业务来满足对现金流量的需求，从而减少债务负担，提高资源的

利用效率，获得更高的资产收益率。

（4）弥补并购决策失误

并不是所有的并购都能够带来正面效益。不明智的合并会导致灾难性后果。虽然被并购企业具有盈利机会，但并购企业可能由于管理或实力上的原因，无法有效地利用这些盈利机会。这时，将其剥离给其他有能力挖掘该盈利能力的公司，无论对卖方还是买方来说，可能都是明智的。另外，剥离与分立往往还是企业并购一揽子计划的组成部分，从并购企业的角度看，被并购企业中总有部分资产是不适应企业总体发展战略的，甚至可能会带来不必要的亏损，需要将这部分资产剥离出去，而且这样做还可以为收购融资提供部分来源。

（5）取得税收、成本或管制方面的收益

如果将可以享受税收优惠的子公司从母公司中分立出去，不仅母公司可以进行合法避税，而且能给分立出去的子公司的股东带来收益。有时为了利用当地的土地、水电、人工等低成本优势需要设立子公司。另外，如果子公司从事受管制行业的经营，母公司常常会受到管制性检查的连累，如果让子公司独立出来，母公司可不再受到监管约束与审查。

（6）为了反收购的需要

当公司面对咄咄逼人的敌意收购，在其他反收购措施难以抵抗时，往往会采用出售优质资产的措施，其目的是让收购方放弃收购的意图。收购方之所以不惜发起敌意收购，常常是因为看上了目标公司的优质资产，现在目标公司将优质资产出售，将获得的资金分掉，使收购方感到即便成功收购也无利可图，从而放弃收购意图。例如，1984年美国联合碳化物公司由于毒气泄漏事件股价大跌，引起敌意收购。为了反击收购，该公司不得不出售公司最赚钱的几家企业，将出售资金用于回购股票和分红派息。这一措施最终打消了收购方的念头，联合碳化物公司赢得了控制权保卫战。需要指出的是，这是一种对公司本身伤害很大的措施，不到万不得已，公司不应也不会使用。

3）资产剥离与分立的结果

公司剥离与分立并非公司经营失败的表现，相反，公司剥离与分立的结果有利于持续经营公司价值的提高。主要有以下几个方面的表现：

（1）能满足投资者对主业突出公司的偏好

针对许多多元化经营的公司，在发展中由于高层管理人员对非本行业的业务领域缺乏经验，盲目扩张，拖累了整个企业集团的盈利水平的现实情况，许多企业选择了有计划地放弃一些与本行业联系不甚紧密、不符合公司长远发展战略、缺乏成长潜力的业务和资产，收缩业务战线，培植主导产业和关联度强的产品群，加强公司的市场竞争力。所以分拆公司一般会得到市场的普遍认同，带来公司股票价格的上涨。而投资者已经知道把分拆公司的业务放在其母公司整体业务结构中进行考察，他们逐渐偏好主业突出的公司。

（2）有利于公司激励机制的建立

对于综合性公司，由于财务上统一核算与编制合并财务报表，个别部门的业绩往往无法体现，因此难以实现利益与责任的统一。当部门目标与公司总体目标发生冲突时问题更为严重。将这些部门分立出来成为独立的上市公司，使公司的股价与其经营管理直接相关，则有利于公司激励机制的建立。

（3）分立公司的股东财富可来源于债权人的潜在损失

公司分立减少了债券持有者最初所依赖的抵押品的数量，使债权的风险上升，从而相应减少了债权的价值，而股东却因此得到了潜在的好处。因此实际经济生活中，许多债务契约附有股利限制（限制股票股利，包括公司分立）和资产处置的限制（限制资产出售）。

（4）增加了投资者可供选择的投资机会

公司分立后，股东拥有两种选择权。只对两个企业各自的债权承担有限责任，而在两个企业之间不存在连带责任关系，投资风险降低，投资价值就随之提高。公司分拆增加了证券市场上的投资品种，而分立后的两家公司拥有不同的投资机会与财务政策，可以吸引不同偏好的投资者。两家公司采用不同的分红比例、留存收益比例或提供不同的资本收益机会，投资者就有了更多的投资机会。

4）股本分拆

股本分拆可以被看作比较极端的分立。分立是将公司的某一部分资产或某个部门或某条生产线分离出来组建为独立的公司，母公司还存在，母公司的股东同时也是子公司的股东，不过董事会为母公司和子公司分别指定不同的管理层。而分拆是将整个公司拆成多个独立的公司，分拆后母公司不再存在，只有相互独立的各个公司分头经营，每个公司有自己的股东，有自己的董事会，有自己的管理层，各个公司之间不存在相互控股的情况。分拆通常是为了反垄断，分拆的动力往往来自政府依据法庭判决而下达的分拆指令。对于企业来说，分拆通常是被迫的。美国政府曾分拆过美国电话电报公司，也曾经想分拆微软公司。我国将原来的电信系统进行分拆，形成中国电信、中国移动、中国联通三家竞争电信业务的局面；将石油石化业务以长江为界进行分拆，北方是中石油，南方是中石化，形成中石油、中石化和中海油三家竞争的格局。我国的电力系统也有类似的分拆。我国的这些分拆与国外的情形有些不同：一方面原来这些行业都是高度垄断的行业，分拆是为了建立竞争机制；另一方面，这些企业都是国企，分拆是整个国企改革的一部分，是建立中国特色社会主义市场经济体系的一个组成部分。

10.2.3　财务重组

一般而言，对发生财务危机的企业首先应采取积极的补救措施。对仍有转机和重建价值的企业要根据一定程序进行重新整顿，使公司得以维持和复兴。发生财务危机的企业可以采取适当的重组方式，如主动寻找并购公司、出售非核心资产等，但若企业财务失败的原因是技术性无偿付能力，企业的所有者和债权人为防止企业破产，避免各自的损失加大，会采取其他的补救措施，一般会选择三种方式：自愿和解、破产重组、破产清算。

1）自愿和解

对企业财务失败的处理方式，一般取决于财务危机程度的大小以及债权人的态度。当企业只是面临暂时性的财务危机时，债权人通常更愿意直接同企业联系采取私下协商解决的办法，帮助企业继续生存和重新建立较坚实的财务基础，以避免因进入正式法律程序而产生的庞大费用和冗长的诉讼时间带来的更大的损失。自愿和解是非正式的财务重组，其主要方法有：

（1）债务展期与债务和解

债务展期就是推迟到期债务的偿付日期，而债务和解则是债权人自愿同意减少债务人的债务，包括：债务豁免，以低于债务账面价值的现金清偿债务；以非现金资产清偿债务；债务转为资本（债转股修改其他债务条件，如延长债务偿还期限并加收利息、延长债务偿还期限并减少债务本金或债务利息等）；混合重组（以上两种或两种以上方式的组合）。

企业在经营过程中发生财务困难时，有时债务的延期或到期债务的减免都会为财务发生困难的企业赢得时间，使其调整财务，避免破产。而且债务展期与债务和解均属于非正式的挽救措施，是债务人与债权人之间达成的协议，既方便又简捷。因此，当企业发生财务困难时，首先想到的便是债务展期和债务和解。

债务展期与债务和解作为挽救企业经营失败的两种方法，都能够帮助企业继续经营并避免法律费用。虽然由于债务展期或债务和解，债权人暂时无法收取账款而发生一些损失，但是，一旦债务人从困境中恢复过来，不仅债权人能如数收回账款，企业也能获得长远效益。因此，债务展期与债务和解在实际工作中普遍被采用。

（2）准改组

准改组是指采取撤换管理人员、出售多余资产、对某些资产和股东权益重新估价等措施，使处于财务困境的企业减轻负担，得以继续经营的重组方式。这种方式与债务和解共同进行，并需争取债权人和股东同意，准改组后要按照重新估价调整企业资产和权益的账面价值。

（3）债权人托管

债权人托管是指由债权人组成委员会负责债务企业的管理，直至债务企业付清全部债务之后，再将控制权归还给债务企业。债权人托管比债务展期与债务和解要严厉，但又比清算缓和。

（4）自愿清算

在某些情况下，债权人在对企业进行全面调查分析后发现，该企业已无继续存在的必要，进行自愿清算可能是唯一可供选择的出路。通过债权人与债务人之间的协商，成立清算组，自愿进行清算，可以避免冗长耗时的法律程序和昂贵的费用，使债权人收回更多的资金。

非正式财务重组可以为债权人和债务人双方都带来一定的好处。首先，这种做法避免了履行正式手续所需发生的大量费用，所需要的律师、会计师的人数也比履行正常手续要少得多，使重整费用降至最低点。其次，非正式重组可以减少重组所需的时间，使企业在较短的时间内重新进入正常经营的状态，避免了冗长的正式程序使企业迟迟不能进行正常经营而造成的企业资产闲置和资金回收推迟等浪费现象。最后，非正式重组使谈判具有更大的灵活性，有时更易达成协议。

但是非正式重组也存在一些弊端，主要表现在：当债权人人数很多时，可能很难达成一致；没有法院的正式参与，协议的执行缺乏法律保障。

自愿和解作为债权人、债务人经过协商来解决企业失败的一种非正式财务重组方式，一般应具备以下条件：债务人必须有良好的偿债信誉；债务人必须具有使企业恢复活力和发展的能力；客观经济环境有利于企业恢复生产和经营。

当企业不具备自愿和解的基本条件时，就必须采用正式的法律程序来解决。

2）破产重组

失败公司与债权人达不成和解协议，则可寻求法院的破产保护。如果在可预见的未来，公司具有盈利发展前途，持续经营价值大于清算价值，则债权人就会认为该企业值得重组，就会使公司继续生存下去，这就是破产重组。否则，公司将被迫进入破产清算。

破产重组是将上述非正式重组的做法按照规范化的方式进行，通过一定的法律程序改变企业的资本结构，合理解决企业所欠债权人的债务，以便企业摆脱财务困境得以继续经营的一种正式的财务重组方式。破产重组由债务人提出申请的为自愿型重组，由债权人提出申请的则为强迫型重组。

企业重组能否成功的关键在于企业重组的计划，重组计划由法院指定的托管人与企业的各种债权人和所有者协商，本着"公平与可行"的原则制订。重组计划是对公司现有债权、股权的清理和变更作出安排，重组公司资本结构，提出未来的经营方案与实施方法。

一般来讲，企业重组计划主要包括下述内容：

（1）估算重组企业的价值

估算重组企业的价值常采用的方法与前述并购中对目标企业的价值评估所采用的方法是一样的，主要有贴现现金流量法、股利增长模型、资产法、市场法等。比较常用的是贴现现金流量法，举一个简单的例子来说明：

【例10-4】某公司准备重组，重组前公司资本结构如下：银行借款300万元，长期债券200万元，优先股40万元，普通股260万元。重组后未来15年的年度现金净流量为65万元，同行业平均资本报酬率是6%，则该公司的总价值为：

$$65 \times \sum_{t=1}^{15} \frac{1}{(1+6\%)^t} = 65 \times 9.7122 = 631.29 \text{（万元）}$$

（2）调整原来的资本结构

进入重组的公司往往负债比率较高，承担着沉重的利息负担，资本结构极不合理，因此需要进行调整。调整的方法主要是降低负债比率，主要措施有：

①将债务转化为资本。公司通过与债权人协商，要求其放弃债权而享有股权，从而将债务转换为资本。这也是通常所说的债转股。

②原投资人追加投资。原投资人也可以通过追加投资，改善公司的财务状况，降低负债比率。这样有利于公司走出困境，同时也有利于债权人对公司的重整树立信心，促进达成和解协议，使企业顺利地进入重整阶段。

③旧证券的估价

公司新的资本结构确定之后，用新的证券替换旧的证券，实现公司资本结构的转换。要做到这一点，需要将公司各类债权人和权益所有者按照求偿权的优先级别分类统计，同一级别的债权人或权益所有者在进行资本结构调整时享有相同的待遇。一般来讲，在优先级别靠前的债权人或权益所有者得到妥善安排后，优先级别靠后的债权人或权益所有者才能得到安置。

【例10-5】续前例，为了确定合理的资本结构，就要以631.29万元为上限对原权益、证券作出重新分配。例如银行方面提出用手中的300万元贷款交换新的100万元贷款和150万元优先股；长期债券持有人提出用200万元债权转化为普通股150万元；优先股持有人分配40万元，并继续以优先股存在；原普通股的股东享有剩余的191.29万元。这样重组后的新的公司资本结构如下：银行贷款100万元；优先股190万元；普通股341.29万元。

3）破产清算

如果债权人预计失败企业的持续经营价值小于清算价值，或无法重组，则只能选择破产清算。破产财产的分配顺序如下：

破产企业拖欠的职工工资、医药费、社保费用、住房公积金等，安置职工费用；

破产公司所欠各种税款；

破产债权，如银行贷款、公司债券和其他债务；

公司清偿债务后的剩余财产应优先分配给优先股股票持有者，剩余部分按普通股股东所持股份比例进行分配。

破产程序终结后，未清偿的债务不再清偿。

4）预先包装破产

预先包装破产（prepackaged bankruptcy）是指债权人同意在公司申请破产保护之前重组债务。20世纪80年代后期在美国出现的一种新的破产重组形式。预先包装破产是自愿和解和正式破产的混合物，它的特征是拟破产公司在申请破产重组之前先与债权人就重组方案进行谈判，理想的状况是双方已就重组方案达成一致意见，并确定该方案可以得到法院的批准。

事先达成重组协议大大降低了重组的成本，节省了大量的时间，这对于陷入财务困境的债务人很有好处。由于这是个双方都自愿的协议，所以债务人提出的重组方案需要获得全体债权人的批准，显然，当债权人的数量很多、情况很复杂时，要想使所有的债权人达成一致意见是几乎不可能的事情。为了减少反对重组协议的债权人的数量，预先包装破产采取的办法很多时候是向所有小债权人进行100%的偿付，而与持有绝大部分债务的主要债权人签订部分偿还的协议。而那些持有不同意见的债权人知道一旦由于自己的反对，没能达成预先包装破产的重组协议，那么债务人显然会申请破产重组，到那时只要代表2/3债权的1/2以上的债权人同意重组方案，自己的反对是无济于事的。因此，如果自己得到的偿还额不低于被迫重组时得到的偿还额，他们就会同意重组方案。因此，虽然预先包装破产好像没有反对意见，实际上是将反对意见提前消化了。预先包装破产中的债权人表决重组方案的投票时间可以在申请破产重组之前，也可以在此之后。在申请之前投票，可以将结果放在申请材料中一起上报；在申请之后投票，则要受到破产法庭的监督。有研究显示，先投票的在破产法庭上花费的时间较少，费用较低，债权人得到的偿还比率较高，但投票前协商的时间会较长。

第一家进行预先包装破产重组的大公司是美国的Cystal石油公司，这是一家总部位于路易斯安那州的独立原油和天然气勘探与生产公司。该公司于 1986 年 10 月 1 日申请破产，然而不到三个月其资本结构彻底重组。该公司的总负债从 2.77 亿美元减少到 1.29 亿美元。作为放弃债务主张的交换，债券持有人获得了普通股、可转换票据、可转换优先股和购买普通股的认股权证的组合。

预先包装破产与我国当前实践探索的破产预重整制度类似，在债务人进入法定破产重整程序之前在庭外自愿协商达成重组协议，但是目前尚未纳入立法。从长期看，破产预重整制度发展前景广阔。以近年来陷入困境的房地产业为例，2019 年有超 377 家房企申请破产，2020 年上升到了 408 家，2021 年申请破产房企数量下降到 343 家，2022 年该数量进一步下降至 308 家，主要以小微房企为主，位于三四线城市的企业居多。截至 2022 年 12 月 31 日，全国具有开发资质的房地产企业有 124 665 家，当年 308 家发布破产文书，数量占比仅为 0.25%，相对于总量来说，破产房企并不多。这是因为，通过破产重整程序虽然能在一定程度上解决了融资难的问题，但破产程序是一个严肃的司法程序，对于还没有陷入绝境的房企来说，重整是否能成功存在一定的不确定性，稍有不慎，可能整个项目就被清算掉了，这也是很多尚未陷入绝境又遇到困境的房企不愿意进入破产程序的最主要原因。然而破产预重整制度能够很好地解决上述痛点，不仅仅适用于房企，对陷入困境的其他类型企业同样适用。

本章小结

并购与重组是公司实现外部增长的重要途径，是对公司外部资源比如市场、渠道、技术等进行的整合与利用。公司并购具有一系列协同效应，包括经营协同效应、财务协同效应、管理协同效应等，可以实现 1+1>2 的效果。并购关键的环节在于对目标公司的价值评估，这会直接影响目标公司的交易价格。对于收购方而言，交易价格是主要的并购成本，出价过高会增加公司财务负担，遭到股东反对；对于目标公司而言，对方出价是否符合股东利益则是首要考虑的问题。重组是对企业之间或单个企业的生产要素进行分拆和整合的优化组合过程，并购属于公司重组的范畴。当企业发生经营或财务困难时，重组是企业利用内、外部资源，尽快摆脱危机的有效方式。公司重组分为资产重组和财务重组。资产重组的形式包括并购以及资产剥离、资产分立、股份置换和股本分拆等。财务重组的方式包括自愿和解、破产重组、破产清算以及预先包装破产。

关键概念

公司并购　横向并购　纵向并购　要约收购　善意收购　敌意收购　杠杆收购协同效应　换股比率　公司重组　资产重组　债务重组　预先包装破产

综合训练

✔ 复习思考

1.公司并购的动机和效应是什么？

2.公司并购的协同效应主要有哪些？请举例说明。

3.杠杆收购的风险很大，为什么会成功？

4.从收购企业和目标公司的角度，讨论现金收购和换股收购方式的利弊。

5.资产剥离与分立是否总是企业失败的标志，为什么？

6.什么是财务重组，财务重组有哪些主要方式？

✔ 应用训练

A公司和B公司流通在外的普通股分别为3 000万股和600万股，现有净利润分别为6 000万元和900万元，市盈率分别为15和10。A公司拟采用增发普通股的方式收购B公司，并计划支付给B公司高于其市价20%的溢价。要求：

（1）计算股票交换比率和该公司需增发的普通股股数。

（2）如果两家企业并购后的收益能力不变，新公司市盈率不变，则合并对原企业股东每股收益有何影响？该合并对哪一方有利？能否发生？

（3）如果两家企业并购后的收益能力不变，新公司市盈率上升为16%，则其每股市价为多少？

（4）如果合并后新公司市盈率不变，使并购前后每股收益相等的股票交换比率和增发普通股股数分别为多少？

✔ 课程思政

在要约收购的情况下，内幕交易被认为特别普遍，因为涉的潜在利润巨大，而且相对有较多的人"知晓秘密"。

（1）交易此类信息的法律和职业伦理影响是什么？

（2）这是否取决于谁知道这些信息？

延伸阅读

1.罗斯，威斯特菲尔德，乔丹.公司理财［M］.崔方南，谭跃，周卉，译.北京：机械工业出版社，2020.

2.布里格姆，休斯顿.财务管理精要［M］.北京：机械工业出版社，2017.

启智增慧10-10

案例分析：微软收购Bethesda Soft-works公司

即测即评10

综合训练参考答案10

第11章

公司金融中的期权

目标引领

☑ **价值塑造**

通过本章学习，引导学生理解保持灵活性、耐心以及谨慎决策的价值，树立全局意识和系统性思维。

☑ **知识传授**

通过本章学习，能够掌握并清晰地解释期权定价原理和实物期权的含义，拓展关于投资决策内涵的认识，识别项目投资决策中的隐含期权并利用B-S模型进行定价，能够从期权角度审视公司财务问题。

思维导图

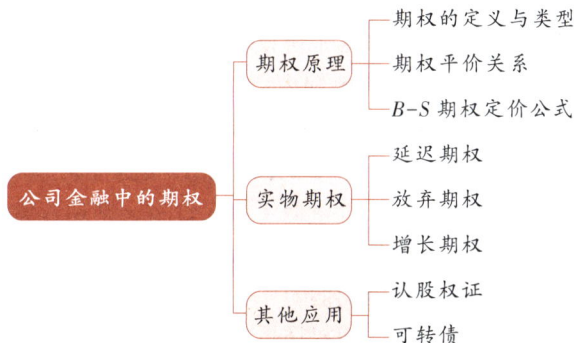

公司金融中的期权
- 期权原理
  - 期权的定义与类型
  - 期权平价关系
  - B-S期权定价公式
- 实物期权
  - 延迟期权
  - 放弃期权
  - 增长期权
- 其他应用
  - 认股权证
  - 可转债

开篇导读

期权是一种权利交易合约，不仅存在于金融资产交易中，也蕴含在公司资本预算决策中。例如当市场前景不明朗时，可以先进行小批量试生产，观察市场反应，如果市场需求量大，则可以继续扩大生产规模，如果市场反响不好，则可以改进产品设计或者推迟几年再进行生产，这样可以避免盲目扩大生产带来的风险。这种选择的灵活性就是一种期权，称之为实物期权。实物期权为公司提供了灵活性，使其能够根据市场的实际变化和内部运营的效率进行适时调整，从而优化投资回报并减少潜在风险，这无疑会增加项目的潜在价值。传统的现金流贴现法忽视了投资决策的灵活性带来的价值，所以不能准确评估公司决策的可行性，期权概念的引入则有助于企业作出更加合理的投资决策。在学习了本章之后，你将会对实物期权有一个比较全面的理解。

11.1　期权原理

11.1.1　期权的定义与类型

期权是指赋予持有者在期权到期日或者到期日之前按照双方事前约定的价格（即协议价格）或者执行价格买或卖一定数量标的资产的权利的合约。期权合约交易的是一种权利，即一旦投资者购买了期权，他就拥有了在一定期限内向期权卖方购买或出售一定数量资产的权利。他可以执行也可以不执行这种权利，这完全取决于他能否在规定时间内从执行期权当中获利。这意味着，对于期权的卖方来讲，他只有应期权买方要求执行期权的义务而没有拒绝执行的权利。这就是说，当期权买方按照合约约定的条件行使买进或者卖出标的资产的时候，期权卖方必须相应地卖出或者买进相同数量的标的资产。期权卖方从中得到的好处是期权买方支付的期权费，作为承担义务的报酬。

期权合约的两种最基本形式被称为看涨期权（又称买进期权）和看跌期权（又称卖出期权）。看涨期权赋予期权买方在期权有效期内以约定价格（即执行价格或者协议价格）购买标的资产的权利。期权买方是否执行期权取决于协议价格与到期日资产市场价格的比较。如果资产的市场价格高于协议价格，期权就会被执行，即期权买方以协议价格买进资产。资产价格与协议价格之间的差额构成了期权买方的投资利润。反之，如果在到期日资产的市场价格低于协议价格，则期权不会被执行而到期。

看跌期权赋予期权买方在期权有效期内以协议价格卖出标的资产的权利。同样，期权买方是否执行期权取决于协议价格与到期日资产市场价格的比较。如果资产的市场价格高于协议价格，期权买方会放弃执行期权，因为这个时候执行期权是不利的。另一方面，如果在到期日资产的市场价格低于协议价格，则期权就会被执行，因为此时期权买方可以相对比较高的协议价格将资产卖给期权卖方，协议价格与资产市场价格之间的差价构成了期权买方的投资利润。

除了这两种最基本的期权之外，期权还可以按照期权被执行的时限来划分，分为欧式期权和美式期权。欧式期权只能在期权到期日被执行，提前执行是不允许的；而美式期权则允许期权买方在期权到期前的任何一天（当然也包括到期日）执行。由于这个原因，美式期权比欧式期权可能更有价值。

11.1.2　期权价值及决定因素

期权价值由内在价值与时间价值构成。内在价值是指期权协议价格与标的资产当前价格的差额。时间价值是期权价值中超过其内在价值的部分，它反映了期权在到期前所剩时间的价值。影响期权价值的因素有六个，这六个因素分别与标的资产、期权特征以及金融市场变量有关。

（1）标的资产当前价格。期权的价值依赖于标的资产的价格，由于看涨期权赋予买方以一个固定价格购买一定数量标的资产的权利，因此资产价格的上涨能够增加期

启智增慧 11-1

2023上海证券
交易所股票期
权市场发展
报告

权的价值。相反，对于看跌期权而言，标的资产价格上涨会减少期权价值。

（2）标的资产价格方差。期权的买方拥有以约定价格买进或者卖出一定数量资产的权利。而期权买方的最大亏损仅限于支付的期权费用，因此，资产价格波动幅度越大，期权买方获利的空间或者说可能性就越大，这个规则对于看涨或者看跌期权都适用。

（3）标的资产的收益。在期权有效期内标的资产产生收益会降低看涨期权的价值，而增加看跌期权的价值。这是因为期权执行价格是固定的，并没有针对收益进行调整。

（4）期权的执行价格。在资产市场价格给定的条件下，对于看涨期权的买方而言，执行价格越低越好，执行价格上升是不利的，会降低看涨期权价值；反之，对于看跌期权买方来讲，执行价格越高越好，执行价格下降是不利的，会降低看跌期权的价值。

（5）期权有效期。对于美式期权，由于可以在有效期内的任何一个时间执行，所以随着期权有效期延长，多头获利机会增加，看涨期权和看跌期权价值都会增加。对于欧式期权，虽然不可以提前执行，但是有效期延长意味着标的资产价格波动幅度增加，空头亏损的风险增加，期权卖方要求更高的期权价格，因此欧式期权价格也会因为有效期延长而增加。从另一个角度看，比较长的有效期意味着执行价格的现值降低，就是说从现在来看期权买方可以较低的执行价格取得基础资产，有效期越长，取得成本越低，因此看涨期权价值上涨。而对于看跌期权来讲，以执行价格出售资产所得到的收益现值随着期权有效期的延长而减少。在这个意义上，较长的有效期反而降低了看跌期权的价值。

（6）无风险利率。由于期权买方必须先支付期权价格（即期权费），所以存在机会成本问题。机会成本取决于利率水平和有效期。此外，当计算执行价格现值的时候，利率也会影响期权价值。因此，利率的上升会增加看涨期权的价值而减少看跌期权的价值。

11.1.3　看涨期权与看跌期权之间的平价关系

对于欧式期权，在均衡状态下，看涨期权与看跌期权价格之间存在联系，这种联系被称作平价关系。令 S 表示标的资产现在的价格，X 表示期权执行价格，r 表示无风险利率，c 和 P 分别表示看涨期权和看跌期权的价格。考虑如下两个组合：

组合 1：一份看涨期权多头和一笔与执行价格现值相等的现金。

组合 2：一份看跌期权多头和一单位标的资产 S。

在期权到期时，两个期限相同组合的价值均为 $\max(ST, X) \geqslant X$。由于欧式期权不能提前执行，所以在时刻 t 两个组合必然具有相同的价值：

$$c + Xe^{-r(T-t)} = p + S$$

这就是看涨期权与看跌期权之间的平价关系。它表明欧式看涨期权的价格可以根据有相同执行价格和有效期的欧式看跌期权价格推算出来；反之，欧式看跌期权的价格也可以由欧式看涨期权的价格推算出来。

如果上式不成立，即在时刻 t 两个组合的价值不相等，就会出现套利机会。套利

启智增慧 11-2

索罗斯做空日元

活动使平价关系恢复。

对于有收益资产的欧式期权，看涨期权与看跌期权之间的平价关系可以写为：

$$c + D + Xe^{-r(T-t)} = p + S$$

其中，D 表示资产的现金收益。

11.1.4 Black-Scholes 期权定价模型

1）欧式看涨期权的定价

Black-Scholes（布莱克–斯克尔斯）模型是用来为欧式期权定价的。如果 c 表示欧式看涨期权价格，S 表示基础资产现在的价格，X 表示期权执行价格，σ^2 表示基础资产价格波动率，作为近似，波动率可解释为一年内价格变化的标准差。r 表示期权有效期内无风险利率，T 表示期权有效期，则模型可以写为：

$$c = SN(d_1) - Xe^{-rT}N(d_2)$$

其中，

$$d_1 = \frac{\ln\left(\dfrac{S}{X}\right) + \left(r + \dfrac{\sigma^2}{2}\right)T}{\sigma\sqrt{T}}$$

$$d_2 = \frac{\ln\left(\dfrac{S}{X}\right) + \left(r - \dfrac{\sigma^2}{2}\right)T}{\sigma\sqrt{T}} = d_1 - \sigma\sqrt{T}$$

$N(x)$ 表示均值为 0、标准差为 1 的标准正态分布变量的累计概率分布函数（即这个变量小于 x 的概率）。

下面利用 Black-Scholes 模型计算期权价值。

【例 11-1】假设对欧式看涨股票期权进行定价。已知条件如下：

S=100 元，r=10%，X=95 元，T=0.25（3 个月），σ=0.50（每年 50%）

代入公式得到：

$$d_1 = \frac{\ln\left(\dfrac{100}{95}\right) + \left(10\% + \dfrac{0.5^2}{2}\right) \times 0.25}{0.5\sqrt{0.25}} = 0.43$$

$$d_2 = 0.43 - 0.5\sqrt{0.25} = 0.18$$

查标准正态分布表得到：

$N(0.43)$ =0.6664 $N(0.18)$ =0.5714

看涨期权价值为：

$$c = 100 \times 0.6664 - 95 \times e^{-0.1 \times 0.25} \times 0.5714 = 13.7（元）$$

2）模型的局限

（1）模型的局限

Black-Scholes 模型只适用于欧式看涨期权。但是，当期权是买入期权并且标的股票又不支付股息时，Black-Scholes 模型只适用于欧式期权的限制便可以不予考虑。这是因为对于一个持有不支付股息的标的资产的美式买入期权的投资者来说，在期满之前执行期权是不明智的。这样，美式看涨期权和欧式看涨期权就没有任何区别。这就意味着 Black-Scholes 模型可以被用于估算无收益支付资产的美式看涨期权的价值。

看跌期权在Black-Scholes模型中没有得到明确处理，看起来我们没有办法求解看跌期权的价格。其实不然，回想一下在前面提到的看涨期权与看跌期权之间的平价关系，看涨期权的价格与看跌期权的价格可以相互求解，知道其中一个就可以利用平价关系得到另一个的价格。所以我们利用Black-Scholes模型也可以得到欧式看跌期权的价格。

（2）对股利的调整

股利的支付会降低股票价格，因此当股利支付增加时，看涨期权价值下降而看跌期权价值上升。对股利可以作出两种调整，一种适用于短期期权，另一种适用于长期期权。当期权的期限很短，短于1年时，可以从资产现在的价值中扣除期权有效期内估计的预期股利现值，得到"股利调整后的价值"，并以该值作为Black-Scholes模型中的S。即

$$\text{调整后的股价} p = S - \sum \frac{D_t}{(1+r)^t}$$

然后根据调整后的股价重新计算d_1和d_2，得到新的看涨期权价值。

【例11-2】考虑一个看涨期权，以Y公司股票为标的，期限4个月，执行价格X为45元。股票现在的价格是50元，利用历史资料估计对数方差为0.06。预计2个月内支付一次股息，金额为0.56元。无风险利率为3%（年利率）。

预计股利现值=0.56/1.03^{2/12}=0.5572（元）

调整后的股票价格P=50-0.56=49.44（元）

执行价格X=45元　有效期T=4/12

无风险利率r=3%

d_1=0.8072　$N(d_1)$=0.791

d_2=0.6658　$N(d_2)$=0.749

看涨期权价值c=49.44×0.791-45×$e^{-0.03 \times 4/12}$×0.749=5.74（元）

然而，当期权的有效期比较长的时候，股利的处理比较复杂。如果基础资产的股利收益率y（y=股利/资产当前价值）在期权有效期内保持固定不变，那么问题的处理相对比较简单。调整后的Black-Scholes模型为：

$$c = S \times e^{-yT} \times N(d_1) - Xe^{-rT}N(d_2)$$

其中：

$$d_1 = \frac{\ln\left(\frac{S}{X}\right) + \left(r - y + \frac{\sigma^2}{2}\right)T}{\sigma\sqrt{T}}$$

$$d_2 = d_1 - \sigma\sqrt{T}$$

从直观的角度看，这种调整有两个作用：第一，资产价格以股利收益率折现，考虑了股利支付引起股票价格下降。第二，利率由股利收益率来调整，反映了股票持有（在复制的资产组合中）成本的降低。

11.2 资本预算中的期权

11.2.1 实物期权

实物期权（real options）是以非交易资产，例如实物资产或投资计划，作为基础资产的期权。实物期权是将现代金融领域中的金融期权定价理论应用于实物投资决策的分析方法和技术。实物期权的概念最初是由 Stewart Myers（1977）提出的，他指出一个投资方案产生的现金流量所创造的利润，来自于对目前所拥有资产的使用，再加上一个对未来投资机会的选择。也就是说，企业可以取得一项权利，在未来以一定价格取得或出售一项实物资产或投资计划，所以实物资产的投资可以应用类似评估一般期权的方式进行评估。

与金融期权相比，实物期权具有以下四个特性：（1）非交易性。不仅作为实物期权标的物的实物资产一般不存在交易市场，而且实物期权本身也不大可能进行市场交易，这意味着传统期权定价模型所依赖的套利假设在这个场合不适用。（2）非独占性。许多实物期权不具备所有权的独占性，即它可能被多个竞争者共同拥有，因而是可以共享的。对于共享实物期权来说，其价值不仅取决于影响期权价值的一般参数，而且与竞争者可能的策略选择有关系。（3）先占性。先占性是由非独占性所导致的，它是指抢先执行实物期权可获得的先发制人的效应，结果表现为取得战略主动权和实现实物期权的最大价值。（4）执行需要时间。实物期权的执行时间比较长，例如，新上一条生产线或者开挖矿山。而金融期权的执行需要时间很短，期权定价模型假定执行是在瞬间完成的。执行需要时间的事实说明，实物期权的真实有效期要比名义有效期长得多。

11.2.2 资本预算中的实物期权

我们在前面曾经以折现现金流（DCF）法研究了项目投资决策问题，项目取舍的依据是项目净现金流量现值是否为正，如果净现值大于零，就采纳这个项目，否则就放弃这个项目。然而，折现现金流（DCF）法有局限性，无法评估不确定环境下的投资机会给企业带来的价值。所以，如果考虑期权，传统评估方法得到的结论就有可能被改变。在本节，我们从期权的角度来考察资本预算中的不确定性。

1）延迟期权

在传统的项目评估中，如果项目的预期现金流量的净现值为负，说明这个项目不可取。但是预期现金流量以及贴现率都会随时间变化，这意味着净现值也会变动。现在净现值为负的项目将来净现值就可能为正。如果考虑到净现值随时间变化的可能性，从而推迟项目的实施，等待有利时机，那么对项目价值的判断就可能改变——以前不可行的项目现在变得可行了。引起项目价值变化的就是延迟期权。

延迟期权即管理者可以选择对企业最有利的时机执行投资方案的权利。当管理者延迟执行此投资方案时，对管理者而言即获得一个等待期权的价值（the value of the option to wait），就项目的价值随着时间变化的特征而言，延迟期权具有看涨期权的特征。延迟期权的基础资产是项目，执行价格是采用该项目所需要的投资额，期权的有效期是公司对项目拥有权力的期限。项目现金流量的现值及其预期方差分别代表基础资产的价值与方差。期权的价值绝大部分来源于未来现金流量的不确定性，不确定性越高，延迟期权价值就越大。

和计算金融期权价值一样，计算延迟期权价值也需要事先确定如下变量的值：项目（基础资产）价值，项目价值变动率，期权有效期，投资成本（执行价格无风险利率）以及股利收益率或者延迟成本（即如果立即执行该项目可能获得的收益）。由于项目投资具有自身的特点，因此在计算时需要注意以下几点：

（1）关于项目价值

在延迟期权中，基础资产即是项目本身，其价值为项目预期现金流量现值。然而由于现金流量及其现值的计量都是基于对未来的估计，因此不可避免地存有杂音，从而导致计算出现偏差。但是正是这些不确定性的存在才赋予了延迟期权以价值。

（2）关于项目价值方差

项目未来现金流量具有相当的不确定性，部分来源于市场的未来不确定性，部分来源于项目在开发过程中可能面临的不确定。不确定性程度越大，期权价值越高。不过，测量价值变动率是一项比较困难的工作，比较简单的方法是将现在的项目与过去类似的项目进行比较，大致得到现在项目价值的波动率。或者将未来的不确定性因素进行分解，分别得出各种不同条件下的现金流量及现值变动情况。第三种方法是利用公司所属行业的公司价值的平均方差。表11-1列出了美国几个具有代表性的行业的平均年标准差。

表11-1 　　　　　　　　　　权益与公司价值标准差（%）

行业	负债率	权益标准差	价值标准差
纺织业	37.68	48.26	31.23
林业	46.58	21.12	13.24
房地产业	43.42	50.88	30.17
保险	10.58	34.56	31.18
机械制造	14.88	46.09	39.63

资料来源：达莫德伦.公司财务：理论与实务［M］.荆霞，译.北京：中国人民大学出版社，2001：702.

（3）关于期权执行价格

当企业决定投资某项目时，延迟期权被执行。期权的执行价格即项目投资成本，这里假定该项目投资成本在整个期权有效期内是保持不变的。

（4）关于延迟成本（项目机会收益）

一旦项目NPV为正，延迟项目实施就产生了机会成本。因为公司拥有的投资项目的开发权利会在一定时期后到期，随着到期日临近，该项目在这段时间能为企业带来的收益相应减少，每延迟一年企业就减少一年的可能收益。假定现金流量每年是均等的，则在n年的有效期内，延迟成本=1/n。例如，如果项目在20年内开发是有效的，则每延迟一年的成本为1/20=5%。有时候以长期金融期权里的股利收益率来表示延迟的机会成本。

（5）关于无风险利率

当企业拥有的开发项目权利丧失后，该项延迟期权也就到期了。期权定价时使用的利率应等于延迟期权到期时对应的无风险利率。

【例11-3】专利技术定价

某公司研制出一项新技术，并获得专利，现准备将此技术应用于公司一项新产品的生产，预计购买生产该新产品的设备需要投入450万元，产品投入市场后每年可产生税后现金流量100万元，专利保护期为8年。经市场部门调研，该项目最大的不确定性来源于市场对新产品的反应，据估计产品未来现金流量波动率为42%。根据项目的风险性质，公司期望投资回报率为15%，8年期国债利率为6%。公司是否应投资该项目呢？

根据传统评估方法，该项目的净现值：

$NPV = -450 + 100 (P/A, 15\%, 8) = -450 + 448 = -2$（万元）

NPV 小于0，根据判断规则该项目不可行。但由于企业在8年内对该项目拥有独享的权利，这相当于购买了一个看涨期权，在8年有效期内可随时根据需要决定是否执行该期权——即进行项目投资。用布莱克-斯克尔斯定价模型计算此延迟期权的价值，模型中几个参数分别为：

项目价值（S）=立即开发该项目的现金流量现值=$100 (P/A, 15\%, 8) = 448$（万元）

执行价（X）=执行项目投入成本=450万元

项目价值标准差 $\sigma = 0.42$

延迟成本=$1/8 = 0.125$

到期时间 $T = 8$年

8年期国债利率为6%，可以看作无风险利率 r。根据调整的布莱克-斯克尔斯定价模型：

$$d_1 = \frac{\ln\left(\dfrac{448}{450}\right) + \left(6\% - 0.125 + \dfrac{0.42^2}{2}\right) \times 8}{0.42\sqrt{8}} = 0.1524$$

$N(d_1) = 0.5596$

$d_2 = 0.1524 - 0.42\sqrt{8} = -1.0355$

$N(d_2) = 0.1515$

延迟期权价值：

$c = 448 \times e^{-0.125 \times 8} \times 0.5596 - 450 \times e^{-0.06 \times 8} \times 0.1515 = 50.04$（万元）

经计算，延迟期权价值为50.04万元。此时项目的 $NPV = -2 + 50.04 = 48.04$（万元），这意味着如果将这个具有负 NPV 的项目延迟至8年后进行，项目将具有投资价值，说明公司应该耐心等待而不是立即投资这个项目。

利用延迟期权还可以为自然资源定价。在自然资源的投资中，基础资产是自然资源，该资产的价值是由资源的可用储备量与价格决定的。不过，值得注意的问题是，决定开发资源和实际开采资源之间存在时滞，在对自然资源定价时，不能忽视开采时滞对资产价值的影响。一个简单的处理方法是将资源的价值以时滞为基础，以股利收益率进行贴现。开发资源需要成本，预测的开发成本就是期权的执行价格。自然资源期权的有效期一般指经济开采年数，根据矿产资源的出产率、储量以及开采成本等来决定，或者是矿产资源的租赁期。基础资产价值方差取决于资源储量的变化以及价格的变化，在储量已探明的情况下，则取决于价格的方差。延迟开发的机会成本以股利收益率来衡量，产品净收入与储量市场价值之比就是股利收益率。

【例11-4】自然资源定价

某公司中标开采中东一个油田，开采期20年。油田估计储量为4亿桶，开采成本（现值）为每桶45美元，开采时滞为3年，预计国际油价为每桶50美元。一旦开采，每年净收入将是储量价值的6%。无风险利率为10%，石油价格（对数）方差为0.06。

布莱克-斯克尔斯定价模型的已知条件如下：

基础资产（石油）的价值（S）$=\dfrac{50\times40}{(1+6\%)^3}=1\,679.23$（千万美元）

执行价格$X=$开发成本的现值$=45\times40=1\,800$（千万美元）

期权的有效期为20年

基础资产价值方差$\sigma^2=0.06$

无风险利率$r=10\%$

股利收益率$y=6\%$

根据这些已知条件，计算延迟期权价值：

$$d_1=\dfrac{\ln\left(\dfrac{1\,679.23}{1\,800}\right)+\left(0.1-0.06+\dfrac{0.06}{2}\right)\times20}{\sqrt{0.06\times20}}=1.2151$$

$d_2=1.2151-\sqrt{0.06\times20}=0.1201$

$N(d_1)=0.8869$

$N(d_2)=0.5478$

延迟期权价值：

$c=1\,679.23e^{-0.06\times20}\times0.8869-1\,800e^{-0.1\times20}\times0.5478=315.15$（千万美元）

所以，尽管从目前来看开采油田不合算（因为净现值为-120.77千万美元），但是考虑到未来石油价格上涨的可能性，延迟投资具有额外的价值。

2）放弃期权

若市场情况持续恶化或企业生产出现其他原因导致当前投资计划出现巨额亏损，则管理者可以根据未来投资计划的现金流量大小与放弃目前投资计划的价值来考虑是否结束此投资计划，也就是管理者拥有放弃期权（option to abandon）。如果管理者放弃目前的投资计划，则设备与其他资产可在二手市场出售使企业获得残值L（salvage value）。管理者也可选择继续经营，V代表继续经营到有效期末的剩余价值。放弃期权具有典型的看跌期权特征。

放弃期权的净收益$=0$，如果$V>L$

放弃期权的净收益$=L$，如果$V<L$

【例11-5】放弃期权的定价

假定一家房地产公司正在考虑一个5年期的城市改造项目，初始投资1亿元，预期现金流量现值为1.1亿元，净现值为1 000万元，由于收益太小，公司管理层不想投资这个项目。但是如果公司拥有在5年期间随时终止投资的权利，比如将股份卖给其他投资者，公司是不是应该采纳这个项目呢？假设如果放弃这个项目，项目的净残值为5 000万元。估计现金流量现值的方差为0.1。假定项目有效期内的无风险利率 r 等于8%。

为了估计放弃期权的价值，将看跌期权的有关参数定义如下：

基础资产价值（S）=项目现金流量现值=110百万元

执行价格（X）=放弃项目的残值=50百万元

基础资产价值的方差 $\sigma^2=0.1$

期权有效期=项目期限=5年

股利收益率=1/项目期限=1/5=0.2

由于布莱克-斯克尔斯定价模型只是关于欧式看涨期权定价，因此对看跌期权定价必须借助于平价关系式：

$$c+D+Xe^{-r(T-t)}=p+S$$

所以首先计算看涨期权价值：

$$d_1 = \frac{\ln\left(\frac{110}{50}\right) + \left(0.08 - 0.2 + \frac{0.1}{2}\right) \times 5}{\sqrt{0.1 \times 5}} = 0.6201$$

$$d_2 = 0.6201 - \sqrt{0.1 \times 5} = -0.0870$$

$N(d_1)=0.7324$

$N(d_2)=0.4681$

$c=110e^{-0.2 \times 5} \times 0.7324 - 50e^{-0.08 \times 5} \times 0.4681=13.95$（百万元）

根据看涨期权与看跌期权平价关系式，看跌期权价值 p 等于：

$13.95-110e^{-0.2 \times 5} + 50e^{-0.08 \times 5}=7.00$（百万元）

含有放弃期权的项目的总价值应该等于净现值加上期权价值。因此项目总价值等于10+7=17（百万元）。这说明，拥有放弃期权通常会增加项目的价值，从而使其更容易被接受。随着项目期限缩短，放弃期权会越来越有吸引力，因为剩余现金流的现值将会减少。

在考虑放弃期权的价值的时候，有些问题必须加以注意。如果公司放弃项目会带来费用支出（比如工人遣散费用）而不是现金收入，那么就应该继续执行项目，除非项目此时的净现金流量为负。另外，执行放弃期权所带来的残值收入是不确定的，在项目期限内很可能会改变，这也会影响放弃期权的价值。最后尤其重要的是，公司可能受到外部压力而并不拥有放弃期权，除非合同当中事先注明。当然，公司可以通过很多方法来得到这种期权，比如将放弃项目的权利写入合同条款。

3）增长期权

企业较早投入的计划，不仅可以获得宝贵的学习经验，也可视为未来投资计划的基础投入，在这种情况下，公司采纳某个投资计划是为了在将来采纳另一些项目或者进入某个市场。因此可以将最初的项目看作允许公司进行其他项目投资的期权，这意味着即使最初的项目可能会产生负的现金流，公司也会继续投资，因为未来的项目可能带来更高的现金流。

【例 11-6】增长期权的定价

H公司是一家从事电子设备生产、销售的中型企业，经过10年的发展，形成了一定的财力和知名度。公司认为应该尽快进入智能穿戴设备领域，依靠领先进入和技术方面的优势抢占可穿戴设备行业的领先地位。在进入的突破口和进入方式的选择上，高层经理认为收购一个中等规模的手机企业是最佳选择。按照公司的战略，公司计划在踏上这一跳板后，开拓智能穿戴设备市场领域。现在的时间是2012年，即公司投资手机的时间。专家估计，合适的投资智能穿戴设备的时间为2015年，有关投资及现金流量数据分别见表11-2、表11-3。

表11-2 手机投资现金流量 单位：百万元

年份	2012	2013	2014	2015	2016	2017	2018
净现金流量	-1 000	300	400	340	380	190	0

表11-3 智能穿戴设备投资现金流量 单位：百万元

年份	2015	2016	2017	2018	2019	2020	2021
净现金流量	-2 400	500	1 200	800	950	450	0

公司根据长期经验，将经过风险调整的手机投资和智能穿戴设备投资的资金成本率确定为20%。根据传统财务分析方法，由于两项投资的NPV都为负值，公司的扩张战略无法实现。

上述传统的财务分析忽略了一个基本事实：对于公司扩张战略而言，手机投资为公司争的是智能穿戴设备的投资机会。而这种投资机会是有价值的，实际上是以初始投资为约定价格的一个买方期权，其基础资产为投资项目。因此在评估手机项目投资价值的时候，就必须考虑智能穿戴设备投资所带来的期权价值。

我们利用期权定价模型估算智能穿戴设备投资机会的价值。模型相关参数如下：

基础资产价值（S）=智能穿戴设备投资产生的现金流量的现值（如果3年后立即执行）

=2 351.9百万元

执行价格（X）=扩张的成本=2 400百万元

基础资产价值的方差σ^2=0.12

无风险收益率r=5%

期权的有效期=3年

这里没有延迟成本。

根据期权定价模型计算如下：

$d_1 = 0.5162$　$N(d_1) = 0.6950$

$d_2 = -0.0838$　$N(d_2) = 0.4681$

$c = 2 351.9 \times 0.6950 - 2 400e^{-0.05 \times 3} \times 0.4681 = 667.62$（百万元）

如果开始实施扩张战略，就要投资手机，其投资支出为1 000百万元，所得有两项：项目本身价值984.15百万元，智能穿戴设备投资机会的价值为667.62百万元。因而，扩张战略的总净现值为：

$NPV = -1 000 + 984.15 + 667.62 = 651.77$（百万元）

净现值大于0，说明扩张战略可行。

启智增慧 11-4

中国工商银行的海外布局——基于实务期权视角的案例分析

11.3　期权定价的其他应用

期权定价除了应用于投资决策过程中，在公司财务的其他方面也有很多用途，比如，证券的设计与定价。在本节，我们将讨论这个问题。

11.3.1　认股权证的定价

认股权证的传统定价方法没有考虑认股权证的期权特征。现在，我们将从期权的角度来重新考虑认股权证的定价问题。

1）认股权证的功能

认股权证是一种允许其持有人（即投资者）有权利但无义务在指定的时期内以确定的价格直接向发行公司购买一定数量普通股的证券。每一份认股权证将会详细说明权证持有人可以购买的股票份数、"协议价格"（也称"执行价格"），以及"到期日"。认股权证与看涨期权相当类似。认股权证有时会被公司作为一种证券单独发行，但认股权证有时也被用在债券、优先股和新股发行时作为吸引投资者的附加证券。通过附加认股权证，公司可以在发行合同上给予更低的债券付息，较低的优先股红利支付和增加新股发行的融资数量。这一点对新兴公司尤其重要，由于知名度低，信用等级低，债券筹资的成本往往很高，通过配送认股权证可以降低融资成本。

在实际的市场交易中，认股权证通常又可以与原始的证券剥离开来，单独进行交易。但员工的认股权证通常是不可交易的。员工的认股权证作为激励措施或奖励计划中的一部分，可以把员工的利益与公司的成长相结合。特别是对高级管理人员而言，一方面，使用认股权证可以极大地改善委托代理关系，激发他们的工作热情，有效地解决经理人长期激励不足的问题；另一方面，使用认股权证还可以以低成本不断吸引高级管理人才和技术骨干，避免对高级管理人员支付较高的薪金，减少管理成本；而且随着认股权证的执行，公司的资本金会相应增加，这一点对新兴的成长型公司尤为重要。使用认股权证还能起到稳定员工队伍的作用。认股权证的发行条款中通常都会对员工提前离开公司后的行权进行限制或取消，增加人员的流动成本，起到稳定管理人才和技术骨干的作用。在现代的公司运作中，公司并购日趋频繁，收购与反收购已成为公司财务运作的一个重要方面。当公司面临被收购的危险时，认股权证还可以作为反收购的工具。通过发行大量较低执行价格的认股权证，当对手收购到一定的数量后必然会造成市场价格的攀升，此时大量认股权证的执行将会使对手的收购成本大大提高，使其难以进行收购而宣告失败。因此，认股权证被称为并购市场上的"定时炸弹"。

认股权证对市场的影响主要表现在：

（1）认股权证可以降低股票市场波动。对于认股权证（或期权）上市后是否会对标的股票价格的波动性产生影响，一种担心是期权市场的投机性交易将会增加现货市场的波动。大量学者对此进行了实证研究，几乎一致认为期权的引入不会使现货市场变得不稳定。大部分研究显示，期权市场可降低股票市场的波动性。期权交易揭示了投资者未来交易意图的信息，得益于获取新信息的激励的增加，标的股票波动将会收窄。

（2）认股权证具有价格发现功能

由于认股权证或期权市场等衍生金融商品具有较低的交易成本以及高财务杠杆的特性，拥有信息优势的投资者可能会先在认股权证市场进行交易。同时因为认股权证具有价格发现的功能，额外的信息将被释放出来，并且很快被吸收到标的股票中去，使得标的股票的效率性增加，股票市场也更加有效。

（3）认股权证对股票市场交易量的影响并无一致结论

如果存在完美的资本市场，期权可以通过已有股票和无风险借贷结合进行人为的复制，因此，期权的上市将不能对标的股票产生直接影响。但是，现实中的资本市场并不是完美市场。期权作为股票之外的另一种金融工具，使得市场更加完整，这是因为投资者有了更多可供选择的投资对象。似乎可以得出的推论是，期权作为具有替代性的投资品种，将会分流股票市场的资金。但是，没有研究显示期权的出现改变了交易量。

2）认股权证的价格影响因素

从期权的角度看，影响认股权证价格的因素有六个方面：基础资产价格、执行价格、无风险利率、公司权益价值波动率、稀释效应和认股权证有效期。

执行价格和基础资产股票的价格对认股权证价格的影响是显而易见的，它们对认股权证的价格影响正好相反。当其他条件不变时，执行价格越低，认股权证的价格越高，而基础资产股票的价格越低，认股权证的价格也越低；反之亦然。

无风险利率对认股权证价格的影响是通过对认股权证的时间价值的影响而实现的。认股权证的时间价值是指在有效期内股票价格波动给投资者带来的收益可能性所隐含的价值。认股权证在获取这一好处的时候具有很强的杠杆效应，即用很少的认股权证资金占用就可以获得较大资金量才能实现的直接持股效果。因而无风险利率越高，认股权证的价格也越高。

公司权益价值的波动实际上就是认股权证的风险。经典的金融理论告诉我们，风险与期望收益有对称性，即高风险高收益。因此，如果一个公司的价值变动比较大，投资者可能获得的收益也会很大，其认股权证的价格就高。在此需要注意一个事实，通常的 Black-Scholes 期权定价公式中所使用的波动率是基础资产价格波动率，而在对认股权证进行定价时所使用的是公司价值波动率。

距离到期日的时间长度决定了认股权证的时间价值。认股权证的有效期通常比较长，大多数在5~10年之间。所以认股权证中所包含的时间价值比较大。一个有趣的现象是，在实际中员工的认股权证通常会提前执行，有的甚至提前数年。提前执行造成的收益损失与用 Black-Scholes 模型给出的预期相差最多的可以达到接近一半。提前执行主要与下面几个方面的因素有关：近期的价格变化、市场价格与执行价格的比率、市场的波动率、员工在公司中所处的职位、发放计划、到期时间等。

当公司股票的价格高于认股权证的执行价格时，投资者会执行期权，用较低的执行价格去向公司买入股票。但是认股权证的执行带来一个问题，就是增加流通中的股票数量，对公司的价值产生影响，这就是稀释效应。稀释效应降低了认股权证的价值。在应用 Black-Scholes 模型的时候，需要对稀释效应作出调整。调整包括以下三步：

第一，根据执行认股权证所预期的稀释效应对股票价格进行调整。

调整后的股价 $S = \dfrac{Sn_s + Wn_w}{n_s + n_w}$，其中，$S$ 表示股票现在价格，n_w 表示未到期的认股权证数量，W 表示未到期的认股权证市场价值，n_s 表示在外流通股票数量。分子表示公司权益的市场价值，分母包括未到期认股权证以及在外流通股票。调整后的股票价格其实可以看作以公司股票和认股权证在公司总权益中的比重作为权重计算得到的加权平均数。当认股权证被执行时，在外流通股票的数量会增加，从而降低股票价格。

第二，期权定价公式中的方差现在是公司权益的方差（公司权益即股票价值加上认股权证的价值）。

第三，在利用期权定价模型为看涨期权定价之后，再调整其价值以反映稀释效应：

调整后的认股权证价值 $= \dfrac{看涨期权价值 \times n_s}{n_w + n_s}$

【例 11-7】某公司发行 100 万份认股权证，5 年后到期，执行价格为 50 元，该公司在外流通股票 1 000 万股，股票现在的交易价格为 45 元，股利收益率为 2%，5 年期债券利率为 8%，该公司权益价值的年方差为 0.1。计算该公司认股权证价值的相关参数如下：

调整后的基础资产价格 $S = \dfrac{45 \times 1\,000 + 50 \times 100}{1\,000 + 100} = 45.45$（元）

执行价格 $X = 50$ 元

有效期 $= 5$ 年

期权有效期内的无风险利率 $= 8\%$

股票价值方差 $\sigma^2 = 0.1$

股利收益率 $= 2\%$

根据参数值，利用期权定价公式计算认股权证价值：

$$d_1 = \frac{\ln\left(\dfrac{45.45}{50}\right) + \left(0.08 - 0.02 + \dfrac{0.1}{2}\right) \times 5}{\sqrt{0.1 \times 5}} = 0.6430$$

$d_2 = 0.6430 - \sqrt{0.1 \times 5} = -0.0642$

$N(d_1) = 0.7389$

$N(d_2) = 0.4761$

调整后认股权证价值：

$$c = (45.45e^{-0.02 \times 5} \times 0.7389 - 50e^{-0.08 \times 5} \times 0.4761) \times \frac{1\,000}{1\,000 + 100} = 15.86$$（元）

所以，认股权证的交易价格等于 15.86 元。

11.3.2　可转换债券的价值评估

1）可转换债券的价值分析

可转换债券赋予其持有者按照约定的条件将公司债券转换成一定数量普通股股票

的权利。在理论上，可转换债券可以看作一个债权与一份认股权证以及其他期权的复合证券。影响可转换债券价值的要素有：纯债券价值、期限、转换价格、期权价值等。

（1）纯债券价值

纯债券价值取决于利率、期限和违约风险程度。根据现金流贴现原理，我们知道：其他条件不变时票面利率越高，可转换债券的价值越高。债券价值被投资者视为保底价值。

假设某公司发行的债券信用等级为 A，并且 A 级债券可以 4% 的收益率进行定价。该公司可转换债券的纯债券票面利率为 6.75%，面额 1 000 元，半年付息一次，共 10 个付息期，按照 4% 的折现率计算债券价值为：

纯债券价值=33.75×（P/A，4%，10）+1 000×（P/F，4%，10）=949.31（元）

（2）期限

期限不仅影响纯债券价值，而且影响可转换债券的期权价值。从后者的角度来看，可转换债券的期限与期权价值呈正相关关系，期限越长，股票变动和升值的可能性越大，可转换债券的投资价值就越大，因而对投资人来说，可转换债券的期限越长越好。

（3）转换价格

转换价格是指可转换债券转换为公司普通股股票时所支付的价格，它等于每份债券所能转换的普通股的份数乘以股票当前市场价格。一份可转换债券不能以低于转换价值的价格卖出，否则就会出现无风险套利。套利者首先卖空股票，然后买进拥有同等数量股票期权的债券，并立即向公司兑换成股票交割，获取无风险利润，无风险利润等于股票出售价格与可转换债券转换价值的差额。无风险套利的结果是使可转换债券的价格恢复到转换价值以上。转换价值随着公司普通股价格的变动而变化。转换价格（或溢价幅度）越高，期权价值越低。因此可转换债券的价值拥有两个价值底限：纯债券价值和转换价值。

图 11-1 描述了可转换债券价值与股票价格以及转换价值的关系。假定可转换债券没有违约风险，这意味着纯债券价值不依赖于股价，因而在图中表示为一条直线。从图中可以看到，可转换债券最小价值取决于纯债券价值和转换价值二者之中的较大者。价值运动轨迹如图中加粗线条表示。

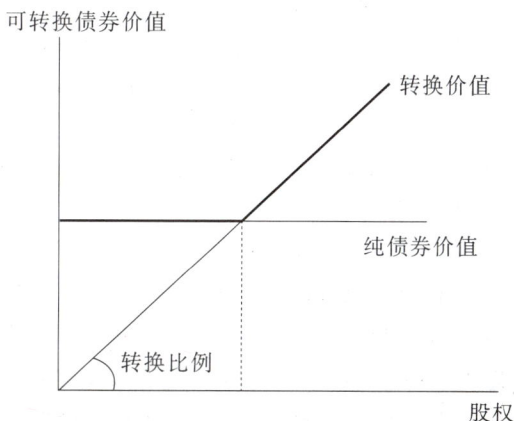

图11-1　可转换债券价值与股票价格以及转换价值的关系

（4）期权价值

可转换债券价值一般都会超过纯债券价值或者转换价值。之所以出现这种情况主要是因为投资者可以不必立即转换，而是观察纯债券价值和转换价值的差距，选择最有利的策略，即转换普通股还是继续持有债券。这种通过等待而得到的选择权（期权）类似于前面提到的延迟期权，可转换债券正是由于隐含着延迟期权，其价值才超过纯债券价值或者转换价值。

当公司股价比较低的时候，可转换债券的价值主要受到纯债券价值的影响。然而，当公司股价比较高的时候，可转换债券的价值主要由转换价值决定。这可在图11-2中得到说明。

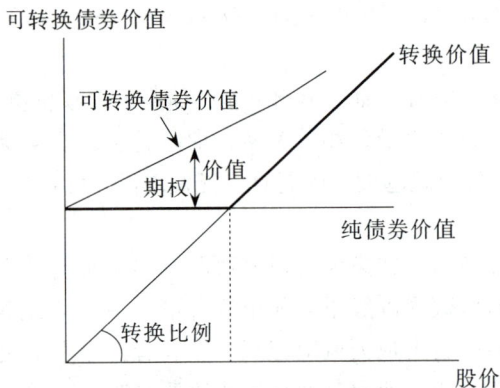

图11-2　可转换债券价值与期权价值的关系

从图11-2中得到的结论是，可转换债券价值等于其纯债券价值和转换价值二者之间的最大值与转换期权价值之和：

可转换债券价值=max（纯债券价值，转换价值）+转换期权价值

【例11-8】假设某公司有1 000股普通股和100份债券。每份债券在到期日的价值为1 000元，这些债券为贴现债券。在到期时每份债券能够转换为10股新发行的普通股。对于可转换债券的持有者来说，在什么情况下将这些可转换债券换成该公司的普通股才是有利的呢？

如果这些可转换债券的持有者将其换成普通股，他们将会收到1 000股普通股，加上公司原来的1 000股普通股，公司在外发行的普通股股数就达到了2 000股。此时，债券的持有者成了公司的股东，并拥有公司50%的普通股股份。而如果可转换债券的持有者选择继续当债权人，他们将会收到1 000元的现金。对于公司债券的持有者来说，该如何决策是显而易见的。只要转换后的这部分普通股价值高于1 000元，他们就会选择将债券换成普通股。

【例11-9】假设某公司现有4 735万股股票。该公司发行100 000份可转换公司债券，90个月（7.5年）之后到期，每份面值1 000元，在债券到期之前，每份债券可以转换成25.32股股票，债券利率为5.75%，半年付息一次。该公司信用等级为A，市场预期此等级的债券收益率为9%。假定90个月到期的国库券收益率为7.75%，股利收益率为3%。债券发行时，公司股票价格为32.5元，预计该公司股票价格（对数）变动标准差为0.5。如果可转换债券全部被执行，公司将增加253.2万股普通股。投资者

愿意为这种债券支付多少呢？

首先，计算纯债券价值。

$$纯债券价值=\sum_{t=1}^{90}\frac{28.75}{(1+4.5\%)^t}+\frac{1\ 000}{(1+9\%)^{7.5}}=832.73（元）$$

其次，计算转换期权的价值。可转换债券内含的转换期权由若干份股票买入期权（看涨期权）构成，其价值等于买入期权数量乘以每份买入期权价值。根据期权定价公式，买入期权相关参数如下：

股票价格S=32.5元

执行价格X=1 000÷25.32=39.49（元）

有效期=7.5年（90个月）

股票价格（对数）变动标准差=0.5

无风险利率=7.75%

股利收益率=3%

考虑到转换期权执行会带来股权稀释效应，利用前面计算认股权证的方法，得到：

$$调整之后的股票价格=\frac{32.5\times4\ 735+39.49\times253.2}{4\ 735+253.2}=32.85（元）$$

d_1=0.7966　　　$N(d_1)$=0.7852

d_2=−0.5726　　　$N(d_2)$=0.2843

买入期权价值：

$$c=(32.5e^{-0.03\times7.5}\times0.7852-39.49e^{-0.0775\times7.5}\times0.2843)\times\frac{4\ 735}{4\ 735+253.2}=13.59（元）$$

转换期权价值=13.59×25.32=344.10（元）

可转换债券的价值：

纯债券价值+转换期权价值=832.73+344.10=1 176.83（元）

2）回售与赎回对可转换债券价值的影响

回售指公司股票价格在一段时期内连续低于转换价格并达到某一幅度时，可转换债券持有人按事先约定的价格将所持债券卖给发行人。回售条款是为了保证当公司股票价格低于某一水平时，投资者的利益尽可能地不受损失，是对可转换债券投资者的最终保障，它提升了债券价值。

赎回是指公司股票价格在一段时期内连续高于转股价格达到某一幅度时，公司按事先约定的价格买回未转股的可转换债券。赎回条款有利于发行人，它限制了可转换债券持有人的潜在收益，即可转债的期权价值。因此，附有可赎回条款的债权价值比较低。

发行人设计赎回条款的主要目的：一个是加速转股过程，以减轻到期可转债还本付息的压力；另一个是避免市场利率下降给债权发行人带来利率损失。因为当市场利率下降到一定程度时，对发行人来说，如果赎回已有的可转换债券，再组织新的融资活动将更为合算。

启智增慧11-5

发行可转换债券的原因

启智增慧11-6

实物期权理论及其应用

本章小结

期权是指赋予持有者在期权到期日或者到期日之前按照双方事前约定的价格（即

协议价格）或者执行价格买入或卖出一定数量标的资产的权利合约。期权合约交易的是一种权利。期权包括欧式期权和美式期权两种基本形式。期权价值由内在价值与时间价值构成。影响期权价值的因素有六个，包括标的资产价格、资产价格波动率、标的资产收益、期权执行价格、期限、无风险利率等。实物期权（real options）的基础资产是非交易资产，如实物资产或投资计划。实物期权是将现代金融领域中的金融期权定价理论应用于实物投资决策的分析方法和技术。实物期权的主要类型包括延迟期权（option to defer）、放弃期权（option to abandon）以及增长期权（growth option）。这些期权增加了项目的投资价值。在公司财务管理中有很多具有期权特征的权利或者资产。认股权证和可转换债券隐含着看涨期权，利用期权原理可以为认股权证以及可转换债券进行定价。

关键概念

期权　欧式期权　美式期权　看涨期权　看跌期权　期权平价关系　期权价值　实物期权　延迟期权　放弃期权　增长期权　认股权证　可转换债券　转换价格

综合训练

复习思考

1.请解释为什么相同基础资产、相同期限以及相同协议价格的美式期权价值总是大于等于欧式期权价值？

2.当其他条件不变时，越接近到期日，期权的价值就越低，为什么？

3.根据布莱克-斯科尔斯定价公式，当方差增大的时候期权价值将增加还是减少？为什么？

4.与传统评估方法比较起来，实物期权方法有什么特点？

应用训练

某公司正在考虑推迟项目，该项目每年税后现金流量为2 500万美元，而执行成本为30 000万美元。项目期限为20年，资本成本为16%。你通过现金流量模拟得知净现金流入现值的标准差为20%，如果你可以获得该项目未来10年的权利，并且10年期国库券利率为12%。请问根据传统评估方法，这个项目可行吗？如果考虑延迟期权的价值，该项目可行吗？（忽略延迟成本）

课程思政

1.据报道，在20世纪90年代末的互联网泡沫时期，国外很多科技公司通过出售自己股票的看跌期权来增加收益。

（1）这种做法什么时候对公司有利？

（2）为什么这种做法在2000年大幅减少？

（3）这种做法有任何伦理意义吗？

2.我们已经看到，在某些情况下，公司接受低甚至负的净现值项目符合股东的最佳利益，这将财富从债券持有人转移到股东。如果一家公司濒临破产（即高杠杆），这种情况更有可能发生。在公司管理者知道这可能会减少债务提供者的回报的情况下，采取这样的策略是否合乎道德？

延伸阅读

即测即评 11

综合训练
参考答案 11

1.罗斯，威斯特菲尔德，乔丹. 公司理财 [M]. 崔方南，谭跃，周卉，译. 北京：机械工业出版社，2020.

2.达莫德伦. 公司财务——理论与实务 [M]. 荆霞，译. 北京：中国人民大学出版社，2001.

第 12 章

风险管理

目标引领

☑ 价值塑造

　　本章引导学生理解风险管理决策要遵循诚信、公正和透明的原则，维护股东、债权人和其他利益相关者的合法权益。强调风险管理的社会责任属性，维护金融秩序。

☑ 知识传授

　　通过本章的学习，理解风险的内涵以及风险管理的意义，掌握识别风险和控制风险的基本原理和方法。能够对公司面临的各种风险进行识别和评估，运用现代风险管理技术和手段来制定风险应对策略和措施，帮助公司提高风险抵御能力。

思维导图

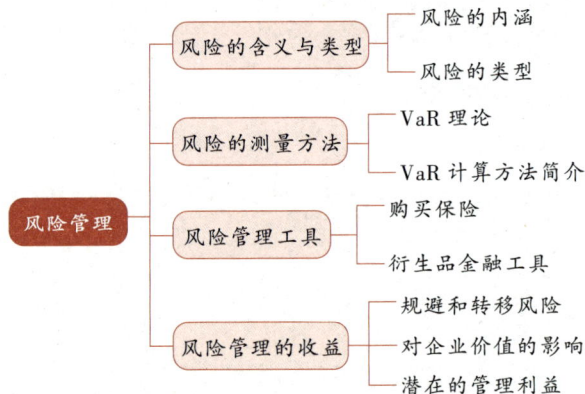

开篇导读

　　随着市场环境日益复杂多变、金融全球化加速发展，公司在经营过程中面对各种风险挑战，从市场环境、价格波动到外部宏观政策变化，都会对企业经营产生重大影响。因风险管理不善而造成企业破产倒闭的事件不断上演。所以，加强对风险的认识与管理，探索有效的风险管理方法对企业持续发展是十分必要的。本章从风险管理的角度出发阐述了公司风险管理的一系列问题，包括风险的内涵及特征、风险的计量方法，以及如何应用衍生金融工具来管理风险。

12.1 风险的含义与类型

12.1.1 风险的内涵

风险是指实际结果与预期值之间的偏离程度，即期望结果的可能偏离，用来表示某个事件结果的不确定性。事件结果本身并无有利与不利的性质差别之分，有利与不利取决于人们的意愿和接受能力。风险具有以下几个特征：

（1）不确定性。风险意味着未来事件或结果的发生是不确定的，即使有可能发生，也无法预测具体的时间或影响程度。

（2）潜在损失。风险通常伴随着潜在的负面后果或损失。这些损失可以是经济上的（如财务损失）、社会上的（如声誉损害）、环境上的（如生态破坏）等多种形式。

（3）不可预测性。尽管风险的存在可以被识别和评估，但具体的影响和结果往往难以准确预测。因此，风险管理通常需要估计可能性和影响，并制定相应的应对策略。

（4）动态性。风险是一个动态的概念，随着时间、环境和外部条件的变化而变化。因此，风险管理需要持续的监测、评估和调整。

（5）多样性。风险可以来自多个方面，包括但不限于财务风险、市场风险、操作风险、法律风险、战略风险等。不同类型的风险可能在不同的环境中产生影响。

（6）可能性和影响。风险的评估通常考虑两个方面，即风险事件发生的可能性（概率）和其可能造成的影响的严重性。这两个因素结合起来决定了风险的整体水平。

12.1.2 风险的类型

1）根据风险发生的原因分类

（1）经济风险

经济风险是指由经济因素波动引起的投资收益的波动，包括市场风险、信用风险、操作风险、流动性风险、汇率风险、利率风险等。

市场风险是指由于市场条件、行业竞争、消费者偏好或技术变革等因素导致的风险。这种风险可能影响产品或服务的需求、价格和市场份额。

信用风险又称违约风险，是指因交易的一方不履行合约而使另一方蒙受损失的风险。

操作风险是由内部程序、系统或人为失误、技术故障、供应链中断等引起的风险。这些风险可能导致业务中断、损失或客户服务不良。

流动性风险是资产不能按照其市场价值被迅速出售而遭受损失的可能性。

汇率风险是指以外币计价的资产或权益由于外汇汇率的变动，导致其以本币衡量的价值上升或下跌的可能性。

利率风险是指由于利率波动致使资产收益与价值发生波动的可能性。

（2）法律与合规风险

法律与合规风险是指由于法律、法规、监管要求或法律诉讼引起的风险，比如未得到政府的许可，或者与当地政府的有关法律、法规相抵触而带来的风险。这些风险可能导致罚款、法律诉讼、声誉受损或业务中断。比较典型的案例是Volkswagen公司（大众汽车）尾气排放案。2015年，Volkswagen被揭露使用软件欺骗手段通过排放测试，使其柴油车辆看似符合环保标准。事后发现，实际排放远远超过法定标准。Volkswagen面临数十亿美元的罚款、法律诉讼、召回和修复成本，同时公司声誉受损，市场份额下降。这一事件对整个汽车行业的监管和透明度产生了深远影响。最近发生的法律与合规风险事件是2023年瑞华会计师事务所由于在上市公司航天通信财报审计中未勤勉尽责，被中国证监会罚款近千万元，这一事件严重影响了瑞华会计师事务所在中国的声誉和市场地位，引发客户流失。

（3）政治风险

政治风险是指由政治因素引起的不确定性和潜在的负面影响，这些因素可能影响到企业在特定国家或地区的运营、投资或市场前景。政治风险通常涉及政府政策、法律法规、政治稳定性、地缘政治紧张局势等方面的变化，可能对企业的经营环境、成本结构、市场准入、国际贸易和资产安全等造成影响。因此，企业在投资前应该考虑当地社会和政局以及政策是否稳定，要对投资国的政治风险有全面的评估和了解，表12-1是由PRS集团提供的2014年部分国家的政治风险得分。将每个国家在12个不同方面的得分加总，挪威总分最高，政治风险最低；索马里总分最低，政治风险最高。

表12-1　　　　　2014年部分国家的政治风险得分

国家	最高分100		国家	最高分100	
	总分	排序		总分	排序
挪威	90.8	1	意大利	70.8	56=
瑞士	89.5	2	法国	70.5	58=
新加坡	87.3	3=	俄罗斯	70	60=
德国	85.3	6	巴西	68.8	67=
瑞典	84.5	7	阿根廷	67	81=
加拿大	82.3	11	印度	65.8	86
韩国	81.8	13	希腊	65	89=
日本	81	17	土耳其	59	124
澳大利亚	78	24	委内瑞拉	54.8	132
英国	76.5	30	索马里	37.5	140
美国	75.5	31=			
注：=表示并列					

资料来源：布雷利，迈尔斯，艾伦. 公司金融［M］.赵冬青，译.北京：机械工业出版社，2017：176.

2）根据风险能否被分散来分类

（1）系统性风险

系统性风险是指整个市场或整个经济体系面临的普遍性风险，它不是由个别公司或行业特有的因素引起的，而是由于系统内在的结构性或宏观经济因素导致的。系统性风险可以包括利率风险、市场风险、购买力风险、国际政治风险和外汇风险等。

系统性风险具有传染性和普遍性，一旦发生，可能会波及整个市场甚至整个国家或全球。它通常与宏观经济波动、金融体系的脆弱性或制度性缺陷有关。系统性风险无法通过投资多样化来回避或消除，因此它又被称为不可分散风险。系统性风险对不同项目、企业或地区的影响程度是不一样的。例如，有的行业和企业更容易受到经济环境变动的影响，比如房地产和金融业，而另一些则受到的影响较小，比如公共服务类、消费类行业。

全球金融危机（如2008年的次贷危机）是典型的系统性风险。这类危机往往由多个因素共同作用引起，包括住房市场崩溃、金融机构过度杠杆、信贷市场紧缩、投资者信心丧失等，波及整个金融体系，引发全球范围内的经济衰退和市场动荡。

（2）非系统性风险

非系统性风险是特定于某一公司、行业或市场部分的风险，通常与内部因素或特定事件相关联，而不是整个市场或经济系统普遍性的问题。某些行业可能会面临技术变革带来的市场份额损失或者竞争压力，这种风险通常是非系统性的。例如，传统的影碟出租业者面临DVD和在线流媒体的竞争，因技术进步导致的市场份额下降属于非系统性风险。

非系统性风险的影响通常局限于特定的资产或市场部分，并不具有传染性。这类风险可能是由公司特定的管理决策、竞争环境变化、产品质量问题等引起的。可以通过多样化投资来消除或回避，因此它又被称为可分散风险。

在投资和风险管理中，了解和区分系统性风险和非系统性风险对于有效的风险分散和资产配置至关重要。投资者和金融机构通常会采取不同的策略来应对这两种类型的风险，以最大限度地保护投资组合免受可能的损失。

启智增慧 12-1

《中央企业全面风险管理指引》

启智增慧 12-2

金融风险管理理论的发展

12.2 风险的测量方法

风险成为全球经济主体进行金融活动所关注的焦点，对风险进行准确的计量是进行风险管理与控制的前提条件，利用先进的风险计量技术对收益进行调整是绩效评估得以有效管理与控制的前提。

12.2.1 VaR理论

目前，对风险的度量主要采用VaR理论。VaR（value at risk）又称风险价值或在险价值，指在正常市场条件下和一定置信水平下，持有一定头寸的证券在未来一定时期内可能发生的最大损失值。或者说，在正常市场条件下和给定的时间段内，一定头寸的证券发生 VaR 值损失的概率仅为给定的近似发生概率水平（置信水平）。例如，如果价值100万元的证券在95%置信水平下未来一天的 VaR 值是5万元，表明在正常的市场条件下，未来一天进行100次交易只存在5次其损失达到或超过5万元的可能性。

依据 VaR 理论，结合本企业的实际情况，可得到各种风险值。如果认为风险潜在损失值超过了自身风险承担的上限，可以相应调整并采取一定的控制措施；反之，如果认为风险正在释放，可以继续关注。

VaR 方法的基本原理是：利用各种不同分布的随机变量的抽样序列模拟实际系统的概率统计模型，给出问题数值解的渐进统计估计值。其要点是：

（1）对问题建立简单而又便于实现的概率统计模型，使要求的解恰好是所建模型的概率分布或其数学期望；

（2）根据概率统计模型的特点和实际计算的需要，改进模型。

由 VaR 定义出发，我们可以用下式来计算风险价值：

$$VaR = E(W) - W^* = W_0[1 + E(R)] - W_0(1 + R^*)$$
$$= W_0[E(R) - R^*]$$

令 $E(R) = 0$，则：

$$VaR = -W_0 R^*$$

式中：

$E(W)$——投资工具或组合在持有期末的期望价值；

W_0——持有期初资产组合的价值；

W^*——一定置信度 C 下的最低资产组合价值；

$E(R)$——在整个持有期间的期望收益率；

R^*——一定置信度 C 下的最低资产收益率。

由此可知，VaR 计算的三个重要影响因素是：置信度 C；持有期 $\triangle t$；资产组合价值变化的概率分布特征（用以确定 W^* 或 R^*）。其中确定资产组合价值变化的概率分布特征是计算 VaR 的核心问题，围绕这一问题产生了许多不同的算法，主要有历史模拟法、蒙特·卡罗模拟法和分析测量法。

12.2.2　VaR计算方法简介

1）历史模拟法（historical simulation，HS）

历史模拟法也称历史数据回归，是借助于计算过去一段时间内的资产组合风险收益的频率分布，通过找到历史上一段时间内的平均收益，以及既定置信水平下的最低收益水平，推算 VaR 的值，其隐含的假定是历史变化在未来可以重现。

J. P. Morgan 银行的例子可以说明这一方法的基本思路，如图12-1所示。该图取自该银行1994年年度报告，横轴衡量该银行每日收入的大小，纵轴衡量一年之内出现相应收入组的天数，此即反映该银行过去一年内资产组合收益的频度分布。

推算 $E(W)$ 和 W^* 如下：

一是计算平均的每日收入值，约为500万美元，此即相当于 $E(W)$。

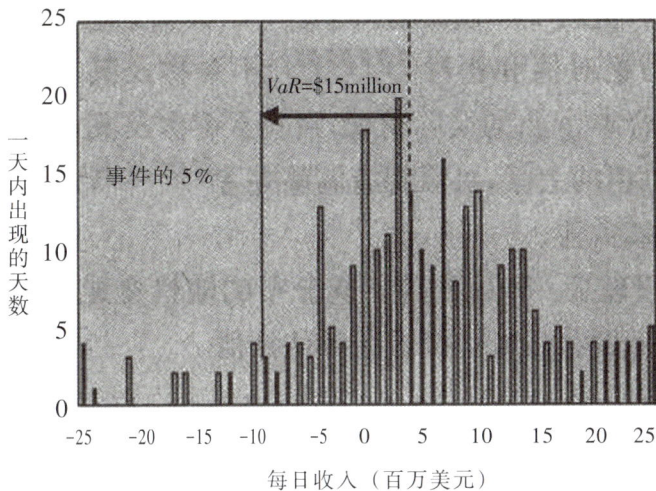

VaR=$15million

事件的 5%

一天内出现的天数

每日收入（百万美元）

图12-1　J.P.Morgan银行1994年资产组合收益的频度分布图

二是确定 W^* 的大小，这相当于在图中左端每日收入为负值的区间内，依给定的置信区间，寻找和确定相应最低的每日收入值 W^*。设置信区间 C 为 95%，则 $(1-C)$ 为 5%，由于总共有 254 个观测日，这意味着在图之左端让出 13 天（254×5%≈13），即可得到在 5% 概率下的 W^*，此例中等于−1 000 万美元。

三是将这两项结果代入 $VaR = E(W) - W^*$，可得：

VaR=500−（−1 000）=1 500（万美元）

即该年度该银行每日的 VaR 值为 1 500 万美元。这当然只是过去一段时间里的数值，依据过去推测未来的准确性取决于决定历史结果的各种因素、条件、形势等仍然在发挥主要的作用，否则就需要作出相应的调整，或者寻找和参照另一段历史，或者对有关历史数据加以适当修正。

从以上可知，历史模拟法使用基于历史数据的经验分布，它不需对资产组合价值变化的分布作特定假设，简洁、直观、易于操作。

但同时历史模拟法也有很多缺陷，具体表现在：第一，收益分布在整个样本时限内是固定不变的，如果历史趋势逆转，基于原有数据的 VaR 值会和预期最大损失发生较大偏离。第二，历史模拟法不能提供比所观察样本中最小收益还要坏的预期损失。第三，样本的大小会对 VaR 值造成较大的影响，产生一个较大的方差。第四，历史模拟法不能做极端情景下的敏感性测试。

2）蒙特·卡罗模拟法（Monte Carlo simulation）

蒙特·卡罗模拟法又称随机模拟法。其名字来源于摩纳哥的蒙特·卡罗，最早起源于法国科学家普丰在 1777 年提出的一种计算圆周率的方法——随机投针法，即著名的普丰随机投针问题。该方法的基本思路是从不同变量的分布中随机抽样，由这些随机抽样的值产生一模拟的系统值，重复上述过程（成百上千甚至数万次）就会产生一系统损耗值的分布，可以作为实际系统性能的指标，重复次数越多，模拟结果与实际情况越相近。蒙特·卡罗模拟法的计算精度与 1/N（N 为抽样点数）成正比，即需要较大的计算量才能达到较高的计算精度，在计算机应用没有普及的过去，难以普遍应用，但是现在编程很容易实现。在蒙特·卡罗模拟法中，是在确定的分布里面提取随机变量。变量的随机提取考虑到重复的计算，如我们现在把它应用到现金流量模型的重复计算，每一次产生的随机数输入现金流量模型中都有一个计算结果，然后可以把它们进行平均。这些随机变量的计算结果的平均数不仅考虑到了所用变量的平均值，而且也考虑了这些随机变量的分布和方差。在用传统方法难以解决的问题中，有很大的一部分可以用概率模型进行描述。由于这类模型含有不确定的随机因素，分析起来通常比确定性的模型困难。有的模型难以作定量分析，得不到解析的结果，或者虽有解析的结果，但计算代价太大以至不能使用。在这种情况下，考虑采用蒙特·卡罗模拟法，不失为一个明智之举。

蒙特·卡罗模拟法是一种应用广泛的系统模拟技术。利用各种不同分布的随机变量的抽样序列模拟实际系统的概率统计模型，给出问题数值解的渐进统计估计值。其要点是：

第一，对问题建立简单而又便于实现的概率统计模型，使要求的解恰好是所建模型的概率分布或其数学期望；

第二，根据概率统计模型的特点和实际计算的需要，改进模型，以减少模拟结果的方差，提高效率；

第三，建立随机变量的抽样方法，其中包括产生伪随机数及各种分布随机变量抽样序列的方法；

第四，给出问题解的统计估计值及其方差或标准差。

蒙特·卡罗模拟法与历史模拟法十分类似，它们的区别在于前者利用统计方法估计历史上市场因子运动的参数（这种方法适用于证券组合的历史数据不易获取的情况），然后模拟市场因子未来的变化情景，而后者则直接根据历史数据来模拟市场因子的未来变化情景。

由于蒙特·卡罗模拟法能较好地处理非线性问题，且估算精度高，特别是随着计算机软硬件技术的飞速发展，该方法越来越成为计算 VaR 的主流方法。但是蒙特·卡罗模拟法也存在一定的缺陷，比如该方法所需的计算量常常很大，计算时间长，因而往往需在计算精度上作某种程度的折中。

表 12-2 为 VaR 计算方法的比较。

表12-2　　　　　　　　　　VaR计算方法的比较

	历史模拟法	蒙特·卡罗模拟法
数据收集的状况	困难	容易
方法实现的难易程度	较容易	困难
计算的速度	快速	除非证券组合包含的工具相当少，否则较慢
向高层管理者解释的难易程度	容易	困难
市场不稳定	结果将产生偏差	除非使用其他的分布参数，否则结果将产生偏差
检验其他假设的能力	无	都可以检验

3）分析测量法

分析测量法是一种利用证券组合的价值函数与市场因子间的近似关系和市场因子的特征分布（方差协方差矩阵）来简化计算的方法。先假定风险因子收益的变化服从特定的分布（通常是正态分布），然后通过历史数据分析和估计该风险因子收益分布的参数值，最后得出整个投资组合收益分布的特征值。

现有的分析测量模型可分为两大类：delta 类和 gamma 类。在 delta 类模型中，证券组合的价值函数均取一阶近似，但不同模型中市场因子的统计分布假设不同，如 Garbade（1986）的状态模型中市场因子服从多元正态分布；J.P.Morgan（1994）的 delta 加权正态模型中，使用加权正态模型来估计市场因子回报的协方差矩阵。在 gamma 类模型中，证券组合的价值函数均取二阶近似，其中 Wilsen（1993）的 gamma 正态模型假定市场因子的变化服从多元正态分布，而 Fallon（1996）的 gamma Garch 模型使用多元 Garch 模型来描述市场因子。

分析测量法因其方法简单、易于操作等特点，在实际中得到了广泛的应用。但它要求市场因子必须服从正态分布，而实践中这种假设往往很难成立。现实中许多市场因子的回报表现出明显的非正态性，这种情况下的极端变化比正态分布有更大的发生概率，导致该方法不能充分测定非线性工具的风险，从而低估了金融风险 VaR 值。

12.3　风险管理工具

12.3.1　保险

1）保险的含义与作用

根据《中华人民共和国保险法》，保险是指投保人根据合同约定，向保险人支付保险费，保险人对于合同约定的可能发生的事故因其发生所造成的财产损失承担赔偿保险金责任，或者被保险人死亡、伤残、疾病或者达到合同约定的年龄、期限等条件时承担给付保险金责任的商业保险行为。保险在企业风险管理中扮演了核心角色，主要通过分散风险和减轻潜在的财务损失来发挥作用。具体来讲，发挥作用的方式包括：

第一，风险转移。保险是一种风险转移机制，允许企业将可能导致重大财务损失的风险转移到保险公司。通过购买保险，企业支付一个相对较小的保费，以换取在发生不利事件时获得财务补偿的保障。

第二，资本保护。保险帮助企业保护其资本结构，确保在面临灾难性事件（如火灾、自然灾害、法律诉讼等）时，企业能够继续运营而不会耗尽其储备资金。这种保护使企业能够更稳健地计划长远发展。

第三，提高信心。保险的存在增强了投资者和债权人对企业的信心，因为他们知道企业已采取措施保护自身免受突发性财务冲击。这种信心支持了企业的信用评级和市场声誉。

第四，合规性。在许多行业，保险覆盖是法律或合同规定的要求。例如，建筑公司需要具备责任保险才能承接项目，而医疗机构需要保险以覆盖专业责任风险。通过满足这些要求，企业能够合法并有效地参与市场竞争。

2）企业利用保险的方式

第一，企业需要进行彻底的风险评估，确定哪些风险需要通过保险来转移，哪些风险可以通过其他方式管理。例如，企业实施走出去战略时，面临如下风险：

（1）不可兑换风险，即投资企业不能将应汇出境外的利润、特许权使用费等兑换成美元的可能性。

（2）财产没收风险，即投资公司的财产使用权因东道国政府的某些措施而受到侵害的可能性。

（3）战争、骚乱等内乱使投资公司财产受到损失的可能性。

（4）因政治事件使投资企业营业收入下降、企业资产遭受损失的可能性。

面对这些风险，就需要购买相关保险来转移风险。

第二，选择合适的保险产品。根据风险评估的结果，选择合适的保险类型和保障额度，例如，财产保险、责任保险、商业中断保险等。

第三，定期审查保险覆盖。随着环境和业务的变化，企业面临的风险也可能发生变化，因此，企业应定期审查其保险策略，确保保险覆盖仍然适当和充足。

第四，合作与沟通。与保险公司及经纪人保持良好的沟通与合作关系，确保在发生索赔时能迅速有效地处理。

通过这些策略，保险不仅作为企业风险管理计划的一部分，而且也是企业长期成功的关键支持。

3）可保风险的条件

在综合风险管理战略中，保险是最后一道防线，即"风险转移"。企业首先应尽量通过其他方法管理风险，例如采取风险避免、风险减少和风险自留等策略。保险则用于那些无法完全控制或其影响可能极为严重的风险。同时，并非所有的风险保险人都愿承保，可保风险一般必须具备如下性质和条件：

第一，必须是纯粹风险。一切具有投机性质或由心理、道德因素所引发的风险，都不属于保险理赔的范围。

第二，风险必须是意外的。被保险人故意行为引起的损失不能得到赔偿。

第三，风险发生的频率小。也就是说，必须有大量的风险独立单位投保，且仅有少数单位受损。

第四，预期损失是可用货币计量的。

因此，对公司的风险管理而言，只有少数的风险可以通过保险的方式进行风险转移和补偿，大量的风险需要更先进的风险管理工具——金融衍生品来管理。

12.3.2 衍生品金融工具

衍生品金融工具（financial derivatives，FDs）是风险管理新的技术手段，它是指从原生性金融资产（underlying asserts）中衍生出来的新型金融工具。这些工具为投资者提供了保值、投机和套利的机会，可广泛应用于防范利率风险、汇率风险、货币购买力风险、信用风险等。作为风险管理工具，重点应放在套期保值上。

1）衍生品金融工具的类型

衍生品金融工具的主要类型有远期合约、期货合约、期权、互换等。

（1）远期合约

远期合约是最简单的一种衍生工具。买卖双方分别许诺在将来某一规定时间按约定的价格购买和提供约定数量的某种商品。企业作为保值者购入远期合约，目的在于减少未来的不确定性，而不是增加未来的盈利。所以，一般是企业在基础市场上存在准头寸或有需要保值的资产的情况下，才会考虑签订远期合约。

（2）期货合约

期货合约是一种标准化的远期交易方式，是把将来交割的债券、货币、存款单等的交易价格在现在时点进行预约的交易。与远期合约一样，期货合约也是买卖双方就未来以某种价格交易某种商品或资产而签订的协议。只是期货合约中，交易的品种、规格、数量、期限、交割地点等，都已经标准化而不再像远期合约那样"量体裁衣"。

目前能够进行金融期货交易的种类主要有利率期货、债券期货、货币期货和股价指数期货等。

（3）期权

所谓期权是一种能在未来特定时间以特定价格买进或卖出一定数量的某种特定商品的权利。期权的基本特征在于它给予合约持有人的是一种权利而非义务，即合约持有人有执行或放弃合约的权利。这一选择权有别于远期和期货合约。正是期权的这一优越性使期权合约不像远期或期货合约那样是免费的，投资者必须支付一定的保证金，该保证金不退还，被看作期权的价格。期权合约主要有看涨期权和看跌期权两大类。前者给予合约持有者以约定价格购买基础资产的权利；后者给予合约持有者以约定价格出售资产的权利。

在利用期权进行套期保值时，若价格发生不利的变动，则套期保值者可通过执行期权来避免损失；若价格发生有利的变动，则套期保值者可通过放弃期权来保护利益。因此，期权交易既可避免价格的不利变动所造成的损失，又可在相当程度上保住价格的有利变动而带来的利益。

（4）互换

互换是交换债权债务的一种金融工具，交易的双方通过远期合约的形式约定未来某一段时间内交换一系列的货币流量。其主要目的是规避汇率风险和利率风险。按照基础资产的种类，互换交易有以下四种：

① 掉期交易，即期同远期的互换，指买进或卖出某种即期外汇的同时，卖出或买进同种货币的远期外汇。它是掉期交易中最常见的一种形式，主要用于银行之间外汇头寸的期限结构和币种结构的调整。

② 利率互换，指交易双方在未来一定期限内，根据约定数量的名义本金定期交换利息现金流的行为。一般是固定利率的债务和浮动利率的债务之间的交换，目的是降低融资成本、规避利率风险。利率互换没有本金的交换，只有利息的交换。比较优势是利率互换双方共同获得收益的根源。

③ 货币互换，是指交易双方以商定的筹资本金和利率为基础，进行债或投资的本金交换并结清利息。互换交易不仅可以降低互换双方的筹资成本，而且使有关企

业、政府机构等得以利用外国资本市场，获得本来不易获得的某类币种的资金。另外，它还有助于规避外汇风险。传统的货币互换形式主要是平行贷款、背对背贷款和信用互换等，它们一般不涉及本金的转移。在此基础上发展起来的现代货币互换则既进行利息的互换，也进行本金的互换。1981年，在所罗门兄弟公司的安排下，世界银行和IBM公司进行了世界上第一笔货币互换。世界银行用美元支付IBM公司所发行的联邦德国马克和瑞士法郎债券的全部未来本金和利息；而IBM公司则同意用联邦德国马克和瑞士法郎支付世界银行所发行的美元债券的全部本金和利息。通过互换，世界银行用其新发行的美元债券，以理想的筹资成本，筹集了价值2.9亿美元的联邦德国马克和瑞士法郎；IBM公司则也因美元坚挺而得到了汇兑收益，同时也确定了筹资成本。此后，国际货币互换市场不断发展，现在已成为国际金融衍生商品市场的重要组成部分。

④ 权益互换，是指投资者与券商或者期货风险子公司等交易商根据协议约定，在未来某一期限内针对特定股票的收益表现与固定利率、浮动利率或者其他权益收益进行现金流交换。这个权益回报可以是股指、单一股票或者一揽子股票。期初和期末，双方不需要交换名义本金。在结算日，现金流是轧差的。

2）衍生品金融工具在风险管理中的应用

（1）利率风险的管理

①远期利率协议

远期利率协议是一种场外交易的金融创新工具，主要用于对远期利率头寸套期保值，有时也被投机者利用为投机牟利的一种手段。

其基本做法是买方和卖方在现在时点签订一份利率的远期合同，双方约定本金额（名义本金）、协议利率和参考利率及合同的生效和到期时间。在未来的某个时点，由合同一方向另一方根据协议约定的名义本金额和特定期限支付协议利率和参照利率的差额计算的利息差额的贴现值。对买方而言，作为货币资本的借方，当利率上升到协议利率以上时，可以获得卖方支付的增加的利息成本或减少的投资收益，这样就可以将筹资成本固定在协议利率水平上，从而达到规避利率风险的目的；相反，对卖方而言，作为货币资本的贷方，当利率下降到协议利率以下时，由买方向其支付增加的利息成本或减少的投资收益，这样卖方通过预先固定其投资收益，避免利率下降的风险。

例如，A企业预计3个月后将一笔200万美元的存款进行3个月的短期投资，为防止3个月后市场利率下降而导致投资收益减少，A企业签订了一份名义本金为200万美元、期限为"3对6"（即从现在以后的3个月开始，到现在以后6个月结束的3个月期限）的远期利率协议，协议期限为90天。若协议利率为7.5%，3个月后市场利率下降为7%，则该企业获得的利息补偿为：

$$\frac{本金 \times (协议利率 - 市场利率) \times 协议到期天数/360}{1 + 市场利率 \times 协议到期天数/360}$$

$$= \frac{2\,000\,000 \times (7.5\% - 7\%) \times 90/360}{1 + 7\% \times 90/360} = 2\,457(美元)$$

从现在起6个月后，协议到期，该企业按现行的市场利率投资所获得的实际利息收入为：

（2 457+2 000 000）×7%×90/360=35 043（美元）

企业获得的总收入为：2 457+35 043=37 500（美元）。与按协议利率7.5%计算出来的总收益相等。

②利率期货

利率期货是指买卖双方按照事先约定的价格在期货交易所买进或卖出某种有息资产，并在未来的某一时间进行交割的一种金融期货业务。利率期货包括以短期存款为对象的利率期货和以10年、20年的长期国债为对象的长期债券期货。

由于利率期货将利率事先通过期货协议确定下来，避免了利率异常变动影响金融资产价格或投资收益的可能性，从而成为规避利率风险的一种管理方式。

例如，G公司想以6个月后回收的资金购买国债，而又担心6个月后国债价格上涨，所以在现在时点购买6个月后的国债期货，以规避6个月后价格上涨的风险。

③利率期权

利率期权是指买卖未来利率的一种权利。在利率期权交易中，期权合约的买方获得一种权利，可以在未来的某个日期以事先约定的价格买入或卖出某种金融工具，而无须承担必须行使这种权利的义务，买方需为其获得的这种权利向期权合约的卖方支付一定的期权费。

例如，M公司向银行借入一笔100万美元的3个月期浮动利率贷款，为了避免利率上涨风险，M公司购入利率上限为年利率12%的期权合约。浮动利率每3个月调整一次，在贷款期间的3个月的时段内，利率调整为15%，那么M公司将得到7 500美元（1 000 000×3/12×3%）的补偿。相反，如果利率下跌，M公司可选择放弃期权。总之，M公司通过利率上涨合约保证执行利率不超过12%。

④利率互换

利率互换是在一定时期内，具有相同身份（同为债权人或债务人）的交易双方按照协议条件，以同一币别、同一数额的本金作为计算利息的基础进行不同利率种类（如固定利率与浮动利率）的互换。通过利率互换，双方都能在金融市场上取得有利条件，获得利益。

当利率水平较低时，考虑到将来利率可能会上升，所以借款者希望得到固定利率贷款；反之，若利率水平较高，考虑到将来利率可能会下降，因此借款时最好得到浮动利率贷款。

例如，A、B公司有相同的融资需求，都希望得到一笔5年期的100万美元的贷款，它们各自在资金市场上借款的筹资成本见表12-3。

表12-3 　　　　　　　A、B公司在资金市场筹资的利率比较优势

	固定利率	浮动利率	比较优势
A公司	9.2%	6个月 LIBOR+0.3%	固定利率方式
B公司	10.6%	6个月 LIBOR+1.1%	浮动利率方式
利差	1.4%	0.8%	

注：LIBOR是伦敦同业银行拆借利率的简称，是国际市场上浮动利率的基准。

从表12-3中可看出，无论在固定利率还是浮动利率资金市场，A公司都比B公司有绝对优势，但两家公司在不同资金市场的成本差异是不同的。在固定利率资金市场上，B公司要比A公司多付1.4个百分点的利率，但在浮动利率资金市场上，差距只有0.8个百分点。也就是说，A公司在固定利率资金市场上有相对优势，B公司在浮动利率资金市场上有相对优势。

如果A公司需要的是浮动利率贷款，而B公司需要的是固定利率贷款。假设双方进行互换，A、B公司分别进行固定利率和浮动利率贷款，互换可以使利息成本降低0.6%，双方各自获得0.3%。不考虑中介费用，互换安排如图12-2所示。

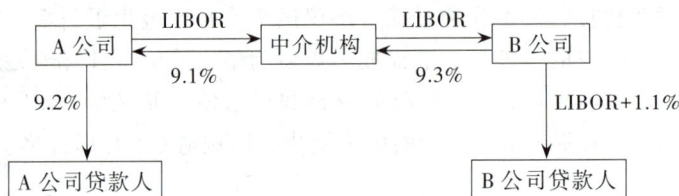

图12-2　浮动利率与固定利率互换

利率互换后，A、B公司融资成本比较见表12-4。

表12-4　　　　　　　　　　利率互换前后融资成本比较

单位	互换前成本	互换操作	互换后成本	融资成本降低
A	LIBOR+0.3%	从中介机构处收入9.2% 支付贷款人9.2% 支付中介机构LIBOR	LIBOR	0.3%
B	10.6%	支付贷款人LIBOR+1.1% 从中介机构收入LIBOR 支付中介机构9.2%	10.3%	0.3%
中介机构		从A公司收到LIBOR支付B公司 从B公司收到9.2%支付A公司		

通过以上分析，我们可以看出，A、B公司通过利率互换降低了融资风险，同时获取了自身偏好的利率融资方式，有效规避了利率风险。

（2）外汇风险的管理

①远期外汇交易

远期外汇交易是指外汇买卖双方签订合同，约定在将来一定时期内，按照预先约定的汇率、币种、金额、日期、地点进行交割的外汇业务活动，交易双方无须立即收付对应货币。远期外汇交易分为整月期限（一般为30天、60天、90天、180天或1年）交易和特殊期限交易（如零头天数交易、择期交易）两种。

例如，一家企业90天后要支付10万美元给美国供货商。为避免美元汇率上浮的风险，该企业可在远期外汇市场购入90天远期10万美元，这样等于90天后支付美元的实际汇率固定在目前的美元远期汇率上，避免了汇率的不确定性风险。

②外汇期货交易

外汇期货交易是指在固定的交易场所，买卖双方各自交付保证金和佣金，通过经纪人及交易所，买卖外汇期货合约的行为。

利用外汇期货市场管理外汇风险的主要方式有：

买入外汇期货对冲外汇现货空头，适用于企业拥有外汇债务，将来要买入外汇偿还，为了避免承受外汇升值而多付本币的损失，可以在外汇期货市场买入外汇期货以锁定将来的债务成本。具体做法是：先在期货市场买入与将来要在现货市场上买入的现货外汇数量相等、到期日相同或接近的外汇期货合约，然后在现货市场上用本币买入外汇满足实际支付的同时，再在期货市场上卖出原外汇期货合约，冲销原期货多头。

卖出外汇期货对冲外汇现货多头，适用于企业拥有外汇债权，将来要将外币兑换为本币，为了避免承受外汇贬值而少收本币的损失，可以在外汇期货市场卖出外汇期货以锁定将来的债权收入。具体做法是：先在期货市场卖出与将来要在现货市场上卖出的现货外汇数量相等、到期日相同或接近的外汇期货合约，然后在现货市场上将外币兑换成本币时，再在期货市场上买入原外汇期货合约，冲销原期货空头。

③外汇期权交易

利用外汇期权交易套期保值是企业利用外汇期权市场，灵活地买入外汇期权或卖出外汇期权来对冲现货外汇空头或多头头寸，以避免将来外汇债务造成多付本币或外汇债权造成少收本币的损失。

利用外汇期权管理外汇风险的主要方式有：

购买外汇卖出期权保护外汇现货多头，适用于拥有外汇债权，为避免因外汇贬值而造成少收本币的损失，采用该方法确定折算本币收益的外汇汇率的下限。

购买外汇买入期权保护外汇现货空头，适用于持有外汇债务，想避免因外汇升值而造成多支付本币的损失，采用该方法确定折算本币支出的外汇汇率的上限。

④货币互换

货币互换指互换双方将等值的、期限相同但不同货币的债务进行调换，目的是将一种货币的债务换成另一种货币的债务，以防止远期汇率波动造成的汇率风险。图12-3是美元与欧元的货币互换示意图。

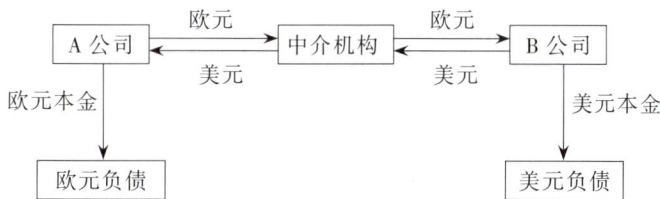

图12-3 欧元与美元货币互换

A公司拥有欧元债务，但公司现金流收入大多为美元，为控制欧元汇率上升可能给公司带来的远期汇率风险，A公司希望将欧元负债转换为美元负债，如果此时B公司与A公司相反，希望将美元负债转换为欧元负债，两个公司就可进行货币互换，其结果会使双方的汇率风险都得到控制。在实际的金融市场活动中，货币互换通常是通过金融中介机构进行的，因为只有通过中介机构才能及时找到可进行互换的公司。

启智增慧 12-3

巴林银行的倒闭与操作风险管理

12.4　风险管理的收益

总的来说，风险管理目标，一是安全性，它是金融风险管理的基本目标，只有在资金安全的条件下，通过经营、运作，才能实现收益，才能实现企业的生存和发展。二是收益性，它是风险管理的最终目标。追求利润是企业的主要目标，安全性服从于并服务于这个目标。安全目标是收益目标的前提，收益目标是安全目标的归宿。

如何以最低成本即最经济合理的方法来实现最大安全保障、获得最大收益是企业进行风险管理的基本动机。远期交易、互换等金融衍生交易工具与信息技术的飞速发展为低成本、高效率、高精确性的风险管理提供了强大的技术支持。企业进行积极主动的风险管理能给企业带来以下几个方面的收益：

12.4.1　规避和转移风险

风险是事件的不确定性所引起的，是无法实现期望结果的可能性。在经济社会中，风险管理就是经济主体通过对潜在的意外损失进行识别、预测和衡量，选取有效办法，主动地、有组织地、有目的地处理风险，进而提高效益的科学管理方法。主动的风险管理促进了金融衍生工具的诞生。金融衍生工具在规避汇率、股价以及利率等波动所带来的风险方面具有传统金融产品无法比拟的优越性。

第一，它满足了人们规避风险的需求，将企业财务活动中的市场风险、信用风险等集中在几个期货、期权市场或互换、远期等场外交易市场上，通过衍生品市场对风险进行集中、分割和重新分配。这样套期保值者规避掉正常经营中的大部分风险，而不承担或只承担极少一部分风险（如通过期货套期保值要承担基差风险，通过期权保值要付出少量权利金等），从而能专心于生产经营。

第二，由于衍生市场中套期保值者的头寸并不恰好是互相匹配对冲的，所以市场中需要一部分投机者来承担保值者转嫁出去的风险，从而博取高额投资利润。

第三，由于衍生交易的杠杆比率非常高，可以使套期保值者以极小的代价，占用较少的资金实现有效的风险管理，同时也增强了投机者的功用，因而比证券组合更有效地规避风险。

12.4.2　对企业价值的影响

风险管理的基本动机在于规避和转移风险，但这一动机绝对不是企业存在的目的。现代经济学理论指出，企业经营的最终目的是企业价值的最大化。对利率、汇率及证券风险等进行风险管理效果判定的最根本的标准就是它能否增加企业的价值。

回忆一下企业价值的定义，企业价值就是未来的预期净现金流的现值。

$$企业价值 = \sum_{t=1}^{\infty} \frac{t期净现金流量}{(1 + 贴现率)^t}$$

上式表明，增加企业价值的途径有两条：一是降低现金流贴现率；二是增加企业未来的预期现金流。

风险管理主要从以下几方面影响企业的价值：

（1）降低企业现金流贴现率

企业的现金流贴现率就是投资者对企业投资的预期回报率，它等于无风险收益率加上风险回报。在企业充分利用远期交易、互换等金融衍生品交易进行套期保值时，企业未来现金流量的波动性就会降低，这将降低投资者遭受损失的不确定性，企业投资的风险也就随之减小，根据风险与回报的关系，投资者要求的风险回报就会降低，现金流贴现率也会同时下降。大量实证研究已经证明采用衍生品交易进行风险管理的企业，其价值的波动性反映在企业股票的 β 值大都出现了下降，如图12-4所示。

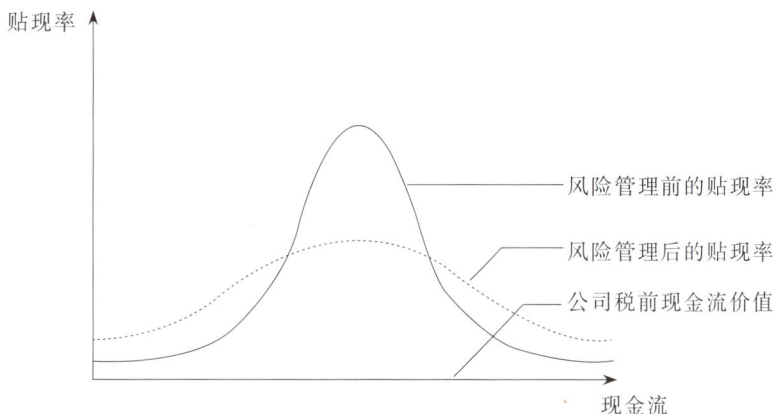

图12-4 风险管理对税前现金流波动性降低的影响

（2）增加企业的现金流量

①降低税负

通过有效的风险管理，能够确保企业遵循税法法规，避免因不合规而产生的罚款和利息。定期进行内部和外部税务审计，及时发现并纠正税务问题，降低因税务审计带来的额外税负。识别、评估和应对与税务相关的风险，对识别出的税务风险进行量化评估，了解其对企业税负的潜在影响，从而优化税收筹划和减少税收支出。识别和利用国家和地方政府提供的税收优惠政策、减免政策或退税政策，降低企业的实际税负。另外，根据企业的经营模式和未来发展规划，合理选择企业的组织形式（如有限责任公司、合伙企业等），以实现最佳的税收效果。制定应急预案，准备好应对突发税务问题的措施，减少可能导致的税务损失。

②降低企业财务危机成本

当企业因不能偿还到期债务而陷入财务困境或财务危机时，会给企业带来高额成本，进而引起公司价值的减少。企业财务危机成本可分为两部分：一为直接成本，即在处理违约、进入破产程序及破产清偿时在法律、会计或其他专业服务方面所需的支出；二是间接成本，表现为当企业出现财务危机时，企业高层人员不专心经营导致管理混乱而使企业的价值下降，企业的客户或原材料供应商对企业未来持续发展前景不确定性的增加，不愿意与企业再进行交易，或改变交易信用条件，加剧企业财务状况的恶化。此外，当企业财务状况恶化时，企业只能靠外部融资，导致企业的股东利益向债权持有人转移，影响投资决策，使企业错失获利机会。

金融衍生交易可以对冲风险，降低利率风险、汇率风险的影响，利用保险机制则

启智增慧12-4

企业税负对现金流的影响

可以转移风险，从而降低企业财务危机和破产的概率。这会减少市场对企业财务危机的预期，提高股东未来的预期现金流。而且，企业发展前景不确定性的降低也增加了企业产品、服务合约以及保证条款对客户的价值，并表现为现金流的增加。

③避免低效投资

企业投资将增加收益或未来净现金流，然而一些因素常常阻碍企业这样做，导致所谓的低效投资现象。例如，在较高财务杠杆（即较高的债务/股权比例）的企业中，债权人一般在借款合同中附加了限制高风险投资的条款或要求更高的风险补偿，使企业失去新的获利机会，而且更高的风险补偿意味着将增加企业的融资成本。

金融衍生品通过对冲利率、汇率或者商品价格波动带来的风险，能够降低现金流的波动性，提高项目的吸引力。风险识别与风险分散手段能够确保企业投资于预期回报与风险相匹配的项目，从而增加现金流，避免无效投资。

12.4.3 潜在的管理利益

从前面的分析可以知道，风险管理能够增加股东财富和公司价值，风险管理同样能为企业的其他利益相关者如管理人员带来利益。大量的研究表明，管理者进行风险管理的动因主要表现为两方面，即管理者投资组合风险的不易分散化、管理者的工作保护和管理能力的体现。

（1）管理者自身投资组合风险不易分散化

企业管理者往往持有大量的企业股份、期权、技术和人力资本的投入。管理者的财富主要来自他们所经营的企业的价值，包括股东回报和管理报酬。因此，管理者很少能像企业的其他股东一样将其个人的风险充分分散化。

企业经营中的风险，譬如利率、汇率风险，极容易导致企业陷入财务困境甚至有破产倒闭的可能，而这势必将对企业管理者产生相对更大的影响。由于他们不能像其他股东那样通过调整自己的投资组合而将风险分散或转移，相比较而言，企业管理者比股东更关心企业的风险状况。所以，企业管理者愿意利用金融衍生品来分散和转移风险以降低自身投资组合的风险。

（2）工作保护和管理能力的体现

企业管理者利用金融衍生品进行风险管理的另一个动因来自对自己人力资本价值的考虑。企业管理者除了财富资本外，还将大量的技术和人力资本投资于所管理的企业。企业价值决定了其自身的人力资本价值，如果企业管理者想将这些技术和人力资本投入转移，就会付出非常大的代价。因此，从经济角度考虑，管理者更愿意让企业能够稳定、持续经营。从非经济角度考虑，企业的经营状况是管理者能力的体现，因此企业管理者在通过风险的分散和转移提高企业市场价值的同时也就向其他潜在的雇用者表明了自己的管理能力，从而为将来的人力资本转移和升值奠定了基础。

本章小结

风险是实际结果与预计结果之间的差异。从发生的原因来看，有经济风险、法律风险、政治风险；从是否能被分散的角度划分，有系统性风险与非系统性风险。公司处理风险是一项经常性工作。有的风险是公司或者行业所特有的，有的则是整个市场都有的。风险管理通常包括四个步骤：首先，确认公司面临的风险并且将风险分类，看看该风险的属性是可分散的还是不可分散的。其次，测量风险暴露，包括蒙特·卡罗模拟（计算风险变量的改变对现金流量和价值的影响）、历史数据回归（利用历史数据来测量风险变量与现金流量和价值之间的关系）和分析测量（将现金流量与价值表示为风险变量的函数，然后从模型中导出风险测量）。在测量风险暴露后，公司决定是否管理或者规避该风险。可以通过增加税负节约、降低违约风险及相关成本、改变投资决策等来对价值产生积极影响。这种影响必须与规避风险的成本相比较，如果收益超过成本，风险管理就会增加公司价值。如果公司决定转移和规避风险，可以利用的手段比较多，特别是衍生金融工具提供了很好的避险机制。

关键概念

风险　市场风险　信用风险　流动性风险　汇率风险　利率风险　法律风险　政治风险　系统性风险　非系统性风险　VaR　蒙特·卡罗模拟法　保险　期权　互换　利率期货　利率期权　远期外汇交易　外汇期货交易　外汇期权交易　货币互换

综合训练

复习思考

1.公司风险的种类有哪些？

2.有哪些衍生金融工具可以用来管理风险？

3.远期市场套期保值和期权市场套期保值有什么不同？

4.国际贸易中，那些通货膨胀率高且反复变化的国家进口国外商品时，对方都拒绝采用该国货币进行标价，而要求使用美元等"硬币"，这是为什么？

5.投机者利用信息差从期货合约中获利。假如小王相信小麦价格将在1个月后下跌，小王将做多头还是空头？

6.假设你计划在9个月后发行长期债券，但是同时担心利率的上涨，请问你如何利用金融期货来规避利率上涨的风险？

7.德国一家公司拥有美元多头头寸，如果美元相对于欧元有贬值风险，德国公司决定卖出美元远期合约进行套期保值，请问你对此策略有何评价？

应用训练

米勒公司和爱德华公司都需要筹款来为它们在纽约的制造厂改善设施提供资金。米勒公司已经开业40年并有很高的信用等级，它可以按10%或LIBOR+0.03%的浮动利率来借款。爱德华公司近来一直陷于财务困境而缺乏良好的信用记录，它可以按15%或比LIBOR高2%的利率筹措资金。请问：

（1）米勒公司和爱德华公司是否有通过互换获利的机会？

（2）你将怎样组织米勒公司和爱德华公司之间的互换交易？

课程思政

1.假设你是一家公司的风险管理顾问，该公司正在评估一种新的高风险投资策略，这种策略虽然可能带来高额回报，但同时也存在显著的环境和社会风险。公司管理层希望将这些风险最小化，以吸引投资者并提高股东回报。

问题：

（1）如何评估并管理投资策略中的环境和社会风险，以确保公司的决策符合职业伦理要求？

（2）作为公司的风险管理顾问，你如何向管理层和投资者传达这些伦理风险，并促使他们在决策过程中优先考虑伦理和社会影响？如何处理可能出现的利益冲突？

2.如何看待企业创新、风险与社会责任的关系？

延伸阅读

即测即评12

综合训练
参考答案12

1.布雷利，迈尔斯，艾伦.公司金融［M］.赵冬青，译.北京：机械工业出版社，2017.

2.张晓明，陈芬菲.金融风险管理［M］.北京：清华大学出版社，2023.

3.NOCCO B W，STULZ R M.Enterprise risk management：Theory and practice［J］.Journal of Applied Corporate Finance，2022，34（1）：81-94.

4.SMITHSON C H，SIMKINS B.Does risk management add value？A survey of the evidence［J］.Journal of Applied Corporate Finance，2005，17（3）：8-17.

5.FROOT K A，SCHARFSTEIN D，STEIN J C.A framework for risk management［J］.Harvard Business Review，1994，72（11-12）：59-71.

第 13 章

跨国公司财务

目标引领

价值塑造

本章引导学生树立跨国投资风险意识与经济安全观。面对跨国投资风险，坚守职业操守。通过熟悉国际金融市场规则，具备国际化视野。

知识传授

通过本章的学习，了解跨国投资风险及其来源，掌握跨国资本预算方法，了解跨国筹资的途径和方式。能够计算经过风险调整的资本成本，并对跨国投资的财务效益与风险进行评估。

思维导图

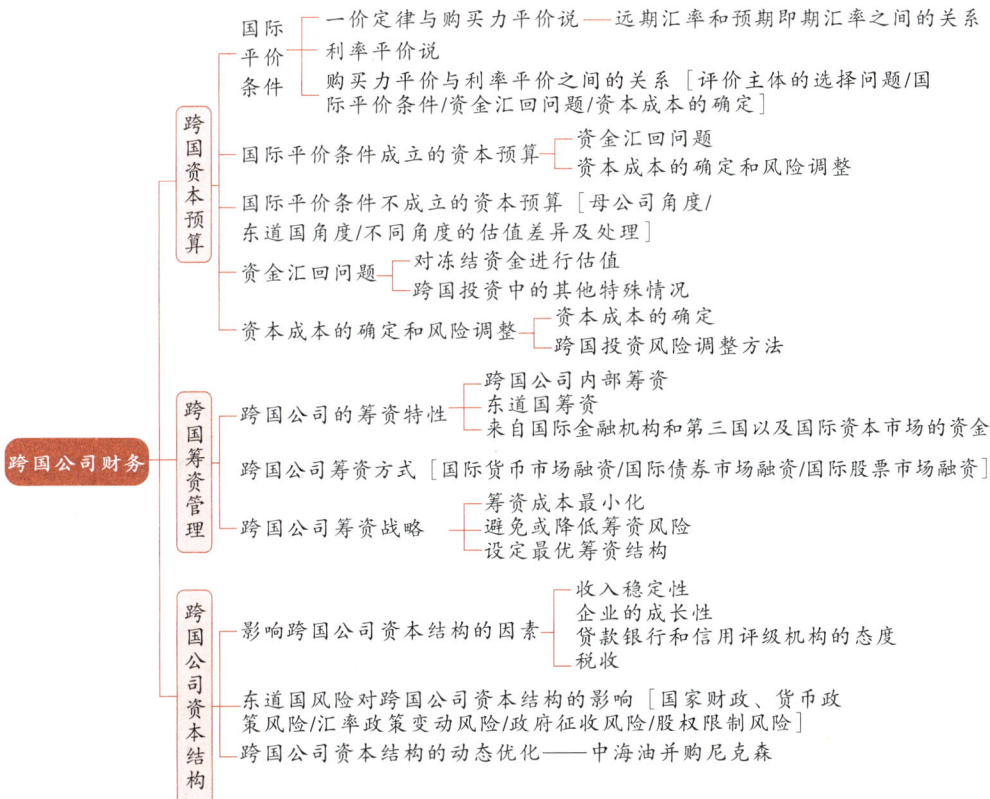

开篇导读

跨境并购作为中国对外直接投资的主要形式，是中国企业"走出去"获取先进技术、品牌、自然资源等的重要方式。很多中国企业开始在世界各地比如南美洲、西亚、东南亚、非洲以及欧美等国家和地区投资建厂或者收购当地企业产权，但是由于各种原因，企业生产经营经常遇到当地排外势力、企业工会的干扰，甚至还会遇到当地政府的反对，比如墨西哥政府出于政治考虑而取消了与中国公司达成的高铁项目建设合同。除了政治文化冲突带来的风险，还有中国企业因为不熟悉所收购的项目实际生产能力和当地市场需求所带来的经营风险。例如，中国五矿集团公司出价58.5亿美元收购秘鲁一座铜矿，预计建成后年产铜精矿含铜量达到45万吨。但是分析师指出，该铜矿属于在建铜矿，后续投入的不确定性很大，未来的市场变化也不利，所以这个收购价格偏高。除上述原因外，东道国税收政策的频繁调整造成市场信息不对称愈加严重也是我国企业跨境投资的影响因素之一。安永会计师事务所的数据显示，2022年上半年中国企业宣布的海外并购总额为160.6亿美元，同比下降36%，交易数量为243宗，同比下降9%；地区与行业投资同样呈现下滑态势，亚洲宣布的并购金额与数量位居第一，但仍然同比下降25%，欧洲同比下降50%，北美洲下降36%。由此可见，我国跨国并购发展过程中失败率偏高问题一直存在。这说明，跨国投融资相比国内而言，企业面临的风险更大，需要考虑更多的不确定因素，必须谨慎决策。如何进行跨国投资决策以及为投资决策进行融资，是本章学习的主要内容。

启智增慧 13-1

五矿58.5亿美元并购秘鲁铜矿

13.1　跨国资本预算

13.1.1　国际平价条件

1）一价定律与购买力平价说

一价定律（the law of one price）是购买力平价的理论基础，它指的是如果市场处于完全竞争状态，在不考虑运输成本和可能的贸易摩擦的前提下，不同市场上同样商品以同一种货币表示的价格应相等，用公式表示就是：

$$P_i = S_t \times p_i^*$$

其中，S_t代表t期的即期汇率；P_i和p_i^*分别代表某商品在本国和在外国的销售价格。

如果推广到一篮子商品，现在P_d和P_f分别代表国内和国外的一般物价水平，那么，

$$S_t = \frac{P_d}{P_f}$$

这就是购买力平价公式。它意味着汇率取决于不同货币对商品的购买力之比。

由购买力平价可以推衍出相对购买力平价，即商品用某国货币标价的变化率与用他国货币标价的变化率的比值决定了两国外汇汇率的变化率，用公式表示就是：

$$\frac{P_{d(t+1)}}{P_{d(t)}} = \frac{S_{t+1}}{S_t} \times \frac{P_{f(t+1)}}{P_{f(t)}}$$

如果把本币的通货膨胀率记作 π_d，$1+\pi_d$ 等于 $\frac{P_{d(t+1)}}{P_{d(t)}}$。$\pi_f$ 表示外币的通货膨胀率，

$1+\pi_f$ 等于 $\frac{P_{f(t+1)}}{P_{f(t)}}$。则上述等式可以改写为：

$$\frac{1+\pi_d}{1+\pi_f} = \frac{S_{t+1}}{S_t}$$

该公式可以用期望值更精确地表示为：

$$\frac{E(1+\pi_d)}{E(1+\pi_f)} = \frac{E(S_{t+1})}{S_t}$$

2）利率平价说

利率平价理论（interest rate parity theory）用于分析外汇市场与国际货币市场之间的相互联系性。该理论认为，利用两国之间短期利差进行套利活动的资金流动，是决定即期汇率和远期汇率之间差价的主要因素，两国货币即期汇率和远期汇率的差价应与两国间的短期利差相等，但方向相反。具有较高利率水平的国家，其货币在外汇市场上会出现远期贴水，而具有较低利率水平国家的货币在外汇市场上则出现远期升水。

假设 S_t 代表即期外汇的本币汇率，如果本币是人民币，外币是美元，那么我们可以记作 S_t=7元人民币/美元。F_{t+1} 代表一年后到期的合约所确定的远期外汇汇率，该合约在一年后交割。i 表示中国的市场利率，i^* 表示美国的市场利率，人民币的年利率是2%，美元的年利率是2.5%。假设某投机商现在有700万元人民币，准备进行一年期的投资。

人民币投资收益为：

700×1.02=714（万元人民币）

美元投资收益为：将700万元人民币按照汇率兑换成100万美元，按照美元利率投资，一年后他可以得到：

100×1.025=102.5（万美元）

然后他将美元兑换成人民币。假设美元的一年期远期汇率是6.9658元人民币/美元，该投机商按此汇率卖出一年期远期美元，将保证他一年后收到714万元人民币（102.5×6.9658）。在均衡市场条件下，两种投资方式的收益率相等。

如果用符号表示本例的投资收益的均衡关系，可以得到：

$1+i = (1/S_t) \times (1+i^*) \times F_{t+1}$

即：

$$\frac{1+i}{1+i^*} = \frac{F_{t+1}}{S_t}$$

这就是利率平价理论。它表示远期汇率的升贴水幅度由当期本国利率与外国利率的相对水平决定，这样将远期汇率与即期汇率和国内外利率联系了起来。

3）购买力平价与利率平价之间的关系

远期汇率和预期即期汇率的关系十分密切。交易商作出买入卖出远期外汇的决策

是基于对未来即期汇率走向预期基础之上的。实际上如果交易商对风险完全不关心，那么远期汇率就完全取决于对未来即期汇率的预期，即 $F_{t+1}=E(S_{t+1})$，则：

$$\frac{F_{t+1}}{S_t}=\frac{E(S_{t+1})}{S_t}$$

我们可以很容易得到以下关系式：

$$\frac{E(1+\pi_d)}{E(1+\pi_f)}=\frac{E(S_{t+1})}{S_t}=\frac{F_{t+1}}{S_t}=\frac{1+i}{1+i^*}$$

左起第一个等式反映相对购买力平价，即两国预期的通货膨胀率决定即期汇率的预期变动，左起第二个和第三个等式反映预期即期汇率和远期汇率之间的关系，最后一个等式是利率平价公式，这个公式将利率平价与购买力平价联系了起来，是我们进行跨国资本预算的理论基础。

13.1.2　跨国资本预算的基本方法

跨国资本预算的基本方法和传统的国内资本预算方法是一样的，主要有投资回收期法（pay back period rule）、净现值法（net present value，NPV）、内部报酬率法（internal rate of return，IRR）、现值指数法（profitability index，PI）。

同国内投资资本预算一样，由于回收期法、内部报酬率法、现值指数法各自存在一定的缺陷，因此，净现值法在资本预算分析中是最优的。大部分的跨国资本预算都采用这种方法。

但是，跨国公司在进行海外投资、经营国外的重大项目时，其经营管理必须考虑许多并不会对纯粹的国内企业产生直接影响的财务因素，其中包括外汇汇率、各国不同的利率、多种税率政策、国外经营所用的复杂会计方法和外国政府的干预等。从大方面来说，跨国资本预算要注意几方面的问题：

（1）评价主体的选择问题

跨国投资项目的经济评价，首先碰到的就是经济评价的主体选择问题。由于受税制、外汇管制、汇率变动、跨国公司内部的财务结算制度以及出口替代等因素的影响，同一跨国投资项目，从不同主体出发进行经济评价，其现金流量差异很大，评价结果也就不同。非单一评价主体是跨国投资资本预算的特殊点。

①以子公司作为跨国资本预算的评价主体。跨国企业经营往往把所创利润用于当地再投资以减少所得税；或者上市以增加资产流动性，获取更大的利润或寻求资本出路。跨国企业的税后股利不一定汇回母公司，因此以子公司作为投资评价主体有其实际意义。

②以母公司作为跨国资本预算的评价主体。母公司是跨国企业投资主体，以母公司作为评价主体符合母公司处于整个集团经营活动中心的地位及实现其利润最大化的财务管理目标。只有当对外投资能给母公司的股东带来较高的收益时，母公司才会对外投资。

③从母、子公司结合的角度进行评价。分别评价母、子公司时，若投资分析的结论同时是可行的或不可行的，那么就可以作出相应的综合决策结论。但若出现母、子公司可行性结论不一致的情况，就应分析不一致的原因，诸如专利权费、管理费的考

虑等。将二者结合起来，才能比较准确地判断拟建项目的可行性。

（2）国际平价条件

传统的国内资本预算法假设现金流量和贴现率都以投资者的本币表示，不存在外币折算问题。但跨国投资并非如此。跨国公司在海外投资，母公司却在本国，因此面临以外币贴现率对外币现金流进行贴现还是以本币贴现率对本币现金流进行贴现的选择问题。如果满足国际平价条件，那么我们可以按照远期汇率将外币现金流转换为本币现金流，并用风险调整的本币资本成本进行贴现，得到以本币计量的净现值。

如果国际平价条件不能满足，那么结果将变得复杂。如果远期汇率偏离未来即期汇率的估计值，那么国外投资项目的价值就取决于使用何种货币的贴现率对预期未来现金流量进行贴现。

（3）资金汇回问题

从母公司的角度看，母公司关注的是以母公司本国货币表示的国外投资项目的价值，意味着按照国内要求的资本回报率贴现的现金流量，只是汇回到母公司并用母公司本国货币表示的现金流量。实际上，当前和未来跨国公司都面临外汇管制的风险，许多国家的政府都对跨国公司的资金汇回母国存在限制，甚至冻结其资金，导致现金流量无法汇回母国，那么这时候该项目对母公司来说还有意义吗？这样的项目价值该如何确定？

（4）资本成本的确定

进行跨国投资的公司要回答的一个重要问题是：跨国投资项目所要求的收益率是否与类似的国内项目的收益率有所不同。跨国投资可能因为跨国多样化经营而分散风险，也可能因为国际金融市场的分割，税收、外汇管制等政治和经济风险而增加风险。因此，跨国资本预算必须对这些风险进行调整，确定适当的资本成本。

13.1.3 国际平价条件成立的资本预算

国际平价条件是通过解释即期汇率和远期汇率的关系，并把不同货币间的名义利率和通货膨胀率之间的差异联系起来，来预期长期汇率的变化趋势。假设国际资本市场满足完备性和对称性，即不同市场之间的资本流动是自由的，没有任何阻碍，并且税收和投资者偏好在任何市场都是相同的，那么国际平价条件就成立。我们可以利用购买力平价、利率平价以及远期平价的关系，得出未来各年的预期即期汇率。采用的公式就是：

$$E(S_{t+1}) = \frac{1+i}{1+i^*} \times S_t$$

在已知利率的情况下，预期未来即期汇率的计算公式为：

$$\frac{E(1+\pi_d)}{E(1+\pi_f)} = \frac{E(S_{t+1})}{S_t} = \frac{F_{t+1}}{S_t} = \frac{1+i}{1+i^*}$$

因此，对于一个跨国投资项目的预算，一般包括如下步骤：

（1）估计以外币计量的未来现金流量；

（2）以预期即期汇率将外币现金流量折算为本币现金流量；

（3）确定适当的本币资本成本进行贴现，计算以本币计量的净现值。

下面我们以利华公司在美国的投资项目为例来说明如何进行跨国资本预算。

【例13-1】利华公司今年在美国的设备出口订单大量增长，它现在要考虑是否应该在美国设厂。该项目将投入200万美元，预计今后三年每年将产生80万美元的现金流量。当前美元的即期汇率是S_t=8元人民币/美元，假设中国的利率是6%，美国的利率是3%，中国的资本成本贴现率是8%，分析该项目是否可投。

采用净现值法，先要计算该项目的各年现金流量，见表13-1。

表13-1　　　　　　　　　　利华公司现金流量计算表

项目	各年末			
	0	1	2	3
净增现金流量（万美元）	-200	80	80	80
外汇汇率 S_t（RMB/\$）	8.000	8.233	8.473	8.720
净增现金流量（万元人民币）	-1 600	658.64	677.84	697.60

未来三年的预期即期汇率分别为：

$$S_1 = \frac{1+i}{1+i^*} \times S_0 = \frac{1+6\%}{1+3\%} \times 8.000 = 8.233$$

$$S_2 = \frac{1+i}{1+i^*} \times S_1 = \frac{1+6\%}{1+3\%} \times 8.233 = 8.473$$

$$S_3 = \frac{1+i}{1+i^*} \times S_2 = \frac{1+6\%}{1+3\%} \times 8.473 = 8.720$$

最后可以计算该项目以人民币计量的净现值为：

$$NPV=-1\,600+\frac{658.64}{1+8\%}+\frac{677.84}{(1+8\%)^2}+\frac{697.60}{(1+8\%)^3}=144.77(万元人民币)$$

该项目以人民币计量的净现值大于零，因此利华公司应该接受这个美国投资项目。

另一种方法是以美元折现率计算该投资的美元现金流量现值，再根据即期汇率将美元换算成人民币，在满足国际平价的条件下，两国的利率、汇率、通货膨胀率之间存在着简单的平价关系，那么这两种方法所得出的结论是相同的。这一点读者可以自己证明。

13.1.4　国际平价条件不成立的资本预算

现实中，国际资本市场并不满足完备性和对称性，国际平价条件往往是不成立的。因此，在按照东道国的当地货币对项目进行评估时，往往会得出与母国货币估价不同的价值，即当国际平价条件不成立时，从东道国角度和从母公司角度进行估值往往会得出不同的结论。

1）基于母公司角度的资本预算

母公司关注的现金流量是用本国货币表示的汇回母公司的现金流量，其折现率也是以本国货币计量的资本成本，用公式表示就是：

$$NPV_d = \sum_{t=0}^{T} \left[E\left[CF_t^d \right] / \left(1 + i_d \right)^t \right]$$

从母公司角度分析，其现金流入量主要来自子公司的净现金流量、许可证收入、监管费收益等。现金流出量主要是从子公司获得股利收入而应向本国政府缴纳的各种税款等。现金流入量减去现金流出量后的净现金流量是母公司可以运用的净收益，即公式中的 CF_t^d，据此再按照最低收益率 i_d 计算母公司进行国外投资的净现值。

2）基于东道国角度的资本预算

若国外投资的现金流并不以本国货币汇回母公司，那么需要关注的就是以东道国货币表示的现金流量，并且有必要将这个国外投资的项目价值与国外市场上的当地项目价值进行比较，其公式是：

$$NPV_f = \sum_{t=0}^{T} \left[E\left[CF_t^f \right] / \left(1 + i_f \right)^t \right]$$

式中，$E\left[CF_t^f \right] = E\left[CF_t^d \right] / S_t$，$S_t$ 为即期汇率。

3）不同角度的估值差异及处理方法

显然，当国际平价条件不成立时，用本国货币表示的项目净现值 NPV_d 与用外币表示的项目净现值 NPV_f 结果不一定相同。其可能结果我们归纳如表13-2所示。如果 NPV_d 和 NPV_f 都小于零，显然这样的项目是不能接受的；如果 NPV_d 和 NPV_f 都大于零，那么就应该接受。但如果存在对角线上的情况，即 $NPV_d > 0 > NPV_f$ 或 $NPV_f > 0 > NPV_d$，项目是否可接受就不确定。下面将对这几种情况进行简要讨论。

表13-2 **基于母公司和东道国角度的估值差异**

基于东道国角度 的外币资本预算 ＼ 基于母公司角度的资本预算	$NPV_d < 0$	$NPV_d > 0$
$NPV_f < 0$	不接受	应寻找更好的 外国投资项目
$NPV_f > 0$	锁定东道国价值 NPV_f （如采用套期保值）	接受

（1）$NPV_d > 0 > NPV_f$

在母公司看来，这个项目是可以接受的；但在项目东道国看来，这个项目又是不可接受的。基于母公司角度的正的净现值可能是由于国际金融市场的不均衡所导致的，而与项目本身的现金流量无关。所以，以外国货币表示的项目价值可能是亏损的。

事实上，接受这类项目等于进行外汇汇率投机。那么对于母公司来说，与其用对这种净现值为负的项目进行投资的方式来投机，不如直接参与金融市场的投机，比如投资于净现值为零的外国政府债券，相当于对未来汇率进行投机，从而获取套利机会。这样不仅可以避免项目净现值为负的可能，还能获得预期外币汇率变化的收益。

总之，只要在项目所在的东道国有更好的投资机会，我们就应该放弃外币净现值为负的项目，而继续寻找外币净现值为正的项目。换句话说，在国际平价条件不满足时，公司若决定对未来汇率进行投机，可直接投资于净现值为零的金融工具（如政府债券），而不必借助于净现值为负的国外投资项目。

（2）$NPV_f > 0 > NPV_d$

在东道国看来，这个项目是可行的；但从母公司的角度来看，这个项目明显不可接受。此时，国外投资项目以东道国货币表示的价值高于以母公司本国货币表示的价值。母公司应力求锁定东道国以外币表示的项目价值，获得正的净现值，之后，再按照即期汇率将该净现值汇回母国。

如果存在活跃的外国货币远期市场或信贷市场，可以对项目的现金流量进行套期保值以规避风险，或者通过在项目当地借入资金或发行权益来为项目融资。通过利用金融市场套期保值的净现值为零的优点，可以使项目价值最大化，并降低项目价值的波动。

如果不参与金融市场，也可以在资产市场上将该项目出售给当地投资者。按照外币价值出售项目，再按即期汇率兑换为本国货币，母公司就能按照本国货币得到项目的价值。

另一种方案是，母公司可与当地投资者组建合资企业。如果项目按东道国货币表示的净现值为正，那么当地投资者就愿意投资这样的合资企业。

这两种方法都可以锁定正的当地货币净现值，同时减少了母公司在项目存续期间所面临的外汇风险。

但现实中，买卖外国投资项目须承担巨大的沉没成本（sunk cost），而这些沉没成本可能很难收回。比如出售外国投资项目，如果汇率出现反向变化则很难再购回该项目。此外，出售实质资产也会使跨国公司的知识产权面临风险。例如，如果跨国公司将其国外经营业务出售给当地投资者，当地的合资伙伴将共享公司的知识产权，那么很快该当地投资者就可能成为公司在那些国家或地区市场上的竞争对手。

（3）$NPV_d > 0$，$NPV_f > 0$

如果 $NPV_d > NPV_f > 0$，公司应该投资该国外项目。为了利用预期外币的实际升值，公司可以考虑不对国外项目进行套期保值。不过，这比较冒险，取决于公司对货币风险的承受能力。

如果 $NPV_f > NPV_d > 0$，公司同样应该投资该国外项目，但应对项目的外汇风险进行套期保值，或者尽快实现项目的外币价值，按本国货币形式汇回母公司。

13.1.5 资金汇回问题

上面讨论的情况都是假定外国投资产生的全部税后现金流量都能自由汇回母公司。事实上，在国外的投资项目时常受到某些外汇管制，不能自由汇回母公司。有时候外国项目的现金流量还会在外国遭到冻结，在解冻前都不能汇回。

冻结资金是资金汇回限制的一种普遍情况。冻结资金（blocked fund）是指由于资本流动受到限制，不能及时汇回母公司的国外项目所产生的现金流量。如果当地投资项目的税后回报率与当地要求回报率相比，低于当地资本市场类似项目的税后回报率，那么相对于当地投资项目，跨国公司的投资项目净现值就为负，跨国公司想改变

投资计划而碍于资金汇回限制无法实施，此时就产生了冻结资金成本。如果该投资项目的税后回报率大于当地资本成本，跨国公司无须改变投资计划，冻结资金也不会产生额外的成本。

考虑冻结资金的投资项目，其价值可以分为两部分来计算：冻结资金机会成本和不存在冻结资金时的项目价值，即：

$$V = V（无冻结资金）- V（冻结资金机会成本）$$

事实上，确定项目各部分的价值是很有益的，它有助于跨国公司分解项目价值的构成，从而也有助于在投资前与东道国政府的谈判。例如，分离出冻结资金的机会成本，可以使跨国公司清楚不含冻结资金的项目价值，并以此作为一个保留价格与当地政府进行谈判。低于这个价格，项目将不被接受。

1）对冻结资金进行估值

对冻结资金估值可按如下步骤进行：

（1）假设资金不被冻结，计算其税后价值，然后按当地的无风险税后利率 r 计算其现值：

$$V_1 = \frac{\sum_{t=1}^{T} CF_t \times (1+r)^{T-t+1}}{(1+r)^T}$$

其中，t 表示冻结期时间；T 表示从冻结期到冻结期后的下一年的时间。

（2）计算冻结资金按税后资本成本折现的现值（冻结资金在国外存放期间一般是没有利息的，所以实际回报率为0）。用上一步的现值减去冻结资金的现值，得到冻结资金的机会成本：

$$V_2 = \frac{\sum_{t=1}^{T} CF_t}{(1+r)^T}$$

$$V（冻结资金机会成本）= V_1 - V_2$$

（3）计算考虑冻结资金机会成本的项目价值：

$$V = V（无冻结资金）- V（冻结资金机会成本）$$

【例13-2】仍然以利华公司为例，该公司这次的项目在一个欧洲国家进行，在项目的最初3年里，资金遭到了冻结。冻结资金情况如表13-3所示。不过在项目结束时，资金可以自由汇回母国。假设该国的名义无风险政府债券利率为10%，税率为50%，那么税后资本成本可以确定为10%×（1-50%）=5%。

表13-3　　　　　　　　　　在欧洲某国家投资项目的现金流量　　　　　　　　　　单位：百万欧元

	各年年末			
	投资初始年	第1年	第2年	第3年
经营现金流量	（400）	120	160	180
不存在冻结资金的项目现金流量	（400）	120	160	180
被冻结的现金流量		（60）	（80）	（90）
存在冻结资金的项目现金流量	（400）	60	80	90

假设资金不被冻结，可以按无风险税后利率进行再投资，冻结期结束后（第4年年末）的税后价值为：

$$60\times(1+5\%)^3+80\times(1+5\%)^2+90\times(1+5\%)=252.16（百万欧元）$$

按照5%的利率贴现到期初，所得的现值为：

$$252.16/(1+5\%)^4=207.45（百万欧元）$$

因为被冻结的资金是没有利息的，所以实际回报率为0。因此，冻结资金在第4年末的累计余额为230百万欧元（60+80+90）。按5%的税后贴现率折算，所得的现值为189.22百万欧元（$230/(1+5\%)^4$）。

因此，与按市场利率计算的回报率相比，按零利率计算的回报所发生的机会成本为：

$$V（冻结资金机会成本）=207.45-189.22=18.23（百万欧元）$$

在这个例子中，如果不存在冻结资金，该项目的价值（以该欧洲国家货币计量）为：

$$V（无冻结资金）=-400+120/(1+5\%)+160/(1+5\%)^2+180/(1+5\%)^3$$
$$=14.9（百万欧元）$$

这样，存在冻结资金时的项目价值为：

$$V=V（无冻结资金）-V（冻结资金机会成本）$$
$$=14.9-18.23=-3.33（百万欧元）$$

可见，对于跨国公司来说，冻结资金的存在使投资项目的价值减少，甚至可能为负数。但是，如果由于冻结资金的存在使投资项目的净现值为负了，也不应迅速放弃这一项目，而应该与项目所在国政府进行谈判，并设法与其达成协议，从而使双方受益。

2）跨国投资中的其他特殊情况

除了外汇管制可能造成的资金汇回限制问题外，跨国投资中的特殊情况还包括东道国政府或国际机构提供财务资助、东道国政府所要求的净现值为负的捆绑项目、免税期以及特定国家存在的政治风险，如没收风险等。

这些项目估值的特殊情况都可以作为副作用（side effect）进行独立估值。

$$V（含副作用）=V（不含副作用）+V（副作用）$$

仍然利用贴现现金流量法对各种副作用进行独立估值。项目的价值被分解为各个部分的价值，有利于确定关键的价值驱动因素，从而有助于跨国公司与东道国政府的谈判。例如，我们了解到免税期是开展国外投资的主要价值来源，那么了解项目的免税价值就很有必要，它有助于跨国公司与东道国政府在谈判时就免税期进行协商，使项目价值最大化。

13.1.6　资本成本的确定和风险调整

1）资本成本的确定

进行跨国投资的企业都要回答的一个重要问题是：跨国投资项目所要求的收益率是否不同于类似的国内投资项目的收益率？即跨国投资项目的资本成本应该如何确定？

在跨国投资项目的资本预算中，可以用资本资产定价模型（CAPM）来计算该项目的资本成本：

$$R_{project} = R_f + \beta_{project}(R_M - R_F)$$

其中，R_F 为无风险利率；$\beta_{project}$ 为该项目的 β 值；$(R_M - R_F)$ 为市场风险溢价。

显然，跨国投资项目的资本成本与国内投资项目的资本成本的区别关键就在项目的 β 值 $\beta_{project}$ 和市场风险溢价 $(R_M - R_F)$ 的确定上。考虑跨国投资项目面临的"国际因素"，主要有以下几个重要因素影响着 β 值和市场风险溢价的确定。

（1）跨国多元化经营分散风险

跨国多元化经营的风险较低。假设本国投资者不允许持有外国证券，而且不同国家的金融市场是分割的，这样，进行跨国投资的企业可以为其本国股东提供间接的多元化投资机会，而这种多元化投资无法在国内实现，因此，这种多元化降低了跨国投资项目的风险。另外一种情况是，本国投资者的国际投资不受限制，可以通过购买外国证券获得多元化的投资收益。在这种情况下，本国企业的项目资本成本不会因为项目是在国内还是在国外而有所不同。但是在实际中，持有外国证券要花费较高的成本，包括税收、信息获取费和交易成本等。较高的成本抵销了一部分多元化投资带来的收益，因此本国投资者并不能通过持有外国证券实现完全的国际多元化。

如果跨国公司投资的成本小于该公司股东进行国际化投资的成本，那么该跨国投资项目就具有国际多元化的优势，该优势就反映为较低的 β 值，从而降低整个项目的风险调整资本成本。

（2）资本市场分割的附加风险

如果某一国内市场上证券或项目投资者所要求的收益率与其他国际市场上同等证券或同样项目（即预期收入和风险相似的证券或投资项目）投资者所要求的收益率不同，这个国家的资本市场就是被分割的。造成资本市场分割的因素有政府管制、投资者的偏见、金融市场的不完全性等。政府管制包括税收政策、外汇管制、资本自由流动的管制等。投资者的偏见是指由信息障碍（如企业公开信息的质量、投资者对市场的熟悉程度等）造成的认识偏差。市场不完全性是由交易成本、财务风险、外汇风险和政治风险等造成的。尤其是政治风险，企业进行跨国投资要比国内投资更多地考虑外国的政治风险因素。反映在市场风险溢价 $(R_M - R_F)$ 上，就表现为风险溢价的提高，从而提高整个项目所要求的收益率。

市场分割的程度影响着跨国公司的资本成本，公司必须考虑到由此所产生的附加风险可能抵销由国际多元化带来的利得，从而提高项目的折现率。

2）跨国投资风险调整方法

在考虑到跨国投资的独特性所带来的各种风险加减因素的基础上，跨国投资的风险调整与一般投资项目风险调整的方法基本相同，可以采用的方法有缩短投资回收期、提高折现率、调整现金流量等。例如，如果预计投资回收可能会受到东道国外汇管制的限制，跨国母公司可以将正常的折现率 10% 提高到 12% 或者把原定 5 年的回收期缩短到 3 年。又如，为防止投资风险，可以从每年的现金流量中提取一笔保险金用于政治和经济风险的保险。保险金可以用于向保险公司购买保险，也可以用于其他规

避风险的费用。如为了防止汇率变动的损失，可以利用远期外汇市场进行套期保值等。

总之，根据风险程度调整投资项目要求的收益率，确定适当的资本成本，是跨国资本预算中的重要一环。跨国投资的资本成本可能会低于国内同类项目的资本成本，原因在于国际多元化带来的收益；跨国投资的成本也可能会高于国内同类项目的资本成本，原因在于跨国投资所产生的一系列附加风险。因此，我们在确定这一资本成本时要全面考察各种影响因素，综合考虑。

13.2 跨国筹资管理

13.2.1 跨国公司的筹资特性

与国内公司相比，跨国公司筹资的特性主要表现在四个方面：

① 资金需求量方面。由于跨国公司为实施其全球战略在世界范围内从事各种生产经营活动，所需资金量大。

② 资金来源方面。由于跨国公司所需资金规模大，内部融通资金不能完全满足其资金需求，另外也非一般银行或其他单一金融组织所能解决。通常，跨国公司需要在地区性市场或国际市场上筹措资金，因此跨国公司有更广泛的资金来源。

③ 筹资风险方面。跨国公司拥有广泛的资金筹措渠道，但所受的影响因素也较多，如各国的政治气候、法律环境、经济条件及文化背景等，而且大部分因素都处于不断变化之中，不确定性大，筹资风险也较大。

④ 筹资决策方面。无论在筹资渠道及筹资方式的选择上，还是在筹资结构及综合成本的设定上，或是在筹资方案的选择及筹资风险的防范上，跨国公司所需考虑的因素相对较多，决策难度大。

13.2.2 跨国公司筹资渠道

（1）跨国公司内部筹资

公司内部筹资是指资本从母公司流向子公司或从一个子公司流向另一个子公司。其形式主要有：①股权筹资，即母公司通过购买子公司股票，向子公司投资，使资本流向子公司；②举债筹资，即母公司利用自有资本或从银行取得借款向子公司放贷；③其他子公司向某一子公司放贷；④公司内部资本转移等。通过母公司来源取得的股票筹资，其主要优点是：加强母公司对子公司的所有权和控制权；加强海外子公司的举债能力，便于其筹措资本。缺点是：外汇风险较大；汇付利润和偿还投资资本的风险较高；财产被没收和国有化的风险较大。通过母公司来源的举债筹资，优点是：支付利息可以获得税收利益；易于得到较低成本的资本；易于汇付利润和偿还资本。缺点是子公司从母公司借债要承担较大的外汇风险。

（2）东道国筹资

东道国是跨国公司补充资本的重要来源。跨国公司可以根据东道国的经济状况和金融环境筹集所需要的资本，如通过当地的证券市场进行股权或债券筹资，或通过当地银行取得借款等。通过东道国筹资的优点是：政治风险低；支付利息扣税；外汇风险小；可与当地公司或其他金融机构建立良好的关系。缺点是：东道国资本可供量有限；母公司对子公司的控制权较弱。

（3）来自金融机构和第三国以及国际资本市场的资金

①向国际金融机构和第三国借款。跨国公司可以通过各种国际金融机构，如通过世界银行、亚洲开发银行等筹集所需要的资本，也可向第三国银行借款或向第三国资本市场发行股票或债券进行筹资。

跨国公司通过各种金融机构贷款可以分为两种情况：一种是意向贷款，即贷款与一定的目的（例如商品出口、工程项目招标）相联系，这种贷款一般利率低、期限长，有时带有一定的优惠条件。另一种是自由外汇贷款，即由国际金融市场上的外国商业银行提供，这种贷款与其他贷款方式相比，优点是：贷款方式灵活，手续简便；资本供应充足，允许借款者选择借款币种；贷款可以自由使用，不受贷款银行限制。缺点是贷款利率较高，期限较短。

②向国际资本市场筹资。这种筹资的对象主要是一些大型跨国银行或国际银团。如跨国公司可在国际股票市场上发行股票，由一些银行或银团购买；可以在国际债券市场上发行中长期债券筹资。此外，跨国公司还可以在国际租赁市场上筹资。

13.2.3 跨国筹资方式

1）国际货币市场融资

国际货币市场，习惯上就是指欧洲货币市场。欧洲货币（Euro currency）是指一国银行所拥有的非本国货币定期存款。由于美元是这一市场最常见的货币，它有时也被称为欧洲美元市场。欧洲美元是指美国以外国家的银行所持有的美元存款，这家银行可以是外国银行，也可以是美国银行在国外的分行。欧洲货币也不仅仅局限于欧洲美元，只要是可以完全自由兑换的货币都可以成为欧洲货币，现阶段境外金融市场经常使用的欧洲货币包括欧洲美元、欧洲日元、欧洲英镑等。

在欧洲美元市场上，由于不存在任何管制，银行存贷款没有储备金和利率限制，外国银行在欧洲各国的分支行都积极吸收欧洲美元存款，根据供求变动调整利率。欧洲美元存款的金额通常很大，大多为10万美元或更多。一些信誉较好的跨国公司是这些银行发放美元贷款的主要对象。欧洲美元市场是跨国公司短期流动资金的最主要来源之一。

欧洲票据是近年来国际上一种新兴的短期资金融资方式。欧洲票据实际上是跨国公司发行的本票，它通过与商业银行或投资银行订立包销或推销协议转售给投资者，借以从银行等金融机构获取贷款。

2）国际债券市场融资

在国外市场发行的使用外国货币为面值的债券，即为国际债券。国际债券可以分为外国债券和欧洲债券两类。外国债券是指借款人（债券发行人）在外国债券市场上发行的以发行所在国的货币为面值的债券。欧洲债券是指借款人在本国以外的债券市场上发行的以第三国货币为面值的债券。例如，中国一家企业在英国伦敦金融市场发行的以美元标识面值的债券。欧洲债券从20世纪60年代开始出现，之前一般都是发行本币债券为主，欧洲债券的先祖是欧洲美元债券，20世纪70年代后，随着美元汇率波幅加大，也开始发行以德国马克、瑞士法郎和日元为计值货币的欧洲债券。同时发行地也开始向拉丁美洲、亚太地区蔓延。

欧洲债券投资者遍布全世界。欧洲债券市场同欧洲美元市场一样，不受发行所在国家政府的金融管辖。自20世纪60年代形成以来，其发行额逐年递增，在跨国公司长期融资中发挥着极为重要的作用。

外国债券的发行大多受发行所在国法律的限制。美国、瑞士、日本和卢森堡是最主要的外国债券市场。在美国，这一市场被称为扬基债券市场，在日本被称为武士债券市场，在英国被称为猛犬债券市场。

3）国际股票市场融资

20世纪70年代以来，国际资本市场一体化趋势急速发展，这主要是由于各国政府管制减少和信息技术的发展，使得国际多元化组合投资的效率和收益不断提高，为跨国公司提供了在国际股票市场筹集资金的渠道。跨国公司在国际市场筹集股本的可选工具大致有以下几种：

（1）发行ADR

ADR的含义是存托凭证。存托凭证是一种可以流通转让的代表投资者对境外证券所有权的证书。它由发行者将其发行的证券交本国或外国银行在本国的分支机构保管，然后以这些证券为保证，委托外国银行再发行与这些证券相对应的存托凭证。除直接以证券为保证发行存托凭证外，还可以把现有的B股和H股转化为ADR上市。

存托凭证种类很多，按用途不同分为不同等级。一级存托凭证，只允许通过柜台交易（OTC）方式买卖，不可以在证交所挂牌交易；二级存托凭证可以在证交所挂牌交易。一、二级存托凭证主要用于扩大股东规模。三级存托凭证可在美国主要证交所交易、买卖，主要用途是市场融资。

目前，可以发行ADR上市的国家有美国、加拿大、英国、澳大利亚、新加坡和日本等。

（2）直接发行股票

包括首次公开募股（IPO）和增发（follow-on offering）以及私人配售（private placement）。首次公开募集是指公司首次向公众发行股票，通过证券交易所筹集资金。增发是指上市公司发行额外股票，扩大股本以筹集资金。私人配售是指公司向特定投资者或机构直接发行股票，通常不通过公开市场。

（3）可转换债券（convertible bonds）

公司发行的债券可以在未来转为公司股票，在吸引投资者的同时提供资金。

（4）收购上市公司

收购已上市公司再通过增发或者定向配售的方式来融资。收购上市公司通常是通过以下方式实现的：

第一，现金收购。收购方直接用现金购买目标公司的股份。这种方式通常需要较大的现金储备或通过债务融资来筹集资金。

第二，股票交换。收购方向目标公司的股东提供其自身股票作为交换。这种方式可以减少直接的现金支出，但会稀释收购方现有股东的股份。

第三，现金加股票。结合现金和股票的方式进行收购，收购方用部分现金和部分自家股票来完成交易。

第四，资产购买。收购方购买目标公司的一部分或全部资产，而非整个公司。这种方式通常用来获取特定的业务部门或技术。

13.2.4　跨国公司筹资的战略

跨国公司必须从全球战略的高度，权衡各类可资利用的资金来源，从中择优并合理组合，以达到总体筹资成本最小化、避免或降低筹资风险、设定最优筹资结构等三大融资战略目标。

1）筹资成本最小化

市场的不完全性和各国政府的干预使资本市场出现差异，这就为国际企业实现筹资成本最小化创造了条件。国际企业降低筹资成本的重要方法有三种：一是避免或减少纳税；二是利用优惠信贷；三是争取东道国信贷配额。

现实中有一个很好的利用优惠信贷政策的跨国筹资案例。Sonat是美国亚拉巴马州伯明翰市一家从事能源及其相关服务的公司，1984年向韩国大宇公司订购了6台可部分潜入水中的海上打油井机。大宇公司同意同时向该公司提供4.25亿美元购买价、期限8.5年、年利率为9%的融资。贷款按半年分次等额本金的方法分17次偿还。这笔贷款对Sonat公司的价值（即净现值）是多少？

Sonat公司每半年一次付息，意味着公司必须在日后的8.5年中每6个月按4.5%的利率偿还贷款余额的利息和2 500万美元的本金。相反，如果该公司一次性获得4.25亿美元的贷款，那么在这些现金流入量和现金流出量给定的情况下，就能按通常计算项目贷款净现值的方法进行分析。但这笔交易与典型的资本预算问题所不同的是，现金流入发生在先而现金流出发生在后。不过，其基本原则是相同的。因此，需要对这笔交易的应得收益与Sonat公司的边际税率作出估算。

应得收益是指所提供资金的机会成本，也就是Sonat公司以相同的利率条件从资本市场借入4.25亿美元的资金成本。在1984年安排这一贷款的同时，这种贷款的市场利率约为16%。如果利息支付以50%比例的边际税率扣减，那么每半年的税后应得收益率为4%（全年为8%）。半年税后利息支付额是$0.0225 \times P_t$，这里的P_t是指t期的贷款余额，税后利率是2.25%（$0.5 \times 4.5\%$）。表13-4是Sonat公司低成本贷款安排价值的逐期计算结果。

由此可得，Sonat公司在该融资交易中所得的盈利的净现值为：

$$NPV=425\ 000\ 000-\sum_{t=1}^{17}0.0225P_t/(1+4\%)^t-\sum_{t=1}^{17}25\ 000\ 000/(1+4\%)^t$$

$$=425\ 000\ 000-304\ 145\ 061$$

$$=120\ 854\ 939（美元）$$

表13-4   Sonat公司低成本贷款安排的价值   金额单位：百万美元

期限	本金余额 （1）	利息= （1）×0.0225 （2）	本金偿还额 （3）	总偿还额 （4）	现值系数 （5）	现值 （6）
1	425	9.56	25	34.56	0.962	33.25
2	400	9.0	25	34.00	0.925	31.45
3	375	8.44	25	33.44	0.889	29.73
4	350	7.88	25	32.88	0.855	28.11
5	325	7.31	25	32.31	0.822	26.56
6	300	6.75	25	31.75	0.790	25.08
7	275	6.1g	25	31.19	0.760	23.70
8	250	5.63	25	30.63	0.731	22.39
9	225	5.06	25	30.06	0.703	21.13
10	200	4.50	25	29.50	0.676	19.94
11	175	3.94	25	28.94	0.650	18.81
12	150	3.38	25	28.38	0.625	17.73
13	125	2.81	25	27.81	0.601	16.71
14	100	2.25	25	27.25	0.578	15.75
15	75	1.69	25	26.69	0.555	14.81
16	50	1.13	25	26.13	0.534	13.95
17	25	0.56	25	25.56	0.513	13.11
					总计	372.21

这一净现值计算方法表明，跨国公司可以利用优惠的信贷政策来减少筹资成本，尤其是利用税收差异所产生的金融市场扭曲、政府信贷和资本管制以及政府的补贴、激励等，跨国公司是完全有机会获得优惠条件来筹借资金的。

2）避免或降低筹资风险

就筹资风险而言，任何一种筹资安排都会对跨国公司总体的风险水平产生影响。因此，跨国公司在进行筹资安排时，无论由母公司筹资还是子公司筹资，都必须考虑到风险因素，适当降低筹资风险。很显然，高风险不仅会降低企业生存能力，而且会影响企业与投资者及非投资者之间的关系，进而危害企业长期的资本积累。最终，因企业销售量的减少和经营成本的提高而导致企业经营的现金流量的减少。因此，特殊的风险因素实质上是企业的总风险。从这一意义上讲，企业管理者只有在风险的处理成本还不太大的情况下，才有可能消除风险的影响。

国际企业的筹资风险主要是外汇风险和政治风险。在进行外汇风险管理时应坚持以下原则：

第一，均衡原则。均衡原则主要指筹资币种、使用币种和偿还币种相平衡，软货币与硬货币相平衡；筹资长短期限相平衡；总体利率结构（固定利率与浮动利率）相平衡；筹资市场结构相平衡；筹资成本结构（利率、汇率、费用）相平衡。

第二，保值原则。筹资管理的目的是防范和减少因汇率和利率等变化所引起的对外债务的增加，而不是获利。由于一些防范风险的金融工具，如掉期交易，既可以用来保值，也可以用作投机性交易，因此在使用时应明确使用目的。

第三，全过程原则。风险管理要贯穿始终，包括借、用、还三个环节，即不仅筹措阶段要采取防范风险的措施，在所筹资本使用阶段和偿还阶段同样应注重风险的防范。保值工具主要有以下几种类型：远期合约套期保值、期货合约套期保值、货币互换、利率互换以及期权合约套期保值等。

对于政治风险，可以进行政治风险保险，与东道国政府签订特许协议等则能有效地预防政治风险。

3）设定最优筹资结构

在寻求低成本、低风险的资金来源时，国际企业必须设立和确定最优的筹资结构，这是降低企业综合资本成本的关键。国际企业的筹资结构主要是确定最佳的债务股本比率。其中包括如何确定国际企业整体的资本结构以及各个子公司的资本结构。

跨国公司由于其自身的特点，在确定资本结构时，除应遵循与国内公司相同的基本原理外，还应考虑以下两个因素：

（1）跨国公司在资本市场上的筹资优势。跨国公司由于雄厚的实力和卓越的信誉常常可以轻易地进入国际资本市场，筹集成本更低的资金，并且在大量筹集资金的情况下，仍然能保持理想的资本结构，即跨国公司资本的边际成本在预算的相当范围内是不变的。

（2）世界各国资本结构的不同标准。从世界范围来考察各国公司的资本结构时可以看到，决定资本结构的重要因素还包括除资本成本外的其他因素，各国公司的资本结构中，负债率均有所不同。例如，美国公司为55%，新加坡公司为34%，法国公司达71%（见表13-5）。

表13-5 部分国家公司负债比率

国别	负债比率	国别	负债比率
新加坡	0.34	加拿大	0.58
马来西亚	0.37	印度	0.60
阿根廷	0.38	瑞士	0.60
澳大利亚	0.46	丹麦	0.63
智利	0.46	西班牙	0.64
墨西哥	0.47	瑞典	0.68
南非	0.50	法国	0.71

续表

国别	负债比率	国别	负债比率
巴西	0.54	芬兰	0.72
英国	0.55	巴基斯坦	0.72
美国	0.55	挪威	0.74
比利时、荷兰、卢森堡	0.56	意大利	0.76

启智增慧 13-4

中国企业全球
化之海外财务
管控体系建设

各国公司资本结构方面的差异与各国资本市场的完善程度及不同的文化历史背景有关，在不同国家设立分支机构的跨国公司是否应入乡随俗遵循各国不同的资本结构标准呢？这需要认真分析其利弊。

调整资本结构使之符合当地标准的好处，首先在于减少当地对跨国公司分支机构的批评，改善跨国公司分支机构在当地人心目中的形象；其次，还便于将分支机构与当地企业的经营成果进行比较和评估，提醒管理人员合理配置当地资源。使资本结构符合当地标准的坏处是跨国公司无法利用自身的优势克服各国资本市场的不完善。此外，在跨国公司的合并财务报表中，负债比率可能被扭曲，财务风险也将增大。

总之，与国内公司一样，跨国公司资本结构管理的目标仍是降低资本成本，跨国公司应在保证成本最小的前提下，综合考虑以上利弊，确定最佳资本结构。

13.3　跨国公司资本结构

启智增慧 13-5

跨国公司财务
风险管理策略

广义的资本结构，是指跨国公司全部资本的构成，既包括权益资本、长期债券、长期借款等长期资本，也包括短期债务等短期资本。狭义的资本结构，仅指长期资本结构。本章所讨论的跨国公司资本结构指的是狭义的资本结构。资本结构反映了跨国公司不同筹资方式的结果，即债务融资和权益融资的组合，也称杠杆资本结构。确定最优杠杆比率（即债务资本比率），使得企业价值最大化，是企业资本结构、财务管理的重要任务。

13.3.1　影响跨国公司资本结构的因素

1）收入稳定性

业务收入是偿债的资金来源，由于支付的利息可以在应税收入中抵扣，具有税收优惠，杠杆率越高，企业的经济价值就越大。然而，公司债务有确定的偿债义务，到期必须还本付息，对收入的稳定性和现金流量的充足性要求较高。因此，收入稳定、债务承受能力强的跨国公司，可采用较高的杠杆率，在资本结构中安排较大的债务比例；反之，在资本结构中需安排较大的股权比例。

2）企业的成长性

业务发展快、市场份额高、竞争能力强的企业，具有更好的成长性。这些企业的资金需求规模大，留存收益不可能满足其扩张的融资需求。尽管投资者愿意付出较高的代价购买这类企业的股票，但是股权融资容易造成管理权旁落，降低现有股东的收益，因此企业更倾向于使用债务融资方式，加大财务杠杆，提高企业每股收益。

3）贷款银行和信用评级机构的态度

在涉及规模大、期限长的债务融资时，贷款银行和信用评级机构的态度是决定企业融资成败的关键。为了确保资金安全，债权人对债务人的资信、抵押或担保品、风险管理能力有较高的要求，并直接影响贷款的可获得性。在国际金融市场，美国标准普尔公司、穆迪投资者服务公司、惠誉国际信用评级有限公司对大型跨国公司、政府、金融机构的信用评级，成为决定后者资金获得以及融资成本的重要依据。信用等级高的跨国公司更容易获得贷款，资本结构中的债务比例较高。当然，管理能力也是影响跨国公司债务比例的重要因素。

4）税收

由于债务利息通常可以在税前支付，可以减少企业的应税所得，少交所得税，而股利需要在税后支付，不能享受税收优惠。实际上，企业所得税具有税盾作用，会刺激企业更多地进行债务筹资。企业所得税税率高的国家，跨国公司采用高杠杆资本结构，安排更大比例的债务，就会获得更多税收优惠。

13.3.2　东道国风险对跨国公司资本结构的影响

国家风险对跨国公司的资本结构也会产生较大的影响。其主要影响因素如下：

1）国家财政、货币政策风险

财政、货币政策风险是一种主要的国家风险。税率、利率的变化在短期内会对资金供求关系产生较大的影响，进而改变资本的流向，造成资金成本波动。如果财政、货币政策变化导致东道国的债务成本降低，跨国公司就应扩大债务融资规模，提高杠杆率，优化和改善资本结构；反之，则应扩大权益融资规模。

2）汇率政策变动风险

跨国公司的业务涉及多个国家和不同的币种，收入和现金流的外汇风险较大。如果东道国实行货币贬值的政策，从子公司汇回的现金流折算为本币后就会减少。此时，增加子公司的负债以及支出规模，减少汇回母公司的资金或利润，降低外币的风险头寸，有利于母公司控制外汇风险；相反，如果东道国实行货币升值政策，降低杠杆比率，安排更多的股权融资，有利于增加子公司汇回资金或利润的本币收入。

3）政府征收风险

为了保全自身的利益，跨国公司倾向于尽量在东道国进行债务融资，在资本结构中安排较高的财务杠杆，增强东道国债权人与跨国公司的利益纽带，营造良好的商业氛围。在东道国政府对跨国公司进行征收时，债权人将向政府施加压力，要求继续维持跨国公司的偿债能力。在营运资金主要来自当地融资的情况下，即使被东道国政府征收，跨国公司的损失也会大大减少。因为当地债权人为了保全自身利益，会千方百计与东道国政府讨价还价，为跨国公司赢得更好的补偿条件。

4）股权限制风险

基于国家安全、保护民族工业等考虑，各国政府对外资的市场准入或多或少都有限制。例如，有的国家对金融业、高技术产业设置较高的外资准入门槛，限制外资企

业并购当地企业，对外资企业持有股份规定最高限额。有的国家规定投资者只能购买本国企业发行的股票，不允许购买外国企业发行的股票。有的国家限制金融机构向外资企业提供贷款，等等。外汇风险导致国外投资收益的不确定性，也促使投资者更偏好投资本国而非外国企业。在这种情况下，跨国公司必须尽快本土化，根据当地的情况合理安排资本结构。

13.3.3 跨国公司资本结构的动态优化

跨国公司在对外投资中，为避免资本结构偏离预期并购目标，需要对国别风险进行动态管理，不断地对资本结构进行优化管理。中海油并购尼克森是一个典型案例。

本章小结

当公司拓展国际业务时，公司财务的基本原理仍然是适用的，并不会因为投融资范围的变化而不同。跨国投融资会遇到汇率波动风险。汇率波动可能是因为基本面的变化如通胀率、利率的变化，也可能由别的因素引起，如央行的市场干预。当汇率波动时，有外币现金流量的公司就会受到影响。尽管公司可以规避部分或者全部风险，但是这样做的前提是规避的成本较低并且其股东并没有国际化分散。在跨国资本预算中，公司必须预测汇率并将现金流量兑换成本国货币，然后用经过风险调整后的贴现率计算现值。风险溢价是由于海外投资引起的政治风险和其他风险引起的。规避汇率风险的方法有很多，既可以利用衍生金融产品的交易来实现，也可以采取在货币市场上借贷的方法。当公司到海外投资时，增加了筹资选择，并且会改变最佳负债率。最佳负债率的改变部分原因在于税率对海外投资的影响，部分是因为国际化分散引起现金流量的不稳定。

关键概念

跨国资本预算　一价定律　利率平价说　存托凭证　ADR　欧洲债券　欧洲美元　国际资本结构　汇率政策　股权限制风险

综合训练

复习思考

1. 请解释国际平价条件成立时资本预算的两种方法。为什么两种方法是等价的？

2. 请解释国际平价条件不成立时基于不同角度计算的估值会产生哪些情况。应如何处理两种方法估值的差异？

3. 为什么母公司角度的净现值为正而东道国角度的净现值为负的项目投资等同于进行外汇汇率投机？

4. 为什么有必要对跨国投资的各种副作用进行单独估值？

5. 跨国公司内部资金来源有哪几种？

6. 假设你要评估你公司的新子公司的两个不同的投资项目，一个在中国，另一个在国外。尽管汇率不同，而你计算的这两个项目的现金流量完全相同。在何种情况下你会选择对国外子公司进行投资？举例说明哪些因素会影响你的决策和在该国的投资。

7.利用经过政治风险和多元化利益调整后的折现率，对国外子公司的某项投资进行评估，所得到的净现值为正值。这是否意味着这项投资就是可接受的？为什么？

✔ 应用训练

第纳尔牛奶制品公司是瑞士的一家中型奶制品生产厂商，多年来一直从事牛奶、奶酪、黄油等产品的生产，而至今为止，其生产和销售一直限于境内。目前，管理人员有意向海外扩张，作为公司新近聘请的专家，你被要求在该公司董事会上作题为"对外直接投资的可行性和跨国金融管理的复杂性"的报告。报告的主要内容包括：（1）跨国公司对外扩张的主要动机；（2）该项投资的可行性；（3）跨国业务金融管理的复杂性。

经过初步考察，管理人员决定对在墨西哥设一生产子公司的项目进行评估。该项目需要母公司提供价值145万瑞士法郎的设备（包括安装费、运输费），按照1瑞士法郎等于2.14墨西哥比索，相当于310.3万墨西哥比索。公司可以107万墨西哥比索在市场购得一厂房，此外，还需投入流动资金约21.5万瑞士法郎。

项目的经济年限为5年，预计第一年销售收入为180万墨西哥比索，第一年的固定成本（不包括折旧）约为54万墨西哥比索，可变成本占销售收入的60%。由于通货膨胀，固定成本和可变成本将以每年10%的速度上升，而政府对价格的限制使销售收入只能以每年5%的幅度上升。公司采用直线折旧法，预计固定资产将全部折旧完毕，无残值收入。到第5年年末，整个项目将以28万墨西哥比索出售给当地投资者。这笔收益在两国均可免税。

此外，墨西哥公司所得税税率为35%，而瑞士为37.5%。子公司每年将汇出65%的税后利润，另外35%将留在子公司再投资于流动资金。墨西哥同类项目使用的资本成本为22%，第纳尔公司也使用22%的资本成本。

最后，管理人员预计，墨西哥比索对瑞士法郎的比价将以每年5%的幅度下降。

问题：在以上预测的基础上，分别从母公司和项目本身的角度评估该项目，并提出评估意见。

✔ 课程思政

1.在跨国公司运营中，企业发现其海外子公司在财务报表中隐瞒了某些不符合财务报告标准的交易，以减轻税负和掩盖运营风险。作为财务经理，你该如何处理这一情况以平衡公司利益、合法性和职业伦理？

2.收集中国企业走出去的成功案例并分析其成功原因。

延伸阅读

1.TITMAN S，WESSELS R.The determinants of capital structure choice ［J］. The Journal of Finance，2015（4）：89-92.

即测即评 13

综合训练
参考答案 13

2.ALTMAN E I.A further empirical investigation of the bankruptcy cost question ［J］. The Journal of Finance，1984，39（4）：1067-1089.

3.陈雨露. 国际金融［M］. 7版. 北京：中国人民大学出版社，2023.

4.罗斯，威斯特菲尔德，乔丹. 公司理财［M］. 崔方南，谭跃，周卉，译. 北京：机械工业出版社，2020.

第14章

行为公司金融

目标引领

价值塑造

本章引导学生树立科学思维和风险意识，在公司投融资实践中关注投资者心理和情绪的影响，做到理性决策，养成沉稳冷静的职业素质。

知识传授

通过本章学习，了解行为公司金融形成和发展；掌握行为公司金融的主要内容，掌握常见的几种心理陷阱的内涵和影响；掌握心理陷阱在公司金融的投资决策、融资决策、股利政策等工作中的影响。在此基础上，能够清晰地阐述行为公司金融的基本原理及其含义，能够运用行为金融学理论和方法识别和评估公司金融决策中的行为偏差、风险及其影响。

思维导图

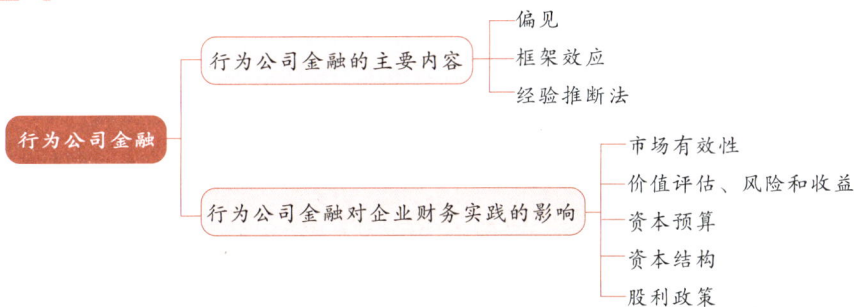

开篇导读

传统公司金融理论对现实问题的解释有时并不尽如人意。比如，在经济萧条时，理性公司纷纷削减成本，但某公司却反其道而行之，不仅没有削减成本，还加大了对新项目的投资，其管理者认为，萧条是短暂的，而互联网的发展还会保持多年，于是该管理者拒绝效仿其他公司裁员。但萧条持续了多年，该公司亏损严重。该高管最终承认当初的决策是错误的。为何公司高管会犯这样的错误，有分析认为是由于该高管基于此前多次顶住其他管理者反对的压力作出的决策最终为该公司带来了好处，成功的经历使得该高管"过度乐观、过度自信"，导致非理性决策。心理偏差和心理陷阱如何影响投资决策，这就是行为公司金融要讨论的问题。行为公司金融是一门融合了心理学、经济学和金融学的交叉学科。在本章的学习中，将首先回顾行为金融以及行为公司金融的形成和发展的历程，详细介绍偏见、框架效应和经验推断等三类心理偏差及包含的几种常见心理陷阱，深入探讨这些心理陷阱如何影响公司的投资决策、融资决策、股利决策等金融行为。

14.1　行为公司金融的主要内容

启智增慧14-1

行为公司金融理论的形成与发展

21世纪以来，行为公司金融（behavioral corporate finance）作为行为金融的重要分支，受到学术界的广泛重视。行为公司金融研究个体情绪、认知、自信等非理性因素所起的作用，核心思想是公司管理者非理性与股票市场非有效性导致公司投融资活动偏差，揭示了传统公司金融理论无法完全解释的财务现象。本节主要介绍导致错误决策的几个典型心理陷阱，并将它们分为三大类，即偏见、框架效应和经验推断法，以帮助人们理解心理陷阱如何影响公司决策甚至降低公司价值。

14.1.1　偏见（bias）

偏见又叫偏差，指的是人们的判断倾向于犯一类特定的错误，偏见的类型主要有过度乐观、过度自信和确认性偏差。

1）过度乐观（over optimism）

心理学家将不现实的乐观称为过度乐观，并认为过度乐观是普遍存在的。过度乐观会导致人们高估有利结果出现的概率，同时低估不利结果出现的概率。在行为公司金融中表现为，高估现金流的净现值，或低估项目失败的可能性，有可能会使得投资者或管理者接受净现值为负的项目。

早在20世纪70年代，一项心理学实验以美国的大学本科生为实验对象进行实验，要求参与人思考四个生活中发生这些事件的可能性：

（1）被解雇

（2）工作上受到奖励

（3）活到80岁

（4）车子被盗

跟班级同性别的同学相比，这些事发生在自己身上的概率有多大？根据发生的可能性从0到5倍给这些事件从1到15分打分。如果打分为7分，则说明该参与人认为这件事发生在自己身上的概率和其他人是一样的，如果小于6分，说明该参与人认为这件事发生在自己身上的概率小于其他人，如果大于8分，说明该参与人认为这件事发生在自己身上的概率大于其他人。[①]

多次重复实验的结果显示，不利事情发生的分值要小于平均值7，人们相信不好的事情发生在自己身上的概率小于其他人，相反，好的事情发生的分值要高于7分，人们愿意相信好事情发生在自己身上的概率要高于其他人。有研究将这个结果归为过

---

① 实验见 WEINSTEIN N D.Unrealistic optimism about future life events［J］.Journal of Personality and Social Psychology. 1980，39（5）：806-820.

度乐观。相似的实验显示，金融本科生的乐观度要高于平均值，这或许是好事。

2）过度自信（over confidence）

人们在运用其掌握的知识和能力作判断的时候，容易过度自信，体现了人们对自己掌握的知识和能力的认知偏差。罗斯（Ross）讨论过一个这样的实验，让司机判断自己的驾驶水平与平均水平相比如何，有大约80%的司机认为自己的驾驶水平高于平均水平，也就是说大部分司机高估了自己的驾驶能力，表现出了过度自信。

现在请问公司金融这门课的考试你能得多少分？根据研究，大部分人的打分都会高于平均分，可以肯定地说，至少有一部分学生高估了自己的成绩，有一些学生可能会对结果略感失望，因为他们倾向于过度自信了。

心理学家们这样描述过度自信，认为自己的知识水平高于他实际上掌握的，认为自己作出正确判断的能力高于实际水平，相比于真实水平人们高估了自己掌握的知识和能力。他们很聪明，但没有他们认为的那么聪明，这就是过度自信。舍夫林（Shefrin）定义过度自信为：认为自己优于常人。罗斯则把坚信自己能够准确预测未来看作是过度自信的一种常见形式。心理学家设计了一系列识别和测量过度自信程度的方法，但准确量化自信程度还存在一定难度。

在行为公司金融领域，过度自信可能会导致投资者高估自己的投资眼光，往往表现为股票账户交易过度活跃。但数据显示，交易最多的账户的收益明显不如交易最少的账户。在性别上也存在明显的异质性，男性注册账户交易量更大。这个结果与心理学的研究结论相一致。罗斯的结论是，男性过度自信程度要高于女性。

3）确认性偏差（confirmation bias）

确认性偏差也被称为确认偏误，人们在面对众多信息时，会选择那些支持他们观点的信息，而忽视或贬低那些不支持他们观点的信息。人们表现出来的共同倾向或偏见，就是不断寻找能证明自己意见正确性的信息。心理学家指出，绝大部分人存在确认性偏差。

启智增慧 14-2

确认性偏差
实验

14.1.2　框架效应（framing effect）

框架效应是指人们的决策往往受到决策任务目标框架化方式的影响。有一个经典的例子[①]，动物园着火，300只小动物身陷火场，你负责救援工作，有两种救援方案，分别导致的结果如下：

场景1：100只小动物能够被救

场景2：1/3的可能，300只小动物全部得救；2/3的可能，没有小动物得救。

你如何选择？（这个问题没有正确答案）

现在假设两种方案导致的结果如下：

场景3：200只小动物葬身火海

场景4：1/3的可能，没有死亡；2/3的可能，300只小动物全部遇难。

你又会如何选择？（这个问题依然没有正确答案）

实验数据表明，在第一次选择中，大部分人选择了场景1，而在第二次选择中，

---

① 改自罗斯，威斯特菲尔德，乔丹. 公司理财［M］. 崔方南，谭跃，周卉，译. 北京：机械工业出版社，2020.

大部分人选择了场景4。实际上场景1和场景3是一样的，场景2和场景4是一样的，为何人们的选择会出现不一致。原因在于问题的框架不同。第一次选择强调了救小动物的数量，是正面的，第二次选择强调的是死亡小动物的数量，是负面的。人们两次选择的差异可以由框架效应来解释。

损失厌恶、赌场盈利效应都是典型的框架效应的例子，除此之外还有著名的前景理论。

1）损失厌恶（loss aversion）

损失厌恶又叫损失规避，是指人们对损失的感受更敏感。或者说，同等额度的损失和收益，损失带来的悲伤甚于收益带来的喜悦。人们不愿意承受损失，甘愿冒险去避免潜在的损失。

假如有一个项目，你是项目的决策者，目前项目尚有100万元，接下来有两个选择，分别带来的现金流如下：

经营方案1：得到50万元现金流入

经营方案2：50%的可能得到100万元现金流入，50%的可能无法获得现金流

如果你是项目的决策者，你会如何抉择？

再假设这个项目有200万元，接下来的经营也有两个选择，分别带来的现金流如下：

经营方案3：损失50万元

经营方案4：50%的可能，损失100万，50%的可能，不发生亏损

你的选择又是什么呢？

实验数据显示，第一次选择中大多数人选择了经营方案1，第二次选择中大多数人选择了经营方案4。这些人受心理陷阱影响，没有进行理性的财富决策。

让我们观察和计算两次选择的情况。第一次选择中，如果选择经营方案1，项目就有150万元，选择经营方案2，该项目有50%的可能性会拥有200万元，有50%的可能性会保持100万元。从数学期望来看两种选择是一样的，但多数人会选择经营方案1，因为收入是确定的，经营方案2具有不确定性，与确定的收益相比人们更愿意避免冒险承担不确定的结果。第二次选择中，如果选择经营方案3，项目拥有150万元，选择经营方案4，项目有50%的可能性会拥有100万元，有50%的可能性会保持200万元。从数学期望来看两种选择也是一样的，但多数人会选择经营方案4。因为与确定的损失相比，人们愿意冒险去规避损失。人们如果选择的是经营方案1和经营方案3，最终得到的都是150万元，两次选择在财富上保持一致。如果选择的是经营方案2和经营方案4，那么有50%的可能性会得到100万元，有50%的可能性会得到200万元，两次选择得到的财富也相同。如果选择的是经营方案1和经营方案4，那么此人没有将关注的重点放在最终财富上，犯了只关心损失和收益的错误。

这是一个典型的关心收益和损失而非最终财富的现象，具有损失厌恶。在第二次选择中人们不愿意选经营方案3的原因就是它有50万元的确定损失，人们不愿意承担损失，为此不惜冒险。

在公司金融实践中，损失厌恶往往会导致严重的后果，比较典型的表现是，对已损失项目继续投资，希望获得好的结果最终却可能导致产生更大的损失，或者是把钱

投到净现值为负的项目上去。很多公司不使用具有抵税效应的债务融资就是为了规避财务风险和破产的可能。损失厌恶有时候破坏性较大。

2）赌场盈利效应

人们对于来源不同的钱感受不同，尤其是当这些钱损失掉时。有些钱在人们心目中比较珍贵，因为得之不易，如加班工资、送外卖所得。有些钱则是意外获取，如路上捡的，这些钱在人们看来就没那么珍贵。消费所使用的货币，在购买力上是没有区别的，但人们的心理感受却截然不同。这是非理性的，可以用赌场盈利效应来描述这一现象[1]。

现在假设有两项投资：

投资1：以20元的价格购买了A股票，一周后股价下跌到15元

投资2：以10元的价格购买了B股票，一周后股价上涨至15元

人们对两种投资感受会表现出一种偏见。A股票价格下跌，人们会对照大盘，如果大盘也下跌了，他会觉得是因为大盘如此，自己只不过选择了一只和大盘走势一致的股票，并不算是选股失败。如果不是，他也会觉得是自己运气不好。而对于股票B，人们往往会觉得自己具有选股天赋。同时，人们可能还会为投资2所获得的收益被投资1的损失冲销而略有不甘，却没发现自己的财富总量并没有变化，与两个投资股价不变的结果一样，给人们带来的心理感受却截然不同。有相当一部分人会选择继续持有A股票，以期未来股价上涨弥补现在的亏损，这体现了损失厌恶，并出售股票B变现收益。这种变现收益和持有亏损的倾向被称为处置效果。

当两只股票的价格都是13元时，投资者对它们的感受也有差异。A股票变得更差了，因为它的入手价格是20元，相比15元的价格显然是继续下跌了，亏损的是自己的钱，投资者当然沮丧。B股票虽然相对于15元的股票也下跌了，但相对于10元的入手价格还是有收益的，亏损的2元来自股价上涨即"庄家的钱"，自然也就没那么令人沮丧。实际上不管哪只股票价格下跌，亏的都是投资者自己的钱。

随着时间的推移，投资者用买入价和当下价格进行对比，则会产生未变现的收益或损失，投资者会逐渐从心理上确认该收益或损失。或者说，收益或损失保持一段时间后，投资者会确认未变现的收益或损失，形成心理账户。"投资者的感受取决于当下是领先还是落后。"

除了损失厌恶、赌场盈利效应、心理账户之外，框架效应还有以下其他的表现：比如后悔效应，为避免事后后悔尽量不做决定；禀赋效应，拥有的东西比没有拥有的东西更珍贵；前景理论。

3）前景理论（prospect theory）

前景理论是心理学家卡尼曼和特沃斯基于1979年提出的，他们观察到传统的期望效用理论无法完全解释个人在不确定条件下的决策行为，提供了一套组织原则来解释上述框架问题，这就是前景理论。

卡尼曼和特沃斯基调查发现，人们更加看重确定性的结果，面临条件相当的盈利

---

① 拉斯维加斯的赌场都知道用庄家的钱赌博的概念。赌场发现，赌徒用从赌场赢来的钱冒巨大风险的可能性很大，即赌场盈利效应（house money），又叫私房钱效应。而且，赌场还发现了赌徒们输掉庄家的钱并没有像输掉他们自己带来的钱那么沮丧。罗斯，威斯特菲尔德，乔丹. 公司理财［M］. 崔方南，谭跃，周卉，译.北京：机械工业出版社，2020：518.

前景预期时，人们更愿意接受确定性的盈利，表现出损失厌恶。相反地，面临损失前景预期时，人们则表现出风险偏好的倾向。确定性增加了人们对损失的规避和对收益的高估，这显然与传统的期望效用理论不符。

前景理论提出了对期望效用理论的批判，并提出了一套分析模型框架。前景理论认为，人们在决策时会经历"编辑"和"评价"两个阶段。在编辑阶段，人们会对不同的前景进行简化和编码，用于收集和整理信息，编码是按照某个参照点（reference point）①计算相对的收益或损失。许多金融市场的异象就是由对前景的编辑引起的。这一阶段主要是对问题的描述进行理解、设立参照点等。在评价阶段，人们会依靠价值函数和权重函数对收集到的信息进行判断。

这一理论强调了人们在决策过程中对收益和损失的敏感程度，以及风险偏好在决策中的重要性，解释了预期损失所导致的心理感受强于相同金额预期收益带来的心理感受。

14.1.3 经验推断法（heuristics）

经验推断法也叫启发法，指的是管理者在做决策时倾向于依靠经验法则。比如，管理者希望投资能在3年内回收，那么回收期小于3年的项目就是可以被接受的，甚至不做技术分析，就决定投资该项目，这种经验推断法下作出的决策有一定的优点，比如效率高，但也有可能导致投资净现值为负的项目。比较典型的经验推断法有代表性偏差、可得性偏差、锚定与调整、情绪启发式偏差等，其在公司金融实践中往往会导致严重的后果。

1）代表性偏差（representativeness）

人们会在了解了一个人、项目或物体后，在心里假设其对所属分类具有代表性，心理学称之为代表性偏差。假设某金融机构在某财经类大学招聘了一名实习生，该实习生在工作中表现优异，用人单位非常满意。该用人单位一般会继续在该高校招聘学生，因为用人单位认为这个学校的学生都很优秀。用人单位的这种主观印象源于对该实习生具有代表性的心理假设。心理学家认为，人们过于依赖代表性来做判断和预测，容易导致系统性偏差。

2）赌徒谬论（gamble fallacy）

当事物偏离既有规律或历史轨迹时，人们倾向于相信这种情况很快会得到改善，事物即将回到正轨，这就是赌徒谬论，即短期内情况会反转。这往往是由于一件事很长时间没有发生了，人们相信这件事更有可能会发生。这是因为人们坚信这件事的发生将遵循平均定律，很长时间没发生是不正常的，所以很快会得到纠正。比如抛硬币，某人抛了4次都是正面，人们会相信下一次出现反面的可能性极大。人们之所以这样判断，是因为出现了4次正面，下一次"应该"出现反面。

这种误判来自直觉，他们忽视了每次抛硬币都是独立事件且每一面出现的概率都是50%。赌徒谬论之所以存在，是因为在多次出现正面之后，反面"必须"出现，这

启智增慧 14-4

财务主管对折现率的经验推断

启智增慧 14-5

代表性偏差实验

---

① 参照点（reference point）也叫参考点，人们框定收益或损失时参照的是同一个参照点，参照点上方的现金流被框定为收益，而在参照点以下的现金流被框定为损失。人们如何设置参照点，以及他们如何制定决策的后果，可能会有模糊之处。舍夫林. 行为公司金融［M］. 孔东民，译. 北京：机械工业出版社，2019：24.

样才遵循正面和反面出现的概率相同这样的一种规律。与之相似的例子还有可得性偏差、锚定与调整等。

（1）可得性偏差（availability）

人们倾向于关注那些容易获得的信息，很少去关注难以获得的信息。这在公司财务中容易导致坏的结果。心理学家将人们这种心理倾向称为可得性偏差。在评估风险时，人们习惯地依赖自己的历史经验和记忆这些容易获得的信息。舍夫林曾分析过这样一个实验，他们发放问卷，要求受访者判断：鲨鱼攻击、飓风、海流、洪水，哪一个最有可能引发伤亡。多数受访者根据记忆中这些事发生的频率来判断。人们关于这几件事的记忆大多来源于媒体。实验显示，人们认为鲨鱼或洪水的危险性最高。但美国救生机构的数据显示，海流导致的伤亡才是最多的。

（2）锚定与调整（anchoring and adjustment）

人们的历史经验或信息具有一定的锚定作用。当人们无法正确理解或者解释新的事物或信息时，往往会固守原有的观念和判断这个"锚"，不愿意或者无法调整自己的思维，即使调整也是很小的幅度。类似于船行水上，抛锚定位，船就不能漂远。如果人们持有固定的偏见，面对新消息时便会表现出过于保守，心理学家称之为锚定与调整。

在对金融资产进行估值时，人们会在心里定一个锚，以锚为基础做小范围调整，足够大的调整是比较难实现的。心理学家曾做了一个实验，要求受访者猜历史事件的年份或河流的长度，结果显示，这些数字与受访者电话号码后三位呈正相关关系[1]。

3）情绪启发式偏差（affect heuristics）

情绪启发式偏差或情绪启发法是一种认知偏差，决策过程仅依赖情绪反应，而不做理性分析，易导致决策失误。人们对事物会有情绪反应，这些反应自动发生，并形成"情绪池"，这是一个包括了"好"和"坏"的记忆存储空间，存储着人们的各种记忆图像。据此作出判断的人们实际上是选择了心理捷径，既没有做理性计算，也没有权衡各种选择的后果，甚至没有从记忆中搜寻信息，这就是典型的情绪启发式。它与代表性偏差和可得性偏差相似，但是一条更快捷的心理路径。决策者的认知限制、没有足够的经验或专业知识、时间短等都有可能导致情绪启发式偏差。如果决策者没有条件进行理性分析，情绪判断确实是效率最高的路径。

斯洛维奇（Slovic）等心理学家们做过一个实验，要求专家们就精神病患者琼斯先生能否出院给出意见，琼斯先生有可能出院后6个月内表现出暴力倾向。当心理学家们这样描述问题：每百名类似患者出现暴力行为的有20人，专家们给出的意见是琼斯先生不适合出院。心理学家们换了一种描述：类似患者出现暴力行为的概率为20%，专家们更倾向于支持琼斯先生出院。心理学家认为，这主要是因为第一种描述带来的负面影响似乎大于第二种描述，是情绪启发式偏差。决策者只要收集足够的信息并冷静思考或寻求专业人士的帮助就能减少或避免情绪启发式偏差。

---

[1] 这个结果在大样本的情况下是否还成立尚需进一步研究。

14.2　行为公司金融对企业财务实践的影响

在公司金融实践中，上述心理陷阱并非独立存在，它们具有相关性并一起影响财务决策。由于这一影响普遍存在，公司管理者要了解这些心理陷阱对自己决策的影响，同时还要了解他们对投资者的影响，才能降低决策错误的可能性。

14.2.1　市场有效性

传统的公司金融分析是在有效市场假设的前提下进行的。在一个有效的市场中，股价能够反映可用信息，纽约证券交易所持一个观点：以营利为目的的理性交易员之间充分竞争，保证了股价保持在净现值为零的水平上。但金融市场数据显示了这一论点是有问题的。

市场上的价格并不总是对的，比如1929年10月29日星期二，道琼斯工业评价指数在周一下跌了13.5%的基础上继续下跌，收于230.07点，盘中低点达到212.33点，比上一周五下跌了近30%，被称为"黑色星期二"。1987年道琼斯工业平均指数如图14-1所示。

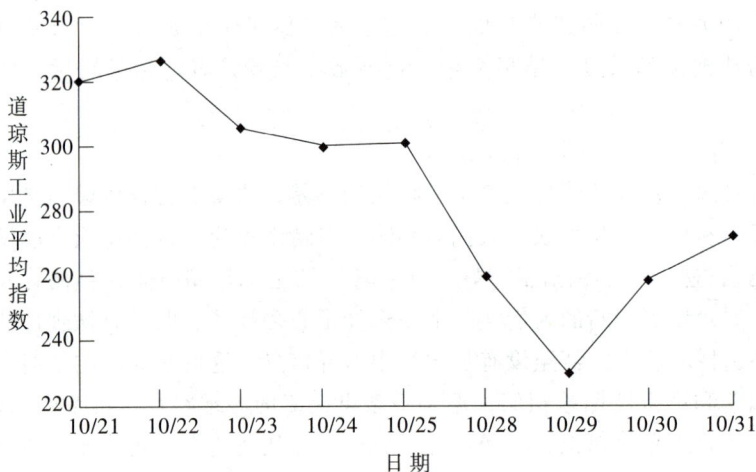

图14-1　1987年道琼斯工业平均指数

再比如，1987年10月19日星期一，道琼斯工业平均指数出现暴跌，跌幅超过了22.6%，如图14-2所示，引发金融市场恐慌，被称为"黑色星期一"。道琼斯工业平均指数在一天的时间里下跌如此大的幅度还是第一次。

市场有效假说忽略了市场参与者的有限理性。只有当市场上有足够多理性的投资者参与交易，大量资金买卖股票，才能保证错误定价被修正，市场才能保持有效性。投资者理性假设意味着他们时刻关注市场，在发现错误定价时，市场中大量的理性投资者买入价格被低估的股票，卖出价格被高估的股票，直到套利机会消失。传统公司金融的假设决定了这一机制时刻有效发生，市场无效的情况即使偶有发生也是小规模、短时间的，这显然很难实现。事实上，投资者有限理性，可能通过买卖股票推动错误定价进一步偏离，投资者们出现系统性行为偏差。

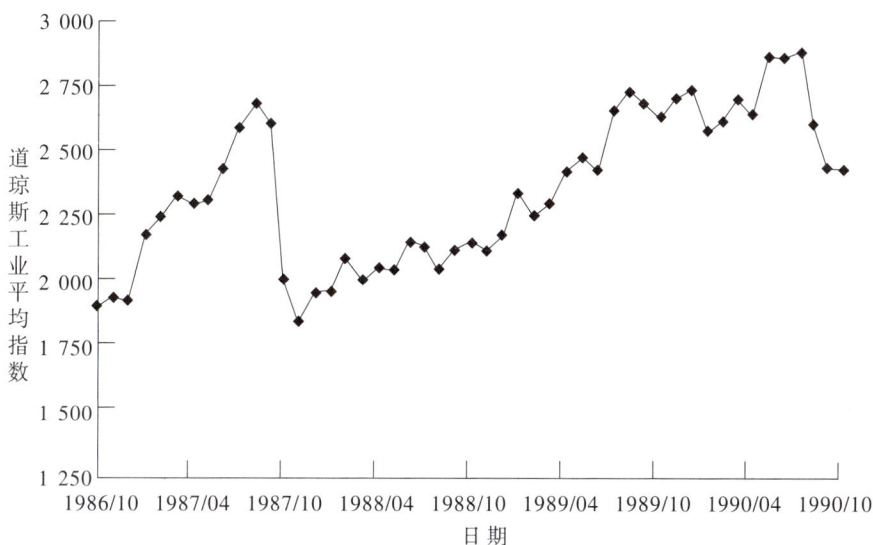

图14-2 1987年10月19日道琼斯工业平均指数

与传统公司金融的有效市场理论相反，行为公司金融提出了套利是有成本的，因此有限套利（limit stoarbitrage）①更符合现实情况。想要通过套利消除错误定价的策略往往代价高昂，在很大程度上受到制度、信息充分性、交易成本、市场交易规则等因素的限制，甚至面临各种风险，而无法实现。即使有证券价格与内在价值偏离即套利机会出现，投资者也不能无成本、无风险地抓住套利机会获取收益，证券价格偏差有可能维持较长时间。

投资者很难准确判断股价走势。由于股票发行公司的原因，可能会导致被低估的股票进一步走低，被高估的股票也有可能进一步上涨，因此，投资者进入股市的"有利时机"可能会带来损失，这跟股票发行公司本身特有的风险有关。市场中还存在一些"噪声交易风险（noise trade risk）"②，噪声交易者是依据非理性因素而非财务分析来行动的，会使得错误定价加剧。据说，凯恩斯曾说，市场失去理性的时间可能比你保持偿付能力的时间还要长。

金融市场纠正错误定价是需要成本的。如果纠错带来的好处小于成本，纠错就不会发生，错误定价会保持下去。理性的投资者如果想抓住错误定价获利，是需要承担风险的，比如非理性投资者将价格进一步推向错误的方向，理性的投资者就成了被套利者而面临损失。如果发生损失，投资者打算撤出资金及时止损，此时有可能导致金融市场对该股票的情绪变动，悲观或恐慌，资产被大量抛售，流动性迅速枯竭，套利很难实现。

在行为公司金融领域，个体情绪会导致有限套利，市场表现出非理性繁荣。即使在计算结果显示股价被高估的情况下，传统的市场有效论者也支持管理层相信市场价格。比如股票分拆时，理论上股价不会有异常变动，但现实却有可能是股价出现上浮。

---

① 在某些情况下，理性、资本充足的交易员或许不能纠正错误的定价，至少不会很快纠正。罗斯，威斯特菲尔德，乔丹. 公司理财［M］. 崔方南，谭跃，周升，译.北京：机械工业出版社，2020：522.
② 噪声交易者使价格在损失期内进一步偏离内在价值的风险。饶育蕾，彭叠峰，盛虎.行为金融［M］. 北京：机械工业出版社，2023：33.

14.2.2 价值评估、风险和收益

除了市场有效性理论受到了挑战，经验推断偏差和框架效应也会影响投资者的估值方式和对风险与收益的认知。

启智增慧14-6

Palm 错误定价

1）价值评估

传统公司金融学中的价值估值一般使用的是现金流折现法或比较估值法等。内在价值等于预期现金净流量的现值，折现率使用资本成本。比较估值法是关注公司股票的市场价值与公司之间的关系与相似公司中存在的关系是否具有可比性，多使用市盈率、市销率等指标，这是经验推断法的一种。但仔细观察会发现，CFO们很少依赖计算结果来估值。

eBay是美国一家在线拍卖及购物网站，是全球最大的网上交易平台之一。2003年3月，eBay公司的市盈率是79，有些投资者据此认为eBay股价过高。4月eBay公司回应，仅仅以市盈率为基础进行估值是不科学的，忽视了收益的增长，应该考虑市盈率增长率推断法，并建议投资者对比相似的公司沃尔玛（Walmart）的股票。到2003年5月20日，沃尔玛公司市盈率是22.7，而eBay公司预期市盈率是66.7，单从市盈率上来看eBay公司是沃尔玛公司的2.9倍。分析师们预测，eBay将会增长42.5%，而沃尔玛将增长14%，即eBay市盈率增长率为1.56，而沃尔玛公司的市盈率增长率是1.62。有分析认为，分析师对eBay公司未来收入的预期过度乐观。有人提出应使用资本资产定价模型等传统方法来进行估值。

相较于传统的公司金融学现金流折现模型估值法，实践中管理者和分析师大多依赖的是经验推断法，如eBay公司高管。这主要是因为经验推断法涉及的变量更容易获得，如市盈率、市盈率增长率，且计算简便。现金流折现法需要确定的变量和细节更多，操作起来更复杂。

2）风险和收益

传统分析方法中，管理者会通过风险和收益的关系来确定资本成本，以进行资本预算和证券价值评估。资本资产定价模型给出了收益率和风险的关系。风险承担的多少是确定收益水平的依据，市场以风险溢价对承担的风险进行补偿，承担的风险用β值来衡量。风险溢价用股票的β值乘以市场风险溢价来计算。有研究显示，市场风险溢价每年变化并保持在一个较低的水平上。资本成本作为项目现金流的折现率是合理的，根据不同项目或同一项目不同风险的现金流选择不同的折现率。财务实践中，管理者这一决策过程却常常受到代表性偏差的影响。

大多数人更愿意以近期所见的信息为基础来判断风险和收益，注重近期时间的趋势外推。看到股价上涨，预期股价会更高，市场下行则预期股票回报率降低。代表性推断逻辑使得人们相信所见具有代表性，真实情况却不一定如此。

心理学家将毫无根据的判断逻辑称为外推偏差，也叫热手谬误。与之相反，还有一种行为逻辑，毫无根据的判断事情会反转，即前面已经讨论过的赌徒谬论。这两种谬误都是对随机事件过度解读，没有考虑独立事件的概率问题。代表性偏差使得人们忽略事物实际概率而过分注重长时间连续的序列出现的概率，因此，易导致管理者做短期预测时犯赌徒谬误，预期当下的趋势会延续，做长期预测时易犯热手谬误，预期

会有反转发生。总之，代表性偏差经常导致公司管理者、市场分析师和投资者对市场风险作出错误判断。

调查研究显示，管理者一般不会根据项目风险调整折现率，他们常常使用单一折现率衡量所有项目，这与资本资产定价模型的逻辑并不相符。若财务主管将折现率设定在项目资本成本之上，会导致放弃一个具有正净现值的项目，如果折现率设定得过低，则会导致过度投资。

14.2.3 资本预算

传统资本预算方法强调尽量准确预估现金流，并使用不同的方法分析项目投资价值，进行风险评估。常用净现值（NPV）、内部收益率（IRR）、投资回收期等方法来评估项目是否具有投资价值。在净现值方法中折现率一般使用预期回报率，它也代表着资本成本水平。内部收益率则是净现值为零的折现率，代表着项目的内在价值，只要内部收益率大于机会成本或目标收益率，项目即可接受。投资回收期则仅考虑了初始投资被现金流完全覆盖所用的时间。

在公司财务实践中，人们对于下一次完成同样项目的时长预期比上一次要短，表明人们没有从延迟交付中吸取教训，心理学家称之为规划谬误（planning fallacy），这其中多种心理学陷阱同时起作用，比如过度乐观、过度自信、确认性偏差等。过度乐观和过度自信往往导致低估成本、高估现金流、延期交付，决策者接受 NPV 小于零的项目。情绪启发式偏差导致管理者投资低价值的项目。损失规避、后悔效应、确认性偏差导致对失败项目继续投资。

1）规划谬误与延期交付

波音公司是美国航空航天业的巨头，主要从事设计、制造飞机等产品和相关服务，在该领域一直保持着领先地位。为了满足发展的需要，波音公司于 2003 年宣布计划制造大型的所谓梦幻客机（dreamliner），接到了大量预订单。很快，波音公司无法如期完工，只得宣布延迟交付。2007 年，波音公司公告将于两个月内试飞，实际试飞是在 2009 年年底。飞机交货的日期也由 2011 年 2 月推迟到了 9 月。梦幻客机投入使用 2 个多月后由于技术故障停飞。波音公司由于过度自信或过度乐观，最终项目延期，这是典型的规划谬误。除了延迟完工之外，公司财务实践中规划谬误还容易导致错估产品销量、项目现金流等。2000 年关于信息技术行业的一项调查显示，项目预算中成本超支比率为 1.45，超期比率为 1.6，功能却只达到预期的 0.7 左右。[①]可见规划谬误的普遍性。

2）过度自信与项目损失

在公司财务实践中，过度自信和过度乐观导致错估项目风险和现金流的危害更加直接。比如当年红极一时的铱星公司项目。

20 世纪 80 年代，摩托罗拉公司决定建立全球通话网络，保证客户在地球上任何一个地方都可以接打电话，这是一个耗资巨大的投资项目。高管们承认，他们没有做现金流测算，没有使用内部收益率和净现值等方法评估，就作出了投资决定。

---

① 舍夫林. 行为公司金融［M］. 孔东民，译. 北京：机械工业出版社，2019：99-101.

据说，这个项目的起因是摩托罗拉公司一位高级工程师度假时被妻子开玩笑说，摩托罗拉公司解决不了与妻子打电话这么简单的问题。项目试图发射多个近地卫星构建全球卫星移动通信系统，为此专门成立了铱星公司。项目预期10年建成，定位是为高端客户提供服务。20世纪末，项目终于建成运行，开始向边远地区提供通话服务，服务费用高昂，每分钟费用4~10美元，铱星公司手持电话费用在3 000美元左右，客户数量仅有5.5万，客户数量要达到50万这个项目才能盈利，巨大的债务压力和卫星系统维护成本使得该公司不堪重负。此时，移动手机大量上市，它体积小、信号稳定、费用低，市场占有份额高，市场已经不需要铱星了。铱星公司提供服务仅一年，就不得不宣告破产。

铱星公司项目，成本超支、收入不足、现金流量不足。公司决定投资该项目时，没有对现金流、投资成本、潜在客户数量进行足够的测算，高管们的过度自信和过度乐观情绪占了主导地位，失败几乎是必然的。

公司首席执行官们比普通人更自信和乐观，这对公司有一定好处，但过度自信和过度乐观可能会导致投资净现值小于零的项目，比如铱星公司。行为公司金融研究发现，有相当数量的公司高管在评估项目时，仅依据投资回收期法，尤其是年龄大、任职久、不具有工商管理硕士学位的CFO们，这可能是因为净现值等方法计算技术上的问题，也有可能因为心理上感觉净现值仅和盈亏临界点相关，与收益率无关，"感觉不对"或许就能概括该原因。而回收期法固有的缺陷导致据此作出的决策面临净现值小于零的情况，比如铱星公司。

3）低价值项目、投资失败项目与偏差

情绪启发式偏差会导致管理者投资低价值的项目。心理学研究发现，公司高管们在进行项目选择和价值评估时有不同的思考过程。面对有风险的项目，高管们更依赖情感性判断，对风险项目给予了更多的支付意愿，这意味着获胜的机会比获胜赢得收入更能引起高管们情感上的共鸣。不以净现值等客观方法为依据作出决策，易导致高管们选择价值较低的项目。

损失规避、后悔效应、确认性偏差导致对失败项目继续投资。理性上来说，项目亏损了理应及时止损，但实践中看到的却并非如此，公司倾向于继续投资失败了的项目，以避免承认投资失败。损失发生后，如果放弃项目，就有了确定性损失，损失规避效应开始发挥作用。高管们宁愿冒险去面对不确定性的结果，也不愿意承担确定性的损失，他们往往会把资金继续投入到自己负责的失败项目中，心理学分析，这是在寻找新的证据以证明先前自己的项目选择是合理的。人们不愿意看到实际运行比自己预期差，后悔效应让人更愿意维持现状，这使得高管们继续投资失败项目。

14.2.4 资本结构

理性人假设和市场有效性假设的传统公司金融在做资本结构安排时，主要考虑抵税、财务风险、财务灵活性等因素。债务利息具有抵税作用，适当使用债务融资可以降低融资成本、优化资本结构，过度使用债务融资则可能导致产生财务困境成本。公司融资遵循啄食顺序理论，首先考虑账面成本最低的内部融资，其次采用债务融资，公司在这两种渠道耗尽之后才会增发新股融资。从理论上来讲，债务融资更有利于公

司价值最大化。若有好的发展前景，公司应优先考虑债务融资。公司会在股价被高估时发新股，以获得更多融资，但也担心这会成为一种信号，让投资者认为公司或者其他融资渠道用尽了或者发展前景堪忧，因此公司价值最大化理论要求增发新股是最后的融资方式。同时，公司需要为可能出现的投资机会保留足够的财务灵活性，这又要求公司避免高负债。这是在传统公司金融框架内的考量。

实践中公司财务主管在是否发行新股的决策中，考虑的主要是稀释和时机。如果市场上存在定价偏误，公司管理者就可以考虑增发新股或回购股票，以利用定价偏误获利，这就是市场择时理论的逻辑。股价被高估时，可以择时增发新股，股票回报率降低，这并不影响老股东的收益，高估的新股以较高价格给了新股东，意味着用新股东的高出价给了老股东好处。增发新股是股价高估的信号，因此，股价可能会在发布增发公告之后向下漂移。

与此相反，如果股价被低估，公司会选择合适的时机回购股票。回购往往被看作是股价被低估的信号，因此发布回购公告可能会导致股价一定程度的上涨。比如波司登公司就曾因市场低估股票从 2008 年 4 月开始持续回购股票 23 次，以进行市值管理。公司高管们认为股票被低估时增发新股会稀释现有股权。试想，股票价值被低估，市值仅相当于真实价值的 1/4，新增股票可以募集资金 1 亿元，其内在价值实际上是 4 亿元，从而导致老股东手中财富被转移走了 3 亿元，是一种稀释。此时发股融资实现不了。因此，行为公司金融框架下，融资决策更多考虑的是稀释和时机。

实践中公司资本结构决策更多依赖非正式的规则和方法，甚至是经验推断。过度自信的财务主管认为自己投资的项目具有更高的回报率，会增加杠杆水平和投资水平，如猴王集团。

现金流充裕公司的过度自信的高管们往往会高估项目未来现金流，并低估项目面临的风险，他们直觉上的净现值比实际的水平要小很多。他们认为市场低估了自己公司的股票，所以发股融资是不明智的。于是，公司内部资金被拿来投资 NPV 小于零的项目，最终导致损失。

现金流不充足的公司里，过度自信的高管们高估公司股票和项目净现值的同时，也会高估融资带来的稀释。他们认为外部融资具有高风险和不确定性，公司缺乏现金流且举债能力有限，即使是净现值为正的项目也不值得投资。过度自信使得他们相信自己的判断，导致拒绝净现值为正的项目。

过度乐观和过度自信等心理偏差导致的后果有时比较严重，识别过度自信和过度乐观是一个难题，目前心理学研究者们给出的建议是，观察媒体关于这些高管的报道中，是否使用了诸如乐观、过度乐观、自信、非常自信等词。另外还可以观察高管们是否持有股票期权临近过期才执行。

14.2.5　股利政策

在经典的股利政策分析框架下，市场有效，投资者理性关心公司税收总收益。如果公司股利政策不合意，股东可以自制股利，不受心理陷阱的影响。在行为公司金融的框架内，股利政策需要考虑心理学偏差带来的影响。

启智增慧 14-7

错误定价与融资时机选择

1）投资者心理

不同类型的投资者对股利的诉求不同，公司制定股利政策需要充分考虑这些诉求。机构投资者更喜欢股票回购，减少持有支付股利的股票，避免股利再投资。个人投资者把股利发放看作是一种信号，并依靠经验推断来评估公司未来股利水平。其中老年退休投资者以股利作为生活来源，股利的意义等同于工资。于这些类型的投资者而言，稳定的股利支付具有重要意义。行为公司金融用两个词来描述与之相关的心理："一鸟在手"和"高分红低风险股"。

（1）"一鸟在手"理论

在前面章节中已经介绍过"一鸟在手"，人们重视拿在手里的，发到手中的股利才更稳妥，未实现的资本利得像是在林中的鸟，虽具有吸引力，但也具有不确定性。根据行为公司金融的分析，面对确定性收益，投资者表现出风险厌恶。

假设你走在森林中，走左边的路，你可以捡到一块金子，走右边的路，有一半的可能会捡到一块半金子，有一半的可能捡到半块金子。

如果你放弃森林选择去湖边，将首先获得一块金子的奖励，在湖边有一半的可能捡到半块金子，一半的可能会损失半块金子。

你将如何选择，去森林还是去湖边？这是一个经典的框架效应下的选择。湖边选项是一个确定收益加赌博的叠加游戏，森林选项是一个确定收益与赌博二选一的一次游戏。多数人会选择去湖边，收益被切成两段，一段有确定收益，一段是有风险的赌博。心理学研究发现，确定性收益的吸引力更大，而与风险联系在一起的收益吸引力要小一些。森林选项中，向左走获得的收益与向右走的赌博联系在一起，湖边选项则是一个确定收益拿在手中之后再去参与一个赌博，选择湖边的投资者，在获得了确定性收益之后更愿意承担风险。

这一心理学现象在股利政策中也存在。投资者多数属于湖边型冒险者，他们将投资股票的收益分成两部分：一部分是稳定的股利，是湖边选项中先获得的那块金子，是拿在手中的确定性收益；另一部分是股价波动带来的资本利得，具有不确定性。"一鸟在手"时，投资者具有更高的承担风险的意愿。

（2）"行为生命周期"理论

"行为生命周期"理论是基于三个重要的行为学变量对理性生命周期理论的修正。该假说提出，即使人们有充分的选择权利，也不可能自行作出效用最大化的消费、储蓄分配决策，因此养老金等外部干预储蓄计划，对最大化个人一生的货币效用有积极的意义。

这三个行为学变量是：

① 自我约束（self-control）变量。当钱在手时，人们常常没有意志力去遏制自身的消费冲动。这也就是为什么政府需要提出养老金计划，强迫人们将现在的一部分收入延迟消费。

② 心理账户（mental account）变量。很多家庭在消费时将财产归属于不同的心理账户，不同账户的消费倾向不同。研究表明，人们对现金的消费倾向大，而对房产等财产的消费倾向很小。

③ 心理定格（mental framing）变量。行为学的模型假设人们在决策时受到参考

点的影响。比如同样得到一笔数额较大的奖金，一次性得到和分数月支取，对人们的消费行为影响是不尽相同的，前者要比后者效应大得多。

老年退休投资者们看重"高分红低风险股"，其可以获得稳定的股利支付，以应付日常生活消费，低风险又保证了不会触及本金。传统公司金融理论认为投资者可以出售股票来代替股利，以满足日常消费。但行为公司金融认为，投资者遵循行为生命周期假说（behavior lifecycle hypothesis），不会出售股票。

伊索寓言中有这样一个故事，有个人养了一只鸡，这只鸡每天能下一颗金蛋。那人以为鸡肚里一定有金块，便把鸡杀了，结果却发现这只鸡与别的鸡完全一样，肚子里并没有金块。

老年退休投资者的心理账户，管理不同类型的收入。如前面的分析，投资者将股票投资收益分成两部分，股利收入是确定的经常性收入，就像养老金一样，是可以用于消费的，就像故事中可以稳定获得的金蛋。持有的股票类似于能产生收入的资产，属于心理账户的资本账户，退休人员依靠这一资产获得源源不断的收入，就像故事中的那只鸡。出售股票无异于杀鸡取卵，得不偿失。投资者通过自我控制来避免减少资本账户，所以他们不会出售股票来满足消费。

当然，也有股东不希望公司支付股利，因为支付股利的税率比较高，公司收益不支付股利，投资者获得潜在的资本利得就一直留在手中，一直到卖出股票时才需要交税，至少延迟了税收，企业也可以将这些收益进行再投资，所以企业有更好的投资机会时，也不愿意发放股利。

2）管理者心理

市场对于股票回购和发放股利的反应比较积极，减少现金股利会对公司股价形成强烈的冲击，并且市场对股利和增发股利的积极反应程度要小于减少股利的消极反应程度。公司管理者制定股利政策需要考虑市场反应和投资者诉求，甚至需要迎合投资者要求，寻找平稳的股利支付水平，避免未来减少股利的可能性。有调查数据显示，金融市场上现金股利增长的次数比股利减少的次数要多。

实践中，股利政策的制定往往是经验推断的结果。从理性上来看，管理者希望能尽量减少每股股利并维持一个稳定的股利支付水平，并综合考虑股利历史水平和未来支付能力。实际上，管理者应用的是拇指规则（rules of thumb）。拇指规则是指管理者对信息的处理不是按照理性预期的方式，把所有获得的信息都引入到决策模型中，只是考虑重要信息，而忽略掉其他信息。拇指规则基于管理者的经验，尤其是对投资者和其他利益主体对股利反应的经验推断。如果投资者期望的股利支付没有实现，有可能会导致转而去持有竞争对手的股票，波动大的股利支付不利于维持公司良好的市场信用和形象。

管理者重视股利的信号效应。公司管理者比股东更清楚经营状况，如果公司有好的项目需要投资，可以获利颇丰，足够支付外部融资成本，不需要内部融资，那么就会发放股利。信息不对称使得投资者不得不根据股利政策等信息来判断公司运营情况。管理者深知这一点，因此，有时也会使用股利发放来向市场释放利好信号。管理者相信支付股利可以降低股价风险，宁愿以高成本去外部融资也不愿意降低支付股利来为新项目融资。

股利政策有时还会与降低委托代理成本联系起来。管理者会比股东更直接地接触公司现金流,股利支付可以减少公司可用资金尤其是现金,这会降低管理者挥霍、豪华装修、奢侈出行等行为,提高管理者业绩压力,在一定程度上起到督促管理者投资更好项目的作用。同时,好的股利政策还会吸引潜在的机构投资者持股,机构投资者是对管理者更有效的监督力量。管理者制定股利政策需要考虑到投资者的这一心理。

管理者会在实践中形成自己的经验推断方法,兼顾各方利益,帮助所服务的企业制定合理的股利政策。

本章小结

行为公司金融是一门研究投资者和财务经理、管理者等个体如何思考、推断并作出决策的学科。导致错误决策的几个典型心理陷阱可以分为三大类,即偏见、框架效应和经验推断法,具体包括:过度乐观、过度自信、确认性偏差、框架效应、损失厌恶、赌场盈利效应、前景理论、经验推断法、代表性偏差、赌徒谬论、可得性偏差、锚定与调整、情绪启发式偏差等。传统的公司金融分析是在有效市场假设的前提下进行的,忽略了市场参与者的有限理性。行为公司金融提出了套利是有成本的,是有限套利。公司高管很少依赖计算结果来估值,更多时候他们依赖经验推断法。大多数人更愿意以近期所见的信息为基础来判断风险和收益,管理者做短期预测时易犯赌徒谬误,长期预测时易犯热手谬误。过度乐观和过度自信往往会导致低估成本、高估现金流、延期交付,决策者接受 NPV 小于零的项目。情绪启发式偏差会导致管理者投资低价值的项目。损失规避、后悔效应、确认性偏差会导致对失败项目继续投资。公司财务主管会基于稀释和时机考虑增发新股或回购股票。现金流充裕公司的过度自信的高管们往往会高估项目未来现金流,并低估项目面临的风险,现金流不充足的公司里,过度自信的高管们高估公司股票和项目净现值的同时,也会高估融资带来的稀释。稳定的股利支付具有重要意义,投资者重视"一鸟在手",遵循行为生命周期假说。管理者使用拇指规则来制定股利政策,并且重视股利的信号效应。

关键概念

行为公司 金融偏见 过度乐观 过度自信 确认性偏差 框架效应 损失厌恶 赌场盈利效应 前景理论 经验推断法 代表性偏差 赌徒谬论 可得性偏差 锚定与调整 情绪启发式偏差 拇指规则 "一鸟在手"理论 "行为生命周期"理论

综合训练

✔ 复习思考

1.“选美竞赛”理论的核心思想是什么?

2.什么是过度自信?其对公司财务决策可能会产生什么样的影响?

3.什么是过度乐观?其与过度自信的区别是什么?会给公司金融带来什么影响?

4.什么是确认性偏差？其在公司财务实践中可能会有什么危害？

5.框架效应的含义是什么？它的代价是什么？

6.损失厌恶对公司高管会产生什么样的影响？

7.赌场盈利效应的具体内容是什么？会导致什么后果？

8.前景理论的主要内容是什么？其对管理者和投资者的影响如何？

9.经验推断法的内容是什么？为何说它是非理性的？

10.代表性偏差的含义是什么？代表性偏差在公司财务中付出的代价是什么？

11.什么是赌徒谬误？

12.什么是锚定和调整？

13.情绪启发式偏差的代价有多大？

✔ 应用训练

2002 年 11 月，思科公司股东投票，以 10∶1 的比例否决了一项现金分红方案。此时，思科公司有现金 210 亿美元，每年产生 40 亿美元的经营活动净现金流。在已经回购了大约 30 亿美元的股票之后，思科公司授权董事会进行价值高达 80 亿美元的股票回购活动。

思科的董事会、管理层、机构投资者们反对发起现金股利的议案，称他们更偏好于股票回购。与此同时，个人投资者在思科公司的年度股东大会上受到了排挤。

史蒂文斯是一个 71 岁的退休工人，拥有大约 1 000 股思科公司的股票。他对现金股利的看法是："你知道这对你的股票是件好事。公司增长当然很好，但就现在而言，增长没有给我带来太多好处。"

《华尔街日报》对此进行了一项有趣的分析：公司的股利支付决策需判断，这部分资金是留在公司继续投资，还是还给投资者自主决定。支付股利能使思科公司对价值投资者更具吸引力，一些共同基金的管理者受政策限制只能投资那些支付股利的股票。也有一些投资者会将支付股利当作管理者预期公司增长将减缓的迹象。

（资料来源：舍夫林. 行为公司金融［M］. 孔东民，译. 北京：机械工业出版社，2019：206）

思考：

（1）这段引用是否涉及了委托代理问题？

（2）以上材料涉及了哪些心理学现象？

✔ 课程思政

在行为公司金融中，管理层和投资者的行为常常受到心理因素的影响。假设你是一家公司的财务顾问，该公司计划进行一个重大资本投资决策，但管理层对项目的前景存在过度自信的倾向，并且投资者对公司未来表现持有乐观的预期。

问题：

（1）讨论过度自信和乐观情绪如何影响公司的投资决策和资本配置策略？这些行为偏差如何导致财务决策失误或风险过高？

（2）如何通过改善公司内部的决策流程和加强信息披露来减少这些行为偏差的负面影响？具体的策略包括哪些？

（3）在投资者对公司持乐观预期的情况下，如何设计投资者关系管理策略，以确保公司能够在公平、透明的基础上进行资本运作，并降低潜在的市场误解和风险？

延伸阅读

1.舍夫林. 行为公司金融［M］. 孔东民，译. 北京：机械工业出版社，2019.

2.卡尼曼. 思考，快与慢［M］. 胡晓姣，李爱民，何梦莹，译. 北京：中信出版社，2012.

3.阿克洛夫，席勒. 动物精神［M］. 黄志强，徐卫宇，金岚，译. 北京：中信出版社，2017.

4.希勒 R J. 非理性繁荣［M］. 3版. 李心丹，俞红海，陈莹，等译. 北京：中国人民大学出版社，2016.

5.SHEFRIN H，STATMAN M.The disposition to sell winners too early and ride losers too long：theory and evidence［J］. The Journal of Finance，1985（40）：777-790.

6.SIMON H A. A behavioral model of rational choice［J］. The Quarterly Journal of Economics，1955，69（1）：99-118.

即测即评 14

综合训练
参考答案 14

主要参考文献

［1］李曜. 公司金融［M］. 2版. 北京：高等教育出版社，2022.

［2］郭斌. 企业债务融资方式选择理论综述及其启示［J］. 金融研究，2005（3）：145-157.

［3］齐寅峰. 公司财务学.［M］. 5版. 北京：经济科学出版社，2017.

［4］叶蜀君. 公司金融［M］. 北京：清华大学出版社，2023.

［5］王重润，闫福. 公司金融学［M］. 3版. 南京：东南大学出版社，2016.

［6］王跃堂，王亮亮，彭洋. 产权性质、债务税盾与资本结构［J］. 经济研究，2010，45（9）：122-136.

［7］张新民，钱爱民. 财务报表分析［M］. 6版. 北京：中国人民大学出版社，2023.

［8］张晓明，陈芬菲. 金融风险管理［M］. 北京：清华大学出版社，2023.

［9］汤洪波. 现代资本结构理论的发展：从MM定理到融资契约理论［J］. 金融研究，2006（2）：70-77.

［10］蒋琰. 权益成本、债务成本与公司治理：影响差异性研究［J］. 管理世界，2009（11）：144-155.

［11］陈雨露. 国际金融［M］. 7版. 北京：中国人民大学出版社，2023.

［12］饶育蕾，彭叠峰，盛虎. 行为金融学［M］. 2版. 北京：机械工业出版社，2023.

［13］阿斯奎思，韦斯. 公司金融：金融工具、财务政策和估值方法的案例实践［M］. 鲍栋，刘寅龙，译. 北京：机械工业出版社，2018.

［14］布雷利，迈尔斯，艾伦. 公司金融［M］. 赵冬青，译. 北京：机械工业出版社，2017.

［15］舍夫林. 行为公司金融［M］. 孔东民，译，北京：机械工业出版社，2019.

［16］罗斯，威斯特菲尔德，乔丹. 公司理财［M］. 崔方南，谭跃，周卉，译. 北京：机械工业出版社，2020.

［17］达莫德伦. 公司财务：理论与实务［M］. 荆霞，译. 北京：中国人民大学出版社，2001.

［18］ALTMAN E I.A further investigation of the bankruptcy cost question ［J］. The Journal of Finance，2012（3）：52-56.

［19］FRIDSON M S.Financial statement analysis workbook—a practitioner's guide ［M］. 5th ed.Hoboken：Wiley & Sons Inc，2022.

［20］TITMAN S，WESSELS R E.The Determinants of capital structure choice ［J］. The Journal of Finance，2015（4）：89-92.

［21］SUBRAMANYAM，FORMAT K R.Financial statement analysis ［M］. New York：McGraw-Hill Europe Publication，2013.